权威·前沿·原创

皮书系列为
"十二五""十三五""十四五"时期国家重点出版物出版专项规划项目

BLUE BOOK

智库成果出版与传播平台

吉林蓝皮书
BLUE BOOK OF JILIN

2024年吉林经济社会形势
分析与预测

ANALYSIS AND FORECAST ON ECONOMY AND
SOCIETY OF JILIN（2024）

主　编／刘立新
副主编／丁晓燕　张丽娜

社会科学文献出版社
SOCIAL SCIENCES ACADEMIC PRESS（CHINA）

图书在版编目（CIP）数据

2024年吉林经济社会形势分析与预测/刘立新主编；丁晓燕，张丽娜副主编. --北京：社会科学文献出版社，2024.3
（吉林蓝皮书）
ISBN 978-7-5228-3388-0

Ⅰ.①2… Ⅱ.①刘… ②丁… ③张… Ⅲ.①区域经济-经济分析-吉林-2024②社会分析-吉林-2024③区域经济-经济预测-吉林-2024④社会预测-吉林-2024 Ⅳ.①F127.34

中国国家版本馆CIP数据核字（2024）第059460号

吉林蓝皮书
2024年吉林经济社会形势分析与预测

主　　编／刘立新
副 主 编／丁晓燕　张丽娜

出 版 人／冀祥德
组稿编辑／任文武
责任编辑／刘如东
责任印制／王京美

出　　版／社会科学文献出版社·生态文明分社（010）59367143
　　　　　地址：北京市北三环中路甲29号院华龙大厦　邮编：100029
　　　　　网址：www.ssap.com.cn
发　　行／社会科学文献出版社（010）59367028
印　　装／天津千鹤文化传播有限公司
规　　格／开　本：787mm×1092mm　1/16
　　　　　印　张：24.25　字　数：364千字
版　　次／2024年3月第1版　2024年3月第1次印刷
书　　号／ISBN 978-7-5228-3388-0
定　　价／128.00元

读者服务电话：4008918866

版权所有 翻印必究

编 委 会

主 编 刘立新
副主编 丁晓燕　张丽娜
编 委 崔岳春　陈姝宏　赵光远　徐卓顺

主要编撰者简介

刘立新 吉林省委宣传部副部长（正厅长级），吉林省社会科学界联合会副主席，吉林省社会科学院（吉林省社会科学界联合会）党组书记，吉林省社会科学院院长，法学博士。长期致力于党建研究、思想文化宣传工作。

丁晓燕 吉林省社会科学院副院长，研究员，吉林省委省政府决策咨询委员，中国城市经济学会常务理事。国务院政府特殊津贴专家，吉林省有突出贡献的中青年专业技术人才，吉林省拔尖创新人才。长期从事区域经济、产业经济、文旅经济研究，主持、承担各级各类课题上百项，发表论文和研究报告百余篇，主编出版专著多部。

张丽娜 吉林省社会科学院经济研究所所长，研究员，管理学博士。国家社科基金评审专家。主要研究方向为宏观经济学、产业经济学。主持各类项目30余项，出版专著、编著9部，公开发表学术论文30余篇，多篇报告获省部级以上领导批示。

摘 要

2023年是实施东北地区等老工业基地振兴战略20周年，9月7日习近平总书记主持召开的"新时代推动东北全面振兴座谈会"进一步强调了东北地区要牢牢把握维护国家"五大安全"的重要使命，并提出东北地区要走出一条高质量发展、可持续振兴的新路。座谈会讲话精神为新时代吉林振兴提供了发展方向和行动纲领。当前，全球经济增长动力不足，地缘冲突加剧也使吉林省经济发展面临着前所未有的困难和挑战。在此背景下，"吉林蓝皮书"客观描述吉林省经济社会发展的现状，深刻剖析发展中存在的新旧问题和深层次原因，科学研判外部环境的变化趋势，并对2024年吉林省经济发展趋势进行分析与预测，深入探讨吉林省实现振兴新突破的路径和对策。

报告指出，2023年，吉林省密集出台推动经济持续增长、促进消费恢复等系列政策措施，全省经济呈现持续恢复、稳中提质的发展态势，经济结构持续优化，高质量发展稳步推进，前三季度，GDP增速达到5.8%，高于全国平均水平。

报告指出，2023年，吉林省聚焦主导产业，打造全面振兴新突破"强引擎"。"千亿斤粮食"生产能力建设加快推进，畜牧生产快速增长，维护国家粮食安全的能力稳步提升。规模以上工业稳步发展，汽车、信息制造、装备制造等7个重点产业实现正增长。服务业对经济的拉动力逐步增加。前三季度，住宿和餐饮业，交通运输、仓储和邮政业以及批发和零售业增加值均呈两位数增长，信息传输、软件和信息技术服务业延续向好势头，新兴动能不断累积。消费市场持续回暖，前三季度，吉林省社会消费品零售总额同比增长10.0%，较全国平均增速高出3.2个百分点。吉林省聚焦民生热点，坚持民生投入只增不减，持续扩大就业岗位供给，居民收入增速高于经济增速。

报告指出，当前吉林省工业生产回升动力不强、民间投资持续走弱、市场主体经营困难等阶段性问题比较明显，结构不优、产业链不全等影响后续增长动力的因素未能有效消除。

报告指出，2023年国际形势仍不容乐观，全球经济增长放缓，分化趋势加剧。中国始终坚持稳中求进，科学部署经济社会发展任务，有效应对各种风险挑战，国民经济长期向好的基本趋势没有改变。吉林省经济社会发展机遇与挑战并存，预计2024年的经济发展依然会继续回升向好。全省上下应当重视并解决经济发展过程中存在的结构、区域、动力等方面发展问题，以"四大集群、六新产业、四新设施"为重点，加快现代化大农业的发展，构建具有吉林优势的产业体系，改善提升需求动力，促进区域协调发展，进一步为吉林全面振兴实现新突破夯实基础、增添动力。

关键词： 经济形势　经济运行　东北振兴　吉林省

目 录

Ⅰ 总报告

B.1 2023~2024年吉林省经济形势分析与预测
　　　　…………………………………… 张丽娜　徐卓顺 / 001

Ⅱ 产业篇

B.2 加快吉林省新能源汽车产业发展的对策研究
　　　　…………………………………… 崔剑峰　刘文超 / 028
B.3 吉林省加快推进千亿斤粮食产能建设工程对策研究
　　　　…………………………………… 曲会朋　詹克钰 / 042
B.4 吉林省加快避暑休闲旅游产业发展的对策研究
　　　　…………………………………… 刘　瑶　林丽敏 / 055
B.5 吉林省医药产业创新发展对策研究………… 赵光远　李雪松 / 068
B.6 数字经济赋能吉林省制造业高质量发展研究
　　　　…………………………………… 石美生　张　峥 / 082
B.7 吉林省加快现代服务业转型升级对策研究
　　　　…………………………………… 田振兴　顾佳宁 / 097

Ⅲ 动能篇

B.8 吉林省投资形势分析与对策建议………… 肖国东 刘振文 / 109
B.9 吉林省全面促进消费问题与对策研究………… 纪明辉 狄晓燕 / 121
B.10 吉林省新型研发机构高质量发展的问题与对策研究
……………………………………………… 金光敏 王 奇 / 134
B.11 吉林省加快科技金融发展研究 ………… 徐 嘉 孙首珩 / 146

Ⅳ 区域篇

B.12 长春市经济运行特点分析与未来展望研究 ………… 任 鹏 / 158
B.13 吉林市推动经济高质量发展对策研究 ………… 王晓群 / 170
B.14 通化市红色资源与旅游产业深度融合发展研究 ……… 国莉莉 / 185
B.15 新时代白山市加强生态文明建设对策研究
……………………………………………… 师歌阳 张金朋 / 198

Ⅴ 开放篇

B.16 吉林省深化面向东北亚开放合作的对策研究
……………………………………………… 邵 冰 王 岩 / 210
B.17 吉林省冰雪产业发展研究及东北亚国家经验借鉴
……………………………………………… 崔小西 陈 兵 / 223
B.18 吉林省跨境电商高质量发展面临的难点问题和对策
建议研究 ………………………………… 张佳睿 闫 吉 / 236
B.19 吉林省加大与俄远东地区合作对策研究 …… 陶 丽 陶 彬 / 250

Ⅵ 民生篇

B.20 吉林省优化社区居家养老服务路径研究 …… 韩佳均 徐铭晗 / 263
B.21 吉林省加快推进养老服务业发展对策研究
　　　　…………………………………………… 全龙杰 郭东阳 / 278
B.22 吉林省城市社区治理实践与提升路径研究
　　　　…………………………………………… 王浩翼 苗延义 / 289
B.23 吉林省农民工工资支付保障问题研究 ……………… 张新梅 / 301

Ⅶ 专题篇

B.24 吉林省肉牛产业高质量发展对策研究 ……… 姚 堃 郭 威 / 312
B.25 吉林省房地产业高质量发展对策研究 ……… 王佳蕾 赵 丹 / 323
B.26 吉林省优化营商环境对策研究 ……………… 刘欣博 王紫薇 / 334

Abstract ……………………………………………………………… / 346
Contents ……………………………………………………………… / 349

皮书数据库阅读**使用指南**

总报告

B.1 2023~2024年吉林省经济形势分析与预测

张丽娜　徐卓顺*

摘　要： 2023年，吉林省密集出台推动经济持续增长、促进消费恢复等系列政策措施，全力以赴稳经济、抓发展，全省经济呈现持续恢复、稳中提质的发展态势。但三年疫情的影响叠加外部环境风险产生的新变化使吉林经济发展新旧问题同时出现，当前出现了工业生产回升动力不强、投资需求较为疲软等阶段性困难；从长期看，产业链存在短板和断点，产业内部结构亟待升级等问题未有效解决。未来一段时期，吉林省需要深入贯彻落实新时代推动东北全面振兴座谈会精神，加快现代化大农业的发展，构建具有吉林优势的产业体系，改善提升需求动力，促进区域协调发展，进一步为吉林全面振兴实现新突破夯实基础、增添动力。

关键词： 经济形势　经济运行　产业体系　吉林省

---

* 张丽娜，管理学博士，吉林省社会科学院经济研究所所长，研究员，研究方向为宏观经济学、产业经济学；徐卓顺，数量经济学博士，吉林省社会科学院软科学开发研究所所长，研究员，研究方向为数量经济与宏观经济。

一 吉林省经济运行的主要特征

2023年吉林省深入学习贯彻习近平总书记在新时代推动东北全面振兴座谈会上的重要讲话精神，密集出台推动经济增长、促进消费恢复的系列政策措施，经济增长持续恢复，发展稳中有进，经济结构持续优化，物价总体平稳，民生保障持续改善，高质量发展稳步推进。

（一）经济运行呈现稳中有进态势

2023年前三季度，吉林省经济增长持续性恢复势头强劲，GDP增速始终高于全国平均水平。第一季度同比增长高达8.2%，较全国平均水平高出3.7个百分点，在全国31个省（区、市）中位列第1。上半年同比增速虽有所回落，但依然高达7.7%，较全国平均水平高出2.2个百分点，在全国31个省（区、市）中位列第4。前三季度吉林省GDP增速同比增长5.8%，高出全国平均水平0.6个百分点，在全国31个省（区、市）中位列第13，GDP达到了9935.68亿元。总体来看，前三季度吉林省经济呈现稳中有进的增长态势（见图1、表1）。

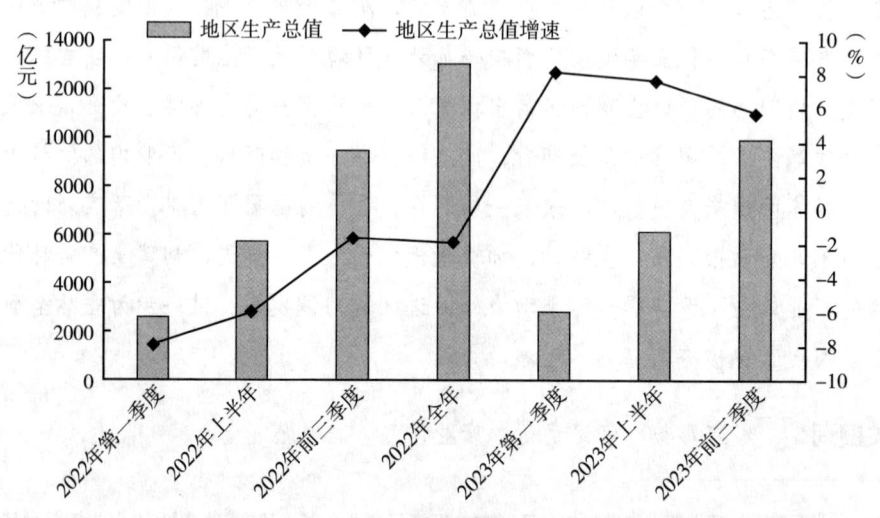

图1 2022年和2023年前三季度吉林省GDP及增速

资料来源：吉林省统计局。

表1 2023年前三季度全国及各省（区、市）GDP增速及排位

单位：%

排位	地区	2023年前三季度	排位	地区	2023年上半年	排位	地区	2023年第一季度
	全国	5.2		全国	5.5		全国	4.5
1	西藏	9.8	1	上海	9.7	1	吉林	8.2
2	海南	9.5	2	海南	8.6	2	西藏	8.2
3	内蒙古	7.2	3	西藏	8.4	3	宁夏	7.5
4	甘肃	6.6	4	吉林	7.7	4	海南	6.8
5	四川	6.5	5	内蒙古	7.3	5	甘肃	6.7
6	宁夏	6.4	6	浙江	6.8	6	内蒙古	5.6
7	浙江	6.3	7	甘肃	6.8	7	天津	5.5
8	安徽	6.1	8	青海	6.8	8	陕西	5.3
9	新疆	6.1	9	江苏	6.6	9	河北	5.1
10	上海	6	10	宁夏	6.5	10	黑龙江	5.1
11	山东	6	11	山东	6.2	11	湖北	5.1
12	湖北	6	12	河北	6.1	12	青海	5.1
13	吉林	5.8	13	安徽	6.1	13	山西	5
14	江苏	5.8	14	辽宁	5.6	14	河南	5
15	重庆	5.6	15	湖北	5.6	15	浙江	4.9
16	青海	5.6	16	北京	5.5	16	广西	4.9
17	辽宁	5.3	17	四川	5.5	17	新疆	4.9
18	河北	5.2	18	云南	5.1	18	安徽	4.8
19	北京	5.1	19	新疆	5.1	19	云南	4.8
20	贵州	4.8	20	广东	5	20	辽宁	4.7
21	天津	4.6	21	天津	4.8	21	江苏	4.7
22	山西	4.5	22	山西	4.7	22	山东	4.7
23	广东	4.5	23	黑龙江	4.7	23	重庆	4.7
24	云南	4.4	24	重庆	4.6	24	湖南	4.1
25	福建	4.1	25	贵州	4.4	25	广东	4
26	湖南	4	26	福建	3.8	26	四川	3.8
27	广西	3.9	27	河南	3.8	27	北京	3.1
28	河南	3.8	28	陕西	3.7	28	上海	3
29	江西	3.4	29	湖南	3.6	29	贵州	2.5
30	黑龙江	2.6	30	广西	2.8	30	福建	1.7
31	陕西	2.4	31	江西	2.4	31	江西	1.2

资料来源：国家统计局。

（二）三次产业企稳向好

2023年以来，吉林省聚焦主导产业，坚持"项目为王"，打造全面振兴新突破"强引擎"。"千亿斤粮食"生产能力建设加快推进，畜牧生产快速增长，高技术制造业、战略性新兴产业、现代服务业增加值大幅提高，新兴动能加速释放。

1. 农业生产形势良好

2023年，吉林省把保障国家粮食安全作为重中之重，锚定建设农业强省目标，立足资源优势，全力做好"粮头食尾""农头工尾""畜头肉尾"文章，积极推进农业十大产业集群建设，实施全产业链开发，奋力向万亿级规模产业迈进。前三季度，吉林省农林牧渔产业产值同比增长5.2%，较上半年4.7%的增速高出0.5个百分点，较全国平均水平高出1.2个百分点，总产值达到了1367.86亿元。其中，农业稳步增长。"千亿斤粮食"生产能力建设加快推进，狠抓落实"增面积、建良田、推技术、用良种、防旱涝、强农机"六项举措。根据农业调度和专家多点生产测算，预计粮食总产量在850亿斤左右。畜牧业迅速增长。前三季度，全省牧业养殖业产值达到998.9亿元，占农林牧渔业总产值的73%。从主要产品看，生猪出栏1425.6万头，同比增长7.3%，增速已经连续三个季度保持在7%以上，较全国平均水平高出4.0个百分点；牛、羊、家禽出栏数量分别达到219.3万头、520.6万只和3.6亿只，较上年同期分别增长11.4%、3.7%和9.7%。

2. 工业运行稳步恢复

前三季度，吉林省工业运行总体上呈现稳定恢复态势。规上工业增加值较上年同期增长4.6%，较全国4.0%的平均增速高出0.6个百分点（见图2），9个重点产业中有7个实现正增长（见表2）。实施汽车产业集群"上台阶"工程项目167个，总投资近千亿元，汽车产业加速发展，充分发挥其"压舱石"作用。前三季度，汽车产业增加值同比增长7.3%。省属口径整车产销量分别增长7.7%和10.8%，分别高于全国平均水平0.4个和2.6个百分点。新能源汽车产销同比分别增长40%和72%。新兴动能加速释放。信息、装备制造产业实现两位数快速增长。前三季度，吉林省依托电子信息制造业产业基础，支持电子信息制造业创新发展，信息产业增加值同比增长46.9%，在重点产业中增加值居于首位，显示出吉林发展新动能正在蓄力。"陆上风光三峡"项目建设推动中车新能源、吉鲁新能源、新能光伏等新能源装备制造企业快速发展，装备制造业增加值同比增长10.3%。

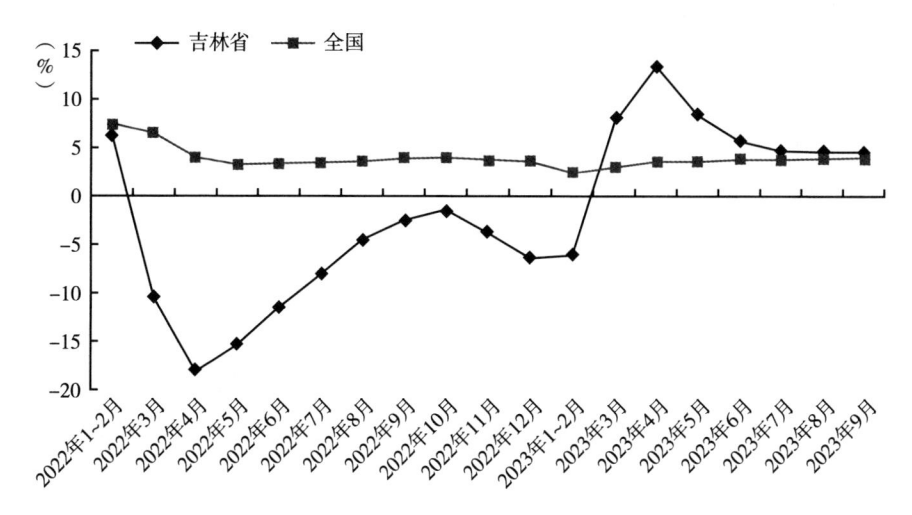

图2　2022年和2023年前三季度吉林省及全国规上工业增加值累计同比增速

资料来源：国家统计局。

表2　2023年前三季度吉林省规模以上重点产业工业增加值增速

单位：%

指标	增速
重点产业合计	6.1
汽车制造业	7.3
石油化工产业	-2.0
食品产业	7.5
信息产业	46.9
医药产业	-4.0
冶金建材产业	19.7

续表

指标	增速
冶金产业	15.5
建材产业	28.1
电力生产行业	3.8
纺织工业	8.6
装备制造产业	10.3
高耗能产业	4.3
高技术制造业	-0.4
战略性新兴产业（产值）	1.9

资料来源：吉林省统计局。

3. 服务业支撑作用渐强

2023年，随着接触型、聚集型服务业和现代服务业带动作用的增强，吉林省服务业持续较快恢复。前三季度，全省服务业增加值同比增长6.7%，快于地区生产总值增速0.9个百分点（见图3），高于全国平均水平0.7个百分点，占地区生产总值的比重为60%，对经济增长的贡献率为64.4%，拉动全省经济增长3.8个百分点，有效发挥了对经济增长的支撑作用。其中，传统服务业加速恢复。住宿和餐饮业增加值同比增长19.1%，交通运输、仓储和邮政业增加值同比增长10.7%，批发和零售业增加值同比增长10.6%。现代服务业快速推进。2023年吉林省大力推动服务业数字化转型，推动数字技术和生产性服务业深度融合，开展了首批现代服务业同先进制造业、现代农业深度融合试点认定工作，围绕智能网联汽车和服务、高端装备制造和研发设计、现代农业和信息服务等十个重点领域，积极培育产业融合发展新业态、新模式，提供高品质和多样化的生产生活服务。

（三）三大需求走势分化

2023年，随着扩内需促消费政策发力显效，传统消费焕发生机，新消

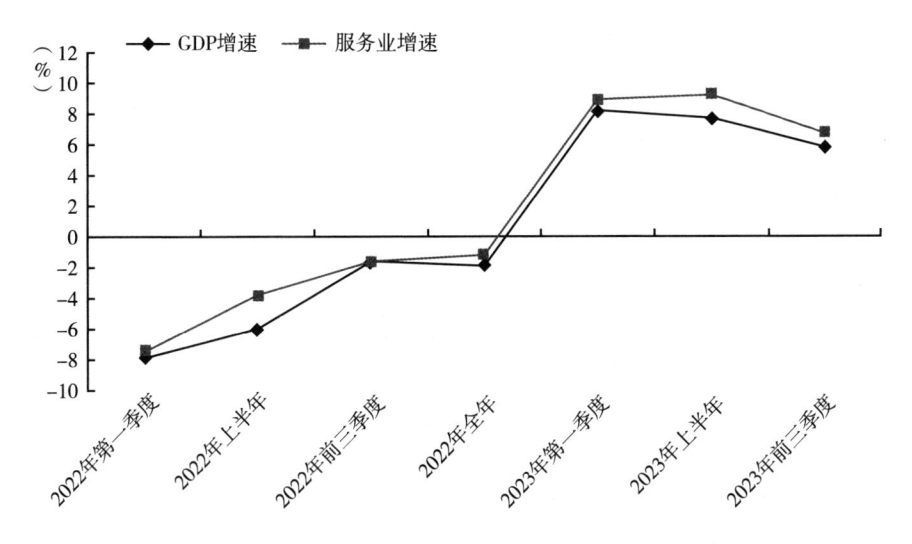

图3 2022年和2023年前三季度吉林省GDP和服务业增速

资料来源：吉林省统计局。

费市场昂扬发展，消费需求稳定恢复。但投资动力略显不足，房地产投资持续下降，成为拖累投资需求的主要原因。出口增速虽仍呈两位数运行，但较上年同期增速下滑。

1. 消费增长快速恢复

年初以来，吉林省颁发了一系列促消费政策，支持消费提质升级。前三季度，吉林省社会消费品零售总额达到了2972.16亿元，较上年同期增长10.0%，较全国平均6.8%的增速高出3.2个百分点（见图4）。其中，限额以上社会消费品零售总额达到1230.39亿元，较上年同期增长12.6%，较全国平均5.9%的增速高出6.7个百分点。新消费市场昂扬发展。吉林省各地结合实际情况寻找发力点，以"特色"经济为消费者提供了更多选择，围炉煮茶、游船畅饮、数字赋能消费场景等多款沉浸式体验活动刺激消费活力持续释放。传统消费焕发生机。在传统消费领域里，也因为品质提高、品种增加和模式创新，传统产品焕发新生机。旅游业加速回暖。旅游产业带动作用强劲，中秋国庆假期，吉林省旅游市场迎来爆发式增长。旅游收入和接待

007

国内旅游人数分别达到192.15亿元和2538.86万人次，同比分别增长179.29%和113.56%。

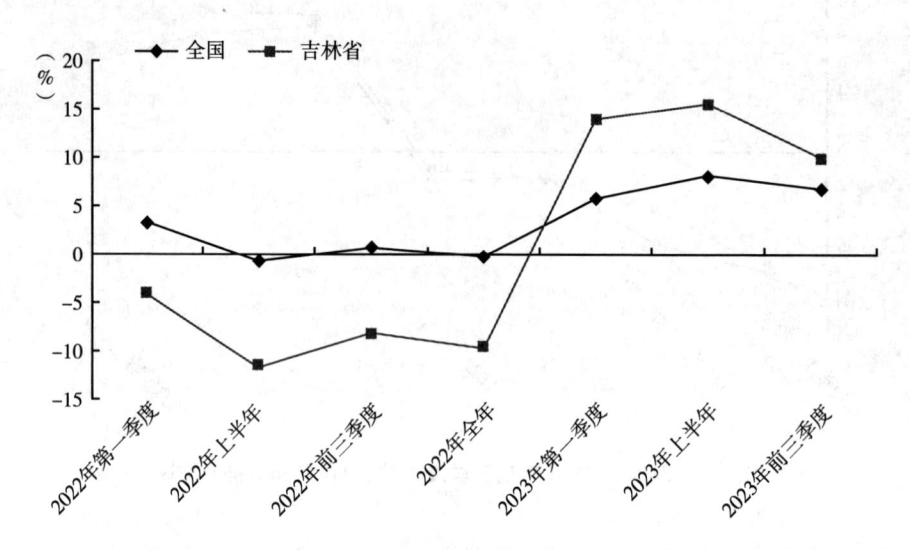

图4 2022年和2023年前三季度全国及吉林省社会消费品零售总额增速

资料来源：吉林省统计局。

2. 固定资产投资回升势头明显

2023年为有效应对外部不确定性因素冲击，吉林省将稳投资作为重要工作。前三季度，全省固定资产投资（不含农户）降幅达2.4%，比1～8月收窄4.7个百分点，回升态势虽明显，但仍呈负增长状态，且较全国平均3.1%的增速低了5.5个百分点（见图5）。重大项目投资支撑强劲。吉林省贯彻全省优化营商环境加快项目建设大会精神，围绕"百千万"产业培育工程，紧抓项目建设，以项目建设承载大规模投资。前三季度，全省亿元以上项目完成投资同比增长9.3%，10亿元以上项目完成投资同比增长17.6%。其中，农业上的高标准农田项目、肉牛建设工程项目投资在第一季度分别增长21.1%和300%；工业上的汽车产业集群"上台阶"工程项目高效推进，中车新能源产业基地建设、奥迪一汽新能源汽车生产等重大项目顺利推进。投资结构优化。一批打基础、利长远的产业基础建设投资加力提效，高技术制造业投资增加，投资结构持续优化。前三季度，全省基础设施投资同比增长8.2%，增速比1~8月提高4.3个百分点，高于全国平均水平2.0个百分点。制造业投资同比增长42.3%，其中高技术制造业和战略性新兴产业投资也快速增加，增加值增速分别达到15.4%和14.7%。房地产投资持续减少。受到政策调控、资金压力、市场需求等多重因素的影响，房地产市场持续低迷，房企的开发投资意愿仍不足。前三季度，吉林省房地产开发投资663.46亿元，同比下降24.6%，高于全国9.1%的平均降幅15.5个百分点，在全国31个省（区、市）中位列第27，对全省固定资产投资形成拖累。

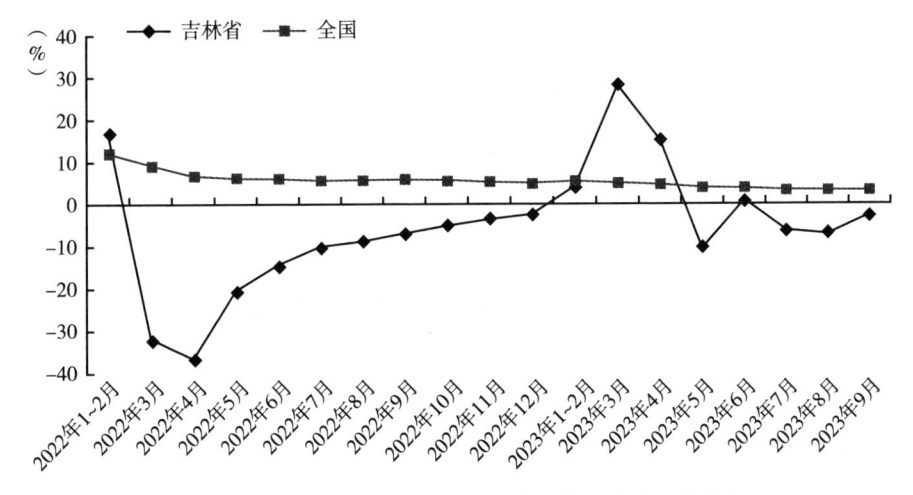

图5 2022年和2023年前三季度吉林省和全国固定资产投资（不含农户）累计同比增速

资料来源：国家统计局。

3. 对外贸易小幅上涨

2023年以来，吉林省全力搭建对外合作平台，充分释放扩大开放、高质量发展的信号，促使吉林省对外贸易保持稳定增长。前三季度，吉林省进出口总量达到了1195.8亿元，同比增长3.7%，增速高于全国平均水平3.9个百分点。其中，出口增长19.8%，高于全国平均水平19.2个百分点，但较上年同期48%的增速下降了28.2个百分点。进口总额达到757.7亿元，同比下降3.7%。其中，汽车出口贡献巨大。2023年，吉林省举办了第八届全球吉商大会、第十四届中国—东北亚博览会、第三届中国新电商大会等10余场重大招商引资活动，组织参加了国际专业汽车展，举办汽车及零部件跨境电商交易会、汽车及零部件国际供应链论坛等。前三季度汽车整车出口增长205.7%、零部件出口增长18.3%。积极发展外贸新业态。积极发展跨境电商、市场采购等外贸新业态。前三季度保税物流进出口增长110.6%。为稳住外贸增长基本盘，吉林省还积极组织企业出海接单，出台促进汽车及零部件产业开拓国际市场若干措施，推进自营进口项目，发展新出口项目。

（四）价格指数运行稳定

随着吉林省生产需求的持续恢复，消费和生产领域价格指数运行平稳。

1. 消费价格指数运行总体平稳

消费领域价格平稳运行。前三季度，吉林省CPI同比无增长，较上半年0.1%的增长水平有所回调，低于全国0.4%的平均增速。分月度看，CPI同比涨幅呈现高开低走态势。1月份，在节日因素作用下，CPI同比涨幅达到了1.8%，较全国2.1%的平均增速低了0.3个百分点；节后，消费需求在2月份回落至0.9%，较全国平均水平低0.1个百分点；随后，受国际能源价格持续回落等因素影响，3月份和4月份的CPI连续下降，4月份已经下降了1.0%；自5月份开始，随着节日假日的到来，旅游出行增加，加之国际油价的上涨，CPI环比四连涨，8月份已与上年同期持平，9月份略有下降，下降了0.1%。分季度看，前三季度CPI与上年持平，其中食品价格略有回落，同比下降0.2%，食品中，粮食、蛋类、水产类、鲜果类价格同比分别上涨0.6%、0.3%、0.1%和4.9%，生猪产能充足，猪肉价格下降6.5%，鲜菜类价格同比下降8.1%。非食品价格略有回升。前三季度，服装、生活用品及服务、教育文化和娱乐、医疗保健类价格均上涨，涨幅分别达到0.1%、0.4%、1.2%、0.7%，仅交通和通信类商品价格指数同比下降了 2.4%。

2. 生产价格指数降幅进一步回调

2023年受保供稳价政策效应显现、国际大宗商品价格震荡下降等因素影响，前三季度，吉林省PPI同比环比均呈现下降态势，1~9月份同比下降了1.5%，降幅与上半年持平，较第一季度降幅扩大了0.7个百分点，较1~8月份1.6%的降幅回调了0.1个百分点。从分月环比来看，1~2月份PPI环比下降0.3%，进入3月份，PPI环比上涨0.1%，4~7月份，环比分别下降0.1%、0.5%、0.1%、0.3%。从分月度同比来看，各月份同比均有所下降。其中，1~5月份，降幅逐月扩大，由1月份的与上年持平，到5月份同比降幅达到了2.5%。

（五）民生保障持续改善

2023年，吉林省聚焦民生热点，突出问题导向，凝心聚力办实事，多措并举解难题，坚持民生投入只增不减，切实保障和改善民生，持续扩大就业岗位供给，居民收入增速高于经济增速。

1. 就业岗位供给持续扩大

2022年，吉林省城镇新增就业25.17万人，完成年度计划的109.43%。2023年，吉林省决定继续扩大就业岗位供给，以确保完成全省新增就业23万人的目标。为此，吉林省委省政府加大政策支持力度，多措并举稳定和扩大就业岗位，确保全省就业形势稳定。先后发布了《吉林省促进高校毕业生等重点群体就业创业若干措施》《关于延续实施一次性扩岗补助政策有关工作的通知》等政策，出台了《促就业服务攻坚行动实施方案》等，以此助企扩岗，促进高校毕业生留吉就业、基层就业，促进农村劳动力就地就近转移就业。

2. 居民收支稳步增长

2023年前三季度吉林省人均可支配收入为21210元。相比上年同期19740元的人均可支配收入增加了1470元，同比名义增长7.45%，增速明显高于地区经济增速。其中，城镇和农村居民人均可支配收入同比名义分别增长6.84%和7.68%，收入分别达到27844元和12401元，较上年同期分别增加1783元和885元。居民人均消费支出累计15521元，较上年同期12710元的人均消费支出增加了2811元，增长22.12%。其中，城镇和农村居民人均消费支出同比名义分别增长24.11%和16.5%，分别达到19320元和10477元，较上年同期分别增加3753元和1484元。

3.民生保障持续强化

近些年来，吉林省各级民生保障部门坚持民生为本、服务至上，抓好就业、社保、卫生、环境、养老、文化、教育、体育等工作，努力把实事办到群众的心坎上，民生保障工作取得扎实成效。截至2022年底，吉林省全省基本养老保险、失业保险和工伤保险参保人数分别达到1887.80万人、281.05万人和394.50万人。2023年，吉林省聚焦50件重点民生实事，在劳动就业创业、民政扶弱济困、便民设施配套、医疗卫生惠民、地区环境提升、基础设施建设、教育文化体育等领域持之以恒，吉林省民生保障工作加快推进。

二 吉林省经济社会发展存在的问题

2023年前三季度吉林省取得了不俗的经济成绩，但也面临着一系列的问题。

（一）工业生产回升动力不强

从工业生产来看，回升动力不强。前三季度工业增加值同比增速虽达到了4.6%，但这是在上年工业增速受疫情影响而造成的低基数基础上的，且该值较上半年同比增速也低了1.1个百分点，在全国31个省（区、市）中位列第19，工业增速仍处于相对较低水平（见表3）。

表3 2023年前三季度全国及各省（区、市）工业增加值累计增速

单位：%

排序	地区	累计增速	排序	地区	累计增速
	全国	4.1	16	湖北	5.6
1	海南	19.1	17	浙江	5.5
2	西藏	14.7	18	新疆	4.8
3	宁夏	9.6	19	吉林	4.6
4	青海	8.2	20	辽宁	4.5
5	内蒙古	7.6	21	江西	4.2
6	甘肃	7.5	22	河南	4
7	安徽	7.3	23	天津	3.5
8	贵州	7.3	24	山西	3.5
9	江苏	7.2	25	广东	3.1
10	山东	7.1	26	上海	3
11	四川	6.8	27	湖南	2.6
12	河北	6.6	28	福建	2.5
13	广西	6	29	北京	-0.7
14	重庆	5.7	30	陕西	-1.5
15	云南	5.7	31	黑龙江	-2.4

资料来源：国家统计局。

（二）投资需求较为疲软

投资需求延续增速回落态势，前三季度吉林省固定资产投资同比下降2.4%，比上半年下降了3.3个百分点，较全国平均3.1%的增长水平低了5.5个百分点，在全国31个省（区、市）中位列第21（见表4）。此轮投资转弱归根结底是由于民间固定资产投资走弱的影响，近年来，受房地产市场低迷的拖累，民间投资增速下滑趋势愈发严重，加之股市积弱，也影响了民营经济的发展，民营企业投资意愿不强，削弱了经济内在增长动力。

表4　2023年前三季度全国及各省（区、市）固定资产投资增速

单位：%

排序	地区	增速	排序	地区	增速
	全国	3.1	16	重庆	3.6
1	西藏	57.5	17	四川	3.2
2	内蒙古	26.2	18	广东	3.1
3	上海	25	19	福建	3
4	新疆	9.1	20	河南	1.8
5	浙江	8.5	21	吉林	-2.4
6	宁夏	7.2	22	湖南	-4.9
7	甘肃	6.7	23	贵州	-4.9
8	河北	6.3	24	山西	-6.8
9	北京	5.9	25	青海	-7.9
10	江苏	5.7	26	陕西	-8.7
11	山东	5.5	27	云南	-8.8
12	湖北	5.5	28	江西	-11.2
13	安徽	4.4	29	广西	-13.2
14	海南	4.3	30	黑龙江	-16.6
15	辽宁	3.9	31	天津	-20.8

资料来源：国家统计局。

（三）产业链存在短板和断点

当前，吉林省的同一产业的产业链上下游之间没有形成互相支撑。比如，汽车产业整强零弱格局突出。汽车整零比虽然达到了2.5∶1，但与全国1∶1的平均水平差距较大。在电机（微电机）、半导体、智能网联控件等领域相对较弱，以汽车内饰件、结构件、机加工等附加值较低的企业居多。吉林化纤作为国有企业，在全省化工产业链中起到了主导作用，但其产品多以原料纤维为主，下游高端产品较少。加之化工产业上游受资源和技术因素影响较大，下游由于化工产品本地使用率低等原因，吉林省的化工产业同构和产品同质化问题较为突出，难以形成产业链。装备产业在智能成套装备领域汽车工艺装备、危化品灌装、民爆智能生产线等方面拥有领先优势，

但高档数据机床与工业机器人水平不高。此外，吉林省几大支柱产业相互分离的现象较为严重，产业间缺乏有效的合作，产业间的分工水平低，配套能力弱。

（四）产业内部结构亟待升级

农业内部结构上，玉米作为吉林省主要粮食作物，播种面积高达75%，但由于其深加工产品少、产业链短等因素，以玉米为主要原料的农产品加工仍停留在淀粉、酒精等初级产品上。畜牧业发展因部分特色产品，如延边黄牛、精气神黑猪等产品规模和影响力有限，而缺乏市场竞争力。长白山人参、木耳、灵芝等特色资源产品虽有数量规模，但深加工不足，缺乏品牌建设，仍以原料和初级加工品为主。工业内部结构上，轻重工业仍显失衡，重工业比重仍较高，轻重工业比低于0.3，工业增长超八成是由重工业贡献。服务业内部结构上，当前仍以传统服务业为主，现代服务业发展仍显滞后。2022年末，信息传输、软件和信息技术服务业占比仅8.5%，金融业占比14.8%，科学研究和技术服务业不足5%。而且，吉林省制造业服务水平较低，导致整体经济效率并未得到有效提升。服务业比重过快上升和制造业比重过快下降，导致产业结构存在"逆库兹涅茨化"趋势。

（五）市场主体经营难度持续加大

近年来，外部环境形势严峻复杂导致吉林省经济一直处于下行通道，市场主体面临的风险和不确定因素不断累积，生存的空间和机会受到一定程度的影响。部分龙头企业由于芯片断供、贸易受限、技术垄断等方面原因，经济效益和利润明显下降，而占比较大的中小企业和个体工商户由于缺少资金、人才、技术等方面的优势，抵抗外界风险和互联网经济冲击的手段与方式有限，陷入经营困难甚至倒闭的困境。前三季度，吉林省有亏损企业1274户，较2021年疫情前的800多户显著增加。

吉林蓝皮书

三　2024年吉林省经济发展形势预测

当前，中国经济持续恢复向好、总体回升的态势明显。加之中国坚实的发展基础，前期出台的一系列政策效应逐步显现等，未来中国经济将保持健康、可持续增长。然而，国际上地缘冲突、局部战争此起彼伏，俄乌冲突旷日持久，巴以战争不断升级，加之全球通胀高涨、利率上升、债务高企，造成全球经济增长动力不足。在此环境下，吉林省经济发展面临着前所未有的挑战和困难，但也同时迎来了各种新的发展机遇，保障经济社会高质量发展的基本条件仍然稳固，预计吉林省经济稳步增长的态势仍将保持不变。

（一）吉林省经济发展面临的机遇与挑战

1. 发展机遇

（1）中国经济高质量发展稳步推进

2023年，随着国内外环境的不断调整，国内各类稳经济政策有效实施，消费市场快速复苏，经营主体活力逐步提升，社会预期有效改善，国民经济持续向好，高质量发展稳步推进。前三季度，中国GDP同比增长5.2%。前三个季度经济同比增速依次达到4.5%、6.3%和4.9%，环比增速依次达到2.3%、0.5%和1.3%，表明我国经济增长每个季度都在攀升，显示出我国经济的韧性和活力。此外，随着中国与"一带一路"共建国家的贸易日益频繁，加之跨境电商等新业态新模式的加快发展，中国外贸市场潜力巨大。这些都为吉林省经济提供了平稳健康的发展环境。

（2）东北再振兴持续推进

2023年是东北振兴战略实施20周年，党领导东北地区振兴发展取得了重要进展，同时，东北振兴也迎来重大发展机遇。9月，习近平总书记在东北调研期间召开的"新时代推动东北全面振兴座谈会"，谋划部署了东北全面振兴。10月27日，习近平总书记主持中央政治局会议，审议《关于进一步推动新时代东北全面振兴取得新突破若干政策措施的意见》，指出新时代新征程推动东北全面振兴面临新的重大机遇，东北地区要牢牢把握维护国家"五大安全"的重要使命，走出一条高质量发展、可持续振兴的新路。这些为吉林省在新征程上重振雄风、再创佳绩提供了重大机遇。

(3) 老工业基地产业升级

习近平总书记在新时代推动东北全面振兴座谈会上强调，推动东北全面振兴，根基在实体经济，关键在科技创新，方向是产业升级，要以科技创新推动产业创新，加快构建具有东北特色优势的现代化产业体系。吉林省在高端装备、航空航天、集成电路等领域拥有扎实的产业基础，一直在产业转型升级上谋篇布局。吉林省"十四五"规划明确指出，推进制造业转型升级，实施制造业数字化转型行动，开展普惠性"上云用数赋智"转型服务，增强产业链供应链自主可控能力。未来制造业对人工智能、云计算、区块链等数智技术企业人才和服务的需求庞大。为抢抓数字产业化、产业数字化重大机遇，吉林"瞄准"制造业主动出击，围绕汽车、医药、装备、食品、石化、原材料等领域，研究起草了《吉林省制造业智能化改造和数字化转型行动方案（2023～2025年）》。近期，中国建筑集团、中国建材集团、中国黄金集团、中国南方航空集团等多家央企与吉林省开展合作洽谈，签订48个项目，涉及现代农业、新能源、新材料、石油化工等多个领域，为吉林省全面提升核心竞争力，实现制造业高质量发展创造了有利条件。

2. 发展挑战

(1) 原油价格持续波动

2023年6月以来，为维护国际原油供应量，沙特、俄罗斯、阿尔及利亚相继宣布削减原油供应量，市场对原油供应趋紧的担忧加剧，价格整体呈现上行态势，近期中东地区的冲突升级，导致中东地区石油供应的不确定性增加，引发市场对于中东地区局势恶化的担忧和预期，从而推高国际油价。截至10月17日收盘，布伦特原油期货价格为每桶85.76美元，较10月初上涨了约10%；美国西德克萨斯中质原油期货价格为每桶82.28美元，较10月初上涨了约9%。国际油价的持续上涨，将会增加中国的能源进口成本，以及贸易逆差压力和外汇储备消耗，也会增加中国通胀压力，导致各行业的生产成本增长。但油价的上涨给吉林省石化产业发展带来一定利好。综合来看，生产成本的增加对全省各行业发展造成影响。

（2）人民币汇率持续承压

近年来，美国经济受到新冠疫情、俄乌战争、供应链扰动等多重因素的影响，出现了超预期的高通胀。美联储为了稳定物价水平和预期，采取了紧缩货币政策，提高联邦基金利率，并缩减资产负债表规模。而中国央行为了支持实体经济和防范金融风险，采取了宽松的货币政策，降低贷款市场报价利率（LPR），并释放流动性。由于中美两国利率政策不同，美国加息而中国降息，中美两国利率差倒挂，导致人民币兑美元汇率边际上行，人民币贬值压力趋紧，极易引发资金外流。虽然近期美联储维持利率不变，但仍"敞着加息大门"，货币政策、债券市场、股市等方面仍会受到影响，中国经济发展仍面临此不确定性因素。

（3）粮食供应链格局改变

自从俄乌冲突爆发之后，全球粮食安全都受到了不同程度的影响，粮食价格上涨，而且各主要粮食出口国先后加强了粮食出口管制。2023年以来，印度、阿联酋等国先后实施了大米出口禁令，俄罗斯也延长了大米出口禁令。巴以冲突爆发后，全球的粮食供应危机加剧，粮食供应链格局发生了新的变化。我国作为人口大国也是粮食消费大国，在世界局势持续动荡、地缘局势急速恶化的情况下，粮食安全问题更加凸显。吉林省作为产粮大省也是粮食调出大省，肩负的维护国家粮食安全的责任更重、压力更大。

（二）2024年吉林省主要经济指标预测

2023年，面对复杂严峻的国际环境和艰巨繁重的国内改革发展稳定任务，中国各地区坚持稳中求进，科学部署经济社会发展任务，有效应对各种风险挑战，国民经济总体持续恢复向好。国际方面，美国经济强劲增长，欧洲经济停滞风险上升，日本经济恢复力度边际衰减。全球经济增长放缓，分化趋势加剧。IMF在10月发布的《世界经济展望报告》中预计，2023年全球经济增速将较2022年的3.5%下降0.5个百分点,降至3.0%,2024年全球经济增速将会继续下降,降至2.9%。中国经济走势将与全球保持一致,2023年中国经济增速预计达到5.0%,2024年预计较2023年下降0.8个百分点,降至4.2%。但中国经济增速始终会高于全球经济平均增速,表明中国在全球经济中将扮演越来越重要的角色。综合考虑这些因素,并利用2003年第一季度至2023年第三季度数据构建的吉林省联立方程模型,对2023年和2024年吉林省主要经济发展指标进行预测,结果如表5所示。

表5 吉林省主要经济指标增速预测

单位:%

指标	2023年	2024年
地区生产总值	5.8	6.0
其中:第一产业增加值	5.3	5.5
第二产业增加值	4.6	5.7
第三产业增加值	6.9	7.8
社会固定资产投资	2.1	5.4
社会消费品零售总额	10.3	6.5
居民消费价格指数(CPI)	0.4	0.7
城镇常住居民人均可支配收入	6.9	5.6
农村常住居民人均可支配收入	7.8	7.2
外贸进出口	3.3	4.2
其中:出口	16.1	18.6

1.地区生产总值预测

近期巴以冲突引发原油市场震荡、美联储加息的全球负面外溢效应持续释放,2024年及以后一段时间通胀将持续保持高位,各国为遏制通胀而大幅收紧货币政策,可能导致利率长期走高,使得金融市场估值承压,人民币汇率变化造成的大宗商品进口成本提升,再叠加产业链重组等多重风险,国际贸易和投资增速大幅放缓,全球经济复苏缓慢且不均衡,不确定性进一步

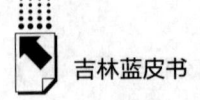

增加。中国政府采取了一系列积极的措施应对外部环境的不确定性，中国经济增长的基本面没有改变，中国经济仍将保持平稳增长。内外部经济环境变化促使吉林省经济增长动力随之调整，过去主要依靠投资，而现在服务业和消费成为经济增长的重要引擎，加之吉林省政府加大对科技创新、新能源、高端装备制造等领域的支持和投入力度，吉林省经济结构持续优化。预计吉林省2024年经济增长在6.0%左右。

2. 消费预测

2023年吉林省居民就业和收入情况平稳、数字经济深度推进，以及促进消费政策频出等因素进一步有利于消费需求释放，有助于消费环境持续改善，有益于消费结构加速升级，进一步奠定了消费需求成为经济稳增长保障的基石。预计2024年，社会消费品零售总额将会持续增长，但因2023年的高基点以及收入的缓慢增长，增幅将可能收窄，预计在6.5%左右。

3. 投资预测

当前，房地产依旧处于"下行"的趋势中，且短期内这一趋势很难改变，但随着基础设施投资大幅增长，加之制造业固定资产投资以两位数增长，固定资产投资仍是经济发展的重要引擎。2024年，吉林省将继续积极推动创新驱动发展战略，鼓励创新创业，促进新技术、新产业、新业态发展，投资结构将加速调整，产业将加快转型升级，高技术产业成为经济增长强引擎。加之房地产放松政策效应将会逐步显现，促进民间投资和民营经济政策持续发力，重大项目投产见效释放增量，打基础、利长远的基础建设投资将会继续增加，央地合作持续走深走实。预计全年固定资产投资增长在5.4%左右。

4. CPI预测

2023年随着供需条件改善的有利因素持续增多，居民收入稳步增长、消费意愿逐步回暖、大宗商品消费和服务消费逐步回升。加之猪肉价格企稳，旅游出行价格明显恢复。此外，俄乌多次谈判未果，中东局势面临失控风险，国内成品油调价预期高涨，保持高油价将可能成为常态。预计2023

年底CPI有望逐步回升，全年呈U型走势。2024年随着宏观经济进一步稳固，广义货币将保持较快增长，物价大概率会继续上涨，涨幅预计在0.7%左右。

5.出口预测

2023年随着全球经济复苏和需求增加，供应链恢复，我国对外贸易增长。其中汽车出口扮演了非常重要的角色。2024年，得益于产品与技术优势，以及中国自主车企在渠道、研发、产品本土化等多方面投入的增加，新能源汽车将持续成为中国汽车出口增长的核心动力。吉林省作为汽车生产的主要地区，2023年更是多次组织并参加国际汽车交易会及论坛等，汽车整车出口增长2倍多，零部件出口也呈现两位数增长。2024年吉林省将全力搭建汽车产业出口平台，汽车出口有望继续增长。此外，2023年跨境电商出口规模持续扩大，《2022~2023年中国跨境出口电商行业发展现状与典型案例研究报告》预计2024年中国的跨境电商出口规模有望达到2.95万亿元。吉林省随着珲春综合保税区、珲春跨境电商产业园区的建立，将在2024年我国的跨境电商业务中发挥巨大作用。综合上述因素，预计2024年吉林省出口增速将达到18.6%。

四 对策建议

当前吉林省全面振兴已经进入了关键阶段，全省上下应当重视并解决经济发展过程中存在的结构、区域、动力等方面发展问题，按照新时代推动东北全面振兴座谈会指示精神要求，发挥资源优势、比较优势，构建以"四大集群、六新产业、四新设施"[①]为基础的具有吉林特色的发展新格局，为实现振兴新突破打牢基础。

---

① 2023年吉林省委常委会提出，四大集群是指大农业、大装备、大旅游、大数据，六新产业是指新能源、新材料、新医药、新康养、新服务、新电商，四新设施是指新基建、新环境、新生活、新消费。

（一）维护国家粮食安全，加快发展现代化大农业

一是稳步提高粮食综合生产能力建设。积极应对当前世界形势不稳定状态对粮食供应链产生的深刻影响，坚决扛稳维护国家粮食安全重任。继续深入实施"藏粮于地、藏粮于技"战略，按照"一主六双"战略高质量建设中西部粮食安全产业带的要求，围绕榆树、公主岭、农安等18个产粮大县的种植禀赋，科学调整种植业布局，完善产粮大县支持政策，减少耕地"非农化""非粮化"倾向，稳步提高粮食生产能力。长春、吉林、四平等中部区域，加强黑土地的保护与利用，继续巩固黄金玉米带的优势，积极促进玉米、水稻等粮食作物的稳产增收，打造粮食产能核心区。松原、白城等西部农牧区，进一步开发黄金水稻带的资源优势，开发有机稻、碱性稻等新产品，逐步扩大水稻种植面积，并着力开展青贮玉米、饲草种植等多品种粮饲体系建设。

二是大力发展现代畜牧业。依托中东西三大板块的地域特色和养殖资源，大力实施"秸秆变肉"工程，充分调动农民的养殖积极性，扩大生猪、肉牛产业规模，稳步发展肉羊家禽产业，鼓励农民根据区域特点、技术条件等因素积极发展梅花鹿、林蛙等特色养殖业。利用新媒体力量，提升延边黄牛、辽源鸡蛋等品牌影响力。支持小规模养殖户和新型农业经营主体融合发展，提高规模化绿色化养殖水平，推动形成现代化养殖基地以及国家级肉蛋奶供应基地。

三是做响特色产业品牌。充分利用具有吉林优势的特色资源，加快集群式发展，将生态优势转化为产业优势。东部地区以长白山特色生物资源为主要开发产品，加快打造长白山区域公共品牌。利用人参、灵芝、黄芪、北五味子等中药材优势，生产具有高附加值、高品质的中药产品和保健食品。依托黄松甸黑木耳、集安板栗、长白山蓝莓等地理标志产品优势，进一步加大食用菌、坚果、浆果等的开发力度，提供满足多样化市场需求的新产品。西部地区重点发展杂粮杂豆、马铃薯、花生、烟叶、葵花、辣椒等产业，有效延伸产业链条，促进"原字号"生产资料向餐桌食品、休闲食品、工业产

品等领域转化。借助"黑水西瓜""查干湖胖头鱼"等特色品牌优势,积极举办联合会展,拓展西部地区特色产品的知名度和影响力。

四是推动设施农业的规模化精细化。以建设城市"菜篮子""果园子"为目标,重点开发城市周边和重要铁路公路沿线地区,通过土地流转,规模化发展设施农业,保障城乡居民的蔬菜供应。鼓励城市周边农村利用闲置土地开发"共享农场""共享果园"等新模式,满足城市居民对食品的高品质要求以及回归田园的精神需求。结合乡村旅游的新趋势,开发反季蔬菜水果、特色珍稀品种的大棚种植、采摘、研学,促进田园综合体的建设。以哈大线为主轴,鼓励周边乡镇采取"企业+农户+技术"、农业合作社等方式发展棚膜经济,有效对接南方市场需求,逐步扩大北菜南运规模,打造国家级北菜南运基地。

(二)构建具有吉林特色的产业体系,厚植经济发展新动能

一是打造万亿级产业集群,发挥引领带动作用。依托雄厚的汽车产业基础及丰富的农业、旅游等优势资源,加快打造万亿级大产业,并积极发挥万亿级产业在产业结构优化、新旧动能转换过程中的引领带动作用。汇聚全省的技术、人才、资金等方面资源,以开放融合、加快创新的发展思路促进汽车产业做大做强做优,构建涵盖设计研发、整车及零部件制造、汽车市场服务的完整产业链条。继续发挥"红旗""解放""奔腾"等自主品牌优势,巩固扩大市场竞争力,扎实践行新能源战略,大力发展新能源汽车,加快全要素海外布局,拓展新能源汽车国内外的市场份额;以科技创新为第一动力,构建安全可控的产业链创新链供应链,培育市场竞争新优势。瞄准安全、绿色和有机发展方向,利用优质的吉林农产品、林特产品资源,统筹推进农林产品、肉蛋奶、水产品的初加工、深加工以及主食加工,开发丰富多彩的产品类型,提升"冰箱餐桌"吉林产品比重;大力推动玉米等产品的精深加工和综合利用加工,再造现代玉米深加工业新优势。发挥吉林省"山水林特"生态资源和"清爽避暑"气候优势,加快构建冰雪、乡村、红色、康养、边境、文化等旅游产品体系。拓展冰雪产业链条,推动冰雪旅游

向冰雪经济转变。围绕游养、医养两大引擎,以旅游休闲、体育运动、健康养生、疗养保健、医疗服务为重点,打响"吉林休闲康养旅游胜地"品牌。

二是促进传统产业数智化转型,加快形成新质生产力。聚焦产业链高端化和现代化,围绕汽车、石化、装备、食品等传统制造业和绿色节能领域,加快数字化、网络化和智能化改造,培育升级主导产业,持续释放强劲动能。加快工业互联网、信息物理融合系统(CPS)、人机智能交互、工业机器人、增材制造(3D打印)等先进制造技术的普及,推动智能工厂和数字化车间建设,在能源电力、医药健康、石油化工、装备制造、电子信息等领域培育一批千亿级规模产业。面向国家战略性产业布局需要,瞄准未来产业发展方向,勇于开辟新领域、新赛道,促进"芯、屏、端、软、智、网"产业链供应链不断延链、强链,加快形成新质生产力。围绕卫星及航天信息、航空装备制造、光电信息、新材料等领域培育一批具有爆发力、带动力的创新型增长点,并培育壮大一批千亿级百亿级企业,加快构建多点支撑、多业并举、多元发展的战略性新兴产业和传统制造业并驾齐驱的产业发展新格局。

三是推动服务业创新发展,巩固经济发展支撑。以满足现代农业、制造业发展需求和新时代人民美好生活需求为重点,利用新技术推动服务业业态、模式创新,促进产业融合、跨界融合,重点发展现代物流业、金融服务业、研发设计、信息技术服务业等生产性服务业,打造现代服务业创新发展载体,推动生产性服务业向高端化、高级化迈进;大力发展商贸流通、文旅休闲康养、教育医疗等产业,鼓励实体商业通过直播电子商务、社交营销、在线服务开启新模式,提升精准高效服务质量。

(三)强化三大需求动力,夯实经济增长基础

一是有效挖掘新的消费需求。当前稳定并扩大吉林省居民消费需求仍需要从改善社会预期和增强市场活力入手,通过实施发放消费券、举办节庆活动等短期措施和增加收入、创造就业岗位等长期政策相结合的方式带动就业增收,从而引致更多需求。同时进一步释放政策效应,优化营商环境,降低

企业成本，激发市场主体活力。拓展新消费场景，促进传统商圈向消费体验中心、休闲娱乐中心、文化时尚创意中心、产品和服务设计定制中心、消费业态和模式创新中心等新型发展载体转变，培育发展文旅、商贸、养老、健康等领域新业态新模式，改善服务消费供给，激发新的消费潜力。

二是持续增加投资动力。紧抓新时代东北老工业基地全面振兴机遇，按照国家部署组织实施一批具有全局带动性和创新引领性的重大工程及重大项目，重点选择产业转型升级、基础设施建设、科技创新、生态环保、民生改善等领域进行投资。促进在建项目达产增效，加快奥迪新能源汽车、吉化转型升级等在建项目投资建设进度，紧盯抓实中车新能源装备产业园、东方电气装备制造基地、中溢超高功率石墨电极等建成项目投产见效释放增量。抢抓国内外产业深刻调整和产业链重构大背景下产业和资本重新布局机遇，加大对光电信息产业、新材料、新能源等新兴产业的招引力度，推动产业链供应链横向、垂直整合，促进形成现代产业的生态圈。

三是提高开放合作水平。多方借力省和国家重大战略，围绕加快推进吉林自贸区申报，扩大中国—东北亚博览会影响力，推进珲春海洋经济合作示范区建设，深化与北京、上海、广东、江苏等省市合作，以高能级开放创新平台为引力点，集聚全球制造业高端创新资源，突出"进""出"平衡，支持吉林优质企业"走出去"，补齐吉林经济生产环节中的质量、效率短板。

（四）优化科技创新生态，提升产业链韧性

一是加强自主创新能力，提高应对风险能力。科学谋划，统筹推进，集聚力量进行原创性、引领性科技攻关，围绕产业链部署创新链，围绕创新链布局产业链，为提升产业链供应链韧性和安全水平筑基，推动经济高质量发展迈出更大步伐。重点选择汽车、生物制药、高端装备制造、航空航天等行业进行人工智能、工业互联网、高端芯片、高端工业软件等关键领域核心技术攻关，努力实现自主可控，保障产业链供应链安全，增强科技应对国际风险挑战的能力。

二是加大研发投入力度，优化创新创业环境。科学制定激励政策，引导企业更好地投入技术研发创新中，吸引更多高校、科研机构参与到技术攻关中，不断扩大科研成果的本地转化率。加快探索知识、技术、管理、数据等要素价值的实现形式，赋予科研机构和高校更大的科研经费使用和收入分配自主权，完善技术类无形资产挂牌交易、公开拍卖与成交信息公示制度，推广科技成果市场化定价机制，推进科技成果评价机制改革，完善科技奖励体系。

三是整合和优化科教创新资源，建设创业创新创造核心区。争取将更多的省级实验室、技术创新中心等纳入国家创新平台体系，加快建设具有全国影响力的区域创新中心。利用长春、吉林等国家级开发区在科技创新创造中的平台功能、创业孵化示范基地作用，加快建设长吉产业创新创造发展示范区等创业创新创造载体，引导资源和成果向企业和园区集聚转化。

（五）促进市场主体协调发展，激发经济发展活力

一是发挥龙头企业引领作用。鼓励有条件的大企业围绕国内外资源配置、提升产业集中度、完善市场网络等开展并购重组，鼓励大企业跨界、跨所有制融合发展为综合性大型企业集团，力争在装备制造、农产品加工、商贸、金融等重点领域做大做强一批竞争优势突出、技术领先、带动性强、具有较强竞争力的大企业和大集团，发挥其对中小企业的引领带动作用。

二是促进中小微企业升级壮大。滚动实施中小微企业成长计划，促进中小微企业向"专精特新"方向发展，着力解决中小微企业发展过程中存在的资金以及人才阻碍，大力培育隐形冠军、专精特新"小巨人"、单项冠军、雄鹰企业和"链主"企业。对于具有一定规模且具有一定知名度的中小微企业以及个体工商户，积极进行政策宣讲和政策支持，引导其合法合规经营，促进企业规模壮大，进一步增加市场竞争力。

三是加大高新技术企业培育力度。对具有一定规模且成长性好的高新技术企业进行点对点的精准服务，引导企业依托高校、科研院所等"外力"，着力解决项目研发技术不到位、成果转化不够多、专利申请"难"等问题。积极联系省内外高新技术企业专门辅导机构，帮助企业成功获得专利，进行

高新技术企业的申请和认定等程序指导，助推企业成功迈过高新技术企业认定的关键"门槛"，提高高新技术企业认定率。

（六）加强分工合作，促进区域协调发展

一是促进省内各区域协调发展。加快推进长春市建设完成"常住人口超千万、经济总量超万亿"特大型现代化城市的目标，提升长春市产业核心引领作用，建设长春国际汽车城和现代轨道交通装备基地，辐射带动四平、辽源、吉林、白城等城市产业配套。提升大健康产品和服务供给能力，辐射带动长辽梅通白敦医药健康产业走廊发展。

二是建设产业转移工业集聚区。加快与浙江等地开展对口合作，建立地区间工作联系机制，加快建设全省"1+N+X"战略合作框架，全面落实产业和劳动力"双转移"的政策和配套措施，重点办好产业转移工业集聚区和示范区。利用吉林省国家级产业转移示范区建设机遇，积极吸引长三角、珠三角以及京津冀等经济发达地区的产业转移，促进产业的转型升级和技术的更新换代，丰富发展资源和市场机遇。

三是强化东北区域一体化发展。探索东北地区市场一体化和产业协作发展新机制，推进汽车制造、轨道交通、能源装备、精细化工、冰雪旅游等重点产业链上下游在区域间清晰布局，培育形成优势互补、分工合理、布局优化的先进产业集群。

产业篇

B.2 加快吉林省新能源汽车产业发展的对策研究

崔剑峰　刘文超[*]

摘　要： 近年来，我国新能源汽车产业爆发式增长，产销量和渗透率逐年上升，市场需求进一步释放，行业竞争日益加剧，技术创新不断加快，充换电基础设施建设持续跟进。吉林省新能源汽车产业发展相对滞后，产能布局不足，产业链不完整，技术创新体系不完善，充换电基础设施建设缓慢，新能源汽车保有量较低等问题比较突出。为进一步加快吉林省新能源汽车产业发展，建议进一步扩大新能源汽车产业规模，推进全产业链发展，加快完善产业技术创新链，加快充换电基础设施建设，积极参与国家新能源汽车下乡战略和推进新能源汽车外向型发展战略。

关键词： 新能源汽车　配套体系　技术创新　充换电设施

---

[*] 崔剑峰，管理学博士，吉林省社会科学院经济研究所研究员，研究方向为产业经济学和区域经济学；刘文超，管理学博士，吉林财经大学亚泰工商管理学院副教授，研究方向为区域经济学。

2020年以来，我国新能源汽车呈现爆发式增长，产业规模快速扩张，产销量连年创新高，渗透率不断提高，已经逐步从政策驱动阶段发展到市场驱动阶段。相比之下，吉林省新能源汽车发展比较滞后，已经与国内先进省份拉开一定差距，整车产能规模小、产业链不完整、充换电设施建设缓慢等问题正在制约吉林省新能源汽车发展。习近平总书记在新时代推动东北全面振兴座谈会上强调，要以科技创新推动产业创新，加快构建具有东北特色优势的现代化产业体系，推动产业链向上下游延伸，形成较为完善的产业链和产业集群。因此，找准吉林省新能源汽车产业进一步发展的着力点，抓住国内新能源汽车产业发展的良好机遇，对于巩固吉林省汽车产业的支柱优势地位，为新一轮吉林振兴提供动力，具有重要的战略意义。

一 吉林省新能源汽车产业发展现状与问题

（一）新能源整车产业规模较小

2021年，吉林省新能源汽车产销分别达到10.2万辆和10.3万辆，同比分别增长84.3%和102%，省内新能源汽车销售量为1.4万辆，市场渗透率为3.7%。2022年吉林省新能源汽车产销分别完成18.3万辆和17.2万辆，虽然分别增长了79.4%和67.0%，但占全国的比重仅为2.5%，增速低于全国平均水平近40个百分点，与广东、上海等新能源汽车大省差距很大（见表1）。在实行在地统计之后，2022年省内新能源汽车销量仅5.4万辆，其中红旗3.6万辆。2023年1~5月，红旗新能源汽车销量为2.5万辆，同比增长339%，虽然发展态势很猛，但总体上仍处于市场推广初期，与比亚迪、特斯拉等品牌差距甚远。当前省内奔腾、丰田等新能源汽车产销量很小，不具备市场竞争力，而最大的新能源整车项目奥迪PPE项目正在紧张建设中，要到2024年底前才能投产，在此期间省内新能源整车还要面临一段时间的空窗期。

表1 2021年、2022年吉林省新能源汽车产量及占比

单位：万辆，%

年份	吉林省新能源汽车产量	增速	吉林省汽车产量	吉林省新能源汽车占比
2021	10.2	84.3	242.4	4.2
2022	18.3	79.4	215.6	8.5

资料来源：吉林省工信厅。

新能源汽车的产能不足、产品不多、产业竞争力不强，已经成为吉林省汽车产业发展的短板。与广东省比较，2020年广东汽车产量为313.23万辆，比吉林省的265.46万辆多47.77万辆，差距并不大，当年广东省新能源汽车产量也仅为20.87万辆；到2022年，广东省汽车产量达到415.37万辆，比吉林省多199.79万辆，而当年广东省新能源汽车产量高达129.7万辆，比吉林省多111.4万辆。数据对比可以看出，吉林省与广东省汽车产业差距拉大，新能源汽车领域落后是主要原因。

（二）新能源汽车配套产业链刚刚起步

吉林省现有纯电及混动系统相关生产企业仅29家，主营业务收入20亿元，仅占全国的1%。虽然围绕奥迪PPE、红旗新能源等整车项目布局了产业链，也引进了比亚迪动力电池、一汽中车电驱系统、富赛汽车电子等大型配套项目，初步建立起以新能源汽车"三电"为支撑的零部件供应体系，但受限于整车规模，仍处于起步阶段。省内配套企业中，中赢志和、吉恩镍业、亚融科技、中溢碳素、鸿图锂电等动力电池生产及原材料供应企业在电池盒配套领域具有一定优势，捷翼汽车、均胜电子等企业在充电桩配套领域具有一定优势。对辽源市的调研显示，辽源近几年锚定新能源汽车配套产业，建设了新能源汽车产业园，动力电池及材料、驱动电机等领域已实现批量化生产，但产业总体规模仍然很小，产品科技含量及技术工艺不高，市场占有率较低，整体竞争力不强。长期来看，吉林省新能源汽车产业要以一汽

为主，但必须为一汽减压助力，大力发展完整的配套体系支撑一汽的产能扩大，提升全省新能源汽车的竞争力。

（三）新能源汽车技术创新体系不完善

新能源汽车相比传统燃油汽车，技术上远未达到成熟，现有锂电池续航能力的提升、固态电池电极材料、氢能源汽车、电驱电控系统提升、车载芯片等方面都存在很大的技术提升空间，因此新能源汽车产业的竞争根本上还是技术创新能力的竞争。目前，吉林省以一汽新能源开发研究院为首形成了一批新能源汽车技术研发部门，但技术链条尚未完全成熟，省内多数配套企业规模偏小，技术研发能力有限，很难跟上一汽的技术开发进度。调研中发现，吉林省汽车产业链和技术链的融合还不充分，产学研结合度不够紧密，省内大学和科研机构的力量没有发挥出对整车和零部件企业的支持作用，很多研究成果不符合企业的需求，难以有效转化。省市各级科技部门对企业技术创新的资金支持也不够，"十四五"期间省政府、长春市政府每年各出资1亿元，组织实施关键核心技术研发重大科技专项，但这对于新能源汽车技术研发所需的大量资金来说还是太少，不能有效缓解企业的压力。

（四）新能源汽车充换电设施建设相对落后

《吉林省能源发展"十四五"规划》中明确提出，到2025年，力争全省建成充换电站500座，充电桩数量达到1万个以上，满足超过10万辆电动汽车的充电需求。长春市新能源汽车智慧充电基础设施项目（一期）工程现已全面启动，机关企事业单位、医院、学校、公园绿地、商业中心、交通枢纽、重要交通线路及其他公共停车场等区域正在大力兴建公共充电站，该工程计划建设充电桩3000个，快充占比超95%。为支持一汽集团新能源汽车发展，加快转型升级步伐，吉林省实施了"旗E春城、旗动吉林"工程，2022年全省共计完成红旗新能源车辆销售和落籍20361辆，累计建成换电站113座、投入运营102座。截至2022年末，全省公用充电桩总数为6810根，主要布局于长春市和环省会城市，为出租车、公交车和私家车等提供充换电服务。吉林省已有41个高速公路服务区完成了98个快速充电枪位建设,全省高速公路充电桩个数不过百,距离新能源汽车全省无忧通行目标尚远。

相比新能源汽车发达地区,吉林省充换电基础设施建设仍比较落后。比如,上海市已累计建成各类充电桩69.7万个,换电站120座,车桩比约为1.4∶1,在全国处于领先地位,这也支撑了上海市新能源汽车的推广,2022年上海市新增33.6万辆新能源汽车,渗透率高达50%。又如,海南省2022年新建9137个公共充电桩,景点景区和202个乡镇的覆盖率已达100%,全省44个高速公路服务站已经全部配套建设了充电桩,满足了新能源汽车环岛出行的基本条件。由此比较,吉林省的"十四五"目标即使顺利实现,也与之存在巨大差距。

(五)新能源汽车推广渗透进程缓慢

尽管吉林省出台了一系列针对新能源汽车推广普及的具体措施,在价格补贴、政策倾斜等方面给出不少优惠,意图鼓励省内消费者购买电动汽车,但是由于之前几年电动汽车的选择性少、保值性不如传统汽车、北方地区寒冷气候对新能源汽车不友好等原因,省内消费者购买新能源汽车的意愿不高。近两年,由于插电式混合动力汽车和增程式混合动力汽车兴起,省内新能源汽车的消费明显有所提升,但相比国内其他地区仍然保有量较低。截至2022年底,吉林省新能源汽车保有量为72990辆,占全国的比重仅为0.6%,排名全国第24。与广东省的接近200万辆新能源汽车保有量相比,差距一目了然(见表2)。新能源汽车本地推广的缓慢也是新能源汽车制造产业拉开差距的原因之一。

表2 截至2022年底国内新能源汽车保有量排行

单位:辆,%

排名	省(区、市)	保有量	占比
1	广东	1998110	15.1
2	浙江	1339482	10.1

续表

排名	省(区、市)	保有量	占比
3	上海	998341	7.6
4	江苏	979869	7.4
5	山东	906464	6.9
6	河南	836891	6.3
7	北京	712049	5.4
8	四川	544957	4.1
9	河北	437083	3.3
10	广西	436217	3.3
11	安徽	410299	3.1
12	湖北	395896	3.0
13	天津	374669	2.8
14	湖南	362991	2.8
15	福建	362061	2.7
16	陕西	304389	2.3
17	重庆	276327	2.1
18	山西	265323	2.0
19	江西	235562	1.8
20	云南	213452	1.6
21	海南	186127	1.4
22	贵州	172483	1.3
23	辽宁	128119	1.0
24	吉林	72990	0.6
25	内蒙古	64120	0.5
26	甘肃	57558	0.4
27	新疆	46217	0.4
28	黑龙江	41816	0.3
29	宁夏	24328	0.2
30	青海	10836	0.1
31	西藏	3383	0.0

资料来源：汽车工业协会统计。

二 我国新能源汽车产业发展趋势分析

（一）新能源汽车产销量和渗透率不断提升

2022年，全国新能源汽车产销分别完成705.8万辆和688.7万辆，同比分别增长91.9%和95.6%，市场渗透率已经达到25.6%，提前三年完成了《新能源汽车产业发展规划（2021~2035年）》的目标（见表3）。2023年上半年，新能源汽车完成产销分别为378.6万辆和374.7万辆，同比分别增长42.4%和44.1%，市场渗透率达到28.3%。从我国汽车产业总体发展趋势上看，新能源汽车已经从政策驱动的战略培育阶段进入消费驱动的快速市场化阶段，新能源汽车对传统燃油汽车的替代正在加速进行中。需要注意的是，我国已经进入汽车饱和期，消费市场不可能无限增长，近年来我国新车销量一直在2500万辆到2900万辆范围内，新能源汽车的销量增长实际是在不断挤压燃油汽车的市场份额。因此，我国新能源汽车未来几年将在调整过程中实现螺旋式快速增长，增速虽有所放缓，但市场渗透率将不断提升。据中国汽车工业协会分析预测，2023年全年度新能源汽车产销量将突破850万辆，增速预计超过25%，市场渗透率达到30%以上；2025年有望达到1200万辆，市场渗透率预期提升到40%以上。

表3 2018~2022年我国新能源汽车销量、增速与渗透率

单位：万辆，%

年份	新能源汽车销量	增速	汽车销量	新能源汽车渗透率
2018	125.6	61.7	2808.1	4.5
2019	120.6	-4.0	2576.9	4.7
2020	136.7	13.3	2531.1	5.4
2021	352.1	157.8	2627.5	13.4
2022	688.7	95.6	2686.4	25.6

资料来源：中国汽车工业协会。

（二）新能源汽车市场需求将进一步释放

国家政策环境更加明确，自2023年起，新能源汽车购置补贴政策全面退出，2023年6月国务院常务会议提出"要延续和优化新能源汽车车辆购置税减免政策，构建高质量充电基础设施体系，进一步稳定市场预期、优化消费环境，更大释放新能源汽车消费潜力"。由此可见，国家政策已经由支持新能源汽车市场推广转变为支持全产业链生态建设，由对整车的直接补贴转变为对消费环境的补贴，新能源汽车市场需求将进一步释放。从供给端来看，新能源汽车的技术路线更为丰富，纯电动汽车、插电式混合动力汽车以及增程式混合动力汽车的技术都日趋稳定，续航里程有所增加，在市场上的表现越来越稳定。而新能源汽车与智能化设备的融合也大大提升了消费者的驾乘体验，更多地获得年轻消费者的青睐。私人购买新能源汽车已经成为市场主流，个人消费占比由2016年的32%提升至2022年的79%，近八成新能源车辆销售到个人消费者手中，并且随着示范效应的增强和基础设施的跟进，二、三、四线城市和农村地区的新能源汽车市场也将陆续展开。

（三）新能源汽车市场竞争日益激烈

2022年销量超10万辆的新能源车企有13户，排名第1的比亚迪销售158.3万辆，排名第20的一汽轿车销售6.2万辆，两者相差25倍。从具体车型看，2022年按车型统计了421款新能源汽车销量，其中销量过万的仅87款，销量过千的215款，有130多款车全年销量低于100辆。随着市场竞争的进一步加剧，相当一部分品牌、车型乃至车企将在竞争中被淘汰。从企业盈利能力来看，2022年13家主要上市车企中，有10家实现了营收增长，仅有5家实现净利润增长，其中塞力斯、蔚来、理想、小鹏等造车新势力利润大幅下滑，持续严重亏损。在新能源汽车购置补贴退出的情况下，企业的成本压力不断扩大，供应链风险持续增加，部分新能源车企生存困难。2022年国内新能源汽车厂商销量排名如表4所示。

表4 2022年国内新能源汽车厂商销量排名

单位：万辆，%

排名	新能源汽车厂商	销量	增速	市场份额
1	比亚迪汽车	180.0	208.2	31.7
2	上汽通用五菱	44.2	2.5	7.8
3	特斯拉中国	44.0	37.1	7.8
4	吉利汽车	30.5	277.9	5.4
5	广汽埃安	27.4	115.6	4.8
6	奇瑞汽车	22.1	126.5	3.9
7	长安汽车	21.2	177.6	3.7
8	哪吒汽车	14.9	113.4	2.6
9	理想汽车	13.3	47.2	2.3
10	长城汽车	12.4	-7.5	2.2
11	蔚来汽车	12.2	34.0	2.2
12	小鹏汽车	12.1	23.0	2.1
13	零跑汽车	11.1	147.6	2.0
14	一汽大众	10.0	41.7	1.8
15	上汽大众	9.2	50.3	1.6

资料来源：乘用车联合会。

（四）新能源汽车技术研发能力不断提升

国内新能源汽车龙头企业已经具备了完全自主研发能力，技术进步速度不断加快。以比亚迪为例，公司采取深度布局、垂直整合的方式发展全产业链闭环，形成显著的产业链协同效应，比亚迪车型的三电系统、热管理、电子电器、底盘系统等部分关键部件均为自研自产，既能够为公司销量的快速增长提供支撑，又能够降低成本提高产品竞争力和盈利能力。新技术方面，新能源汽车的整体续航能力明显提升，2022年的平均续航已经达到400公里以上，比2009年提高了250公里，而平均电耗下降了35%，已经达到世界先进水平。比亚迪的刀片电池以及宁德时代的钠离子电池、无钴电池等技术全球领先，2022年全球十大动力电池企业中6家是中国企业，动力电池制造量占全球60%以上。

（五）新能源汽车充换电基础设施发展迅速

截至2022年底，全国充电基础设施保有量已达521.0万台，车桩比优化至2.5∶1，其中公共充电桩保有量达到179.7万台，车桩比优化至7.29∶1，基本达到了与汽车充电需求高度契合的发展水平（见表5）。2023年1~5月，新建充电基础设施114.7万台，其中公共充电桩28.6万台，对应同期294万辆的新能源汽车销量，车桩比为2.6∶1，对新能源汽车市场扩展起到了基础性作用。广东、浙江、江苏、上海、北京、湖北、山东、安徽、福建、河南的公共充电桩保有量据全国前10，合计占比71.4%。工信部批准北京、三亚、长春等11座城市开展换电模式应用试点，2022年全国新建换电站1973座，增长52%，目前换电模式运营的出租车、网约车已经大范围推广。新能源汽车推广有赖于提前布局的充电设施，目前国内新能源汽车保有量靠前的地区与新能源充电基础设施发达的地区高度契合。

表5 全国及各省（区、市）公共充电桩数量情况

单位：台，%

排名	公共充电桩	2022年12月	2023年7月	2023年7月增量	份额占比
	总计	1797488	2210704	413216	100
1	广东	382960	491570	108610	22
2	浙江	125918	161330	35412	7
3	江苏	129677	159978	30301	7
4	上海	122235	144329	22094	7
5	湖北	101163	120048	18885	5
6	北京	110145	117925	7780	5
7	山东	89965	108937	18972	5
8	安徽	84129	101121	16992	5
9	河南	68016	86660	18644	4
10	福建	67299	83880	16581	4
11	四川	61416	80241	18825	4
12	河北	48950	58424	9474	3
13	天津	46565	57370	10805	3

续表

排名	公共充电桩	2022年12月	2023年7月	2023年7月增量	份额占比
14	陕西	48277	53653	5376	2
15	湖南	41336	48028	6692	2
16	重庆	38512	47603	9091	2
17	广西	33246	44448	11202	2
18	山西	33593	39008	5415	2
19	云南	32146	38753	6607	2
20	海南	27596	35413	7817	2
21	江西	26739	31341	4602	1
22	贵州	20261	28075	7814	1
23	辽宁	12907	15587	2680	1
24	内蒙古	7696	11044	3348	0
25	甘肃	8088	10632	2544	0
26	黑龙江	9015	9608	593	0
27	吉林	6810	8186	1376	0
28	新疆	4802	7668	2866	0
29	宁夏	3329	3637	308	0
30	青海	2326	2771	445	0
31	西藏	557	810	253	0

资料来源：中国电动充电基础设施促进联盟发布。

三 加快吉林省新能源汽车产业发展的对策

（一）加快推进新能源汽车全产业链建设

加快推进新能源整车产能提升。以省内百万辆新能源汽车产能为目标，在全力推进奥迪PPE和红旗新能源项目的基础上，谋划奔腾等自主品牌、一汽大众和一汽丰田等合资品牌在省内落位十万辆以上级别的新能源汽车项目，积极推动与比亚迪等车企合作，引进新品牌新项目，丰富新能源乘用车产品体系。

合理安排新能源整车结构性布局。产品结构方面，依据市场需求，以纯电动汽车和混合动力汽车（含插电式和增程式）为双主攻方向，合理分配产能布局，兼顾氢燃料电池乘用车等技术方向，做好产业化准备。区域布局方面，在建好长春国际汽车城的同时，利用好国家级产业承接示范区等政策，在辽源、四平、吉林等地建设新能源汽车配套产业集群。

全力发展新能源汽车配套产业。支持省内现有新能源配套企业紧跟产能提升做大做强，加快一汽弗迪、一汽中车电驱等项目建设，按产业链断点和弱点精准招商引进重点项目，按产业技术方向谋划固态电池、车载芯片等高端配套项目，培育一批新能源汽车领域的专精特新企业和独角兽企业。加强对专项债项目的督导，促进省内各个利用专项债的新能源汽车相关项目尽快达产达效。

（二）完善以企业为主体的技术创新体系

进一步确立企业在技术创新体系中的主体地位，进一步确立一汽在技术创新体系中的领导地位。建立"一汽定向—企业命题—分工合作—全员支撑"的产业技术创新机制，即由一汽把握新能源汽车的技术研发大方向，一汽和相关配套企业提出相应的具体研发命题和项目，企业技术中心、大学和科研机构根据自身优势分头承担具体任务，联合攻克核心技术。

进一步加大对新能源汽车技术开发的资金支持力度。将省政府和长春市政府的重大科技专项资金提高到每年3亿~5亿元，在确立选题方向和确定承担部门的关键环节，要赋予"一汽"决定权，以确保重大专项的研究成果能够有效转化。

进一步理顺产学研联合攻关的机制。在年度科技立项中，科技专项资金要向企业项目倾斜，向产学研联合项目倾斜，企业专家在立项中要占一定比例且具有相当的话语权，确保大学和科研机构的研究课题向产业技术链靠拢；科技进步奖项、大学学科建设、科研人员职称和人才称号评定等要向产学研项目倾斜，向科技成果转化倾斜，真正激发科研部门参与产业科技创新的积极性。

（三）加快新能源汽车充换电基础设施建设

全力提高城乡地区充换电保障能力。优化城乡公共充换电网络建设布局，合理规划中心城区公共充换电建设区域，因地制宜合理布局充换电站，进一步扩大充换电基础设施覆盖范围。推进以县城为重要载体的城镇化建设，优先在机关、企事业单位、商业建筑、公共停车场、工业园区等场所配置充电基础设施，2025年实现公共快充站"县区全覆盖"。

着力解决居民小区充电桩建设难点痛点。结合城镇老旧小区改造及城市居住社区建设补短板行动，因地制宜推进既有居住社区充电设施建设改造。鼓励实施多车一桩、临近车位共享等充电服务模式。严格落实新建小区充电桩配建要求，要满足全部固定车位预留充电桩建设安装条件，合理布局管线和桥架等供电设施。

加快打造充电智能服务平台。融合互联网、物联网、智能交通、大数据等技术，通过"互联网+充电基础设施"，积极推进电动汽车与智能电网间的能量和信息互动，打造整条电动汽车上下游生态链。围绕新能源汽车用户需求，为用户提供充电导航、状态查询、充电预约、费用结算等服务，拓展增值业务，提升用户体验和运营效率，提升充电服务的智能化水平。

（四）积极参与国家新能源汽车下乡战略

打造专门自主品牌和专用车型参与新能源汽车下乡战略。"红旗"和"奔腾"有其自身的品牌调性、目标市场和价格刚性，并不适宜大面积参与新能源汽车下乡。建议支持一汽打造两个全新的自主品牌，专门推出符合新能源下乡需求的系列车型，一个是乘用车下乡品牌，主打农村家庭用车市场，推出经济型乘用车、农村家用多功能车、轻型皮卡等；一个是商用车下乡品牌，主打乡村商用车市场，推出轻型载重卡车、冷链运输车、农用多功能车等。借助国家推广战略，以新品牌、新车型强势进入低级城市和乡村新能源汽车市场。

以北方市场为主布局新能源汽车下乡。汽车下乡要求以低廉的价格提供符合乡村应用场景的车型,选择立足东北、辐射华北的北方市场,既有利于发挥一汽多年积累的寒冷地区新能源汽车技术优势,也有利于控制综合成本形成价格优势。建议根据北方地区的气候、路况、用途等因素开发纯电、混动等多种新能源下乡车型,以质量、性能和服务创品牌,以综合性价比在北方乡村市场塑造竞争优势。

加快新能源汽车下乡的省内推广。在全省实施与"旗动吉林"并行的"E行乡村"工程,加快乡村配套电网改造,建设乡村新能源充换电服务网络,力争到"十四五"末期实现全省乡村级行政区全覆盖。加快推进县级以下公务用车、公共汽车、市政用车的新能源化替代。在省内推行新能源汽车下乡专项补贴或乡村新能源汽车消费券,鼓励个人家庭购车。

(五)大力拓展高端新能源汽车海外市场

将"红旗"打造成世界一流新能源乘用车品牌。支持一汽实施差异化战略,推动红旗品牌新能源部分车型实现高端化发展,在续航里程、安全性、稳定性、舒适度、个性化和智能网联化等方面达到全行业世界领先水准,抓住近几年我国新能源汽车出口大幅增长的良好契机,借势推动实施"红旗出海"计划,瞄准海外中高端消费者需求,积极布局欧洲和美洲等海外高端市场。

推动"解放"新能源载重汽车进入世界一流商用车行列。持续在氢燃料电池载重汽车等优势领域发力,加快推进"解放"品牌新能源化和智能网联化,使之在新能源商用车领域达到国际领先水平,利用好国际地缘政治和经济形势创造的机遇,积极扩大解放品牌的出口。

支持一汽进行海外投资。支持一汽建设世界一流企业就要放眼全球、着眼长远,只要一汽有海外拓展业务的需要,无论是生产、销售、配套还是服务项目,都应予以全力支持。省市政府的产业发展基金、政府投资基金等可以入股方式参与一汽的海外投资,共担风险,同享成果。

B.3 吉林省加快推进千亿斤粮食产能建设工程对策研究

曲会朋 詹克钰*

摘　要： 习近平总书记在新时代推动东北全面振兴座谈会上指出，当好国家粮食稳产保供"压舱石"是东北的首要担当。要始终把保障国家粮食安全摆在首位，加快实现农业农村现代化，提高粮食综合生产能力，确保平时产得出、供得足，极端情况下顶得上、靠得住。千亿斤粮食产能建设工程是吉林省当好国家粮食稳产保供"压舱石"的重要举措，也是吉林省在更高水平上保障国家粮食安全的有效路径。2023年是吉林省实施千亿斤粮食产能建设工程的第一年。开局之年，吉林省在种业振兴、黑土地保护、盐碱地改造、智慧农业示范、数字农业建设等方面取得了积极进展，但同时也存在一些瓶颈问题亟待破解。建议吉林省在生物育种、现代化良田建设、农业科技自立自强等方面寻求突破，确保千亿斤粮食产能建设工程如期完成。

关键词： 粮食安全　千亿斤粮食产能建设工程　黑土地保护　稳产保供

一　吉林省千亿斤粮食产能建设工程现状

（一）粮食产量再创阶段性新高

吉林省地处东北黑土区核心区，同时，也处于黄金玉米带和黄金水稻带

---

* 曲会朋，吉林省社会科学院农村发展研究所副研究员，研究方向为粮食安全与粮食经济；詹克钰，长春财经学院会计学院副教授，研究方向为农村金融。

核心区域，对于粮食生产具有得天独厚的区位优势和自然资源优势，是我国重要的粮食主产区和商品粮基地。吉林省始终坚持毫不放松抓好粮食生产，持续提高粮食生产保障能力，力争多产粮、产好粮，让中国人的饭碗多装吉林粮。2013年，吉林省粮食产量达到700亿斤之后，多年以来粮食产量多在700亿斤到800亿斤之间徘徊。直到2021年，吉林省粮食产量站稳800亿斤，达到807.84亿斤。2023年，吉林省粮食总产量达到837.3亿斤，再创阶段性新高（见表1）。

表1 2013~2023年吉林省粮食产量

单位：万吨

年份	粮食总产量	玉米产量	水稻产量
2013	3763.3	2980.93	573.09
2014	3800.06	3004.17	595.39
2015	3974.1	3138.77	644.26
2016	4150.7	3286.28	670.45
2017	4154	3250.78	684.43
2018	3632.74	2799.88	646.32
2019	3877.93	3045.3	657.17
2020	3803.17	2973.44	665.43
2021	4039.24	3198.44	684.67
2022	4080.78	3257.86	680.91
2023	4186.5	—	—

资料来源：《吉林统计年鉴》《吉林省国民经济和社会发展统计公报》。

（二）种子自给率显著提升

种子是农业的"芯片"，国外种子曾在吉林省种子市场上占有绝对优势。近年来，国产种子持续发力，国产种子在吉林省的市场占有率大幅提升。吉林省十分重视本省种业的发展，积聚省内外育种资源和信息技术，加强种子数字化管理，对接全国种业大数据平台，推动种业企业、生产经营、品种审定、品种保护、品种登记、品种推广等数据互联互通，实现种质资源普查登记、保存保管等信息数字化、智能化管理，破解生物育种"瓶颈"，创建了"常规育种+生物技术+信息化"现代育种新模式，加快培育有突破性的作物新品种。鼓励省内外实力雄厚的科研机构和企业联合攻关，通过实施良种科技创新专项、建立作物育种联盟等一系列措施，不断提高新品种选育能力。近两年，吉林省收集种质资源种业资源2919份，保存各类作物种质资源近15万份，审定作物新品种600余个，建立10个新品种展示评价基地。目前，吉林省粮食种子自给率显著提升，年生产加工种子4亿斤左右，除了满足省内粮食生产用种需求，还能够外销多个省份。

（三）突破了一系列黑土地保护性耕作关键技术

吉林省积极开展监测评估、机理揭示、技术研发、模式构建等研究，系统调查黑土地土壤资源现状，建立土壤资源清单，揭示黑土退化与阻控机理，研发智能农业关键技术和装备，建立智能化管控系统与决策支持平台，构建空天地一体化、多维度全要素黑土地数据信息监测系统，形成了适用不同黑土地类型及地方需求的现代农业发展模式。2023年，吉林省在一系列黑土地保护关键技术方面取得了较大进展。针对黑土地变薄问题，吉林省总结了典型黑土区侵蚀沟现状特征及其危害性，初步阐明了侵蚀沟沟头沟岸侵蚀特征，明确了厚层黑土区不同坡型坡面侵蚀过程机制。针对黑土地变瘦的问题，吉林省探明了肥沃耕层肥力形成机理，阐明了保护性耕作增碳固氮的生物机制，揭示了秸秆原位腐解的限制性因素，研发了基于微生物酶制剂的秸秆腐解促进剂，推动了秸秆由田间自然缓慢腐解向人为调控快速腐解的转变，发现厚壁组织和维管束的降解是秸秆原位还田的限制因素，为降解菌和降解酶的筛选及人工设计提供了依据。针对黑土地变硬的问题，吉林省研究了免耕改善土壤结构和消减犁底层紧实的机制。从技术模式看，吉林省正在加大力度推广有利于黑土地保护的相关技术，包括玉米秸秆覆盖保护性耕作技术、半干旱区玉米秸秆深翻还田水肥一体化高产高效栽培技术、半干旱区玉米秸秆覆盖还田免耕补水播种技术、半湿润区玉米秸秆全量深翻还田地力保育技术、玉米秸秆覆盖还田条耕种植技术、东部冷凉区玉米秸秆还田地膜覆盖栽培技术、水稻秸秆秋搅浆还田技术等。

（四）盐碱地综合治理初见成效

2023年，吉林省加大力度研发和推广以稻治碱改土增粮等盐碱地治理技术，这些技术都在粮食增产中发挥了重要作用。吉林省农业科学院以耐盐碱高产品种为核心，以秧苗本田寄养技术提高秧苗盐碱环境适应性为手段，以抗逆稳产栽培技术为保障，构建了"建良田+选良种+用良法"的持续稳产栽培技术模式。该模式解决了粮食生产过程中存在的养分障碍、前期起发慢、耕层结构差、氮肥施量大、肥效差等问题，达到了节约水资源、快速脱盐碱、优化土壤结构、改善脆弱生态环境的目的，提高了盐碱地水稻综合生产能力，促进了盐碱地水稻生产的稳产和可持续发展。中国科学院东北地理与农业生态研究所大安碱地生态试验站多年来致力于吉林西部苏打盐碱地的综合治理，以新垦重度盐碱地快速改良和高效利用为主攻目标，研发了苏打盐碱地以稻治碱改土增粮关键技术，可大幅度缩短中重度盐碱地改良年限，增产效果显著。此外，吉林省还探索了光粒子等保护良田的相关技术，为黑土地保护、盐碱地调理作用方面提供了新的路径，能达到安全、高效、环保、集约、增产、持续的发展要求，光粒子技术有改善土壤pH值、增加土壤有机质、改善水质等多方面功能，并能有效提高农作物抗病力，促进农作物生长，达到提质增产的目的。

（五）深入实施"四个一"工程，逐步完善"吉农云"省级云平台

吉林省不断强化顶层数据汇聚和系统应用集成等功能，制定建设标准，实现数据、服务、应用、标准"四统一"，加快"吉农云"各级平台搭建和部署，加大"吉农码"注册推广应用力度，实现生产、经营、管理、服务四大领域全链条协同应用，深入实施"四个一"工程。一是建设一个省级农业农村大数据中心。以"吉农云"为基础，构建农业农村大数据中心，不断提升数据汇集、分析与应用能力；建设完善数据库群，重点构建基础资源数据库、生产过程数据库、生产主体数据库等，为数据叠加、分析、共

享、应用提供支撑。二是建设黑土地保护"一张图"。建立健全数字化档案，编制数字化土壤类型、养分分布图和耕地地力等级图等，对土地实行数字化动态管理，利用数字化档案建设成果指导黑土地精准保护。集成黑土地分布、质量状况、保护措施等重要信息数据，形成"一张图"，实现数据共享、协同联动、精准管理、动态监测，进一步提升黑土地保护管理水平。三是建立高标准农田"一张网"。依托农业农村部"全国农田建设综合监测监管信息平台"，对全省近年来建设实施的高标准农田建设项目及时上图入库，从项目立项、实施、验收等各阶段进行精准管理，形成全省高标准农田建设"一张网"，实现高标准农田建设有据可查、过程监控、动态监管。四是建设耕地后备资源"一张图"。结合耕地后备资源调查评价，将盐碱地等耕地后备资源的分布、地理坐标、面积、生态条件、地形坡度、土壤质地、土壤盐渍化程度等指标，以及土地权属、开发利用、承包经营和水资源匹配情况，统一纳入信息平台，形成全省盐碱地等耕地后备资源"一张图"，切实提升耕地后备资源管理水平，为科学开展盐碱地等耕地后备资源综合利用工作提供有力支撑。

（六）智慧农业建设稳步推进

2023年，吉林省引导各地开展智慧农业区域示范体系建设，探索智慧农业可复制、可推广的县域整体推进建设模式。以粮食绿色优质高产等为中心，以"数字村"全覆盖应用和"智慧农业示范基地"认定数量为评价标准，突出农业生产经营主体数字化转型升级、农机作业智能化改造、"互联网+"现代农业、特色产业数字化升级、农产品质量安全数字化应用等不同主题，建成了10个"智慧农业示范县"。加快对粮食生产主体开展农机装备的智能化改造，应用数字化生产经营管理系统，对接"吉农云"或社会化专业服务平台，开展智慧农业建设，采用物联网、互联网、人工智能、大数据、云计算等信息技术，实现应用主体管理数字化、生产智能化、指导精准化，建设了100个"智慧农业示范基地"。吉林省还结合全省"千村示范"建设，围绕农业生产、农村经营、农民生活、社会治理四大领域，建设了1000个示范型"数字村"，进一步强化了吉林省智慧农业的发展基础。

近些年，吉林省加快推进拓展智慧农业应用场景，在农业机械智能化、农产品质量安全、三次产业融合、农业生产经营主体培育等方面都取得了扎实成效。一是拓展了农业机械智能化应用。开展保护性耕作作业面积、质量监测监管，为农机作业补贴工作提供数据支撑与决策依据，促进农业机械智能化生产、数字化管理，加快新型农业机械化主体高效发展和转型升级。二是对全省重要农产品、特色农产品和优势农产品进行数字化管理。建立市、县、乡、村农产品监管"网格化"电子监管名录和主要农产品生产主体电子化监管档案，引导食用农产品规模化生产主体开具电子承诺达标合格证，实现农产品产地准出与市场准入有效衔接，完善吉林省农产品质量安全监测信息平台功能，将绿色、有机、地理标志农产品纳入平台追溯管理，鼓励其他农产品纳入平台开展追溯管理，将农业标准、农产品质量安全监测、农产品认证（登记）等信息全部纳入监测信息平台管理。三是积极拓展三次产业融合。围绕发展现代农业，构建数字化农业农村产业体系，鼓励农业生产主体开展生产基地、加工转化、仓储物流、市场营销等全链条数字化建设，依托区域特色产业，引导农业企业利用数字化手段，开展规模化、集约化经营，提高农产品市场竞争力，充分调动乡村旅游主体积极参与，开展必看攻略、农事体验、住宿美食、特色农产品等云上服务。四是加快农业生产经营主体智慧化改造。加大农业生产主体管理系统推广应用力度，加快村集体的数字合作社打造，加强农业生产专业合作社"智慧农场"改造；开展生产规划、投入品集采集销、气象墒情、测土配方、农机作业线上调度、田间管理、收获贮藏、大宗农产品交易、财务管理等全链条数字化应用；提供金融保险、品牌创建、农业技术咨询与培训、休闲农业等方面配套服务。带动合作社、家庭农场等新型农业生产经营主体，在生产规划、投入品采购、作业管理、仓储保鲜、生产加工和线上营销等环节加大数字化、智能化改造力度，快速提升生产、经营和管理能力。

二 吉林省千亿斤粮食产能建设工程面临的问题

（一）生物育种与国际先进水平仍有差距

生物育种是利用遗传学、分子生物学、现代生物工程技术等方法原理培育生物新品种的过程。生物育种技术发展至今经历了三个主要时期：原始驯化选育（1.0版）、杂交育种（2.0版）、分子育种（3.0版），目前正处于向智能分子设计育种（4.0版）的跃升期。中国在杂交育种领域处于较高水平，如袁隆平院士的超级杂交稻和李振声院士团队的小偃系列小麦品种等，为中国和世界的作物增产与粮食安全作出了重大贡献。20世纪末，DNA分子标记技术与转基因技术的发展与成熟，促进了以分子标记辅助育种和转基因生物技术育种为代表的分子育种（3.0版）的到来。当前，国际一流种业公司育种技术正由分子育种（3.0版）进入智能分子设计育种（4.0版），而我国总体上处于杂交育种（2.0版）向分子育种（3.0版）的过渡阶段。从近年来获奖的育种项目看，吉林省与全国发展水平相当，吉林省处于以育种技术2.0为主、对育种技术3.0有所探索的混合阶段。这一阶段的重要特征是育种时间长、试验时间长、推广周期长，不论是玉米品种还是水稻品种，从研发、试验到推广再到获得粮食生产者认可，基本上要10年以上时间。即便育种成功、产量较高，种子的支撑能力还受制于田地质量、耕作技法、农机水平、气象条件等其他因素。总体来看，吉林省的育种水平与国际一流种业还有差距，目前仍处于追赶状态。

（二）农田还没有达到现代化良田的标准和要求

黑土地是吉林省得天独厚的自然资源优势。但是，由于长期重利用轻保护，黑土地变薄变硬、土壤有机质含量降低、透支退化现象较为突出。尽管近年来吉林省采取了许多措施遏制这一趋势，但黑土地恢复改善是一个缓慢的过程，仍然任重道远。另外，不论是中科院"黑土粮仓"科技会战还是黑土地保护利用科技创新被纳入"十四五"国家重点研发计划都表明，农田建设不只是吉林省的事情，更需要多部门的参与，中科院系统以及全国的土壤研究机构都应该参与和支持农田建设。从吉林省的情况来看，吉林省的高校科研机构以及有关企业也在这一领域进行了较好的探索，形成了诸多成果。但是必须看到，农田建设是土、水、气象、能源、生态等领域的系统性工程，是物理、化学、生物等多学科的集成性工程，只有科学地进行统筹规划，才能将农田建设成为现代化农田。

（三）农业科技成果转化能力亟待提升

吉林省在农业研发领域有院士、有机构、有团队、有平台，有较好的科技支撑能力，在基础研究方面也具有前沿的探索。从吉林省光电、材料、机械等优势学科的组合来看，也能够为农业科技创新提供充足的动力。当前的主要问题是科技成果转化不足，包括基础研究成果向应用研究成果转化不足、应用研究成果向产品商品转化不足。在国家农业科技政策体系不断完善的大背景下，吉林省农业科技政策体系形成了科技部门抓研发，农业部门抓推广，高校科研机构企业等抓落实，财政、金融等部门提供资金扶持的政策体系，国家和省两级农高区、各级农业科技园区、现代农业产业园区等已经成为政策示范的重要平台。在这一政策体系的支撑下，很多面向国内外前沿技术的研发在省自然科学基金、省科技计划项目的支撑下有序开展，一大批适合吉林省的技术在农业技术推广体系的支撑下不断被应用。从问题角度看，受制于区域经济实力以及老龄化等社会因素变化，吉林省农业科技政策体系在精准度和执行力方面还有待提升，科研部门与推广部门和群众生产之间的信息沟通以及互信程度还有待提升。

（四）现代信息技术与农业发展缺乏深度融合

农业信息化以及智慧农业方面的发展本身不涉及信息化技术、智慧技术的重大创新，只是这些技术和农业发展的融合或者更加精准的应用。从这个意义上看，并考虑到我国存在的大量信息技术开发队伍，只要农业相关领域能够提出精准的业务需求，信息化技术的功能实现上就不存在重大技术问题。核心问题出在三个方面，一是农业领域的业务需求是否精准，二是基础设施支撑能力是否达到，三是研发投入或者风险性投入是否充足。只要解决了这三个问题，农业信息化将赋予吉林省农业发展更大的动能。

（五）农业机械化发展水平有待提高

吉林省在农机研发方面具有较强实力，但是吉林省农业机械发展方面也存在着一定问题。一是农业机械加工工艺与材料落后，零部件精度达不到要求，造成可靠性差、故障率高、质量不稳定等问题，如加工材料方面普遍存在材料质量不可靠，钢材、标准件等的型号尺寸有偏差的现象，核心工艺材料缺少研发，免耕播种机的排种器、开沟圆盘、波纹刀等部件国内的入土圆盘耐久性、韧性等指标与国外仍有较大差距，本质是材料与工艺上的差距。二是农机科研水平有待提高，科研成果转化率低，在农机装备创新方面，缺乏连续性，科技创新和成果转化有时存在脱节，"重研究、轻转化"的观念依然存在。高端农机的核心技术及关键零部件缺乏专业的研发和配套厂家，国内企业生产的指夹排种器，在质量上和性能上还存在问题。三是电子控制与传感器落后，为控制机具的生产制造成本，智慧农机在农业机械中的应用较少，电控传动系统、无人驾驶、远程监控、高性能传感器等技术的应用还有待提高，农业机械与现代信息化的融合还不够。

三 吉林省加快推进千亿斤粮食建设工程的对策建议

（一）深入实施种业振兴行动，努力缩短育种周期和推广周期

尽快推动向育种技术向4.0跃升，融入智能分子技术，缩短育种周期，提高育种效率。加强光电等技术在育种中的运用，提高利用光电技术进行种子筛查筛选的能力。提高以种适田能力，选育一批能够适应中低产田的粮食种类（如薯类等）和品种，提高中低产田产量。加强良种推广能力，引入

农户直接参与良种的区域试验、生产试验，推动在试验中推广、在推广中试验的新模式。加快转基因育种、基因编辑育种等新技术的融入和创新，提高育种效率。推动农业科研人员到基层农户中寻找更好的种子、种质材料和更好的推广模式，加大对自然生物资源的挖掘力度。加强良种耕作技法的培训和推广，推动良种、良田、良机、良技系统提升。

（二）注重基础研究，建设适宜耕作、旱涝保收、高产稳产的现代化良田

进一步加强黑土地以及盐碱地治理等方面的基础性研究，早日明确其形成机理，为应用层面改善土壤环境、恢复土壤肥力提供更加强大的理论支撑。加强省院合作，集成国家、省甚至国外有关机构的科研资源，从土、水、气象、能源、生态等方面提供更加系统的研究，支持省属科研机构从不同领域开创及总结模式，为良田科技创新提供更大支撑。加强空天数联合监测能力建设，运用遥感技术进行土地保护。保护性耕作技术与轮耕、休耕技术模式并举。加强全生态系统治理能力，研究和推广生态林等与耕地保护的新机制和新模式。加强土壤系统的生物多样性保护工作。全面借用全国资源提升良田科技支撑能力。推动农业科研人员到基层农户中寻找更好的土地保护性利用模式，加大对自然生物资源的挖掘力度。进一步明确良技实施、适用、推广的精准条件。良技研发和推广要明确适应的土地类型和品种类型。加强融合型良技开发研究，突出光电、生态、新材料、新能源等技术在良技中的综合运用。围绕从种到收主要节点开展良技开发和推广。

（三）强化装备支撑，重点在吉林省中西部地区发展现代化大农业

吉林省中西部地区地处东北腹地，是东北平原黑土区的核心区，土地平整且集中连片，非常适宜发展现代化大农业。中西部地区也是吉林省粮食核心产区，粮食产量占吉林省粮食总产量的八成左右。在这一地区发展现代化大农业，稳定粮食生产，极具战略意义。吉林省在"一主六双"高质量发展战略中也提出，要发展中西部粮食安全产业带。吉林省应强化优势，面向

前沿。发展大功率农业机械、联合耕作机械和保护性耕作机械、多用途机械、自动化智能化农业机械装备以及精准农业配套的技术装备系统等。2016~2023年吉林省农业机械省属研究机构在农机行业多个层面进行了探索，范围包括农用植保无人机、沼气发酵系统、土壤墒情远程监测系统、茎穗兼收型玉米联合收获机械、玉米灭茬起垄施肥播种机、坡耕地运输车、深松机镇压器弹簧、遥控植保车喷洒系统、田间联合整地作业机、旋耕深松灭茬起垄机、大垄大豆耕播机、水稻育苗用玉米秸秆整形机、水田行间除草机等。这些机械设备既涉及整机研制，也涉及弹簧、滚筒、后悬挂、药泵、试验台等零部件的研制与开发。强化合作，融合发展。积极推动光电、新材料等研究部门与农机研发部门合作，支持新技术在农机领域的应用和探索，开发一批具有独特优势的农机专用零部件和配套农机具。强化双创，推动转化。大力推动农机领域的科技创新创业和企业孵化工作，增强科技金融对农机产业发展壮大的支持，要整机和零部件、配套机具三路并进，打造吉林省农机领域的科技成果转化系统。强化分工，打造优势。明确光电、机械、材料、农业等不同部门在农机产业发展中的功能和定位，及时共享相关科技信息，打造农机领域科技创新联盟或创新联合体。强化开放，创新模式。要推动创新能力和创新资源的资本化进程，加大招商引资力度，融入全国农机产业网络，支持微改造、微创新以及适应性创新有关工作，让农机领域科技创新真正在吉林大地上发挥作用。强化调研，挖掘经验。推动农机科研人员到基层农户中寻找更好的农机创新方向和农机应用模式。

（四）优化农业设施环境，探索具有吉林特色的智慧农业新业态

要根据市场主体的实际设计信息化平台和智能装备部件的功能，既要学习其他地区成熟的经验，更要紧密结合吉林省老龄化、差异化以及气候变化等实际，以设计出更好的农业信息化平台。智能化平台、智能零部件等并不一定以技术的先进性为准绳，一定要有有效性和适用性，要用适度的标准来推动农业信息化平台或者智慧农业发展。最适合吉林省特点的、最适合吉林省基础设施条件的、最适合吉林省人民群众使用的才是最好的平台或工具。

信息化最大的挑战是安全，农业信息化、智慧农业最大的挑战也是安全，既有信息传输系统方面的安全因素，又有操作人员、气候变化、能源支撑等外部安全因素。智慧农业最大的优势是高效快速集成各类资源，进而促进农业发展和千亿斤粮食工程建设。打通数据孤岛、破除资源壁障，仍是智慧农业发展的重中之重。否则，就是企业级智慧农业与产业级智慧农业割裂，产业级智慧农业与宏观调控智慧平台割裂。只有尽快解决这一问题，才能让智慧农业以最低成本发挥最大效益。推进农业物联网相关软件系统和相关产品研发，全面提升吉林省物联网科研、智能装备应用能力，努力创建吉林省农业物联网产业新优势。推动智能采集装备、智能控制系统、大数据处理集成应用服务新模式。推进吉林省智能导航、定位跟踪、自动驾驶相关软件系统和智能装备制造及推广应用，培育壮大具有市场竞争力的智慧农机装备产业。加快发展农村线上交易。升级完善吉林省农产品产销对接平台，充实吉林省优质特色农产品数据仓，为生产者、采购者提供农业生产资料集中采购、大宗农产品线上交易、金融、保险等数字化配套服务，实现产销对接精准化；充分利用"吉农码"对接各类社会化服务，农资下乡、农产品出村进城等线上交易。聚焦生产性服务业，加快各产业环节在"云"上数字化应用服务的衔接配套，促进相关服务行业、服务人才的孵化培养，重点开展土地托管、财务托管、农机及智能装备租赁、农村数据网贷与保险等新业态应用服务。

（五）依托吉林省大院大所大学，加快推进高水平农业科技自立自强

着力构建具有吉林特色的农业科技政策体系，不仅要在产业领域、技术领域方面体现区域特色，更要在吉林省老龄化、生态化、幸福感等方面体现区域特色。着力激发农业生产者应用科技的内在动力。要加强农业生产者的科技应用能力培训和科技素养培训，激发农业生产者在应用中参与农业科技创新的积极性。着力建设和打造一批农业科技应用示范高地。在吉林省当前的财力能力下，仍应该聚力而为、强化示范，通过农业科技应用示范高地提升市场主体、人民群众应用农业科技的自觉性。着力推广一批"微提升"

品种和技术，必须看到"微提升"品种和技术更能获得群众信赖，要站在群众角度看待主导品种和主推技术的选择以及推广方式，着力完善基层农业推广体系，提升基层农业推广人员能力，促进数字技术、人工智能等与农业推广工作的紧密结合，全面降低农业技术推广成本。

参考文献

［1］汪学军：《吉林 实施"千亿斤"粮食产能建设工程 争当农业现代化排头兵》，《农村工作通讯》2023年第5期。

［2］李艳：《吉林省粮食产量站稳"800亿斤"》，《新长征》2023年第1期。

［3］朱晶、藏星月等：《新发展格局下中国粮食安全风险及其防范》，《中国农村经济》2021年第9期。

［4］《程国强：构建粮食高质量发展新格局》，《粮油市场报》2020年12月24日。

［5］李光泗、杨崑、韩冬、亢霞：《高质量视角下粮食产业发展路径与政策建议》，《中国粮食经济》2020年第2期。

［6］刘慧：《建好国家粮食安全产业带》，《经济日报》2020年12月24日。

B.4
吉林省加快避暑休闲旅游产业发展的对策研究

刘 瑶 林丽敏*

摘 要： 避暑休闲旅游产业是吉林省旅游产业成为战略性支柱产业的重要发展领域，也是实现旅游万亿级产业发展目标的重要抓手。新时期，避暑休闲游旅游市场需求持续升温，成为旅游产业发展的新风口。吉林省避暑休闲旅游产业要把握资源优势与政策机遇，客观分析当前的发展现状与存在的不足，充分借鉴贵州省以及湖北省利川市等避暑休闲旅游发展较好地区的相关经验，壮大夏季避暑休闲产业规模，提高避暑休闲产业质量。通过丰富避暑旅游产品与业态、提高交通通达性与配套支撑、提升"22℃的夏天"品牌影响力、短期避暑度假与长期康养旅居相济发展、重点推动乡村避暑休闲旅游等对策，推动吉林省旅游业高质量发展，打造世界级避暑旅游胜地。

关键词： 旅游产业 避暑休闲 生态资源 配套服务

避暑休闲旅游产业是夏日经济的新形态，也是吉林省旅游产业成为战略性支柱产业的重要发展领域。吉林省立足生态禀赋与气候优势，加快避暑休闲旅游产业发展，壮大避暑休闲旅游产业规模，与冰雪旅游两业并举，对扩大吉林省"温暖相约·冬季到吉林来玩雪"和"清爽吉林·22℃的夏天"旅游双品牌效应、助力旅游业成为万亿级产业具有重要意义，也是深入贯彻

---

* 刘瑶，吉林省社会科学院软科学开发研究所副研究员，研究方向为文旅业、服务业；林丽敏，吉林大学东北亚学院编辑，研究方向为区域经济。

习近平总书记在新时代推动东北全面振兴座谈会上的重要讲话精神、落实"绿水青山就是金山银山"发展理念的重要实践。

一 吉林省避暑休闲旅游产业发展的现状

（一）产业规模不断扩大

经过多年培育，吉林省避暑休闲旅游产业规模不断扩大，市场潜力持续释放，品牌影响力持续提升。2023年端午假期，吉林省接待国内游客496.76万人次，实现国内旅游收入40.73亿元，分别创历史新高；①长白山景区、伪满皇宫博物院、长春净月潭景区、松原查干湖景区、白城嫩江湾旅游区等重点景区游客量也达到历史最高水平。据文旅部数据中心测算，2023年7~8月，吉林省接待国内游客7899.42万人次，同比增长167.19%，较2019年同期增长53.36%；实现国内旅游收入1335.58亿元，同比增长235.94%，较2019年同期增长29.14%。②按可比口径，吉林省第二季度旅游收入增速排名全国第4。《中国夏季休闲旅游消费市场预订趋势报告（2023）》数据显示，2023年吉林省避暑旅游人次和交易额增幅非常明显，旅游人次较2019年增幅超过20%，交易额增幅超过30%，其中长春市避暑旅游人次较2019年增长65%，交易额增长41%，旅游订单量增长63%。在《全国避暑旅游发展报告》中发布的"2023避暑旅游优选地"中，长春市、延边州入选20个"2023避暑旅游优选地级市"，白山市抚松县、延边州安图县入选20个"2023避暑旅游优选县级市"。安图县（长白山）、汪清县（净月潭）、珲春市（河口沙洲）、和龙市（仙景台）跻身第三届中国候鸟旅养小城避暑百佳入围榜。

---

① 《清爽吉林绽精彩》，吉林省人民政府网，http://www.jl.gov.cn/zw/yw/zwlb/sz/202307/t20230705_2403625.html。
② 徐慕旗：《吉林"避暑经济"何以出圈?》，《吉林日报》2023年9月11日。

（二）产品业态不断丰富

近年来，吉林省避暑休闲产业不断创新产品与业态，着重推出四大避暑休闲产品。一是到吉林"森呼吸"，依托22度的平均温度和良好的森林生态，大力发展森林康养旅游。二是"醉美吉乡"，以吉林省十大乡村旅游精品村为代表，发展具有地域特色的乡村旅游。举办乡村旅游节，开设"醉美吉乡"乡村旅游大集，设置露营装备区、非遗文化区、乡村生活区、直播带货区4大展区，打造乡村休闲度假文旅消费新场景。三是行走在"吉"线，在鸭绿江、图们江沿线，将边境小城及旅游景区、纪念馆、边境口岸等串珠成链，打造最美边境风景道，整合打造64条夏季旅游线路，启动"吉刻出发""驾红旗车·游新吉林"等自驾游活动，"吉刻出发"自驾游品牌营销获得第6届IAI旅游营销银奖。四是"滑雪场的夏天"，深度挖掘滑雪场夏季资源优势，拓展观光、露营、户外体验、节事活动等项目。2023年以万科松花湖、万达长白山等为代表的滑雪度假区推出了森林避暑、户外拓展、房车营地、帐篷营地、山地自行车、滑翔、滑草等旅游项目和产品，形成了冰雪与避暑协调发展的运营模式。"美团无人机"吉林省的首条度假区航线在长白山万达国际度假区开航，解决了景区外卖配送慢的痛点。"滑雪场的夏天"主题营销活动获得第22届IAI传鉴国际广告铜奖。

新颖的避暑旅游产品与业态频频涌现。吉林省露营生活节推出草坪音乐会、露营运动会等30项主题活动，带动露营活动成为吉林省避暑季旅游消费的重要业态；长春动植物园"梦幻西游季"主题夜游活动创造了本土神话旅游项目新热点，长春莲花岛沉浸式剧本互动景区将旅游演艺与互动游戏有机结合，松花江水上旅游项目在全省首开大型水上观光项目先河，四平仁兴里街区以特色文旅活动盘活老牌商业街，长春净月电影嘉年华搭建国潮与科幻主题演艺舞台，延大网红墙、辽源悦动欢乐荟等新场景实现商文旅深度融合。

（三）节事活动次第开花

各地充分发挥消夏避暑节事活动的带动作用，加强旅游活动赋能。2023年第十六届长春消夏艺术节以"避暑+"为引擎，加快推进避暑旅游与文化、体育、商贸等产业融合发展，推出了文化体验、旅游休闲、清爽露营、精品演出四大系列共计180余项活动，以及露营、避暑、亲水、休闲、文化、商旅六大主题70余处具有丰富业态的文旅消夏场所；消夏星光音乐会与中央歌剧院合作，同时还开展了基层慰问演出、长春市首届市民合唱节、艺术培训等多种形式的文化服务活动。

延边州积极拓展避暑旅游新领域，开展"延边文化旅游季"系列活动，主打"民俗体验牌"，倾力打造"网红文化"聚集地。各地纷纷推出避暑游、度假游、研学游、亲子游、文化游、露营游等多种旅游产品，如安图奶头山村景区拓展避暑研学项目，红石峰景区新增丛林飞越体验项目、ATV全地形车丛林穿越项目，中国朝鲜族民俗园开启民俗体验与朝鲜族变装旅拍项目，延吉恐龙王国开展暑期狂欢节。

"长白山之夏·鸭绿江文化旅游季"设置了首届鸭绿江有氧跑体验赛、桦树高山寒地草莓节等11项活动；白山市"松花江消夏节·粽情松花江"设置了百余项节庆活动；吉林市"松江花月夜@吉林"消夏系列活动组织百企、千店开展4场万种商品夜购促销活动，100余场特色文化活动，30余场群众广场舞展示活动。

（四）政策引导不断加强

2017年，吉林省开创了"清爽吉林·22℃的夏天"品牌，将5月至10月期间定为避暑休闲季。2018年，省委省政府出台了《关于推进避暑休闲产业创新发展的实施意见》，通过强化产业政策引导，促进产业资源与要素投入，带领避暑经济由粗放式发展转向构建现代化产业体系发展道路。

随后，省文化和旅游厅编发《2021吉林省夏秋季文旅产品册》《2021吉林省文化和旅游产业投融资项目手册》《关于金融支持吉林省文化和旅游产业发展的若干措施》等文件，文旅、发改、交通、农业等部门推出用地、税收、交通等政策措施，为避暑旅游产业发展凝聚政策合力。2023年上半年，吉林省为助力旅游市场快速复苏，发放各类文旅消费券4000万元，并组织举办了一系列文旅活动。吉林省文化和旅游厅研究出台《吉林省"引客入吉"和文旅项目招商政策》，开展调研问企服务，建立项目调度机制，举办吉林省投融资大会等活动，加快文旅行业新项目投资落地。春季伊始即赴辽宁、河北、天津、黑龙江、内蒙古、北京等9省（区、市）11地和俄罗斯滨海边疆区，开展了一系列文旅推介、调研学习、项目对接、招商引资等系列活动，发布了到"吉林'森'呼吸""行走在'吉线'""滑雪场的夏天""醉美吉乡"等吉林特色消夏避暑旅游产品，多方位推广"清爽吉林·22℃的夏天"品牌，强化远程客源市场合作，拓展近程客源市场，为避暑旅游季提前预热、吸纳客流。为进一步推动避暑休闲旅游提质升级，吉林省文化和旅游厅还研究起草了《东北地区旅游业发展规划》，并以文旅部、国家发改委名义联合印发；修编完成《吉林省生态旅游发展规划（2022~2030年）》，不断创新产业支持政策。

二 吉林省避暑休闲旅游产业存在的问题

（一）旅游产品与业态同质化

吉林省的避暑休闲旅游当前还处于避暑观光的初级阶段，过度依赖生态资源，对旅游目的地和特色文化的开发利用程度不高，深层次的产业链条还不健全，没有形成自身特色。大部分避暑旅游目的地规模较小，存在旅游产品单一、休闲娱乐配套缺失、业态植入不足的问题，造成了景区同质化严重、缺少差异化定位、特色性不强的局面。各地千篇一律的花海观光景点，通常只有大片花卉和无功能性用途的塑像供人拍照打卡，旅游业态十分单一；建筑风格与表演模式复制粘贴式的"不夜城"，经营种类近乎完全一致的"美食街"，难以满足游客对当地特色文化的期待；景区内旅游商品缺乏当地特色与纪念意义，导致游客消费意愿不高。产品与业态同质化问题影响了吉林省避暑休闲旅游对游客的吸引力，也限制了游客的消费水平。

（二）旅游服务设施有待完善

首先，吉林省优质避暑休闲旅游资源大多集中于山林、湖泊地区，这些地区较为偏远，交通建设和基础设施建设水平有限。许多景区交通不便，存在游客"进不来、出不去、走不动"的问题，景区周围交通路线规划不合理和停车场配备不足等情况较为常见，高峰期入园堵车、找不到停车位等现象频发。其次，有些景区内公共服务设施配套不全，厕所数量严重不足，垃圾处理不及时，缺少公共休憩场所，缺少指路牌或路线指引不明晰，细节布局上存在诸多不足。一些旅游区所在地城镇基础设施条件较差，接待能力受限，亟须加强全域旅游建设，偏远地区通信信号覆盖问题亟待解决。最后，旅游区服务人员业务能力不足，专业化水平不高，难以为游客提供高效的服务，有些服务人员主动服务意识不强，甚至对游客的问询与诉求表现出不耐烦，拉低了游客的旅游体验。同时，旅游区应急预案准备不充分，对游客人身与财产安全保障不到位，遇到旅游高峰时期，往往场面混乱，人流疏通不力，存在安全隐患。

（三）品牌竞争力有待提升

我国避暑旅游资源丰富、发展空间广阔，加上避暑旅游热度的不断攀升，全国各地都在紧密部署避暑旅游产业开发和公共服务配套，并推出了各具特色的旅游活动与优惠政策，避暑休闲旅游产业发展面临的地域竞争将愈演愈烈。从地理位置看，吉林省地处辽宁省、黑龙江省和内蒙古自治区的包围之中，在旅游路线上处于挤压位置；从生态环境与气候特征看，吉林省与周围三省生态资源相似，休闲观光旅游产品存在同质竞争，吉林省避暑旅游产品的辨识度不高，需要文化创意上突出特色；从旅游服务水平与配套设施完善程度看，辽宁省的服务水平与接待能力更为成熟完善，对吉林省避暑旅游形成了强有力的客源竞争；从旅游资源上看，吉林省西部草原湿地旅游资源无论从旅游品质还是品牌号召力上,都难以与内蒙古自治区相比。由此可见,吉林省避暑休闲旅游要在愈加激烈的地域竞争中持续而高质量发展,必须提升自身品牌竞争力,从优势、特色资源入手,深入挖掘文化内涵,与其他地区形成差异化发展。

三 吉林省避暑休闲旅游产业发展面临的新机遇

(一)避暑休闲需求攀升的市场机遇

随着全球气候变暖,避暑需求日益增多,凉爽的气候条件成为稀缺性旅游资源。旅游市场疫后复苏,以及高温频发的天气,也推动了我国避暑旅游持续升温,使得避暑旅游成为夏季经济的新增长点。文旅部调查数据显示,2023年第三季度传统高温城市的整体出游意愿达到94.6%;据初步研判,2023年6~8月,旅游业将实现全年27%~30%的市场份额。[①] 中国旅游研究院日前发布的《全国避暑旅游发展报告》指出,"中国避暑旅游及相关市场规模已达1.2万亿~1.5万亿元,潜在有效避暑需求人口约为3亿",已经形成全球最大的避暑旅游市场,并且近年来热度持续攀升,人均消费不断上涨,避暑休闲关注度日益提升,成为旅游产业发展的新风口。《国务院关于印发"十四五"旅游业发展规划的通知》(国发〔2021〕32号)也明确提出要推进避暑旅游等业态产品发展。借助巨大的市场规模,我国避暑旅游产业已经在国家战略和行业政策推动下,由概念期迅速步入了政策促进和商业实践的新阶段。

(二)旅游产业提质升级的产业机遇

我国已全面进入大众旅游时代,旅游产品供应水平不断提高,旅游产业链不断延伸,大众旅游需求也从走马观花转向高品质、多样化需求,旅游产

---

① 《避暑游推动新一轮旅游消费潮,高温城市出游意愿达94.6%》,21经济网,http://www.21jingji.com/article/20230728/herald/87cceb903543ce5c37b1706b8b365677.html。

业正处于提质升级的转型时期，这种转型升级为旅游细分行业实现突破式发展提供了良好的产业机遇。避暑休闲旅游符合旅游业向"大休闲"产业升级的发展方向，也是最适合"旅游+"融合发展路线的细分领域。并且，避暑休闲旅游能够满足大众时下的复合型旅游需求，在身心得到放松休闲的同时，实现获取更多自然知识、拓展体能、感受特色文化的体验。避暑旅游开创了以气候资源开发带动旅游发展的全新模式，形成了发展潜力巨大的避暑旅游市场，其产业链长、带动力强的特征吸引了许多地区与企业积极发展避暑旅游产业，有望成为引领传统旅游产业创新突破的重要发展领域。

（三）打造旅游万亿级产业的政策机遇

"十四五"时期，吉林省树立了将旅游产业打造成为三个"万亿级"产业之一的发展目标，并在《吉林省文化和旅游发展"十四五"规划》中提出加快建设冰雪、避暑休闲双产业，持续强化"清爽吉林·22℃的夏天"和"温暖相约·冬季到吉林来玩雪"双品牌。锚定避暑休闲产业市场潜力，将避暑休闲产业作为吉林省旅游业实现万亿级产业发展目标的重要抓手，壮大夏季避暑休闲产业规模和质量，与冬季冰雪产业形成"两季繁荣、带动春秋"的格局，推动吉林省旅游业高质量发展。随后《吉林省旅游万亿级产业攻坚行动方案（2023~2025年）》提出了16项具体行动，其中森林资源转化、体育赛事引流、研学旅游促进、城乡景区化、节事会展带动等行动将对避暑休闲旅游产业扩大规模、充实产业与业态起到直接的促进作用，而经营主体壮大、"引客入吉"、交通便利化等行动以及资金、土地与人才方面的一系列优惠扶持政策，也将为吉林省打造世界级避暑胜地提供强大的支撑。

四 避暑休闲旅游产业发展的经验借鉴

（一）贵州：体旅融合创造避暑经济增长极

贵州省创建了首个全国体育旅游示范区，探索体育与旅游深度融合路径，积极打造体育品牌赛事，用赛事活动为避暑旅游产业赋能，经过多年培育，贵州省现已形成100条体育旅游精品线路、500余个体育休闲运动基地、50多个省级体育旅游示范基地，授予了12个体育特色小镇、24个体育旅游示范县、40个体育旅游示范点，获批国家级体育旅游示范基地3个、105项（次）国家体育旅游精品项目。[1] 体育赛事不仅成为展示贵州独特的山地和民族文化的窗口，也带动了旅游、餐饮、住宿等相关产业的发展。借助体育融合的辐射带动效益，有效地将民族特色文化、乡村旅游、农特产品推介等串珠成链，带动农业、生态、文创、户外运动、体验型旅游等不断发展壮大。

充分挖掘资源优势。 贵州省是全国十佳避暑旅游胜地之一，其地貌条件与气候特征十分适合开展户外运动，素有"山地公园省"之称。贵州充分开发山地户外特色资源与民族文化，打造了以路跑越野、山地骑行、极限运动、洞穴探险、汽车露营、漂流溯溪和民俗民间体育等项目为重点的山地特色运动项目集群。并大力发展具有独特文化内涵的民族民间传统体育项目，如龙舟、独竹漂、陀螺、毽球等，推动贵州特色民族传统体育与旅游、文化等业态融合发展。"村BA""村超"等自创品牌相继火爆出圈，仅"村超"期间全省累计吸引游客338.42万人次，实现旅游综合收入38.34亿元。

注重顶层设计。 贵州省编制了全省创建全国体育旅游示范区总体规划，印发了《关于贵州省创建全国体育旅游示范区的意见》，成立了工作机构和贵州体育旅游研究院，并在全国首家编制了《贵州体育旅游统计监测指标体系》以及一系列标准体系。近年贵州更以国际山地旅游暨户外运动大会为引领，整合各类系列赛事，建立联赛体系，打造具有影响力的品牌赛事矩阵，其中包括"多彩贵州"自行车联赛、"奔跑贵州"山地跑系列赛、"翱翔贵州"低空运动比赛、"水韵贵州"水上运动比赛等具有国际国内影响力和自主知识产权的赛事品牌活动，并以此培育和打造了以山地户外特色体育赛事和活动为纽带的体育文化交流品牌。

---

[1]《贵州：体旅融合打造避暑经济增长极》，人民网，http://gz.people.com.cn/n2/2023/0926/c384365-40586186.html。

（二）湖北利川：优化服务打造候鸟旅居避暑胜地

利川市围绕"凉爽利川·度假天堂"的旅游定位，以康养度假为主要模式，聚焦候鸟旅居，优化吃住行游购娱等旅游要素布局，在配套建设和优化服务上不断提升，形成避暑康养民宿、避暑康养村庄、避暑康养度假区和避暑康养小镇等产品体系，努力打造世界康养旅居之都。利川市打造了以苏马荡等为代表的避暑区，每年吸引超过50万的"候鸟"、700多万游客前来避暑。2016年以来，全市170多个村发展民宿旅游产业，客房2.7万多间，床位近5万张，创造直接就业岗位7000多个[①]，民宿接待客人1000多万人次，旅游综合收入17亿多元。

推进城市公共资源向避暑旅游区域集聚。利川市为避暑"候鸟"出台多项措施提升行政服务质效，特定服务不断拓展。市政务服务中心为避暑人群开设了"候鸟服务点"，服务内容涵盖政务服务事项的帮办代办、恩施州内旅游交通等各类信息问询、利川市内各类事项问询以及免费打印、免费饮用水等。实现异地就医直接结算业务全覆盖，外地"候鸟"凭社保卡、医保电子凭证即可享受住院费用直接报销结算。爱心驿站·苏马荡新市民之家内设阅览角、饮水处、应急药箱及应急工具，为"候鸟"开展健康管理、法律援助等服务，外设广场可同时容纳5000余人开展活动。

实施柔性候鸟人才引进措施。出台《利川市柔性引进"候鸟人才"认定实施办法（试行）》等政策，在子女入学、住房、医疗保障等方面做好服务保障，并将每年的8月15日定为"候鸟人才日"，让"候鸟"为利川的发展献智献策。利川市下辖各县也纷纷推出候鸟人才计划，苏马荡成立了近30个"候鸟人才"工作室（站），成立作家协会苏马荡候鸟分会等百余个协会社团；建始县建立了400余人的"候鸟人才"库和700余人的建始籍在外优秀人才库，并与100余名"候鸟"专家开展广泛合作；巴东县实

[①] 《培育产业品牌 加强顶层设计 打造民宿产业强县》，中国利川网，https://www.ilichuan.com.cn/sh/2515448.html。

施"候鸟人才"计划,打破户籍、地域、身份、档案等约束,采用多种方式借脑引智。

五 吉林省加快避暑休闲旅游产业发展的对策建议

(一)丰富避暑旅游产品与业态

以市场需求为导向,整合避暑休闲旅游资源,开发避暑休闲旅游产品,通过"避暑+X"的方式,融入在地文化体验,拓展滨水避暑,开拓森林避暑,发展乡村避暑,创新山地避暑,培育避暑休闲精品线路。鼓励城市空间和休闲存量资源开发利用,推动避暑休闲旅游与文化休闲深度融合与综合开发,提升城市文化休闲开放空间的环境品质与旅游功能的协调融合关系。通过文化创意园区、特色休闲商街、主题公园、消夏夜市等文化休闲产品建设,开发游戏、动漫、音乐、游记以及影视作品,打造特色驻场演绎精品,增加城市避暑旅游文化休闲功能。充分挖掘红色文化、雕塑文化、电影文化、民俗文化等吉林特色文化资源,不断创新开发精品休闲文化产品,推出一批特色鲜明,集文化科普与休闲娱乐于一体的休闲文化项目,大力发展演艺业、娱乐业、动漫业、游戏业、创意设计业、文化旅游业及文化会展业等新兴文化业态。

(二)提升交通通达性与配套支撑

改善旅游交通道路建设,提高山林避暑、滨水避暑、乡村休闲等旅游目的地的交通通达性,逐步形成现代化交通网络,拓宽狭窄路段,缩短交通用时在旅游时间上的占比。优化景区内部通行路线,合理布局游客休憩区域,强化接驳车、景区观光车、租赁型交通工具配置。加强住宿安全和餐饮卫生等薄弱环节建设,重点推进停车场、游客服务中心、旅游集散中心、旅游咨询服务网点建设,深化"厕所革命",鼓励各单位办公楼内厕所向游客免费开放,进一步规范和完善旅游指示标识系统,加快与景区配套的露营地、徒步、骑行服务站及房车营地等服务设施建设。建立健全医疗救助、安全预警、事故处理等快速应急系统。鼓励建设具有本地特色的文化主题酒店及民俗风情的民宿。有条件的景区可建立人脸识别系统，解决售票服务效率低等问题。尽快解决景区网络信号覆盖问题，优化网络服务体系，真正做到"一部手机游吉林"。

（三）提升"22℃的夏天"品牌影响力

打造有品牌影响力的避暑旅游示范区、避暑旅游目的地城市及城市群，塑造一流避暑品牌，打造国家级避暑品牌。打造长白山世界级避暑度假胜地，依托万达长白山国际度假区、二道白河小镇、松江河镇等避暑休闲载体，大力开发森林康养、度假小镇、森林温泉等避暑休闲度假养生产品和森林营地、森林探险、森林运动等森林体验产品，开展森林观星、观鸟、动植物教育等森林科普教育活动，构建多层次森林避暑度假产品体系。培育和打造一批"森林旅游度假区"、"森林休闲体验区"和"森林康养示范区"等森林度假品牌，加快带动全省森林资源依托型产业发展。继续做响长白山国际旅游节、长春消夏节、农博会等标志性节庆活动。进一步提高大型旅游、文化、商贸、体育类节事活动的质量与影响，创新策划、整合一批特色节事活动，加强"22℃的夏天"文旅品牌推介，在避暑节期间面向国内主要客源地推出更大力度的优惠活动。

（四）短期避暑度假与长期康养旅居相济发展

随着避暑旅游产业发展逐渐成熟完善，长期避暑旅游模式占比将越来越高，吉林省要注重短期避暑度假与长期康养旅居的相济发展。积极开发城市避暑产品，大力推进全域旅游，建设城市休闲街区、休闲风光带及消夏体验主题公园、城市避暑休闲公园和时尚购物街区等，拓展避暑旅游休闲空间，培育全国知名的宜居宜游型避暑休闲目的地。整合省内丰富的中医药资源、森林特产、矿泉水资源、温泉资源等，打造康养保健产品，引进知名康养机构，开发旅居养生、医养结合、森林养生、温泉养生等避暑康养旅游产品，打造避暑康养产业链，将避暑康养旅居打造成为吉林省避暑休闲旅游优势品牌。完善康养、医疗、教育、娱乐等配套设施，为旅居人群提供便捷的生活服务，不断提高避暑旅游向避暑旅居转化率。

（五）重点推动乡村避暑休闲旅游

乡村旅游是吉林省旅游业细分行业中资源条件最丰富、发展速度最快、潜力最大的领域，且避暑生态资源也大多集中于乡村地区。要扩大避暑休闲旅游产业规模与体量，以乡村避暑休闲旅游为重点发展领域是有效路径。要依托乡村避暑生态资源与乡村旅游产业基础，开发具有本地乡土特色的避暑休闲产品，不断丰富乡村消夏旅游产品内涵。如支持抚松县等长白山周边地带乡村打造民俗风情小镇，将满族民俗文化与本地避暑休闲旅游资源相融合。鼓励开发民俗体验项目，建设具有本地文化特色的乡村民宿，加强乡村民俗展览馆和演艺场所等基础服务设施建设，打造集民俗旅游、休闲观光、农家旅馆于一体的特色民俗村，培育一批示范带动能力强的乡村避暑休闲旅游集聚区。

参考文献

[1] 姜乃源、文凤，孙慧莹：《吉林西部避暑旅游发展研究》，《旅游与摄影》2020年第9期。

[2] 臧宏玲、赵秀月：《吉林省避暑休闲旅游产业发展策略研究》，载丁晓燕主编《吉林省文化和旅游发展报告（2021）》，社会科学文献出版社，2021。

[3] 薛刚、孙根年、余志康：《我国避暑胜地形成机制及旅游竞争力的分析》，《西北大学学报》（自然科学版）2018年第1期。

[4] 敖嘉钰、陈康清：《贵州：体旅融合打造避暑经济增长极》，人民网，http：//gz.people.com.cn/n2/2023/0926/c384365-40586186.html。

[5] 王文华、王荣成：《中国避暑旅居城市指标体系构建与分类评价》，《资源开发与市场》2021年第1期。

[6] 王文华：《城市避暑旅居功能的测度与发展路径研究》，硕士学位论文，东北师范大学，2021。

B.5
吉林省医药产业创新发展对策研究

赵光远　李雪松*

摘　要： 吉林省医药产业具有坚实基础和传统优势。本研究认为医药产业应以提升科技创新能力为主动力，以遵循产业整体趋势为主方向，强化目标导向和问题导向，集中力量培育具有全国乃至国际影响力的医药产业集群。在此基础上，本研究提出了发展医药产业新质生产力、培育壮大医药行业龙头企业、推动医药产业经营模式转换、推动医药产业加强市场开拓、提高医药产业区域支撑能力等建议。

关键词： 医药产业　科技创新　新质生产力　"新四化"

习近平总书记在新时代推动东北全面振兴座谈会上发表重要讲话强调，推动东北全面振兴，根基在实体经济，关键在科技创新，方向是产业升级。吉林省医药产业具有坚实基础和传统优势，加速吉林省医药产业转型升级是当前需要破解的关键问题。强化目标导向和问题导向，集中力量培育具有全国乃至国际影响力的医药产业集群，是新时代推动吉林全面振兴新突破的重要任务之一。

---

* 赵光远，吉林省社会科学院农村发展研究所所长、研究员，研究方向为科技创新与"三农"发展；李雪松，吉林省发展和改革委员会经济研究所助理研究员，研究方向为区域经济发展。

一 吉林省医药产业发展基本情况

吉林省药用资源丰富、产业基础雄厚、集聚特色鲜明，是全国"医药大省"。近年来，全省医药健康产业发展态势良好，产业增速始终位居各重点监测行业前列。

（一）医药产业仍处于周期性调整区间

吉林省统计局有关资料显示，2022年吉林省医药健康产业88项重大产业化项目落地，实现投资192.2亿元，长春生物制品所P3车间成功获批，建成东北三省唯一一家以企业为主体的P3实验室；金赛、凯莱英产值分别达到103.2亿元、91.1亿元；全省规模以上医药企业累计完成产值749.6亿元。2023年1~9月统计数据显示，吉林省规模以上医药制造业企业增加值同比增长-4.0%，化学药品原药和中成药产量增速分别为29.1%和55.5%。产业化项目以及百亿级企业的出现表明医药产业结构调整初见成效，增加值负增长与产品产量正增长的矛盾表明产业周期性调整仍未完成。

（二）医药产业主体发展呈现分化趋势

企业是产业发展的主体。对10户上市公司2023年前三季度的数据进行分析显示，这些主要企业营业收入达到200.44亿元，与上年相比增长11.75%；净利润达到63.30亿元，与上年相比增长4.64%，其中长春高新营收已经达到106.80亿元。2022年这10户企业的营收占医药企业产值的比例约为1/3，在一定程度上可以代表吉林省医药产业发展的基本情况。按照10户企业前三季度营收增速预计，2023年全年吉林省规模以上医药企业营收可望达到837.68亿元。通过表1还可以发现，不同医药企业之间呈现出分化发展态势，长春高新、百克药业、迪瑞医疗等生物药、医疗器械企业成长性较好，而吉药控股、西点药业、通化东宝等企业增长情况不佳。

表1　2023年前三季度吉林省主要医药企业经营情况比较

单位：亿元，%

企业	2023年前三季度营业收入 数额	增速	2023年前三季度净利润 数额	增速
长春高新	106.80	10.72	37.84	5.91
吉林敖东	23.54	23.05	12.70	43.16
通化东宝	20.91	-0.38	7.60	-45.80
百克药业	12.43	43.58	3.31	56.33
迪瑞医疗	10.49	30.73	2.34	20.34
通化金马	10.44	2.96	0.15	27.35
益盛药业	6.51	4.53	0.60	-8.65
皓宸医疗	5.24	27.43	0.35	-314.63
ST吉药	2.38	-37.14	-2.01	-35.83
西点药业	1.71	-7.44	0.41	28.55
合计数	200.44	11.75	63.30	4.64

资料来源：东方财富网各上市公司2023年第三季度报告。

（三）医药产业培育孵化力度仍需提升

利用天眼查网站，对2022年12月31日之前成立的、仍处于存续在业状态的、具有一定规模（注册资本大于100万元、参保人数大于5人）的吉林省医药制造业存续型企业进行分析可以发现，吉林省医药产业中，2000年及以前成立的企业平均注册资本达到1.07亿元，实缴资本占比71.4%，平均参保人数达到191人；2001~2010年成立的企业平均注册资本达到0.47亿元，实缴资本占比82.3%，平均参保人数达到118人；2011~2020年成立的企业平均注册资本达到0.44亿元，实缴资本占比65.0%，平均参保人数只有46人；2021年及以后成立的企业平均注册资本只有0.16亿元，实缴资本占比28.2%，平均参保人数只有33人。特别是2021年及以后的企业情况及企业数量表明，医药产业主体培育孵化力度亟须提升（见表2）。

表2 吉林省主要医药企业成长周期分析

企业成立时间	企业数(户)	注册资本(亿元)	实缴资本(亿元)	参保人数(人)
2000年及以前	117	1247383	890626	22399
2001~2010年	180	837150	689339	21172
2011~2020年	229	1008597	655962	10606
2021年及以后	27	42406	11945	900
合计	553	3135535	2247872	55077

资料来源：根据天眼查网站数据计算。

（四）医药产业呈现集聚发展态势

利用天眼查网站，对2022年12月31日之前成立的、仍处于存续在业状态的、具有一定规模的（注册资本大于100万元、参保人数大于5人）的吉林省医药制造业存续型企业进行分析可以发现，吉林省医药产业中，长春市医药制造业企业最多，达到233户，企业平均注册资本达到0.47亿元，实缴资本占比74.6%，平均参保人数达到95.4人；通化市医药制造企业居于第2位，达到118户，企业平均注册资本达到1.05亿元，实缴资本占比63.2%，平均参保人数达到143.6人（见表3）。这表明即使在长辽梅通白延医药健康产业走廊中，医药产业主体仍在向长春、通化等重点区域进一步集聚。

表3 吉林省主要医药企业区域分布对比

企业所在区域	企业数(户)	注册资本(亿元)	实缴资本(亿元)	参保人数(人)
长春市	233	1097606	818320	22226
吉林市	46	185589	155113	3966
四平市	24	61613	47783	2560
辽源市	18	71930	63347	1535
通化市	118	1244094	786861	16945
白山市	27	53110	36141	1602
松原市	13	65984	53686	572
白城市	19	58624	54999	1560
延边州	55	296986	231622	4111

资料来源：根据天眼查网站数据计算。

二 吉林省医药产业发展存在的问题

近年来,医药产业的技术密集型特征愈发明显,特别是生物医药等产业正在成为多个地区着力培育的未来产业。通过与发达地区医药产业发展进行比较,吉林省医药产业发展存在如下方面不足。

(一)行业龙头企业数量少

医药行业已经进入百亿级甚至千亿级营收规模企业引领发展的时代,吉林省医药健康产业100亿级企业仅有2户,短期内暂无千亿级企业的可能。2023年11月18日,工信部2022年中国医药工业百强榜的头部企业国药集团、广药集团营收均已超过2000亿元,吉林省只有修正集团、长春高新、通化东宝3户企业进入中国医药工业百强。同时《吉林统计年鉴2022》显示,2021年全省规模以上医药制造业企业平均营收规模只有2.3亿元,企业规模小、龙头企业少制约了吉林省在全国医药行业的话语权和竞争力。

(二)医药产业集聚水平低

医药行业已经进入全产业链竞争时代,产业链的每一个节点都涉及医药行业的成本降低和效益提升。吉林省医药制造业企业中长春、通化两地占比超过20%,其他市(州)占比大都在7%~8%;较大的235户企业中,长春、通化两地占比仅为30%,其他市(州)占比均不高。与深圳市不到2000平方公里土地面积集聚医药行业127户较大企业、5798户各类规模企业的集聚水平相比,吉林省医药产业集聚水平过低显然不利于知识流动和科技创新,必然会制约医药产业的高质量发展。

(三)产业经营模式转变慢

各行各业都已经进入数字经济时代并进行相应的产业经营模式调整,医药行业作为科技产业一部分已经进入市值(估值)为王时代。但吉林省医药产业发展仍处于强调产值、强调营收等生产经营能力的阶段，企业以及产品的市场价值难以得到市场认同并得以彰显。当前，片仔癀能够以不足百亿元的营收规模实现1800亿元的市值，云南白药以365亿元营收实现近1000亿元的市值。吉林省除了生物制品领域的长春高新、通化东宝两户企业具有较好市值表现外，多数以中药为主要产品的企业市值（估值）表现均不理想。

（四）发展水平代际差距大

人工智能技术正在全面融入经济社会发展的各个环节，并正在引发制药行业的全方位变革，包括全方位降低药物研发、试验和生产成本，全面降低药物试验周期等。2022年，美国华盛顿大学戴维·贝克教授团队在《细胞》杂志上发表论文，利用人工智能（AI）技术平台精准地从头设计出能够穿过细胞膜的大环多肽分子，开辟了设计全新口服药物的新途径。吉林省医药行业在这方面存在着代际差距，大多仍依赖传统的药品研发模式。吉林省科技厅数据显示，2022年，吉林省规模以上医药健康工业企业中高新技术企业仅240户，省级"专精特新"中小企业仅151户。

（五）细分行业顶层设计缺

新时代的产业发展越来越紧盯着细分行业进行设计和突破，国家层面重视"专精特新"企业发展就是一个例证。但是吉林省医药产业企业主要集中在化学原料药、制剂以及中成药3个细分行业方向，且与大多数企业规模水平结合分析，这些企业以仿制药以及传统中成药为主，创新能力以及专精方向等很难突出，很难符合当前以及未来发展中"因病而药"的子行业发展需要。

（六）地方要素支撑能力弱

新时代的医药产业发展离不开地方经济实力和自然资源的支撑。作为技术密集型的医药产业，对研发资金、先进设备以及数据、知识要素等方面需求极大。吉林省虽然医药自然资源较丰富，但是人才劳动力仍有流出势头，地方财政收入在1000亿元左右，除长春外劳动力数量和质量支撑能力不足，社会资本投入医药产业仍有一定风险，专业性医药产业创新创业平台仍然不多，县市区级财政水平不高等问题都亟待解决。

三 医药产业发展的基本形势

医药产业发展的外部环境正在加大对吉林省医药产业的影响。从全国医药产业发展看，子行业走势分化、新政鼓励创新、新药上市进程加快、医药出口规模下滑、投融资环境不容乐观等趋势已经显现。同时，医药产业已经成为资本市场并购发生较多的一个行业，这也需要引起吉林省医药产业主体的重视。

（一）子行业走势分化

2023年上半年，全国化学药品制剂、中药饮片、中成药三个子行业营业收入、利润保持正增长，尤其是中药饮片、中成药增速均达到两位数；辅料包材、制药设备两个子行业营业收入为正增长，但利润呈现负增长；化学原料药、生物制品、卫生材料及医药用品、医疗仪器设备及器械四个子行业营业收入、利润均为负增长。药品终端消费复苏明显、疫情防控相关产品销售锐减、医药出口下降明显、部分产品价格大幅下滑、原材料价格波动大、流通渠道（包括国际市场）去库存等是重要的影响因素。

（二）出台新政鼓励创新

国家药监局药品审评中心（CDE）发布《药审中心加快创新药上市许可申请审评工作规范（试行）》，优化审评流程，缩短了部分创新药审评时限；发布了以患者为中心的药物临床试验设计、试验实施、获益—风险评估三个技术指导原则，鼓励企业开发更有临床价值的创新药，避免靶点和适应症"内卷"。科技部发布《人类遗传资源管理条例实施细则》，优化了人类遗传资源采集、保藏、国际科学研究合作行政许可，以及国际合作临床试验备案、信息对外提供或者开放使用事先报告的范围，有助于我国新药研发提速。

（三）相关改革深入推进

第八批国家组织集采完成，39种药品价格平均降幅56%。全国中成药采购联盟扩大了采购品种和区域范围，三明采购联盟开展了中药饮片采购。国家卫生健康委《第二批国家重点监控合理用药药品目录》涉及30个临床常用的大品种。医药卫生领域反腐力度加大，《深化医药卫生体制改革2023年下半年重点工作任务》《2023年纠正医药购销领域和医疗服务中不正之风工作要点》《医疗保障基金飞行检查管理暂行办法》等正在重塑医药卫生领域发展格局。

（四）新药上市进程加快

2023年上半年医药上市公司研发投入同比增长约18%，研发投入占营业收入的比重为4.8%，有11家企业研发投入超10亿元。新药获批上市增多，上半年有超过20款国产创新药获批上市。从治疗领域看，抗肿瘤药物、抗感染药物仍是重点领域。新药商业化步伐加快，上半年创新药收入10亿元以上的企业已超过10家，恒瑞医药创新药收入占比达到44.4%，先声药业创新药收入占比高达71.4%。百济神州、复宏汉霖、康方生物、和黄医药等企业创新药经营效益均已显现。

（五）医药出口规模下滑

2023年上半年，规模以上企业实现医药出口交货值1660.6亿元，同比下降25.1%。出口额位居前列的化学原料药、医疗器械出口额分别同比下降23.2%和31.5%。防疫相关产品需求大幅下降、世界经济复苏乏力、海外需求总体不足、部分化学原料药价格下降严重、很多国外企业调整供应链等是出口下滑的主要原因。美国、印度、日本、德国、韩国是我国医药产品的前五大出口市场，出口额均有不同程度的下降；对俄罗斯市场出口额同比增长8.6%。创新药、仿制药出口方面也取得较好成绩，上半年有超过20家企业开发的创新药实现了海外技术授权（License-out），有18家企业的仿制药获得美国FDA的34件ANDA批文（32个品种）。

（六）投融资环境不容乐观

受资本市场环境变化、行业竞争和政策调整影响，A股和港股医药板块估值持续下降，处于历史较低水平。2023年上半年医药工业领域共有17家企业在A股、港股、美股上市，总计募集资金约154亿元，同比下降超40%。一级市场VC/PE不容乐观，2023年上半年医药工业领域共完成VC/PE投融资项目约440起，累计金额约368亿元，融资金额同比下降接近40%。很多研发型生物技术公司面临资金不足、融资困难的问题，需要通过降薪裁员、压缩在研项目维持运营，对医药产业创新发展产生不利影响。

四 吉林省医药产业创新发展对策建议

吉林省医药产业已经到了必须创新发展转型升级的关键时期。吉林省医药产业发展的总体思路是，在习近平新时代中国特色社会主义思想的指导和统领下，以提升科技创新能力为主动力，以遵循产业整体趋势为主方向，强化目标导向和问题导向，加大力度破解医药产业转型升级过程中的重大难点问题，集中力量培育具有全国乃至国际影响力的医药产业集群。

（一）抓好吉林医药产业"新四化"

吉林省医药产业已经进入新的发展时期，要在精准上下功夫，着力推进中药材生产标准化、中药现代化、生物药规模化、化学药集约化"新四化"工作。一是推动中药材生产标准化。开展中药材种质资源及优良品种选育繁育、道地药材生态种植推广及配套技术体系研究，开展中药材产地趁鲜加工试点，探索产地加工与炮制一体化发展，完善地方标准建设，加快推进中药材质量追溯体系建设，从源头提升道地药材质量。重点支持道地药材科技示范基地建设，加强中药资源保护、开发和利用。大力支持医药健康品牌建设。二是推动中药现代化。加快开展中药材、中药饮片、配方颗粒、经典名方生产工艺及标准研究。支持古代经典名方、医疗机构院内制剂向新药转化。围绕糖尿病、心脑血管疾病等中医药治疗优势病种，加快中药新药创制。大力支持中药关键技术与装备的研究，提升中药智能化制造水平。三是推动生物药规模化。加强在重大疾病早期诊断与精准治疗技术、免疫治疗、基因治疗、再生医学、生物技术药物等核心关键技术领域的研究突破。重点推进预防和治疗重大传染病、恶性肿瘤、心血管疾病等疫苗、基因工程药物及抗体药物研发和产业化。推动 P3 车间和 P3 实验室建设，加快建设国家级疫苗、基因重组药物产业基地和血液制品、抗体药产业转移承载基地，打造国内领先的生物药创制中心和生产中心。四是推动化学药集约化。以化学药一致性评价为契机，对专利保护即将到期、市场需求巨大的重磅药品提前布局，研究掌握关键生产技术，集合要素优势，主动抢占高端首仿药品高地。加快高端原料药及中间体、化学药品制剂和基于新结构、新靶点、新机制的创新药物开发与产业化，推进改良型新药上市。建立临床急需药品预警机制，完善仿制药供应保障制度。

（二）发展医药产业新质生产力

"加快形成新质生产力"是国家对东北地区新时代高质量发展、可持续振兴的重要要求。吉林省医药产业发展，要把培育和形成新质生产力放在首要位置，要从打造未来产业的视角调整相关政策体系和制度架构。一是要正确认识医药产业新质生产力，要集成区域智库资源和产业智库资源，深化对医药产业新质生产力的研究，把握新质生产力和科技生产力之间的差异性、关联性，在生产要素大融合、全国统一大市场、新兴产业大发展、先行政策大试验等背景下把握新质生产力的形成、发展、壮大的基本规律。二是要超前设计新质生产力政策体系，新质生产力必须与符合其特点的政策体系相适应，必须构建"咬定目标不放松，敢闯敢干加实干"型的政策体系，必须深度激活和挖掘更多的中小企业、隐形团队来承载新质生产力，同时还需争取国家层面赋予吉林省医药产业更具前瞻性的先行先试政策。三是要着力规划构建吉林省医药产业新质生产力布局，突出以人为本，科学判断重点城市、重点区域人口和人才流动趋势，强化数据资源对创新能力提升的赋能作用，构建服务国家重大战略需求的医药产业新质生产力布局。四是强化基层动能培育新质生产力，要把创新型省份、创新型城市、创新型县、国家自创区、国家新区、国家高新区等平台和载体打造成医药产业新质生产力高地或者医药产业新质生产力网络，围绕重点高校院所打造若干个医药产业新主体孵化圈，把高新技术企业、"专精特新"企业、独角兽企业等作为承载新质生产力的市场主体。五是加强专精药品开发推动新质生产力转化为产品。提升长春高新、吉林凯莱英、长春生物制品所等重点机构带动力，突出建设医药领域的未来产业孵化试验区等新载体，打造医药产业发展的概念验证平台，强化老企业孵化新企业，加强与发达地区产业联动，在生命健康和医药产业等领域闯出一条新路。

（三）培育壮大医药行业龙头企业

围绕特大超大企业引领医药产业竞争的新趋势，把培育壮大医药产业龙头企业作为工作重点。一是要改变工作策略，借鉴吉利收购沃尔沃的经验，集中财力人力资源，聚焦生物药、创新药等关键领域，支持特大型企业加大对吉林省乃至东北地区医药产业的并购力度，利用新时代东北振兴新机遇，尽快打造千亿级以上医药产业主体。二是兼顾营收规模和市场价值（估值）培育医药行业龙头企业。以培育百亿元医药企业为目标，通过省内外企业间并购重组、引导企业开拓国外市场、提升特色药企品牌影响、打造医药全产业链企业等措施，强化产业链安全和产业链韧性，推动医药企业尽快壮大，力争将长春市打造成超100亿级药企引领型集群，通化市打造超50亿元药企引领型集群。三是兼顾产业特色和产城融合促进医药产业集聚。在引导全省医药产业资源向医药健康产业走廊集聚基础上，要优中选优推动最好资源向长春市集聚，形成区域支撑能力和产业发展质量之间良性互动。支持长春市加强精准化的招商引资，着力建设东北亚地区的美谷、药谷，推动长春中韩示范区、长春新区、长春经开协同打造医药高质量发展经济带。推动长春市医药产业占全省份额、医药高质量发展经济带占长春市份额在现有基础上实现"份额双提升""质量大跃升"。

（四）推动医药产业经营模式转换

医药产业创新发展，特别是按未来产业和新质生产力方向的发展，必须有相应的产业经营模式予以匹配。一是要兼顾产品质量、企业质量、产业质量推动产业经营模式转换。要充分把握产品品牌优、企业效益好和产业质量高之间的关系，分清和统筹药品监督部门、市场管理部门、工业信息部门和科技创新部门之间的责任，在未来一段时间重点抓好企业管理理念、管理模式、管理手段的升级，强化企业中高级管理人员的能力培训，引导企业层面认识到时代变化、技术变化和竞争模式变化，自主转换产业经营模式，优化产业项目布局。力争每年组织医药行业中高级管理人员培训3次以上，并注意培训效果的跟踪和反馈。二是要围绕目标导向和问题导向推动产业经营模式转换。要支持产业管理部门以及主要企业按照发展目标倒推每个年度、每个时期的经营模式问题，防止用中小企业思维管理大型特大型企业，行业主管部门也要防止采用计划经济向市场经济过渡时期的政策制度来管理市场经济主导下的产业发展。要着力应对由产业发展周期、产业治理周期、成果转化周期等带来的产品接续不力、团队接续不力以及资金接续不力等问题，制定相应预案，着力化解风险。三是要着力应对国际医药产业经营模式变化带来的新挑战。要统筹学习借鉴和吸收应用，既要兼顾有关产品的引进消化吸收再创新和有关管理的引进消化吸收再创新，又要强化自立自信推动吉林省较好产业经营模式向省外、国外复制推广。要支持一批年轻的经营管理团队带领医药产业主体实现产业经营模式的稳妥转换升级。

（五）推动医药产业加强市场开拓

强化市场导向推动医药产业盈利是医药产业发展的根本举措，要多策并举推动医药产业加强市场开拓。一是要统筹政府对口合作机制和市场主体合作机制尽快缩小代际差距。既要充分了解医药产业代际差距的内涵，包括产品研发模式差距、产品精准功效差距、产业运营模式差距、产业人才积累差距等，又要充分运用好吉浙、长津等政府间对口合作机制，与对口合作地区高水平医药企业或研发机构组织和开展企业级、产业级对接活动，特别是引进AI制药等新技术手段，让企业家、企业技术人员等充分了解相关信息。二是要充分运用财政资金引导作用，鼓励企业家或行业协会牵头组团到发达省市开展企业级的调研考察以及项目对接等活动，从企业自身出发强化了解和主动缩小代际差距的意愿和实践，要支持省内医药企业到外省扩大投资，以企业投资规模的扩大带动全省医药产业的升级。三是要统筹国内市场开拓和国际市场开拓，要深度融入共建"一带一路"之中，推动中国药、吉林药"走出去"，既要让"一带一路"共建国家享受到中医药的作用，又要支持"一带一路"共建国家打造中医药的药材基地以及药品生产基地。四是统筹多种模式开拓市场，既要巩固住以单个企业为主体开拓的中医药市场，又要支持企业联合成立相关主体开拓省外市场和国外市场，还要探索委托销售、授权代理等方式开拓国外市场。五是组织和参加好国际医药展会，支持以及协助省内具有一定规模的药企参加国内外知名展会展示特色产品，支持龙头企业牵头主办、承办具有国际影响的重大展会，支持省内有关机构、特色产品企业主办、承办专精类药品展会，支持在展会上发布特色中医药产品以及相关评价榜单。

（六）提高医药产业区域支撑能力

坚持从实际出发，统筹目标导向和问题导向，提高区域支撑能力。一是统筹要素精准投入和多级联动投入提高区域支撑能力。统筹劳动、资本、土地、数据、管理等多种要素资源，基于要素集聚成本最低、集聚效益最高等因素而不是基于区域资源优势来重新规划医药产业园区布局，把加速产业集聚和要素精准投入联动起来。统筹各部门、各级政府间的医药产业相关的财政、金融资源，更多采用飞地园区、税收分成等方式提升支撑能力，探索构建多级联动的医药产业发展投资基金打造省管型、品牌型医药产业园区新做法。要积极发挥省级新型研发机构在促进要素精准投入和多级联动投入等方面的链接和枢纽作用。二是强化对既有政策进行评估和再提升。以龙头企业或者专业的第三方评估机构为主体,对正在执行的、出台超过3年以上的政策进行专业评估,既要评估政策的促进产业发展效果,也要评价政策的制约产业发展可能,在此基础上根据评估结果推动政策进行"人无我有""人有我优"型的再创新。三是支持医药产业按品种或治疗用途等成立相关业界自治委员会,在国家医药产业相关法治框架下进行业界自治,制定产业发展战略,提出产业政策需求,拓展产业全球市场。四是进一步精准谋划和推动医药产业走廊建设,打造4~5个医药产业"专精特新"园区和1~2个未来产业孵化园区,支持医药产业大集聚,引导医药服务机构、医药科研机构集聚,力争打造3~5个规模达百亿级的医药产业新园区。五是加强医药产业发展的人才支撑,加大力度建立与国内知名中医药大学以及药科大学的省校合作机制,通过学生实习实训、共建新型研发机构、制定专项人才政策等方式,提高吉林省对全国医药领域新生代人才的吸引能力。

B.6 数字经济赋能吉林省制造业高质量发展研究

石美生 张 峥[*]

摘 要： 数字经济通过促进制造业技术创新与进步、优化制造业生产要素配置及激发和释放市场需求等多个方面推动制造业实现高质量发展。吉林省数字经济赋能制造业高质量发展政策环境优越，并具有坚实的产业基础和数字基础，制造业重点产业大力推进数字化智能化进程，并取得一定成果。吉林省应持续完善数字基础设施建设，加快推进工业互联网建设，充分挖掘利用数据资源，最大限度拓展制造业发展空间，提升制造业发展效能和动能，加强数字人才培育，实现制造业高质量发展目标。

关键词： 数字经济 数据资源 制造业

伴随新一轮科技革命和产业变革的不断推进，制造业与新一代信息技术融合程度日益加深，数字经济是其迈向数字化、网络化和智能化的重要引擎。党的二十大报告强调，要加快发展数字经济，促进数字经济和实体经济深度融合。吉林省作为东北老工业基地之一，传统工业基础坚实，"数字吉林"建设态势良好且取得了阶段性成果，制造业智能化改造与数字化转型加速向前，数字经济在优化制造业创新环境、降低成本，以及提高产品研发、生产制造、运营管理等多环节效率中重要作用日益凸显，成为推动吉林省制造业高质量发展的重要驱动力量。

---

[*] 石美生，博士，吉林省社会科学院副研究员，研究方向为国际问题、东北亚区域经济、韩国经济；张峥，吉林省民族干部学校研究实习员。

一 数字经济赋能吉林省制造业高质量发展形势

（一）政策支撑日益完善和全面，为数字经济赋能夯实基础

近年来，吉林省连续出台多项政策，推动制造业高质量发展，加快全省数字化进程，政策环境的不断优化，为数字经济赋能吉林省制造业高质量发展提供了方向、保障和支撑。2021年，吉林省发布《吉林省制造业数字化发展"十四五"规划》，将汽车行业、装备制造业、原材料行业、消费品行业、电子信息行业及绿色节能领域确立为发展重点，为吉林省制造业数字化发展提供了方向、目标和政策支持。其中，将在汽车行业打造领先的汽车行业互联网平台，充分利用新一代信息技术推动提升汽车全产业链数字化水平，创建国家车联网先导区；加快装备制造业智能化发展和离散型智慧工厂建设，鼓励与吉林省人工智能、软件和机器人等优势产业融合发展，提升产业价值链；充分发挥吉林省电子信息行业的科研、技术和人才优势，以软件和信息服务业的高质量发展为制造业升级提供支撑，并推动服务、安全和科研等互联网平台建设；加快绿色节能领域绿色工厂、绿色园区、绿色设计产品、绿色供应链的数字化水平，推动环境和资源等数据平台建设；重点提升原材料和消费品行业装备、生产、管理和安全保障过程的智能化、智慧化、信息化和数字化，充分利用大数据促进行业高质量集聚和服务模式创新。[①]

大数据是数字经济的发展基础，吉林省确立大数据基础设施建设目标，明确相关负责部门，激发大数据产业创新能力及产品研发能力，积极发展采集、服务业、存储处理、分析、安全等数据产业以构建稳定高效的

---

① 《吉林省制造业数字化发展"十四五"规划》，吉林省工业和信息化厅官网，http：//gxt.jl.gov.cn/xxgk/jwwj/202109/t20210917_8220539.html。

大数据产业链，并提升大数据对农业现代化、工业转型升级、公共服务水平及政务服务赋能水平。为此，吉林省将通过金融支持、平台服务支持、项目基金支持和补助等政策，推动"智改数转"示范项目、智能制造示范工厂和智能制造数字化车间建设，将"智改数转"落实到全省有意愿的规模以上工业企业；同时，将进一步加强数字政府建设，提升政务数字化、智能化和集成化建设水平，优化公共服务流程以提高对产业发展的支撑和保障能力。①

（二）制造业及相关数字产业发展稳中有进，数字经济赋能潜力巨大

吉林省制造业发展环境优越，汽车产业、装备制造产业和医药产业等支柱产业基础雄厚，轻工业部分产业实现精尖发展，高技术产业和战略性新兴产业发展保持增长态势，智能化改造和数字化转型潜力巨大，数字技术多元化应用平台广阔，为数字经济和实体经济实现融合发展、数字经济赋能制造业高质量发展奠定了坚实基础。2023年上半年，全省规模以上工业增加值同比增长5.7%，高于全国平均水平1.9个百分点，高技术制造业增加值占规上工业的比重比上年同期提高0.3个百分点；战略性新兴产业产值占规上工业的比重比上年同期提高1.3个百分点；②全省新能源汽车产业、高端装备制造业、新能源产业、新一代信息技术产业产值分别增长52.9%、10.1%、8.1%、12.6%。③ 2023年1~7月，吉林省规模以上重点产业增速为6.0%，其中信息制造业增速达98.8%（见表1）。

---

① 《关于印发〈吉林省大数据产业发展指导意见〉〈吉林省制造业智能化改造和数字化转型行动方案（2023~2025年）〉〈关于进一步加强数字政府建设的若干举措〉的通知》，吉林省人民政府网，http://xxgk.jl.gov.cn/zsjg/fgw_136504/gkml/202305/t20230529_8716108.html。
② 《吉林省上半年经济运行情况新闻发布会》，吉林省人民政府网，http://www.jl.gov.cn/szfzt/xwfb/xwfbh/2023/jlsdzyjglbf_69587/wzzb/202307/t20230727_2452860.html。
③ 《吉林省上半年经济运行情况新闻发布会》，吉林省人民政府网，http://www.jl.gov.cn/szfzt/xwfb/xwfbh/2023/jlsdzyjglbf_69587/wzzb/202307/t20230727_2452860.html。

表1　2023年1~7月吉林省规模以上重点产业工业增加值增速

单位：%

指标	增速
重点产业合计	6.0
汽车制造业	6.2
石油化工产业	-2.7
食品产业	5.9
信息制造业	98.8
医药产业	-1.3
冶金建材产业	15.7
冶金产业	7.7
建材产业	33.3
电力生产行业	1.8
纺织工业	11.2
装备制造产业	21.8
高耗能产业	0.7
高技术制造业	3.1
战略性新兴产业（产值）	5.7

资料来源：《2023年1~7月全省规模以上重点产业工业增加值》，吉林省人民政府网，http：//www.jl.gov.cn/sj/sjcx/jyb/gy/202309/t20230926_2648319.html。

同时，吉林省软件和信息服务产业发展正在稳步推进，以启明公司、丽明科技、吉大正元、东北师大理想、连通数字科技及东软集团等优秀企业为代表，能够提供包括面向汽车行业的管理软件、汽车电子产业、信息安全及教育信息化应用等多类业务。2023年1~10月，吉林省软件和信息服务业在软件产品、信息技术服务、信息安全、嵌入式系统软件的收入增速分别为10.1%、11.7%、10.2%和8%（见表2），虽然低于全国水平（分别为11.4%、14.9%、10.8%和11.4%），但增长较为稳定。

表2　2023年1~10月吉林省软件和信息技术服务业主要经济指标完成情况

单位：万元，%

类别	本年累计	同比增长
软件和信息服务业务收入	4604135	10.5
（一）软件产品收入	984572	10.1
（二）信息技术服务收入	2552348	11.7
（三）信息安全收入	79653	10.2
（四）嵌入式系统软件收入	987562	8

资料来源：《2023年1~10月份分地区软件和信息技术服务业主要经济指标完成情况表》，工业和信息化部官网，https://wap.miit.gov.cn/gxsj/tjfx/rjy/art/2023/art_92f8ee200a8743688d1d2b04d5130350.html。

（三）数字环境不断优化，有力支撑数字经济赋能

吉林省自2012年启动新型智慧城市建设，2018年全面推进"数字吉林"进程，数字基础不断夯实，智能化数字化为数字经济发展营造了良好的数字环境。数据显示，2023年1~7月全省电信业务总量增速达到19.0%，互联网宽带接入用户达819.5万户，增长9.5%（见表3）。同年8月，全省移动电话用户合计3027.1万户，同比年内新增19.36%，5G移动电话用户数新增1232.4万户，同比年内新增273.62%（见表4）。截至2023年7月末，吉林省新建5G基站10020个（含900M基站），累计建成5G基站44567个（含900M基站），行政村5G网络通达率为64.95%。[①] 互联网技术和5G技术应用所覆盖的区域、面积和用户日益扩大，为制造业数字化管理构建了更为便捷、高效和全面的数字环境。

---

① 李可儿：《吉林省通信行业提前完成年度5G基站建设任务》，《人民邮电》2023年8月11日。

表3 2023年1~7月吉林省通信业指标

指标	绝对量	增速(%)
电信业务总量(亿元)	137.52	19.0
电信业务收入(亿元)	116.12	6.0
移动电话用户(万户)	3013.69	0.9
互联网宽带接入用户(万户)	819.50	9.5

资料来源：吉林省统计局。

表4 2023年8月吉林省通信业发展基本情况

指标	同期累计	同比年内新增(%)
电信业务总量(上年不变单价)(亿元)	157.88	18.96
电信业务收入(亿元)	131.64	5.22
固定电话用户合计(万户)	371.9	-11.79
移动电话用户合计(万户)	3027.1	19.36
5G移动电话用户数(万户)	1232.4	273.62
(固定)互联网宽带接入用户(万户)	827.4	48.29

资料来源：吉林省通信管理局。

同时，吉林省加快推动数字政府建设，驱动全省数字经济发展，为数字经济赋能制造业高质量发展提供了有力支撑。依托"吉林祥云"大数据平台，吉林省大力推进云网一体化基础设施体系建设，提高身份信息等共性应用的共建共用。截至2022年5月，全省已建成数据中心（20机架以上）81个，总机架数为20207架，已使用机架数为14294架。[①] 目前，"吉农云""吉农码"累计注册用户已超过415万，已实现省、市、县、乡、村五级使用相同的系统和平台完成全流程在线审批，最大限度消除省内各级行政区域、各行业和人群因基础设施建设不均衡、对信息技术应用不同等造成的"数字鸿沟"；截至2022年7月底，吉林省大数据中心和数字政务基础设施

---

① 张建、王晓林：《"数字吉林"强化数据赋能抢抓转型机遇》，《经济参考报》2022年8月22日。

入库项目122个，计划总投资245.28亿元，数字政务平台高效配置政务服务资源，整合全省8400多个部门的数据，企业数字化改造政策申请等各项办事效率得到极大提高。①

二 数字经济赋能吉林省制造业高质量发展现状

（一）数字经济推动技术创新，引领制造产业升级转型提效增产

技术创新与进步是制造业高质量发展的核心，数字经济以数据为关键生产要素，从多角度推动制造业技术进步。2023年前三季度，吉林省实施制造业"智改数转"项目215个，完成投资约1110亿元。其中，汽车产业作为吉林省支柱产业之一，对全省规模以上工业增加值增速拉动作用明显，智能化数字化成果为产业链、供应链数字化转型，数字赋能汽车产业提供了有力支撑，数字化研发与创新能力日益得到激发和印证。例如，长春捷翼采用智能化生产线为大众、吉利等全球多家车企生产充电产品，在数字化改造后，上料、流转及成品入库等多个环节均实现了自动化，产能提高50%，同时，利用汽车零部件数字溯源系统实现产品数据追踪记录，解决了产品出口问题。② 一汽集团在数字化转型过程中采取多项举措，大幅提高了业务处理效率、生产效率和研发效率，数字化"财务共享服务中心"为集团内部信息共享和跨部门合作，节省人力并提高了整体办公效率；同时，整合和融合了不同职能、部门和层级，以及各业务流程和数据，优化关键环节，实现了价值链的纵向集成和产业链的横向集成。在数字技术应用方面，集团创建天翼云集群数字化车间等综合信息化应用平台，新产品开发效率提高30%以上，产品研发周期缩减至少6个月；并在

---

① 《数字化建设助力吉林高质量发展》，中国政府网，https://www.gov.cn/yaowen/shipin/202311/content_6917394.htm。
② 《数字化建设助力吉林高质量发展》，中国政府网，https://www.gov.cn/yaowen/shipin/202311/content_6917394.htm。

研发过程中利用产品仿真平台、3D 模型协同设计、自动驾驶场景验证和产品 AR 展示,将实体产品映射在数字虚拟空间中,利用大数据判断消费者需求和预期,快速响应市场需求,精准供给,减少样车数量,降低设计成本并缩短产品上市周期。①

2022 年,一汽集团、一汽解放和机械九院的三个项目入选当年工业互联网 App 优秀解决方案名单,在应用中有效降低了各项生产成本,为用户降低油耗并提升故障处理响应能力。其中,"基于移动互联网的面向设备维修的 App 解决方案"可实现综合停台时长降低 55%、人工成本降低 10%、生产能力提升 12%,"车联网云脑平台产业化解决方案"充分利用车联网大数据为用户提供更符合需求的服务。目前,解放车联网云脑平台在线车辆已超过 145 万辆,注册用户 193 万,为用户降低油耗 5%,故障处理及时率提升 30%;"汽车工厂车间智能管控 App 解决方案"重点应用于生产流程,能够使车间效率平均提升 30%、质量提升 40%、成本降低 35%。② 2023 年上半年,全省汽车产业增加值同比增长 10.1%,数字经济推动制造业高质量发展成效显著。③

(二)数字经济激发市场需求,高端装备制造业产业链日益完善

市场需求是决定制造业高质量发展方向的重要因素,数字经济利用数字技术获取与传统产业不同的数据信息,应用于各领域,激发新的市场需求,推动相关上下游产业发展。作为数字经济的重要组成部分,陆地、海洋和气象等地理数据信息的应用愈加广泛,相关产业具有巨大的市场潜力和充沛的发展活力。吉林省装备制造业以"长光卫星"和"长客造"为优势增长极,带动上下游产业链协同发展趋势稳定,产业优势与数字经济彼此促进。2023

---

① 王昕怡:《企业数字化转型路径及其绩效评价——以中国一汽集团为例》,《老字号品牌营销》2022 年第 10 期。
② 《工业互联网 APP 助力我省汽车产业集群上台阶》,吉林省工业和信息化厅官网,http://gxt.jl.gov.cn/gdtp/zzyszhzx/qcstjszhzb/202303/t20230322_8682740.html。
③ 《吉林省上半年经济运行情况新闻发布会》,吉林省人民政府网,http://www.jl.gov.cn/szfzt/xwfb/xwfbh/2023/jlsdzyjglbf_69587/wzzb/202307/t20230727_2452860.html。

年上半年，吉林省装备制造业增加值同比增长15.2%。[1] 其中，长光卫星"吉林一号"在轨卫星数量增至108颗，星座组网工程成功实现"百星飞天"的阶段性目标，[2] 相关产业链日益形成规模，上下游企业均超过300家，包括航天制造领域，以及为农业、林业、气象、资源、环保、城市建设等领域提供遥感数据支持和产品服务。[3] 航空航天逐步成为吉林省新兴产业和制造业高质量发展的典范。同时，长客股份近年来承担并完成了百余种新产品的研发工作，包括"复兴号"中国标准动车组、新一代地铁智能列车以及广东清远磁悬浮列车等，其产品在国际市场特别是高端国际市场中备受瞩目，为全球轨道交通装备的智能化发展作出示范和引领。[4]

（三）数字经济打破时空束缚，释放轻工产业创新能力

数字经济能够有效降低产业链交易成本、运输成本和信息获取成本，更精准高效地满足消费者的多样需求，为生产和需求搭建有效路径。袜业是吉林省纺织产业的核心，位于辽源的东北袜业纺织工业园区是中国第二大袜业生产基地、全国最大的棉袜生产基地，从研发、生产和销售，到创新、资质和规模，均位于全国前列，并享有国际声誉。近年来，园区工厂在产品数字化、生产数字化、销售数字化方面积极探索，如德盟欧袜机厂配备了多种智能设备，实现自动缝翻、自动下板定型等生产环节，其智能设备还可利用5G、大数据、云计算和物联网等数字技术，通过手机直接完成接收订单和生产，实现全流程数字化管理。目前，园区入驻袜业及配套企业1210家，从业人员4.5万人，拥有袜机设备等4.1万台（套），年生产能力35亿双，销售渠道遍布全球，加之725项知识产权和国家级、省级130余项资质荣

---

[1] 《吉林工业，含"新"量几何》，人民网，http://jl.people.com.cn/n2/2023/1004/c349771-40593008.html。
[2] 《一箭41星后"吉林一号"卫星星座在轨卫星达108颗》，人民网，http://jl.people.com.cn/n2/2023/0615/c349771-40458743.html。
[3] 《向光而行——长春光电产业蓬勃发展新观察》，新华网，http://www.jl.xinhuanet.com/20230730/20263e2bdf6a49ee8f711208b961fb31/c.html。
[4] 华泰来：《铸造高质量发展强引擎》，《吉林日报》2022年1月12日。

誉，现已成为国家袜子标准制定和检测基地、全球链条最完善的专业生产棉袜的大型工业园区。

（四）数字经济为研发避险增效，医药产业创新与规模并进

医药产业是吉林省重点培育的支柱产业、优势产业和战略性新兴产业，具有技术含量高、知识密集、前期投入高、研发生产周期长、风险高和收益高等特点，智能化改造与数字化转型是医药产业稳定可持续发展的必然选择。长春市高新区生物医药产业园区为全省生物医药技术创新核心和产业化龙头，目前，吉林敖东、金赛药业、通化东宝等企业逐步提升信息化和数字化水平，带动医药企业高质量发展。其中，吉林敖东已建立智能中药饮片生产车间，配备全自动中药切片机，中药材可通过自动化生产线直接转化为成品，生产效率大幅提升，数字经济带动作用明显。[1] 2023年以来，全省各地医药产业新建投资5000万元以上项目32个、续建项目12个，预计可实现产值100亿元以上。[2] 2022年，通化市实施了总投资220亿元的国家生物医药产业集群建设工程，全市医药工业增加值占比50.1%[3]；敦化市规模以上医药产值突破122亿元，医药产业集群入选全国特色产业集群[4]。

（五）数字经济打通产业边界，加快"两业"深度融合发展

在数字经济背景下，大数据、云计算和人工智能等新一代信息技术高度扩散到吉林省制造业和服务业，渗透在研发、生产和管理等各个环节，制造业由传统单一制造模式向服务与制造融合发展模式转变，通过数字技术进行

---

[1] 金津秀、姬杨：《振兴蒸腾活力——吉林加速县域经济发展观察》，新华网，http://www.jl.xinhuanet.com/20231012/70da9e3ad00d45208fa2343448967bed/c.html。
[2] 《集聚资源力量推动东北全面振兴——吉林省药监局努力以高质量高效率服务促进医药产业发展》，中国医药报微信公众号，https://mp.weixin.qq.com/s/L1LT4Ku3zQvDHoP8lVTduw。
[3] 《吉林千亿级产业重任 通化何以扛鼎》，吉林省人民政府网，http://www.jl.gov.cn/szfzt/jlssxsxnyxdh/gddt/202305/t20230525_2368604.html。
[4] 《敦化以产业集群破局经济高质量发展"瓶颈"》，腾讯网，https://new.qq.com/rain/a/20230901A0977400。

吉林蓝皮书

数据分析和共享打破产业边界,"两业"深度融合发展进程加快。例如,长客股份利用 SAP 系统基本可以实现从设计到售后服务的产品全生命周期信息化管理,覆盖市场营销、项目管理、产品设计、物料采购、物流配送、生产组织、质量管控、财务核算、售后服务以及维护维修等核心业务;通过大数据开发和云服务在同一平台下实现新造、售后和检修的动态管理,智能化的售后服务和管理平台直接对接公司各部门,高效、及时、精准解决客户端问题,全面支撑售后运营监控管理和维修过程管理,提高售后工作效率,降低维修服务成本。①吉林省轻工业与服务业融合发展亦稳步推进。吉林省东北袜业园以袜厂为服务对象,整合生产要素,在园区中构建了人力资源、金融中介、物流仓储、生产研发、网络信息、营销策划、投资咨询、综合配套等八大服务平台,为袜厂提供设备、生产、融资等相关服务;同时,对企业采取数字化管理,通过大数据分析为企业提供研发、生产和销售决策引导,通过网络营销帮助企业开拓和搭建稳定的销售渠道和网络,企业生产效率提升且销售成本下降,在数字经济的推动下实现制造业与服务业高度融合发展。②

三 数字经济赋能吉林省制造业高质量发展现存的问题

(一)数字经济发展缓慢且对制造业发展驱动能力较弱

在"数字吉林"稳步推进下,吉林省互联网生活服务便捷且服务经济活跃,但仍需注意,吉林省数字生产能力与前者相比显著较低,数字经济对制造业驱动能力不足。相关研究显示,我国各省、自治区、直辖市数字经济发展指数分值集中在 40~100 分,呈现梯次发展格局,第一梯队中的前三位

---

① 《长客股份服务化打造高端制造业"金名片"》,吉林省制造业与服务业融合公共服务与平台网,http://www.jlmsp.com.cn/rhfz/viewInfo.jhtml? id=10&viewType=picArticle。
② 《东北袜业园:让袜子在互联网上翱翔》,吉林省制造业与服务业融合公共服务与平台网,http://www.jlmsp.com.cn/rhfz/viewInfo.jhtml? id=13&viewType=picArticle。

为北京、广东和上海，分别为96.6分、94.8分和85.8分，而吉林省位于第三梯队，在40~55分，整体发展水平较低，数字经济发展动力和数字应用相对不足，数字资本活跃度较低，对地区经济发展的驱动能力较弱，企业盈利能力较落后。① 同时，吉林省数字基础设施建设仍显不足。最新数据显示，广东省5G基站数量已超过27.9万个，辽宁省累计开通5G基站77410个，② 四川省5G基站规模已超过6万个，均高于吉林省的44567个，③ 数字基础设施的薄弱不利于区域间、产业间和企业间相互协作、技术溢出、资源整合及市场优化，这也是造成数字经济发展缓慢的因素之一。同时，算力作为新兴生产力在制造业中发挥的作用日益凸显，吉林省算力产业处于起步阶段，尚不足以满足科研院所和龙头企业的大量算力需求，制约了制造业数字化进程。

（二）数字技术创新和改造在企业间和企业内部不均衡

吉林省数字生产能力相对偏弱，相关企业之间和企业内部的技术的革新和创新往往并不均衡，制约制造业高质量发展。一方面，吉林省制造企业数字化转型程度较慢，数字技术创新多集中于少数龙头企业，产业链上下游企业特别是中小型企业受制于资金流动、人才储备、承担风险能力及信息资源获取能力等，不具备承担技术创新和进步的能力和条件，在提供或承接业务时将因技术水平落后或区位劣势而致效率低下，产业链内部所形成的信息壁垒和数字壁垒将影响整个产业流程；另一方面，数字技术创新往往发生在企业内部的某个部门或生产的某个环节，部门和环节之间数据采集、分析和共享平台建设，在与其他企业内部其他部门协同运行时，或因技术不匹配，或信息不对称，导致新技术无法发挥最大效益。

---

① 《中国数字经济发展指数（2023）》，贵州省大数据发展管理局官网，https：//dsj.guizhou.gov.cn/xwzx/gnyw/202308/t20230829_82111247.html。
② 《辽宁已实现5G基站乡镇以上全覆盖》，澎湃新闻，https：//www.thepaper.cn/newsDetail_forward_22944408。
③ 李可儿：《吉林省通信行业提前完成年度5G基站建设任务》，《人民邮电》2023年8月11日。

（三）相关高端人才缺乏且数字化转型意识不强

当前，吉林省高学历、技术型和专业型等高端人才流失较为严重，制造业研发能力、数字技术应用与创新能力和动力不足，阻碍了数字经济对制造业高质量发展的驱动作用。东北人才流失形势日益严峻，其中吉林省的情况更为突出，按毕业生总数和东北生源口径统计（20所代表性高校），东北毕业生人才流失率分别达到63.5%和26.5%；按照生源口径统计，辽宁省和黑龙江省的毕业生人才流失率分别为15.6%和32%，而吉林省为40.7%，在东三省中情况最为严重。[①] 同时，由于受传统工业惯性生产方式的影响，企业人员数字化发展思维相对保守，数字化转型意识不强，企业数字化转型缺乏内生动力，新一代信息技术得不到充分重视和利用，数字经济对制造业高质量发展的推动作用难以展现。

四 数字经济赋能吉林省制造业高质量发展的对策

（一）持续完善数字基础设施建设，拓展制造业高质量发展空间

数字基础设施建设是数字经济发展的基础条件，是数字经济赋能制造业高质量发展的重要支撑。吉林省应进一步加快数字基础设施建设速度，提升5G和互联网覆盖率，丰富和释放市场需求，为低端和中小型企业智能化改造和数字化转型创造基本条件，弥补创新力不足造成的生产力滞后，缩小产业之间和产业链内的数字壁垒并提高企业内部生产效率，推动三次产业融合发展，延伸制造业高质量发展广度。同时，应积极推动算力产业发展，以长春算力中心为增长极，积极参与国家算力产业链，对标前沿技术标准，逐步形成算力产业集群，满足制造业在产品设计、工艺流程、质量控制和生产流

[①] 钱诚等：《从东北高校毕业生就业去向看东北人才流失问题》，澎湃新闻，https://www.thepaper.cn/newsDetail_forward_16217483。

程等方面用于仿真和建模的大量计算需求，提高物联网和自动化生产的响应速度，为制造业发展打破空间和束缚实现高质量发展。并且，应以龙头产业为主导推进工业互联网建设，驱动数字技术深度融入制造业各环节，整合、分析和归纳产业流程中的大量数据，共享数字化资源，提高企业内部协同效率，促进企业之间高效合作，降低中小企业数字赋能壁垒，为技术的创新和流动降低空间阻碍，鼓励企业共享工业信息，进一步挖掘制造业高质量发展深度。

（二）充分挖掘并利用数据资源，激发制造业高质量发展动能

充分挖掘、分析和利用数据资源是数字经济赋能制造业高质量发展的必要前提，可大幅提高制造业企业生产效率、产品质量及对市场的响应速度等。目前，吉林省大数据产业发展已完成布局，应积极落实相关政策，在政府引导下完成对从企业到用户、从生产者到消费者的各类数据采集；同时，通过激励措施鼓励各类企业和机构提供可公开的数据资源，并以市场需求为导向，探索数据分析技术、数据交换方式以及数据共享模式，最大限度精准了解市场需求，及时优化制造业企业产品目标，进一步激发制造业转型升级和创新动能，从而实现制造业高质量发展。

（三）加强数字人才队伍建设和培养，增强数字经济对制造业高质量发展的驱动能力

人才是制造业不断创新发展的原动力，是数字经济赋能制造业高质量发展不可或缺的重要因素之一。一方面，应面向国内外制定更为开放的人才政策，持续完善吉林省现有培养、评估、服务、支持和鼓励等人才政策，吸引与稳固人才并重，根据专业型人才、高素质复合型人才、学术型人才的不同特征，为其创造相应的研发和实践平台，加强高校与企业之间、省际以及与国外在技术创新领域的沟通和合作，为数字技术外溢和技术创新搭建桥梁，提高企业核心竞争力；另一方面，需强化吉林省企业人员数字化思维，鼓励企业定期组织员工和管理人员进行相关培训和学习，培养员工数字化意识，

提高管理人员在企业数字化转型过程中的决策能力和前瞻能力，帮助企业决策者为企业合理制定数字化、智能化和信息化发展目标，提高企业转型升级速度和效率，加大数字经济对制造业高质量发展的驱动力度。

参考文献

[1]《吉林省制造业数字化发展"十四五"规划》，吉林省工业和信息化厅官网，http://gxt.jl.gov.cn/xxgk/jwwj/202109/t20210917_8220539.html。

[2]《关于印发〈吉林省大数据产业发展指导意见〉〈吉林省制造业智能化改造和数字化转型行动方案（2023~2025年）〉〈关于进一步加强数字政府建设的若干举措〉的通知》，吉林省人民政府网，http://xxgk.jl.gov.cn/zsjg/fgw_136504/gkml/202305/t20230529_8716108.html。

[3] 张建、王晓林：《"数字吉林"强化数据赋能抢抓转型机遇》，《经济参考报》2022年8月22日。

[4] 王昕怡：《企业数字化转型路径及其绩效评价——以中国一汽集团为例》，《老字号品牌营销》2022年第10期。

[5] 华泰来：《铸造高质量发展强引擎》，《吉林日报》2022年1月12日。

B.7 吉林省加快现代服务业转型升级对策研究

田振兴 顾佳宁[*]

摘 要： 2023年，吉林省现代服务业总体水平快速上升，服务领域也快速发展。吉林省文化和旅游业、金融业以及房地产业等优势服务行业展现出较强的支撑作用，信息技术服务业、商贸物流服务业等高速发展，信息技术服务与创新应用的边界不断延伸，为推进全省制造业发展和数字吉林建设提供了坚实基础和有力支撑。但是当前全省现代服务业依然面临人才供给不足、数字化程度偏低以及体量不足等问题，基于此，吉林省应锚定服务业高质量发展的目标和要求，进一步突出政府统筹作用，注重产业顶层设计，优化发展布局，促进协调发展，鼓励企业创新，引领转型升级并加快人才队伍建设，释放持续发展动能。

关键词： 现代服务业 数字化 结构升级

当前，中国已进入服务经济时代，现代服务业的发展正逐渐成为各地经济发展新的增长点，同时也成为衡量其现代化水平的重要标志。党的二十大报告提出："推动现代服务业同先进制造业、现代农业深度融合。"近年来，吉林省现代服务业规模不断扩大、水平日益提高、贡献逐步增大，为吉林省经济社会平稳发展发挥了重要作用。然而，吉林省现代服务业发展与其他省份相比，在总量和内部结构等方面均存在明显的差距与不足。在此背景下，

---

[*] 田振兴，吉林省社会科学院软科学开发研究所助理研究员，主要研究方向为消费经济、产业经济；顾佳宁，东北师范大学助理研究员，主要研究方向为消费经济、教育经济。

深刻认识吉林省现代服务业发展现状，剖析其中存在的问题，有助于指明全省现代服务业发展方向与趋势，更有针对性地提出加快现代服务业转型升级的对策措施，对于助推吉林省经济社会健康发展具有重要的意义。

一 吉林省现代服务业发展现状

党的十八大以来，吉林省服务业发展的总体趋势发生了显著的变化，占GDP的比重逐步提高，对经济的支撑作用日益增强。虽然受三年疫情的影响比较明显，但仍充分显示了较强的韧性，对全省产业结构转型升级起到了关键性作用。

（一）吉林省服务业总体发展水平

1. 服务业总量快速回升

2022年，受疫情影响，吉林省服务需求受到抑制，服务业迎来寒冬，增加值同比增速均为负值。随着减免房屋租金、加大服务业金融支持力度、稳定就业岗位等方面政策的落实，服务业市场主体经营压力得到缓解；在多轮餐饮类、购物类消费券的激发下，居民服务需求潜力释放，服务业得以恢复向好。2023年全省服务业快速恢复，有效拉动了全省经济的增长。如图1所示，2023年第一季度，全省服务业增加值同比增长8.9%，高于全国服务业增速3.5个百分点，高于全省GDP增速0.7个百分点。第二季度，服务业发展方兴未艾，增速稳定。上半年数据显示，全省服务业实现增加值3724.89亿元，同比增长9.2%，高于全国服务业增速2.8个百分点，高于全省GDP增速1.5个百分点。前三季度，全省服务业增加值同比增长6.7%，高于全国平均水平0.7个百分点，拉动全省经济增长3.8个百分点，有效发挥了对经济增长的引领作用。其中，批发和零售业增加值同比增长10.6%，交通运输、仓储和邮政业增加值同比增长10.7%，住宿和餐饮业增加值同比增长19.1%。

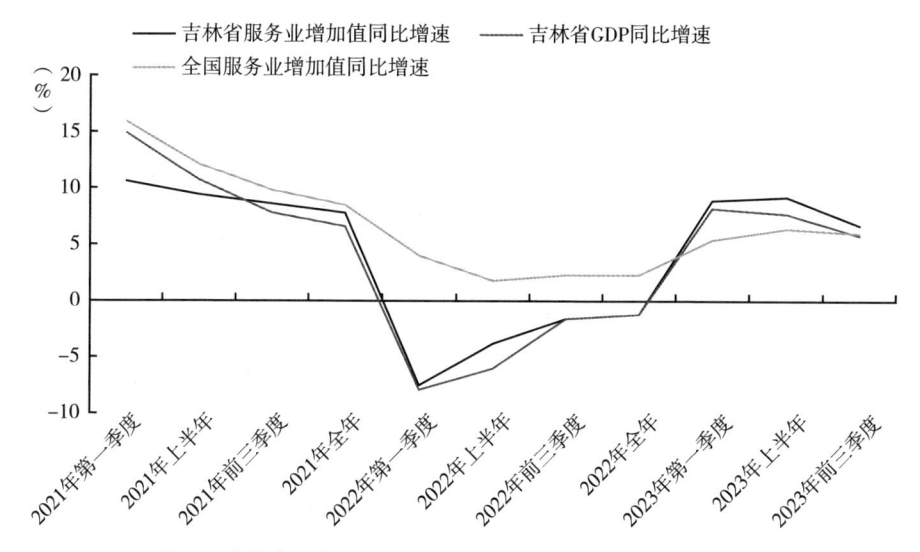

图 1　吉林省服务业增速、GDP 增速与全国服务业增速对比

资料来源：国家统计局、吉林省统计局，经作者计算后得出。

2. 服务业结构不断优化

长期以来，吉林省高度重视发展现代服务业，并取得了一定成效，规模不断扩大，结构不断改善，科学技术、文化旅游、商贸物流、金融服务等产业加快发展，服务业的外延和范围不断扩大，服务业的带动力日益增强。2023 年以来，部分传统服务业比重稍有下降，批发和零售业由 2022 年的 11.6%下降至 2023 年上半年的 11.3%，交通运输、仓储和邮政业由 2022 年的 8.8%下降至 2023 年上半年的 8.3%，而住宿和餐饮行业则稍有增加，从 2022 年的 2.4%上升至 2023 年上半年的 2.8%。以信息传输、软件和信息技术服务业为代表的新兴产业发展迅速，金融、房地产等现代服务业比重明显回升。表 1 显示，2023 年上半年，金融业增加值在服务业中占比由 2022 年的 14.8%回升至 15.2%，房地产业增加值在服务业中占比由 2022 年的 10.5%回升至 12.8%。由此可见，服务业正在不断向现代化方向发展，内部结构持续优化升级。

表 1　吉林省服务业分行业增加值占比

单位：%

时间	批发和零售业	交通运输、仓储和邮政业	住宿和餐饮业	金融业	房地产业	其他行业
2021年第一季度	11.4	7.9	2.6	15.5	12.1	50.5
2021年上半年	11.5	8.8	2.5	14.4	12.7	50.1
2021年前三季度	11.3	9.2	2.6	14.1	12.2	50.5
2021年全年	11.8	9.4	2.7	13.9	11.5	50.7
2022年第一季度	11.2	7.8	2.8	17.1	12.2	48.9
2022年上半年	11.0	7.7	2.6	15.9	12.2	50.6
2022年前三季度	11.1	8.1	2.8	15.1	11.8	51.1
2022年全年	11.6	8.8	2.4	14.8	10.5	51.9
2023年第一季度	11.4	7.9	3.0	16.1	12.5	49.1
2023年上半年	11.3	8.3	2.8	15.2	12.8	49.6

资料来源：吉林省统计局，经作者计算后得出。

3. 产业动能活力彰显

恢复中的服务业高质量发展特征更加明显。规模以上服务业运行逐渐转好。从企业盈利情况看，2023年1~4月，全省规模以上服务业核算行业超七成企业营业收入实现正增长，超五成企业实现盈利，企业经营状况明显改善，显著强于往年同期；从营业收入情况看，1~4月，全省规模以上服务业核算行业营业收入同比增长6.3%，领先全国平均水平1.6个百分点。年初以来，吉林省发展改革委深入实施服务业22项重大工程，压茬推进2023年制定的639项工作任务和900项工作措施。打造现代服务业集聚示范区，现有的86家集聚区已入驻企业超过8000户，吸纳就业超过12万人。加快共享经济、平台经济、数字经济发展，协同推进数字产业化、产业数字化发展，促进信息技术与实体经济深度融合。

（二）现代服务业支撑作用突出

1. 金融业为经济发展提供保障

2023年前三季度，吉林省金融业生产总值同比增长5.1%。生活常态化后，金融业始终保持着较为稳定的发展速度。截至 9 月末，全省金融机构（含外资）本外币贷款余额 27740.89 亿元，增速达到 6.8%。金融业在实现自身稳定发展的同时，为实体经济发展提供了有力保障。在 2023 年复杂严峻的经济形势下，全省银行业机构主动作为，全力支持稳经济增长，突出服务重大战略、重大项目的导向，聚焦实体经济重点领域和关键环节，切实把握信贷投向和节奏，推动全省实体经济高质量发展。工行吉林省分行和吉林省金融控股集团下属小微金服公司共同搭建数字政采贷融资平台，为吉林省中小企业融资提供便利，解决了中小企业融资难问题，进一步推动了中小企业发展。同时，各大银行也将助力乡村振兴作为重点任务，持续推进新金融实践。吉林银行聚焦吉林区域特色，联合产业生态伙伴，通过建立标准金融监管仓，创新打造如"吉粮易贷""黑土粮仓贷"等一系列数字供应链动产融资信贷产品。全省绿色金融政策保障和资金供给持续强化，信贷投放总量不断增加。

2. 电商业为经济发展增添活力

自 2021 年首届中国新电商大会在长春举办以来，在品牌活动的辐射下，吉林省加快发展以新电商为代表的新经济新业态新模式，已逐步成为一扇观察中国新电商发展进步、汲取新电商发展智慧的重要"窗口"，以新电商为代表的新业态蓬勃发展，成为经济增长的重要引擎，有力推动了吉林省经济的高质量发展。2023 年上半年吉林省实物商品网上零售额 241.1 亿元，同比增长 26.3%，呈现良好的发展势头。全省各市（州）依托本地生态资源、特色产品以及产业基础，加速新模式开发运用，推动新业态培育发展，推进了相关领域电子商务园区、基地的建设。长春现代都市圈内汇聚了京东、网易、天下秀等一批电商头部企业，并在净月国家电商示范基地及"网红"经济发展先行试验区的建设带动下，实现了直播产业的快速集聚，形成了直播经济发展的示范带动体系。辽源形成了以袜业为特色的电商集聚区，松原、白城杂粮杂豆产业电商集聚效应显现，通化、白山、延吉的人参产业电商加速汇聚，梅河口果仁、冷面等特色产品电商也实现了规模发展。传统产品在电商的赋能和助力下，焕发出新的生

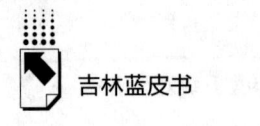

机，市场不断拓展。

3. 文旅产业为经济发展增加动力

在"一主六双"高质量发展战略的引领下，吉林省锚定万亿级旅游产业的目标。2023年，吉林全省计划建设文旅项目160个，总投资1799亿元，计划完成投资145.3亿元。截至9月底，全省已开复工项目187个，完成投资143.3亿元，占计划完成投资的98.6%，同比增长52.2%，超过2019年同期水平。通过为广大游客提供更丰富的旅游产品、更优质的旅游服务、更多元的旅游体验，吉林文旅市场正在逐渐摆脱疫情带来的影响，亮点频频，强劲复苏。数据显示，2023年1~8月全省文化、体育和娱乐业营业收入同比增长32.6%；前三季度接待国内游客2.42亿人次，同比增长153.7%，接待入境游客30.35万人次，同比增长543.4%；国内旅游收入4009亿元，同比增长244.6%，入境旅游收入6712.97万美元，同比增长281.4%。《吉林省旅游万亿级产业攻坚行动方案（2023~2025年）》指出，吉林省旅游业将突破传统热门旅游发展建设思维，向多个方向创新发展；突破传统旅游旺季因素限制，向全季旅游不懈拓展，使旅游业成为拉动消费、促进经济发展的重要动力。

4. 软件和信息技术服务业为经济发展注入新动能

随着吉林省在软件和信息技术服务业投入的不断加大，支持政策的不断出台，全省软件和信息技术服务业呈现较好的发展态势。2023年1~10月，吉林省软件产品、信息技术服务、信息安全和嵌入式系统软件四类软件和信息技术服务业细分领域收入情况同比均实现正增长，分别同比增长10.1%、11.7%、10.2%和8%。信息技术服务与创新应用的边界不断延伸，为推进全省制造业发展和数字吉林建设提供了坚实基础和有力支撑，涌现出启明信息、吉大正元、博立电子、嘉诚信息等一批注重细分市场、聚焦主业、创新能力强、成长性好的软件和信息服企业。启明信息技术股份有限公司融合云计算、区块链、人工智能等技术，在企业管理、智慧园区、车联网等领域实现行业领先。

二 吉林省现代服务业存在的问题

(一)现代服务业体量较低

从总体上看,近几年来吉林省服务业内部结构有所调整和改善,现代服务业有一定的发展和提升,但其体量相对于发达地区仍较低,发展速度仍显缓慢。2023年前三季度,全省服务业增加值为5670.3亿元,全国服务业增加值为502992.6亿元,吉林省服务业增加值仅占全国比例的1.13%。虽然2023年吉林省服务业发展增速稳定,前三季度数据显示,全省服务业实现增加值同比增长6.7%,但是占比较低。主要原因在于吉林省一些服务企业存在着运营模式单一、网络运营能力不足、现代化程度不高、创意元素产品欠缺等问题,服务业企业的抗风险能力较弱。

(二)数字化程度有待加强

新一代信息技术作为现代服务业的主要支撑,在服务业现代化高质量发展中扮演着重要角色。在生产性服务业(如金融、电子商贸等)方面,由于其面向生产端,具有信息、技术密集的特点,新一代信息技术通过在数据分析、过程优化、实时监控等方面进行赋能,以提高生产效率、降低生产成本;在生活性服务业(如养老、文旅等)方面,由于其面向更广大的消费者,需要满足智能客服、智能推荐、智能设计等个性化、多样化的需求。从吉林省服务业结构上来看,劳动密集型服务业占比较大,其特点是通过人力为消费者提供非标准化的柔性服务,数字化渗透程度有限,因此总体上全省的服务业数字化转型缓慢。再从服务业企业规模来看,吉林省规模以上企业占比小,中小企业是市场的中坚力量,但是中小企业受到惯性思维以及投入成本大等因素影响,对数字化转型存在"不想、不敢、不愿"等情绪;尤其是对于传统的商贸集聚区来说,大部分没有清晰的数字化转型战略蓝图,甚至尚未构建起完善的信息化体系,集聚区以及区内企业的数字化转型升级进程很缓慢。同时，吉林省数字化转型政策文件集中在政府治理及制造业领域，缺少服务业数字化转型的专项政策，在服务业具体业态发展方面也缺乏有力的数字化促进政策和资金引导，政策环境建设有待加强。

（三）高素质复合型人才供给不足

行业的转型升级对交叉领域的人才需求是巨大的，劳动力市场供求矛盾日益突出。吉林省收入偏低，南方发达省份通过制定和落实人才引进政策，以安家补贴、高工资收入、解决住房、解决配偶就业、解决落户等为条件，吸引高水平人才，导致服务业从业高端人才流失严重。数字化智能化转型的服务业企业需要复合型人才，不仅要熟练掌握相应信息与通信技能，还需要具备较高的信息素养和科学决策能力，同时对行业知识具备专业的了解。例如，医学人工智能属于典型的交叉学科，但吉林省多数院校尚未完全进行跨学科专业与课程的设计，学科之间的交流和渗透较少。总体来讲，现代服务业的快速发展刚需高水平、复合型人才，而吉林省目前人才供给的数量与质量均无法满足该需求，结构性矛盾突出。究其原因，主要是相较于现代服务业在我国经济中的体量和日益加快的发展速度，目前的服务业相关人才培养体系相对来讲较为不足。同时，高校毕业生的就业规划偏向于前往内地大城市和东部沿海发达城市，本地就业意愿低。此外，现有服务业相关从业人员中，能熟悉国际规则、具有创新性思维、把握行业发展风向、探索可持续发展新领域的人才明显不足。

（四）传统治理模式略显落后

新一代信息技术的快速发展，势必会取代一些岗位，同时也催生出新的业态，带来新机遇。吉林省平台经济蓬勃兴起、纵深发展，但问题不断凸显，如平台垄断现象、纠纷取证困难，以及平台类型复杂等都为监管带来了重重困难。平台经济的高度集中使大量个人数据被少数企业掌握，催生了"大数据杀熟""诱导消费""隐私挖掘"等乱象，深度冲击了社会管理秩序，为社会治理带来了诸多挑战。近年来，网络直播作为一种新业态蓬勃发展,在满足群众需求、拉动消费、促进灵活就业等方面发挥了重要作用,但也存在着虚假宣传、套路促销、流量造假、隐晦售假、服务违约等乱象,亟待治理。除了网络直播外,网约车、网络货运等新业态也存在着治理主体不清晰、法律法规不完善等治理难点。因此,亟须补充多元化的监管和治理模式,构建系统、全面的技术治理体系。

三 吉林省加快现代服务业转型升级的对策建议

(一)突出政府统筹作用,注重产业顶层设计

突出政府战略引导地位和统筹协同作用。明确现代服务业发展的重点方向、关键目标和实践路径,为推动新一代信息技术与现代服务业的深度融合发展提供战略方向和行动指引。同时,推动政策有效落实。持续开展跟踪协调,定期汇总服务业市场主体面临的困难和政策诉求,聚焦市场主体"痛点""堵点""难点",针对不同类别服务业企业,细化纾困政策和相关配套措施,适时出台新的惠企政策,政策内容简明清晰,确保企业可对号。加快推进现代服务业的内涵和统计范围界定,明确细分领域的分类框架,建立完善的统计数据汇聚渠道及核算方式,借助人工智能等技术进行多源数据融合,提升现代服务业统计数据丰富程度。通过专项资金、惠企补贴、奖惩激励等外部性补偿工具降低企业数字化、智能化转型的门槛,引导更多传统企业、中小型企业等市场主体共同参与到人工智能技术创新研发、智能服务产品转化量产等生产环节当中。以目标为导向,着力构建项目联动协同推进机制,为高端现代服务业提供"绿卡"服务通道,形成层级鲜明、梯队明朗的产业成长体系。以优化环境为支撑,积极争创国家级发展平台,提升现代服务业发展能级,将吉林省打造成我国北方现代服务业提质扩容的"领跑者"。

(二)优化发展布局,促进协调发展

加快省会城市、地级城市、农村等重点区域现代服务业发展。强化省会

城市现代服务业发展的带动作用，引导省会长春市发挥自身区位优势和资源优势，加快现代服务业尤其是高技术现代服务业和知识密集型现代服务业的发展。与此同时，逐步鼓励生产要素和人口往城市周边地区扩展，进而使现代服务业在全市域充分发展。加强对各地级市传统服务业改造升级的引导。鼓励延边、四平、吉林等次区域中心城市因地制宜，充分利用区域资源禀赋优势，加快建设优质高效、协同发展的现代服务业体系，增强集聚辐射功能。引导其他市（州）合理改造文旅、商贸、餐饮等传统服务业，使其成为发展现代服务业的助力。由于农村资源丰富、市场开发程度相对较低，故应积极孵化农村现代服务业，优化乡镇空间布局，大力发展休闲农庄、乡村旅游、创意农园和农村电商等现代服务业态。要深化服务业供给侧结构性改革。坚持生产性服务业的专业化发展方向，积极推动生产性服务业与制造业深度融合，实现生产性服务业向价值链高端延伸，加快工业软件、冷链物流、供应链管理等新兴服务业发展，保证服务质量，提升发展能级；提高生活性服务业与消费需求的适配性，为群众供给更多专业度高、覆盖面广、放心安全的精品服务，不断满足产业转型升级需求和人民美好生活需要。

（三）推动"两业融合"，助力合作共赢

要以科技创新为支撑、以转型升级为方向，通过融合发展和赋能升级的方法推动现代服务业的高质量发展。现代服务业和先进制造业融合是当前最主要的发展方向。推动制造业企业利用自身优势向现代服务业延伸产业链，积极推进"制转数改"进度，提升省内制造业企业数字化程度，鼓励制造业企业利用制造经验和科技创新优势为其他行业企业提供设计研发、检验检测、维修咨询等技术化、数字化的服务。引导生产性服务业企业利用数字化和智能化的服务创新向先进制造业延伸产业链，坚持生产性服务业的专业化发展方向，积极推动生产性服务业与制造业深度融合，实现生产性服务业向价值链高端延伸，加快工业软件、冷链物流、供应链管理等新兴服务业发展，保证服务质量，提升发展能级。鼓励已经具有较强实力的制造业企业与

具有较高科技水平的现代服务业企业进行合作，鼓励一汽、中车等制造业企业与其他服务企业进行合作，共同研发，为消费者提供同时具有高质量和智能化的产品。重点建设智能网联汽车工业互联网、智慧能源工业互联网等平台，指引制造业、软件企业和其他服务业企业创新发展。同时，现代服务业内部各行业间也需要融合发展，通过行业间的融合促进行业赋能升级，从而带动整个现代服务业发展转型升级。

（四）加快人才队伍建设，释放持续发展动能

着眼于现代服务业高水平、复合型人才队伍建设，广开门路吸引人才。构建"信息技术+"复合型人才自主培养体系，完善以跨学科专项研究任务为牵引的学术训练和实训实践环节设计，借助校企联合培养模式、"双元制"职业教育模式等，加快培育理论和实践相结合的双优人才，构建现代服务业人才培养体系。利用吉林高校优势，鼓励高等院校、研究院所和科研机构的科技人员投身技术创新第一线，着力培养金融保险、证券信托、风险投资、信息科技、现代物流、旅游会展、新型传媒等现代服务业人才，有计划地在中等职业院校和高等专科院校增设现代服务业紧缺专业或适度增加其招生规模。探索以技能要素为核心的人才评价制度和奖励机制，引导企业对技能要素、创新性劳动的认可，建立以政府表彰为引领、以行业企业奖励为主体、以社会奖励为补充的高技能人才表彰奖励体系，加大高技能人才表彰奖励力度。探索建立智能服务业人才分类评价体系，畅通职业发展和职称晋升渠道。加大人才引进力度。出台一些特殊优惠政策，对服务业重点领域的"高精尖缺"人才给予政策、资金和待遇保障。以优厚待遇鼓励和吸引外地"四新"经济、"互联网+"、数字技术等高端人才加入吉林省服务业队伍中。建立健全符合吉林省实际的服务业人才评价标准，开展高端人才智力柔性引进、产学研合作、重大课题联合攻关等行动，营造域外人才来吉林创业干事的良好氛围。

参考文献

[1] 姚战琪：《现代服务业综合试点政策对服务贸易高质量发展的影响机制研究》，《江西社会科学》2023年第9期。

[2] 郭娜、李悦欣：《数字经济、技术创新与现代服务业高质量发展——基于我国省级面板数据的实证分析》，《创新科技》2023年第9期。

[3] 王师东、杨明、张丽：《现代服务业标准化发展现状案例研究》，《中国管理信息化》2017年第21期。

[4] 陈艳：《新常态下我国现代服务业发展现状分析》，《新西部》2017年第15期。

[5] 李茉莉：《我国现代服务业发展的现状、问题及对策建议》，《现代经济信息》2017年第4期。

动能篇

B.8
吉林省投资形势分析与对策建议

肖国东 刘振文*

摘　要： 近年来，吉林省投资增速平稳增长，投资规模不断扩大，项目投资建设扎实推进，工业投资增长势头强劲，为全省经济高质量发展奠定了坚实的基础，但是面临着投资结构有待优化、地区间投资不均衡、民间投资活力有待释放、外商投资增速较低等问题。为持续扩大有效投资，应进一步改善投资环境，促进吉林省产业转型升级，提高新兴产业投资的比例，加大对投资政策的支持力度，提升民间投资信心和积极性，推动吉林全面振兴率先实现新突破。

关键词： 有效投资　投资结构　投资形势　投资环境

---

* 肖国东，博士，吉林省社会科学院经济研究所副研究员，研究方向为数量经济、产业经济；刘振文，长春理工大学副教授，研究方向为区域创新。

一 吉林省投资总体情况

（一）投资增速平稳增长

2023年上半年，吉林省固定资产投资同比增长0.9%，增速比1~5月提高11.4个百分点，止住第二季度以来逐月回落的态势，实现回升。其中，第一产业投资同比增长65.7%，第三产业投资同比增长1.2%。全省各地坚持超前谋划、快推快动，全力以赴推进项目建设，拉动大规模投资加快形成更多实物量。一汽解放车桥基地建设暨重型换代桥技术升级项目已开始内部装修，吉化120万吨乙烯、60万吨ABS等转型升级项目新建23套主装置中已开工19套。重大项目投资实现快速增长。上半年全省亿元以上项目完成投资同比增长9.6%。投资和项目建设加力推进。2023年前三季度，吉林省固定资产投资降幅比1~8月收窄4.7个百分点，回升态势明显，第一产业投资同比增长43.3%。重大项目投资保持快速增长。全省亿元以上项目完成投资同比增长9.3%。发展基础不断夯实。基础设施投资增速明显加快。2023年前三季度，全省基础设施投资同比增长8.2%，增速比1~8月提高4.3个百分点，高于全国平均水平2.0个百分点。大项目投资快速增长。前三季度，全省亿元以上项目完成投资同比增长9.3%，10亿元以上项目完成投资同比增长17.6%。

（二）投资规模不断扩大

2022年吉林省实施5000万元以上项目2899个，同比增加387个，省政府直接推动36个重点项目。争取并发行地方政府专项债券698亿元，支持679个重大项目建设。争取并发行政策性开发性金融工具资金66亿元。全省项目投资（不含房地产）增长16.4%，其中5000万元以上项目投资增长19.1%。奥迪一汽新能源汽车、吉化120万吨乙烯转型升级、"陆上风光三峡"、"山水蓄能三峡"等一批标志性重大项目全面开工建设，中车松原新能源装备产业园当年建设当年投产。"大水网"工程、沿边开放旅游大通道启动实施，沈白高铁加快建设，长春都市圈环线高速公路、长春龙嘉国际机场三期顺利推进，长白山机场扩建工程落成。促投资、抓项目。2023年上半年，全省共实施5000万元以上项目1922个，投资增长8.7%。其中，亿元以上项目1391个，投资增长9.6%；10亿元以上项目233个，投资增长23.7%。为确保项目能提速、增质，全省三级项目中心全天候、全过程、全链条跟踪项目建设进度，从服务体系、企业培育、项目实施、创新驱动、人才支撑等方面协同发力，及时协调解决项目审批、用工、用能等项目建设困难和问题。

（三）项目投资建设扎实推进

2023年吉林省全面贯彻落实习近平总书记高质量发展理念，按照省委省政府工作部署，持续强化"项目为王"的鲜明导向，扎实推动项目建设。一是组织项目集中开工。从2月到5月，先后组织开展了汽车产业集群、农业十大产业集群、旅游、能源、医药健康5个重点领域项目集中开工，随后又组织了中能建松原氢能产业园等重大单体项目开工活动，在全省迅速掀起了项目建设热潮。二是开展项目百日攻坚。抢抓施工"黄金期"，组织全省奋战100天集中攻坚推动项目加快建设，将全省5000万元以上项目逐个落实到具体责任部门和责任人，与省直部门和地方政府一道，共同构建横向到边、纵向到底的"矩阵式"责任体系。前三季度5000万元以上项目已完成年度投资计划的87%，高于往年水平。三是开展实地指导服务。9月，采取"踏查+督导"的方式，实地踏查进度较慢的42个重点项目，督导地方夯实抓项目的主体责任。四是全力保障资金需求。2023年已争取中央预算内资金额度140多亿元，创近10年新高。开展汽车、石化等领域项目路演活动，66个项目获得授信额度42.5亿元。五是强化项目服务保障。省发改委成立10个工作组，每月两次赴地区实地督导服务，并联合省统计局赴长春、吉林等重点地区开展指导服务，推动解决项目入库入统。各级项目中心积极发挥作用，协调解决项目审批、用工、用能等项目建设困难和问题，2023年初以来共协调解决441个项目建设相关问题。通过这些工作的开展，全省重大项目建设进度进一步加快，一汽奥迪新能源汽车、吉化转型升级、长春轨道交通三期、沈白高铁、比亚迪新能源动力电池等一大批补短板、调结构、惠民生的重大项目加快实施。

（四）工业投资增长势头强劲

2020年以来，一汽奥迪新能源汽车项目取得积极进展，一汽红旗新能源汽车工厂项目、一汽蔚山基地等项目建成投产，2021年红旗品牌全年销售同比增长50%。加强与中石油合作，推进吉化转型升级；出台《关于推动碳纤维及复合材料产业高质量发展的若干举措》，支持碳纤维产业发展；签约落地三一风电智能制造产业园、东方电气新能源装备制造等"陆上风光三峡"项目。2021年工业投资延续高速增长态势，同比增长11.4%。2020年、2021年两年平均增速较2019年同期高出46.1个百分点，工业投资恢复速度居全国第一位，为"十四五"时期加快实现习近平总书记提出的多点支撑、多业并举、多元发展新格局奠定了坚实基础。两年来，吉林省委省政府高度重视重大工业项目谋划推进工作，成立工作专班，优选项目服务秘书，联系包保产业重大项目；强化试点示范项目精准支持，建立省级工业产业链试点示范项目库；接续组织开展重大产业项目落地、工业企业升级改造、重点产业链"搭桥"、新一代信息技术与制造业融合创新等工程试点示范项目遴选；汇集金融机构资源力量，支持重点项目建设。2022年吉林省工业投资增速为13.1%，2023年1~6月工业投资增速为11.1%，仍然保持着较强的增长势头。

二 吉林省投资面临的主要问题

（一）投资结构有待优化

在投资结构中，吉林省粗放扩张型投资比重较高，技术进步型投资比重较低。按照建设性质分，固定资产投资分为新建、扩建、改建和技术改造。吉林省投资结构中新建和扩建比重较高，而改建和技术改造比重较低，呈现"一高一低"，而且"一高"比重在上升，"一低"比重在下降。2021年新建投资比重为53.1%，扩建投资比重为2.7%，新建和扩建投资比重合计为55.8%。2022年新建和扩建投资比重上升到68%，2023年1~6月此比重达72.3%。2021年改建和技术改造比重为6.2%，到2023年1~6月此比重下降到4.6%。与此同时，改建和技术改造投资增速也出现了下降。2021年改建和技术改造投资增速为6.6%，2022年增速下降到-1.8%，到2023年1~6月增速下降到-20.3%，下降幅度较大（见表1）。投资结构存在失衡，技术进步速度慢。

表1 吉林省投资结构（按照建设性质）

单位：%

	2021年		2022年		2023年1~6月	
	增速	占比	增速	占比	增速	占比
新建	18.8	53.1	19.6	65.1	7.3	69.5
扩建	-24.1	2.7	2.4	2.9	21.7	2.8
改建和技术改造	6.6	6.2	-1.8	6.2	-20.3	4.6

资料来源：吉林省统计局网站。

（二）地区间投资不均衡

吉林省地区间投资主要分布在长吉两市。2023年上半年，全省共实施5000万元以上项目1922个，其中长春市储备实施5000万元以上项目1202个，约占全省项目数量的62.54%；吉林市开复工5000万元以上项目367个，约占全省项目数量的19.09%。长吉两市5000万元以上项目数量约占全省的81.63%。长春市不仅投资项目数量多，而且产业投资增速也较高。2023年1~4月，长春市规上工业总产值同比增长24%，其中汽车产业和医药产业分别增长28.9%和30.6%。每年，长春吸引了数千亿元的投资资金，推动工业产业升级和基础设施的完善。同样在2023年的1~4月，长春市的固定资产投资增速高达134.8%，工业投资的增长速度达到了123%。2023年1~6月长春市固定资产投资增长9.8%。上半年引进内资1112.8亿元，同比增长37.7%。2023年上半年，吉林市固定资产投资增速为19.2%，居全省第1位。吉林市开复工5000万元以上项目367个。其中，新建项目147个，开工率为79.5%；续建项目220个，复工率为100%。全市上半年完成投资167.5亿元，同比增长19.2%，居全省第1位。

（三）民间投资活力有待释放

民间投资是经济稳定增长的重要力量，但近期吉林省民间投资增速放缓。2023年上半年，吉林省固定资产投资增速为0.9%，但民间投资增速为-19.3%，民间投资增速低于全省20.2个百分点。2022年，吉林省固定资产投资增速为-2.4%，民间投资增速-22.1%，民间投资增速低于全省19.7个百分点。不仅民间投资增速放缓，比重也有所下降。从投资比重看，2023年上半年吉林省民间投资占全省投资完成额比重为35.1%，低于2022年上半年9个百分点。按照投资主体分，2023年上半年吉林省固定资产投资中国有投资增速为15.2%，而非国有投资增速为-7.8%，非国有投资增速低于国有投资增速23个百分点。2022年，吉林省固定资产投资中国有投资增速为19.4%，而非国有投资增速为-13.0%，非国有投资增速低于国有投资增速32.4个百分点。由此可见，国有投资仍是吉林省投资的主力，民间投资活力仍有待释放。

（四）外商投资增速较低

按照登记注册类型分固定资产投资分为内资和外商直接投资。吉林省内资投资增速较高，而外商投资增速较低。2021年，吉林省固定资产投资增速为11.0%，内资投资增速为12.5%，而外商直接投资增速为-6.5%，外商直接投资增速低于内资投资增速19个百分点。2020年，吉林省固定资产投资增速为8.3%，内资投资增速为9.7%，而外商直接投资增速为-5.7%，外商直接投资增速低于内资投资增速15.4个百分点。2021年，全国固定资产投资增速为4.9%，内资投资增速为4.7%，外商直接投资增速为5.0%。与全国相比，2021年，吉林省外商直接投资增速低于全国水平11.5个百分点。2020年，全国固定资产投资增速为2.9%，其中，内资投资增速为2.7%，外商直接投资增速为11.5%，与全国相比，2020年，吉林省外商直接投资增速低于全国水平17.2个百分点。

三 吉林省投资形势的未来展望

（一）新型基建投资前景向好

随着数字经济的不断进步和社会经济的快速发展，新型基建成为推动地区经济发展的重要手段，加速对新型基建的投资将成为未来吉林省投资的重要方向。数字经济的发展不仅包括云计算和大数据，5G网络建设和人工智能技术对数字经济发展同样重要，加大对数字经济相关产业的投资，能够有效提升经济竞争力并在信息化时代中占据优势地位。在全球能耗增加和资源环境约束加剧的现实背景下，新能源已经成为各个国家和地区的发展重点，吉林省新能源资源丰富，为了推动能源结构转型升级，减少对传统能源的依赖，未来吉林省将加大对太阳能和风能等新能源的利用和开发力度。同时，交通基础设施对促进各地区经济联系和资金流动具有重要意义，也是经济发展的重要支撑，吉林省将加大对高速公路、铁路、航空等交通基础设施的投资力度，提高交通运输的效率和便捷性，为各个产业的发展提供良好的基础条件。

（二）投资环境持续改善

改善投资环境能够为投资者提供更好的发展机遇和条件，为了进一步优化营商环境，一方面，未来吉林省将进一步简化审批程序，提高行政审批效率和透明度，通过减少审批环节和时间为企业节省投资成本，促进本地投资和吸引外部资本，提高投资的效益；另一方面，未来吉林省将进一步加强知识产权保护，从政策层面维护投资者公平竞争的市场环境，并鼓励企业提升创新能力和技术水平，加强科研机构和高新技术企业的合作，推动科技成果转化，为企业提高核心竞争力和技术创新提供有力支撑。在国家"一带一路"的倡议下，我国与欧洲和中亚等国家经济合作日益密切，通过与东北亚国家间的经贸合作能够拓宽投资渠道，同时为了提高投资回报率、提升风险管理能力，吉林省将持续引进人才、重视人才培养，提供更好的培训服务，为投资企业提供更强的人力资源保障。

（三）投资主体更加多元化

通过增加投资主体的多元化，能够促进不同类型投资主体的发展，形成更加稳定、可持续的投资环境。一方面，在税收优惠和土地使用权等政策的支持下，吸引更多国内企业投资吉林省，鼓励国内企业加大投资力度，为民营企业和小微企业提供融资、贷款、担保等金融支持，帮助企业解决融资困难和资金短缺等问题，推动吉林省经济发展和产业结构优化；另一方面，政策支持力度的加大和投资环境的不断改善，将吸引更多的跨国公司和外国企业投资吉林省，通过积极吸引外商投资推动吉林省与国际市场的对接和融合，为吉林省经济发展增添更多活力和动力，进一步推进国际合作项目的落实，优化吉林省营商环境，提升创新能力。

（四）有效投资持续扩大

习近平总书记高度重视发挥有效投资的关键性作用，在2023年1月主持中共中央政治局第二次集体学习时强调，完善扩大投资机制，拓展有效投资空间，适度超前部署新型基础设施建设，扩大高技术产业和战略性新兴产业投资，持续激发民间投资活力。积极扩大有效投资既对高技术企业发展具有重要作用，又影响未来的产业结构和发展稳定性。政府的投资能够引导社会投资方向，以有效投资推动产业结构升级、以重点工程补足发展短板，通过提振经营主体的信心来改善其对经济发展的预期，促进企业增强持续发展的后劲。同时，加强对传统产业的有效投资，以智能化、高端化和绿色化为发展目标，布局重点建设项目，引导传统企业围绕提品质、增品种、创品牌来扩大有效投资，不断提升企业的产品质量和服务水平，着力打造具有影响力的产品品牌，推动自主品牌向价值链的中高端跃升。在智能化、数字化的时代背景下，人工智能、大数据、云计算等新一代信息技术不断发展，进一步加快了企业数字化转型，通过网络化协同、智能化变革提升企业的生产效率和产品质量。对传统钢铁、化工、建材等重点行业突出标准引领，深挖技术改革投资潜力，实现企业节能降碳和绿色转型。加大投资力度促进制造业核心竞争力提升，重点建设标杆水平以上的重大示范项目，推动基准水平以下的企业改造升级，引导各类企业提高能效水平，加快新产品和新技术的产业化进程，确保在制造业投资增长的同时，打造制造业竞争新优势，注重投资质量的提升。

四 优化吉林省投资的对策建议

（一）持续改善投资环境

持续改善投资环境，能够为吉林省吸引更多投资。首先，为了提升投资主体的信任度，需要健全法律法规体系，加强市场监管、严格执法，保护投资者的合法权益。其次，政府要简化审批流程、缩短审批时间、提高审批效率，为投资主体提供更加便捷高效的投资审批服务。最后，积极开展对外宣传，通过各类投资推介活动吸引境内外投资者，宣传吉林省的投资机构和优势，吸引投资主体关注。此外，为了提高吉林省投资的国际化水平，应进一步深化投资领域的国际合作，与更多的金融机构和跨国企业建立合作关系，为吉林省吸引更加广阔的国际市场投资。并且为了进一步扩大吉林省在国际投资领域的竞争力，还要为投资领域发展储备更多人才，加强高端投资领域的人才交流。不仅要营造一流的投资环境，还要广泛宣传吉林省的投资政策，提高投资主体的了解程度和投资意愿。在提升吉林省在投资领域影响力的同时，还要加强对民间投资者的金融服务，提高金融服务效率、优化金融服务流程、推动金融产品创新等，切实提高吉林省金融机构的服务质量。

（二）促进产业转型升级

为了加快吉林省产业转型升级，应加大对新兴产业的投资比例，从财政资金投入、创新创业人才培养、税收优惠政策制定等方面，加大政府对新兴产业的支持力度。同时，为了促进新兴产业健康发展，政府要落实相关政策，引导银行等金融机构增加对新兴产业的信贷支持，鼓励新兴企业通过多元化的融资方式提高融资规模，以债券融资、股权融资、创业板融资等方式，提高新兴产业融资能力，促进新兴产业快速发展。此外，吉林省还要充分利用自身优势特点，加强省内高校和科研机构与企业的合作，促进科技成果产业化，政府为产学研深度融合提供政策支持和引导，通过补贴制度和科技奖励等方式，鼓励企业加大对技术创新的投入，从技术创新层面提高企业的核心竞争能力。同时，政府可以设立奖学金和科研项目，加大对新兴产业人才的培养力度，既包括技术型人才，也包括高层次人才，通过增加科研经费投入，培养、吸引更多优秀人才加入新兴产业，全面提高新兴产业的技术创新效率。

（三）加大政策支持力度

为了进一步加强吉林省对投资的支持，可以通过财政和税收优惠政策来吸引更多投资。首先，需要完善的政策法规体系，制定明确、具体的投资政策，在税收优惠、投资审批、知识产权保护、人才引进、土地使用、劳动力等方面，确保吉林省投资环境的可预期性和稳定性。并且在财政方面政府可以通过设立发展基金，对投资企业进行资金支持和补贴，支持新兴产业和重点项目发展；在税收方面也可适当给予减免和优惠，鼓励企业增加投资，降低企业投资成本。其次，金融机构在企业投资中具有重要的支持作用，为了加强对吉林省投融资的支持，政府可以加大对金融机构的政策引导力度，鼓励金融机构加大对吉林省投资的信贷支持力度。拓宽融资渠道，建立风险共担机制，引入更多金融创新工具，为投资者提供股权、债权等多样化的融资方式，降低金融机构对投资项目风险的担忧，提高投资者的信任度。最后，为了进一步推动吉林省投资发展，政府可以通过设立专项基金的方式为重点产业研发、创新提供支持，提供土地、水电等基础设施的配套支持，以提供专项补贴奖励等方式，鼓励企业投资高技术领域和新兴产业，为投资项目的顺利实施和进行提供保障。

（四）提升民间投资信心和积极性

通过不断完善金融服务体系，可以为民间投资者提供更多金融支持和便利，降低民间投资者参与投资活动的门槛和投资壁垒，以更好的投资环境吸引更多民间资本参与投资活动。通过降低企业所得税税率、减少社会保险费用等税收减免和优惠政策，减轻民间资本的投资负担，通过税收减免和优惠政策的方式增强民间投资者的信心。同时，推出股权融资、债券融资和保险保障等金融产品，鼓励银行、证券等金融机构创新产品和服务，为民间投资者提供更多的融资渠道，满足不同民间投资者的融资需求。为了有效保护民间投资者的知识产权和创新成果，要加大对侵权行为的打击力度，通过完善的法律法规体系提升民间投资者的积极性。加强对金融风险的管理和监督，提高金融机构的风险管理能力，减少金融风险对民间投资者的不良影响。加大对违法违规行为的打击力度，严厉打击各类欺诈、侵权、虚假宣传等违法违规行为，维护投资者的合法权益，提升民间投资者的信心和积极性。此外，为了及时解决投资者与政府和企业间的投资纠纷，需要健全投资纠纷解决机制，例如独立的仲裁机构或者法院，为投资者提供公正、快速、便捷的纠纷解决服务，保障和维护投资者的合法权益。

参考文献

[1] 张旻：《金融助力扩大制造业有效投资》，《中国金融》2023年第9期。

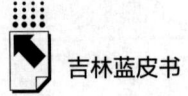

［2］贺京同、赵子沐：《以有效投资巩固扩大内需的战略基点》，《国家治理》2023年第4期。

［3］于东智、李康乐、董华香：《支持制造业扩大有效投资》，《中国金融》2023年第9期。

［4］纪才、姜华：《积极扩大有效投资加快发展现代设施农业》，《江苏农村经济》2023年第10期。

［5］蒋瑛、黄其力：《有效投资促进"双循环"新发展格局形成的机理研究》，《求是学刊》2021年第3期。

B.9 吉林省全面促进消费问题与对策研究

纪明辉 狄晓燕[*]

摘　要： 2023年，吉林省居民消费持续转好，市场销售总体保持较快增长，接触型消费、升级类消费以及农村消费等重点领域消费复苏强劲，消费潜力有效释放，消费拉动作用持续显现。伴随着消费环境的日趋向好，吉林省消费升级步伐加快、消费需求更加个性化、新消费热点不断涌现的趋势和特征将更加明显，但是吉林省消费市场仍然存在着需求与供给不匹配、消费品牌影响力不足、新兴消费引领作用不强和消费热点形成与扩大能力有限等问题。在新时代，面临新的发展机遇，吉林省全面促进消费应多措并举提振消费信心，稳步提升重点消费领域的消费增量，多方施策保障消费潜力有效释放。

关键词： 消费信心　消费升级　新消费设施　新消费热点

消费是最终需求，是经济发展韧性的直接体现。2022年12月，中共中央、国务院印发《扩大内需战略规划纲要（2022～2035年）》。2023年《政府工作报告》就"着力扩大国内需求"作出具体部署，明确提出"把恢复和扩大消费摆在优先位置"。2023年消费的修复对于全年经济复苏十分重要，吉林省各部门、各地政策持续发力，推动消费市场加速复苏回暖取得了良好成效。

---

[*] 纪明辉，博士，吉林省社会科学院软科学开发研究所研究员，研究方向为产业经济；狄晓燕，长春海外制药集团有限公司市场部高级分析师，研究方向为产业经济。

一 吉林省居民消费总体情况

（一）消费呈现恢复向好态势

2023年，吉林省认真贯彻落实党中央、国务院决策部署，深入组织开展"消费提振年"系列促消费活动，在推动大宗消费、支持新型消费、完善消费平台、补齐消费短板等重点工作的推进中，全省居民消费能力和消费意愿逐步提升，消费潜力总体得到释放，消费规模和活力逐步恢复，消费拉动经济增长的基础性作用凸显。前三季度，吉林省社会消费品零售总额增长10.0%，高出全国3.2个百分点。2022年全年，吉林省消费市场情况不容乐观，社会消费品零售总额全年负增长，且显著落后于全国。进入2023年，吉林省社会消费品零售总额在增长速度上实现了对全国水平的追赶和超越（见图1）。

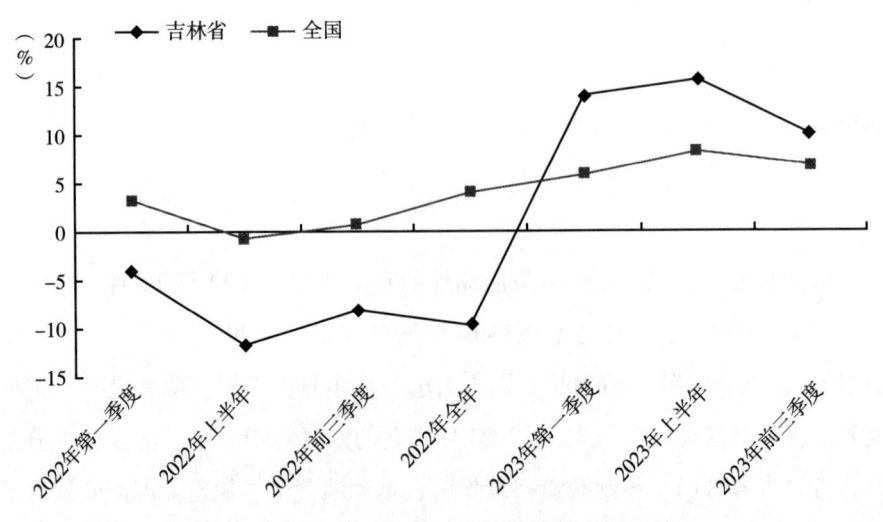

图1 吉林省和全国社会消费品零售总额增长情况

资料来源：吉林省统计局和国家统计局网站。

（二）重点领域消费复苏强劲

接触型消费增长较快。随着促消费政策的持续发力，接触型消费明显回升，居民出行消费热度较高，带动餐饮、住宿、旅游、交通等服务消费较快增长。2023年前三季度，吉林省餐饮收入407.57亿元，同比增长10.6%。居民出行更加活跃，旅游市场热闹非凡，前三季度全省接待国内游客2.42亿人次，实现国内旅游收入4009亿元，分别是2019年同期的120.4%和244.6%。中秋、国庆"双节"假期期间，旅游市场迎来爆发式增长，接待国内游客和实现国内旅游收入两项指标均创历史新高，分别恢复到2019年同期的139.95%和143.03%。

升级类消费加速回暖。2023年前三季度，全省限额以上社会消费品零售总额2564.59亿元，同比增长12.2%。从商品类别看，超八成社会消费品零售额实现同比正增长，升级类商品增势良好，升级类商品消费需求持续释放。限额以上单位烟酒、服装、鞋帽、针纺织品、化妆品、金银珠宝、体育、娱乐用品，书报杂志，家具，通信器材，汽车等类同比实现两位数增长（见表1）。

表1 2023年前三季度吉林省限额以上社会消费品零售总额增幅

单位：%

指标	增幅
社会消费品	12.2
吃类商品	6.4
穿类商品	27.0
用类商品	12.1
1. 粮油、食品类	4.8
2. 饮料类	-2.8
3. 烟酒类	16.9
4. 服装、鞋帽、针纺织品类	27.0
5. 化妆品类	26.9
6. 金银珠宝类	40.4
7. 日用品类	-4.0

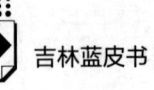

续表

指标	增幅
8. 体育、娱乐用品类	15.5
9. 书报杂志类	27.4
10. 家用电器和音像器材类	1.2
11. 中西药品类	4.4
12. 文化办公用品类	-4.8
13. 家具类	28.3
14. 通信器材类	12.3
15. 石油及制品类	-0.1
16. 建筑及装潢材料类	-34.3
17. 汽车类	25.6
18. 其他类	-8.9

资料来源：吉林省统计局。

城乡居民消费加快恢复。2023年，吉林省城乡居民收入实现稳步增长，前三季度，城镇和农村常住居民人均可支配收入分别增长6.8%和7.7%。较为稳定的收入增长保障了居民消费信心的恢复。城镇和农村常住居民人均消费支出分别增长24.1%和16.5%（见表2），两项指标均高于全国平均水平。

表2　2023年前三季度吉林省城镇和农村居民收入与消费支出水平

单位：元，%

指标	绝对量	增速
城镇常住居民人均可支配收入	27844	6.8
城镇常住居民人均消费支出	19320	24.1
农村常住居民人均可支配收入	12401	7.7
农村常住居民人均消费支出	10477	16.5

资料来源：吉林省统计局。

（三）新消费设施广泛建设

吉林省将"六新产业"发展和"四新设施"建设作为主攻方向，积极推动产业发展新格局的构建。"四新设施"中的新消费设施的建设对消费市场的恢复和有序发展提供了直接和有效的促进。省内各地新建一批消费场景并投入运营。长春市积极抓住"首店效应"风口，引入重奢万象城，推动"首店经济"成为消费业态改善、消费结构重塑的新引擎；伪满皇宫博物院复原维修历史文化街区，打造"M+文化创意街区"，围绕博物馆周边以及相关产业，建立起相对独立的新型文化休闲和消费场景。梅河口市人民公园水上餐厅创造出适合不同群体偏好的夜间消费场景。除了围绕特色消费和新型消费需求构建了多种类型的新消费设施，在满足老百姓基本生活消费便利性和品质化需求方面，吉林省也积极推动新设施建设。吉林省在城镇范围内已建成"一刻钟便民生活圈"49个，在全省的35个县开展县域商业建设行动，城乡居民消费环境快速改善，消费便利程度大幅提升。

（四）促消费政策激发新活力

自2023年初以来，为加快促进消费回补和潜力释放，吉林省委省政府密集出台组合式政策，引领消费市场平稳健康发展。发放政府消费券是近几年拉动消费回补的关键举措，成为带动消费市场走高的重要抓手。2023年以来，全省多地密集投放各类消费券，不仅有集中于汽车、家具、家电等大件领域的商品类消费券，也有集中于餐饮、文化娱乐和旅游领域的服务消费券，消费券"杠杆效应"愈发明显。2023年9月，省政府办公厅又印发了《关于促进消费的若干措施》，将与百姓生活息息相关的重点消费的促进方案更加具体化和可操作化。

二 吉林省消费趋势分析

（一）消费增长环境日趋向好

"扩内需"政策出台为消费加速复苏提供保障。中央经济工作会议提出，要把恢复和扩大消费摆在优先位置。《扩大内需战略规划纲要（2022~

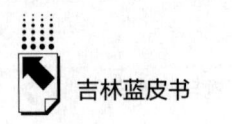

2035年）》强调全面促进消费，加快消费提质升级，并从持续提升传统消费、积极发展服务消费、加快培育新型消费、大力倡导绿色低碳消费等方面提出明确要求。扩大内需已成为经济长期发展战略，促消费是扩内需的重中之重，以消费驱动传统产业的改造升级和战略性新兴产业的培育壮大，积极应对内外部挑战是吉林省当前促进经济增长的战略思路。连续释放促消费的强烈政策信号，预示着一系列扩大消费的政策举措将落地实施、持续加力、形成合力。消费恢复、内需扩大将成为近几年确保经济回稳向上的重要力量。

经济复苏将提振居民消费信心。2023年经济运行逐步走出低谷，新动能的牵引作用得以发挥，各行各业的复苏成为经济主基调。同时，"强化就业优先政策"，各地千方百计稳定和扩大就业。吉林省落实落细减负稳岗扩就业政策，积极拓展就业空间，加大重点群体就业帮扶力度，为稳定就业提供了有力保障。经济形势的好转以及就业和收入的预期向好，将极大地提升居民信心，对消费增长形成有力支撑。

（二）消费升级步伐将加快

商品消费更重品质。进入新时代，人们的消费观念发生了根本性改变，对美好生活的需要日益增长，"衣食住行用"等领域的消费从"有没有"向"好不好"转变，具有高品质、高附加值、高技术的商品更受消费者青睐。近几年，随着经济生活水平的提升和现代社会的发展，吉林省居民对新品类的消费需求不断出现，比如宠物、烘焙、露营等商品和服务消费显著增长；一些升级类商品如新能源汽车、智能手机、绿色智能家电等，正处于规模化更新换代的窗口期，具有较大的市场规模，其消费需求也将进一步释放。吉林省在"新品类"消费层出不穷的同时，"老品类"也在技术进步、品类创新下持续推进结构性升级。

服务消费将加速扩容。居民教育、医疗、健康、文化、信息等服务型消费需求明显增长，消费结构呈现较快升级的态势。而且国际经验表明，随着居民收入迈向高收入阶段，服务消费比重将出现快速提升，服务消费将成为消费增长的重要来源。

(三)消费需求更趋多元化个性化

人口结构变迁催生多重消费需求。不同年龄人群的消费需求具有显著差异,因此年龄结构的变化也将带动整体消费需求变迁。典型消费者的消费需求会随着年龄变化发生明显变化,背后的原因是不同人生阶段的主要活动、认知水平、经济状况、生活环境均有明显差异,因此消费的重点领域和特征也显著不同。当前 60 岁以上的老年人是第一代接受高等教育的人口,且经历了改革开放和城镇化的浪潮,有一定的财富积累,属于新一代老年群体,消费特点由储蓄高、消费低向消费意愿高、心态年轻化的新特点转变,他们正成为消费市场不可忽视的力量,老年人口占比提升催生养老产业消费需求。35~55 岁的人群已经成为社会的中坚力量,是品质化消费的主力,对房屋、汽车、家电等家庭化消费,以及对旅游、医美美妆、游戏、预制菜、外卖等享受型、个性化、便捷化的消费需求旺盛。出生于千禧年前后的"Z 世代"人群逐步成为消费市场主力军,他们成长于中国经济、社会、互联网技术巨大变革时期,乐于尝试新产品,热衷于新兴网红品牌,日益具有消费能力的"Z 世代"、庞大的中层阶级,为消费新业态新模式持续拓展打下坚实基础。消费者需求、消费主张变得更加多元化,也催生着消费场景更丰富化、需求更多样化。

个性化消费渐成潮流。按照马斯洛需求层次理论,从解决温饱的初级阶段,到社会认同的中级阶段,再到更在乎自己的感受、自己的快乐以及自我实现这一高级阶段,人们对于自身情感和商品物质的需求逐渐呈现出更加体现个性差异的趋势。个性化消费在现实生活中更多体现为一种"悦己型"消费,消费者购买商品不仅是为了满足生活需求,而且更加看重商品的个性化特征,更关注商品本身的附加值,更在意消费行为本身的文化内涵,希望通过个性化消费来体现自身品位。家庭规模呈现出下降趋势意味着悦己消费有可能成为家庭消费的主流模式。根据《吉林统计年鉴》数据,全省户均人口数由 2015 年 2.97 人逐年下降为 2021 年的 2.33 人。在收入水平一定的情况下,家庭变小、人均收入提高,一定会推升消费,改变消费模式。健康服务、旅游出行、酒类、珠宝首饰、宠物生活是增长最快的"悦己消费"品类。

（四）新消费热点不断涌现

线上线下消费融合加速发展。新一轮技术革命应用持续深化推动线上消费日益普及，特别是疫情期间，社交电商、直播带货、社区团购等新消费模式快速发展，新型线上消费创新更为活跃，消费场景日益丰富，创造了诸多新的消费需求。数字化变革也加速了线上线下渠道的融合发展，传统零售业态加速转型升级，消费场景和消费体验不断拓展提升，实体店铺零售情况逐步改善，消费者逐渐成为全渠道购物者。以消费者线上下单、实体零售商线下30~60分钟配送到为特征的即时零售模式悄然兴起，即时零售具有履约快、省时省力的特点，逐渐从居民的应急消费走向日常消费，带动了传统实体零售的转型和增长。

下沉市场消费将快速增长。近年来，随着网络和物流基础设施、商业业态与消费人口的不断成熟和壮大，中小城市、县镇与农村地区等下沉市场的消费快速增长，普惠升级特征逐步显现。根据《吉林统计年鉴》数据，截至2021年底，全省农村居民平均每百户家用汽车拥有量为29.23辆，同比增长达到9.1%。从近几年农村居民耐用消费品拥有量的变化上看，农村居民对于空调、热水器和电冰箱的需求增长明显更快，对家庭耐用品的消费更加注重提升生活的品质。2022年出台的《关于推进以县城为重要载体的城镇化建设的意见》对促进县城消费作出部署，提出完善消费基础设施，围绕产业转型升级和居民消费升级需求改善县城消费环境等。长期来看，吉林省充分挖掘县乡消费潜力，促进渠道和服务下沉，下沉市场将成为吉林省消费的巨大增量空间。

三 吉林省全面促进消费存在的问题

（一）消费需求与消费供给之间不匹配

商品、服务多样性不能满足消费需求。随着居民消费水平的提升和消费结构持续优化，消费者的个性化、多样化需求特点逐渐凸显，以传统消费为主的消费供给难以满足新型消费需求。商品消费方面，省内一些传统实体商业亟待转型，各类商业综合体的服务功能、消费者体验升级方面有待加强，商业模式亟须创新。服务消费方面，省内与居民生活密切相关的一些行业缺乏优质高端服务品牌，如餐饮、健康、养老、家政、亲子服务和教育培训等，综合型品牌服务供应商欠缺，难以满足居民日益增长的高品质消费需求。消费市场发展步伐缓慢。吉林省夜经济发展仍存在发展规模整体偏小、模式较为单一、配套设施还不完善等问题。夜间经济未能充分和全面发展起来，消费群体也多为年轻消费者，没有激发广大群众对夜间消费活动的热情和参与度，未形成对广大群众夜间消费习惯的引导。

（二）消费品牌影响力不足

当今，消费已经不仅仅是买卖商品和服务的微观行为，对一个地区来说，更是吸引力和影响力的体现。丰富的消费场景、知名的地域消费品牌、有热度的特色消费IP等因素构成了地区消费的新支撑。从全省来看，虽然近几年培育了如"这有山""东北不夜城"等消费新业态，但仍然属于点状分布，缺少集特色酒店、文创零售、餐饮业态于一体的消费新地标，消费场景仍然存在点少、面窄的问题。消费活动没有形成品牌效应，本地居民复购、外地游客复游比重低。吉林省较有特色的电影、汽车、伪满历史等文化IP的消费带动力不足，难以形成消费热点，消费的聚集力有待提升。

（三）新型消费引领作用不强

随着互联网和现代物流体系的快速发展，以及各大网络直播营销活动的推广，线上购物已成为居民消费的重要组成部分。快递业务量可以从侧面反映一个地区线上消费的活跃程度，根据国家邮政局公布的数据，2023年上半年，吉林省快递业务量34363.8万件，居全国第23位；快递业务收入38.79亿元，仅相当于辽宁省的42.1%、广东省的3%。另外，在中央政经新闻刊物《小康》杂志独家发布的"2022年度县市电商竞争力百佳样本"

榜单中，吉林省也没有县市上榜。综上可见，吉林省新型消费潜力亟须挖掘，新型消费模式亟待拓展。

（四）消费热点形成与扩大能力有限

在新媒体时代，聚焦自身特色优势，利用新媒体力量持续发力将优势放大，是加快形成消费热点并引爆消费热潮的重要推动力。2023年，淄博的现象级出圈展示了当前传播生态下短视频打造网红城市的巨大能量，同时展示出政府同样可以灵活应用流量密码，拥有拥抱数字经济的能力。吉林省在消费热点宣传方面的特色性和差异性还有不足，对消费舆论热度的跟踪以及消费热度的引领还不到位。在省内消费市场中，缺乏以消费热点引出消费热点的事件，消费热潮的持续性不足。

四 吉林省全面促进消费的对策建议

（一）全力提振消费信心

一是保证促消费政策的连续性和稳定性。在当前这种促进消费的过程中不能出现短期行为，应继续保持支持的强度，保持补贴政策、促销活动的延续性，以政策的可持续、可预期性，带动居民消费预期和消费信心的回升，促使经济状态加速回暖。

二是继续放大消费券的乘数效应。优化和完善消费券的发放和使用流程。为更好发挥消费券激发消费热情的作用，数字消费券应以消费端覆盖面更广的支付类平台为主，简化申领和使用程序。同时开展以线上为主、以线下为辅的消费券发放方式，适当增加社区和街头派发以及商家随时派发等线下渠道，方便老年群体获取消费券，促进老年人强大的消费需求得以释放。提升消费券的覆盖面。伴随着人们日常生活的逐渐恢复和消费热情的升温，消费券的作用发挥不应仅局限于撬动消费的作用，应该融入培植新消费习惯、创造新消费趋势的政策目标，可发放绿色节能消费券，鼓励消费者购买绿色节能商品，发放文化体验消费券，推动消费持续恢复和升级，将消费转化为后续的需求和生产，进而盘活经济。

三是持续开展特色鲜明的促消费活动。推动会展消费。发挥会展平台集聚作用，推动以展促销。支持各地举办各类展览展销活动，鼓励商业运营中心、零售企业、汽车销售企业、房地产暨家装企业等在商圈、商业街、商业综合体、公益性广场举办促销、宣传、推广等活动。构建更多消费场景，强化展销联动。

（二）稳步提升重点消费领域消费增量

一是积极推动大宗商品消费。推动汽车消费升级。在落实国家和省现有汽车消费政策基础上，政府应加强与企业联动，积极开展促进汽车消费活动。大力支持新能源汽车消费。支持新能源汽车充电桩、燃料电池加氢站建设，进一步提升充电保障能力，不断满足新能源汽车充电需求，改善充电环境。组织实施新一轮新能源汽车下乡活动。活跃二手车市场。通过二手车交易市场规范化经营，逐步提升服务能力和水平，提升二手车交易量，促进老旧车淘汰。促进住房消费健康发展。积极推动商品房购房政策调整。针对人才、"多孩"家庭等特定购房群体，给予财政补贴、提高贷款额度、降低首付比例等购房支持政策，缓解特殊群体的购房压力，进一步释放合理改善性住房需求。

二是着力拓展特色消费。加大对推动女性消费的扶持力度。积极开展女性专场节庆促销活动。支持各级各部门工会组织、社团组织、企业商户等，采取多种形式发放购物、美妆、餐饮、文旅、体育、影视展会等女性专用消费券，激发女性消费需求。提升女性消费品质和便利性。推动省内老字号品牌、网红品牌、知名企业等选择女性关注度高的平台、网站进行内容分发布局，提高消费便利性。打造女性友好的消费空间。在硬件设施上增加购物点女性卫生间数量、母婴室、"老公休息室"、"吸烟室"等配套设施。

三是全力扩大文旅消费。着力培育一些新型业态，满足人们日益增长的多元化需求。吉林省应进一步完善产品体系，支持旅游新产品开发和新业态发展，丰富旅游业态。积极回应市场需求，加快自驾车房车营地建设，培育发展低空飞行大众消费市场，大力发展特色旅游城镇，大力开发休闲度假旅游产品等。支持旅游机构开发各类沉浸式体验项目，发掘旅游演艺和娱乐项目的多种沉浸式体验方式。因地制宜发展新型文旅商业消费集聚区，鼓励城市综合体、城市公共空间、旅游景区等文旅载体的创新体验项目供给，丰富吉林文化旅游消费体验新路径。

四是大力推进夜间消费。打造更加丰富的夜间消费项目。推动夜市活动向特色化、规范化、品质化转型。摆脱"夜经济"就是餐饮小吃、大排档的传统思路，将特色集市、音乐节、生活节、文化节等多元化消费热点活动嫁接到夜市经济中，支持举办大型沉浸式演出、实景话剧、脱口秀、灯光秀等文旅互动项目，增加夜间聚客元素，逐渐形成集食、游、购、娱、体、展、演等在内的多元化夜间消费市场。打造夜经济标杆。持续培育一批地标性夜生活商圈，协调有关行业协会、新闻媒体开展"最美夜购门店""必到夜间网红打卡点""夜生活特色商圈"等评选，形成夜间消费引领示范。

（三）全力保障消费潜力的有效释放

一是将优质消费环境建设抓在实处。着力加强消费设施建设。完善城市、乡村流通基础设施。加快提升旅游景点、重点商圈道路的通达性，提升公交接驳的便利性。相关部门加强协作，推进夜市停车场选址，最大程度盘活停车资源，方便短时消费车辆泊车。加强精细化管理，着力解决便民市场、夜市等消费场所的卫生环境问题。着力构建诚信为本的消费环境。系统开展信用体系建设工作，完善信用监管体系，加强诚信待客的信用品牌建设和经营主体严格遵守诚信经营制度，继续深化开展细分市场的信用评价工作，积极推动形成政府主导同时企业配合的诚信消费环境，推进产业链上下游协调统一的守信践诺行动。

二是将推进服务型政府转型落在细处。持续提升公共服务和社会治理能力。以消费者为中心，充分挖掘消费者"真需求"和"需求期望"，突出工作重点，狠抓关键环节，依据市场反馈的方向，从上到下做好细致服务，落实到细节。采取更多惠民生、暖民心举措增进民生福祉，加快推进各项民生项目的建设进度，切实解决群众"急难愁盼"问题。

三是将社交媒体运营干在精处。精准选题，规范运营。政务媒体要着力成为第一信息源，掌握议题主导权，同时积极做好网民关注的热点问题和重大舆情事件的舆论引导，把握网上舆论引导的时、度、效，及时发布权威信息，厚植官方社交媒体的公信力，源源不断地提供不可替代的信息服务。精心维护，加强互动。坚持以网民为中心的工作导向，坚持有问必答、联动办理、快速辟谣的工作方法，将群众的呼声作为第一信号，回应关切、解疑释惑、疏导情绪、平衡心理，充分利用好网络来密切联系群众、维护群众利益。要注重语言表达的接地气和互动性，以贴近群众需求的方式表达立场和观点，提升舆论引导效果。

参考文献

[1] 刘瑞：《恢复和扩大消费：着力方向与根本措施》，《人民论坛》2023年第18期。

[2] 陆铭：《中国经济结构转型与消费发展趋势》，《新金融》2023年第11期。

[3] 马洪超：《吉林多措并举促消费》，《经济日报》2023年10月3日。

[4] 陶连飞：《"金九银十"消费热，热从何来？》，《吉林日报》2023年10月7日。

[5] 依绍华：《新时期扩大居民消费面临的问题与建议》，《价格理论与实践》2023年第8期。

B.10
吉林省新型研发机构高质量发展的问题与对策研究

金光敏　王奇*

摘　要： 新型研发机构已成为创新型国家建设的重要驱动力。2018年11月，吉林省出台《加快新型研发机构发展实施办法》等一系列培育新型研发机构的扶持政策，旨在加速促进新型研发机构的培育与发展。但目前吉林省新型研发机构仍存在机构总量不足、投入主体单一化、管理制度不完善、功能定位偏移、缺乏行业协会型新型研发机构、对数字经济方向新型研发机构培育力度不足等问题。应从分类精准施策，建立评估机制；打造新型研发机构、先进制造业、金融机构三方参与的科创平台；深化科研自主权，为新型研发机构创新举措提供支持；加强创新创业环境建设，搭建"走出去"渠道；对不同类型、不同方向的新型研发机构合理布局等方面入手，促进吉林省新型研发机构高质量发展。

关键词： 新型研发机构　成果转化　吉林省

近年来，新型研发机构发展迅速，创新成果显著，已成为创新型国家建设的重要驱动力。2021年12月24日第十三届全国人民代表大会常务委员会第三十二次会议第二次修订的《中华人民共和国科学技术进步法》更明确提出，"国家支持发展新型研究开发机构等新型创新主体，完善投入主体多元化、管理制度现代化、运行机制市场化、用人机制灵活化的发展模式，

---

* 金光敏，吉林省社会科学院《经济纵横》编辑部；王奇，长春大学管理学院教授。

引导新型创新主体聚焦科学研究、技术创新和研发服务"。各地方高度重视新型研发机构的培育与发展，纷纷出台新型研发机构建设工作指引，将其视为区域科技创新发展的"加速器"和"生力军"。

一 吉林省新型研发机构发展情况

吉林省作为老工业基地，在传统产业优化升级和新兴产业培育发展的过程中，面临着较大的现实挑战，迫切需要打通科技成果转化"最后一公里"。新型研发机构在创新生态系统中扮演着关键角色，对科技成果的产业化和商业化起到了重要的推动作用。吉林省出台了一系列支持政策，培育和促进新型研发机构快速发展。

（一）吉林省新型研发机构快速发展，科技创新与主导产业深度融合

吉林省为贯彻"加强技术创新体系建设"部署，加快新型研发机构发展，2018年11月制定了《吉林省加快新型研发机构发展实施办法》，并在2019年9月科技部印发《关于促进新型研发机构发展的指导意见》后，加快落实指导意见，于2019年12月制定《吉林省新型研发机构认定管理办法》，利用地方优势产业进行战略布局，重点促进一批特色鲜明、优势明显的新型研发机构高质量发展，探索引领地方优势产业发展趋势的科创模式。在此背景下，吉林省新型研发机构迅速发展壮大，从2020年的11家快速增长到2023年的58家，广泛涵盖了生物研究、新一代信息技术、高端装备制造业、新材料产业等多个领域，实现了科技创新与主导产业的深度融合。在产业技术研发方面，吉林省的新型研发机构面向市场需求，致力于开展产业共性关键技术的研发工作，围绕主导产业积极作为，攻克了基因测序—超高通量显微物镜制造技术、金属基光学全链路制造技术、高稳定性空穴传输材料技术等关键技术难题，这些科技突破为吉林省主导产业发展提供了强有力的支撑。

（二）新型研发机构服务企业数量众多，已成为吉林省创新体系的重要组成部分

新型研发机构与企业的紧密合作，能够帮助企业加快产品研发、技术改造和创新，提高生产效率和产品质量，推动企业向高端、智能化和绿色化转型，增强企业的市场竞争力。吉林省新型研发机构不断强化服务企业创新发展功能，已成为创新体系的重要组成部分。在产业投融资方面，长春国科医工科技发展有限公司投资了长春中科瑞正科技有限公司、长春希莱光电技术有限公司等4家企业，认缴金额达2145万元。在科技服务方面，新型研发机构以技术咨询、检验检测认证等多种形式服务企业发展，每年新增此类科技服务企业达70余家，对吉林省产业竞争力提升发挥了积极的推动作用。在孵化育成方面，吉林参王植保科技有限公司、长春国科医工科技发展有限公司等新型研发机构通过将研发成果转让给成熟企业或以技术成果作价入股的形式持续孵化新的企业，积极促进吉林省战略性新兴产业、未来产业培育与发展。

（三）吉林省新型研发机构技术辐射领域广、技术渗透能力强

吉林省的新型研发机构普遍以单一学科为技术支撑，并将这一学科作为技术源，辐射到多个应用领域。这种策略的实施使得新型研发机构能够在特定领域培养深厚的专业知识，提高技术的专业性和深度，使研究人员更专注于解决领域内的关键问题。通过将单一学科的技术应用于多个领域，新型研发机构能够更高效地推动技术的应用和转化，实现技术在各个领域的多元化利用，为产业升级和经济发展注入新的动力。以吉林高分遥感应用研究院有限公司为例，该机构充分发挥遥感应用技术的行业领先优势，依托国防科工局高分辨率对地观测系统吉林数据与应用中心，将其技术源辐射到多个应用领域，形成了渗透式组合创新，在星空地一体化数字技术、通导遥卫星信息复合技术等方面取得核心知识产权和科研成果，科研成果广泛应用于农产品采样、农作物生长全周期动态监测、地图测绘、地质灾害监测等多个领域。

这种多领域的技术应用不仅拓展了新型研发机构的市场覆盖范围，也为相关领域的科技创新提供了有力支持。通过这种发展模式，研发机构能够在特定领域积累深厚的技术实力，并将这些技术应用于多个领域，实现技术的跨界传播和应用，有助于提高科技成果的综合效益，推动产业链的整体升级。

（四）吉林省新型研发机构以研发为基础，形成"研发—转化—孵化—人才"创新体系

吉林省新型研发机构以研发为基础，不断拓展业务范围，很多新型研发机构已构建形成了较为完整的创新体系。以吉林高分遥感应用研究院有限公司为例，该机构整合卫星遥感产业技术链的创新资源，建设了遥感应用的公共技术和关键技术研发中心、遥感应用技术开发转让咨询平台、遥感应用产业技术人才培养基地等，形成了集应用研究—产业共性关键技术研发—科技成果转移转化—企业投资孵化—项目投资—人才培养于一体的完整创新体系。在研发方面，该机构凭借行业领先的技术优势推动前沿技术的发展，为创新链的后续环节提供了坚实的科技支撑。在转化方面，该机构通过有效的技术转化，促进了技术成果的市场化和商业化过程，使科研成果变为创新产值。在孵化方面，设有创新孵化器，为有潜力的初创企业提供办公空间、导师指导、资源共享等支持，推动科技创业的蓬勃发展。在人才培养方面，通过吸引、培养和留住高层次科技人才，该机构不断壮大创新力量，为未来的研发和创新提供人才支持。通过多个环节的有机衔接，该机构为打造创新型的科技生态系统提供了全方位的支持。

（五）吉林省新型研发机构类型多样化，以企业型新型研发机构为主导

吉林省的新型研发机构呈现多样化的类型，其中企业型新型研发机构占比最大，其次是事业单位型新型研发机构。这种格局表明吉林省在推动科技创新和产业发展方面注重企业主体的积极参与，同时也有事业单位型机构在科技研究和创新领域发挥重要作用。二者各有发展优势。企业自主设立并主

导的新型研发机构通常更紧密地与市场需求相结合，更灵活地应对产业挑战，能够快速响应市场科技成果转化和应用的需求。事业单位型新型研发机构通常更加注重基础研究和公益性研究，支持对社会、经济具有战略性影响的科技创新，为吉林省的长远科技发展提供支撑。不同类型的新型研发机构之间存在合作与互补，创新资源得以更好地整合，促进科技创新的协同发展，有助于形成更加灵活和适应性强的创新生态系统，推动科技创新成果更好地为社会和经济服务。

（六）政策支持力度大，并赋予新型研发机构充分自主权

吉林省积极发挥财政科技资金的引导作用，以专项资金后补助方式支持新型研发机构建设和发展。鼓励各类创投基金优先给予股权投资，鼓励各类担保基金优先提供科技担保服务。试行创新券等方式，支持企业向新型研发机构购买研发服务。落实新型研发机构技术开发及技术服务所得收入免征增值税、技术转让所得减免企业所得税等税费优惠政策。新技术开发、新产品研究开发费用允许税前加计扣除和税前摊销。进口科研用仪器设备免征进口关税和进口环节增值税、消费税。新购进的仪器、设备，允许一次性计入当期成本费用，在计算应纳税所得额时扣除，或缩短折旧年限，或采取加速折旧的方法。新型研发机构拥有科技成果的所有权和处置权，鼓励让科技人员通过股权收益、期权确定等方式更多地享有对技术升级的收益，实现研发人员创新劳动同其利益收入对接。鼓励新型研发机构牵头与地方园区、人才团队共同组建研发中心，探索各方共同出资、由研发团队控股的运营公司，增值收益按股权分配。在新型研发机构开展职称自主评定试点，对引进的海外高层次人才、博士后研究人员、特殊人才畅通直接认定"绿色通道"。对于新型研发机构引进的人才（团队），及时兑现高层次人才引进优惠政策，优先支持申报国家、省级人才计划，并享受相应的人才安居政策。鼓励引进培育高端研发资源，打造新型高端研发机构。鼓励在全球遴选国际一流领军人才或项目经理人，领办创办新型高端研发机构，赋予其组织研发团队、提出研发课题、决定经费分配的权利。

二 吉林省新型研发机构高质量发展存在的问题

尽管新型研发机构在吉林省科技创新和产业升级方面的促进作用已逐渐显现,但新型研发机构在实现高质量发展的过程中依然面临一系列问题和挑战,这些问题可能影响机构的长期可持续发展和科技创新的深度与广度。

(一)吉林省新型研发机构起步较晚、数量较少

虽然新型研发机构是在2019年科技部印发《关于促进新型研发机构发展的指导意见》之后得到社会各界广泛关注的,但事实上,在社会实践层面很早就已经开始了对于它的探索。1996年以深圳清华大学研究院、中国科学院深圳先进技术研究院等为代表的科研机构开始在运营管理模式方面大胆探索、改革创新,引领和带动了一批科研机构的创新发展。2016年中共中央、国务院印发的《国家创新驱动发展战略纲要》首次提出,要发展面向市场的新型研发机构,标志着新型研发机构正式被纳入国家创新体系,并在宏观层面上为新型研发机构的快速发展指明了方向。2018年11月,吉林省陆续出台《加快新型研发机构发展实施办法》等培育新型研发机构的扶持政策。在中央和地方政策的大力推动下,吉林省新型研发机构认定量有明显提升。截至2023年,吉林省新型研发机构总量已达58家。但从全国占比来看,吉林省新型研发机构仍有较大的培育空间。截至2021年底,我国共有新型研发机构2412家,其中,江苏、湖北、山东、广东、重庆五省市的新型研发机构总量达1446家,占全国总量的60%,成为新型研发机构的主要集聚地,而吉林省新型研发机构数量仅占比1.2%,相较于其他省份,差距巨大。

(二)投入主体单一化,高校科研院所参与度低

新型研发机构倡导投入主体多元化,发挥多主体协同优势,促进多渠道汇集资源。政府、高校、科研院所、企业均可作为机构的投资主体,在初创期为机构提供科研经费加速成果转化进程,在发展壮大阶段又可引入社会资

本和产业资本促进企业可持续发展。除资本投入外，投资主体还会对科研设备共享、科研人才培养、机构现代化管理等提供支持，特别是高校科研院所作为机构投入主体将对新型研发机构高质量发展发挥重要作用。吉林省58家新型研发机构中，约20%的新型研发机构仅以单一企业或个人出资，其余约80%的新型研发机构虽然有多家投入主体，但其中大多数机构的投入主体仍表现为多家企业合资，仅少数机构的投入主体至少包括科研院所、高校、企业、社会服务机构、科研团队五类主体中的两类，做到了真正的投资主体多元化，说明企业对新型研发机构建设的参与度较高，高校科研院所参与度较低。投入主体单一化可能导致创新源的单一性，不利于不同领域专业知识的交叉和融合，限制吉林省整体科技创新的深度和广度。并且，以企业为单一投入主体的新型研发机构可能过于注重短期市场应用，而相对忽视长期战略性和基础性研究，阻碍一些需要更长周期的高风险、高回报项目的开展，影响未来科技发展的战略性布局。

（三）部分机构管理制度尚处不断完善、探索过程中

与传统研发机构相比，管理制度现代化是新型研发机制的主要发展优势。新型研发机构主要采用企业管理模式，倡导的是管理制度现代化，通过设立理事会制度或董事会制度等独立决策管理机制，为面向产业和市场开展运营奠定基础；运行机制市场化，以市场需求为导向，实现60%以上的收入来源于合作企业；用人机制灵活化，采用柔性的用人机制，如一定比例的外聘人员，实现对更大范围人才资源的吸纳。吉林省新型研发机构在起步较晚的情况下，部分机构的管理制度仍在不断完善的过程中。具体来说，约80%的新型研发机构已经实行了理事会或董事会决策机制下的院（所）长负责制，并建立了包括人才培养与激励机制、科研项目管理制度、研发组织管理制度、专利管理制度等在内的机构管理章程。然而，仍有20%左右的新型研发机构在继续以传统管理模式运营，对于现代化管理制度仍处于探索过程中。这种管理制度创新性不足可能引发一系列问题，包括但不限于项目决策效率低、人才培养与激励受限、项目管理风险增加、资源配置不当、团队组织协调不力等。

（四）部分机构定位向孵化器或科技型企业偏移

新型研发机构主要从事的是科学研究、技术创新和研发服务，涵盖的业务包括技术研发、先进装备样机研发、技术成果投资孵化、技术辐射、创新基地、人才培养、科技金融、海外合作、技术咨询、检验检测认证等技术服务。为了确保机构的发展方向和定位不发生偏移，科技部对于研发人员数量、研发费用支出、技术性收入、产品销售收入占比等均提出了限定。但目前吉林省新型研发机构中，有18%的机构主责主业的业务收入占总收入的比重不足60%，有27%的机构研发费用支出占总收入的比重不足30%，有18%的机构产品销售收入占总收入的比重高于30%，说明吉林省部分新型研发机构的发展定位已出现向孵化器或科技型企业偏移的趋势。这不仅会导致新型研发机构在科研、技术创新和研发服务领域的核心竞争力逐渐被削弱，甚至会影响吉林省整个科技创新生态系统，难以发挥成果转化的重要作用，导致整个创新链条的断裂。

（五）缺乏行业协会型新型研发机构，难以形成行业创新协同效应

行业协会型新型研发机构在推动行业技术进步和发展中可以发挥重要作用。行业协会型新型研发机构可以通过深入了解行业内部和外部的技术趋势、市场需求以及竞争格局，制定全面的技术发展战略，有助于引导行业朝着可持续发展的方向前进，促进技术的协同创新。行业协会型新型研发机构可以领导制定行业标准，确保行业内产品和服务的质量、安全性和互操作性，从而降低市场进入壁垒，促进技术创新，提高行业的整体水平。通过促进技术研发成果的共享和合作，行业协会型机构能够整合行业内外研发资源，弭平资源分配不均，加速行业内部的技术进步，避免重复研发，提高研发效率，集中解决关键共性技术问题。目前，吉林省新型研发机构类型主要分为企业型和事业单位型两类，还没有行业协会等科技类民办非企业单位性质的新型研发机构，导致难以形成行业创新协同效应，不利于形成行业技术发展的整体性、各企业和机构研发活动的协调性。

（六）对侧重于数字经济、未来产业等研究方向的新型研发机构培育力度不足

数字经济和未来产业是全球经济的发展趋势，涵盖了信息技术、人工智能、生物技术等前沿领域。这些新兴产业的培育和发展可以为吉林省注入更大的创新创业活力和更高的产品附加值，推动产业结构优化升级。但目前，吉林省数字经济和未来产业等新兴产业存量相对较小，加之依靠招商引资吸引成熟企业落户扩大增量的难度较大，培育本土化的数字经济和未来产业成为重点方向。为实现这一目标，有必要加大对侧重于数字经济和未来产业等研究方向的新型研发机构的培育力度。这些机构可以充分发挥其技术成果作价入股的孵化功能，引导并支持本地初创企业成长。目前，通过本土创新，吉林省有望在数字经济和未来产业领域取得更大的突破。

三 促进吉林省新型研发机构高质量发展的对策建议

（一）分类精准施策，建立评估机制

吉林省新型研发机构发展水平参差不齐，标准化的扶持政策对不同发展水平的新型研发机构而言针对性不强，将导致扶持政策的实施效果不佳。在30家新型研发机构中，具有投资主体多元化、管理制度现代化、运行机制市场化、用人机制灵活化等特征，并且符合研发人员数量、研发费用支出、技术性收入、产品销售收入占比等限定条件的机构不足30%。应建立覆盖科研投入、创新产出质量、成果转化、原创价值、实际贡献、人才集聚和培养等方面的评估机制，开展定期评价加以考察、引导，并依据评价结果划分出"头部"新型研发机构、合格新型研发机构、待观新型研发机构，将"头部"新型研发机构作为示范标杆，并基于其创新研发需求给予重点支持和奖励；鼓励合格新型研发机构学习借鉴"头部"新型研发机构现代化管理模式和创新举措，并给予基本政策扶持；对于待观新型研发机构给予两年

考核期，引导其发展方向，若连续两年评价结果不满足新型研发机构基本要求则撤销认定。

（二）打造新型研发机构、先进制造业、金融机构三方参与的科创平台

搭建三方参与的科创平台能够更有效地畅通新型研发机构与制造业、新型研发机构与金融机构的沟通渠道。畅通新型研发机构与先进制造业的沟通渠道，围绕省内传统产业优化升级需求、主导产业关键共性技术突破、核心技术"卡脖子"问题等，促进科技创新需求与研发服务、技术服务供给有效对接，整合产学研用各方资源，充分发挥自身优势，突破技术难题。畅通新型研发机构与金融机构的沟通渠道，与中国银行、工商银行、建设银行等重点金融机构形成战略合作，设立"企业创新积分贷"等专项金融产品，在科创平台中，以创新积分作为新型研发机构创新能力的量化指标，打造积分企业标杆，根据创新积分对新型研发机构进行无抵押信用贷款，引导金融"活水"精准流向具有发展潜力的新型研发机构，并将科技项目、用地指标、人才住房等政策与企业创新积分有效衔接，从而激发新型研发机构创新活力，推动适应高质量发展新要求的科技金融与新型研发机构协同发展。

（三）深化科研自主权，为新型研发机构创新举措提供支持

鼓励新型研发机构探索与国际接轨的治理结构和现代化管理模式，并为新型研发机构创新举措提供支持。根据新型研发机构划分等级和发展需求给予相应的财政科技经费扶持及经费使用自主权限，对"头部"新型研发机构探索负面清单管理模式。在新型研发机构科研人才队伍建设方面给予支持，增强机构选人、用人自主权，特别是事业单位型新型研发机构，减少紧缺型人才选聘程序，可优先尝试"头部"新型研发机构开展职称自主评定试点。对省市级财政资金支持的科技创新项目产生的科研成果实施新的知识产权激励，由新型研发机构获得科研成果及知识产权，便于其加速成果转化及推向市场进程。

（四）加强创新创业环境建设，搭建"走出去"渠道

建立国际合作平台，鼓励新型研发机构积极与国内外知名高校、科研机构、企业等建立合作关系，共同开展科技合作与创新研发项目。在国外重点城市或科技创新中心设立海外创新中心，为吉林省研发机构提供海外市场拓展、技术合作、人才引进等支持。带领新型研发机构参加国际性学术会议、展览和科技活动，加强学术交流。组织国际科技创新创业论坛、研讨会、博览会，利用渠道和平台做好吉林省科技成果、创新能力的宣传工作，提升吉林省新型研发机构的国际影响力和竞争力，吸引国际优秀科技资源流向吉林。

（五）对不同类型、不同方向的新型研发机构合理布局

吉林省的新型研发机构以企业型和事业单位型新型研发机构为主，应加大对行业协会型新型研发机构的培育力度，以强化行业创新协同效应。鼓励吉林省主导产业的行业协会设立行业协会型新型研发机构，推动行业内部技术合作和创新，建设行业内的技术信息共享平台，使行业内的企业和研发机构能够及时获取最新的科研成果和技术趋势，提高整个行业的创新水平。注重数字经济、未来产业新型研发机构的培育与发展，助力吉林省产业结构优化升级。鼓励数字产业集群、高性能计算中心等多主体投入新型研发机构建设，引导社会投资协同投入，多渠道建立金融支持体系，打造高水平、大规模数字经济领域的新型研发机构，并强化与国内外同类新型研发机构的合作交流，服务国家战略、区域经济发展。

参考文献

［1］韩凤芹、陈亚平：《新型研发机构重在制度创新》，《财政科学》2021年第3期。

［2］史昱：《新〈科学技术进步法〉：为建设科技强国提供有力法治保障》，《国际人才交流》2022年第9期。

［3］陈晴、于磊、黄燕飞：《我国新型研发机构发展现状及政策建议》，《中国科技产业》2021年第12期。

［4］须自明、李克为、胡凯：《深度融合型新型研发机构建设研究》，《产业与科技论坛》2021年第12期。

［5］温全、于磊、陈晴、贾敬敦：《科技金融政策新工具："企业创新积分制"的典型工作做法及政策成效》，《中国科技产业》2022年第4期。

［6］王飐祎、孟溦：《科技数据类新型研发机构运行特征与绩效评估研究——以上海科技创新资源数据中心为例》，《科技管理研究》2021年第5期。

B.11
吉林省加快科技金融发展研究

徐嘉 孙首珩[*]

摘　要： 科技金融是吉林省撬动科技成果资源、补齐科技投入短板、提高科技企业效益、提升科技创新能力、助力实体经济发展的重要选择，也是在复杂的国内外政治经济环境下帮助科技型中小企业缓解资金链困境的积极手段。本研究客观梳理了吉林省科技金融各要素环境发展综合情况，有针对性地提出以科技金融助力科技型中小企业发展的建议：以专业化平台为突破口，建立健全科技金融服务体系；创新科技金融服务思路，提升科技金融服务效率；培育科技金融智库团队，打造科技金融服务品牌；盘活各项科技金融投入资源，鼓励合作协同发展，以期为吉林省科技金融创新发展助力长春国家自主创新示范区及创新型省份建设提供思路，为科技型中小微企业营造良好发展氛围加快实践步伐提供一些参考建议。

关键词： 科技金融　金融服务　科技创新　吉林省

面对当前国内外复杂的政治经济形势，吉林省经济发展压力不断增大，需要寻求突破口来扭转经济发展形势，在这样的大背景下，加强科技金融发展是较为明智的选择之一。吉林省科技创新近年来得到重视，2021年吉林省创新型省份建设获批，2022年长春国家自主创新示范区建设积极推进，科技创新整体氛围良好，但科技金融发展尚未形成体系，起步阶段态势仍不明朗，还面临诸多困难。需要政府统筹与协调多方面的资源来支持科技金融的发展，综合利用多种金融渠道来打造科技金融的良好发展环境。

---

[*] 徐嘉，吉林省社会科学院城市发展研究所副研究员，研究方向为城市经济、产业经济；孙首珩，国网吉林省电力有限公司电力科学研究院副高级工程师，研究方向为能源安全保障及经济运行。

一　吉林省科技金融发展主要状况

（一）金融指标运行平稳，科技金融供给能力增强

吉林省金融统计数据报告显示，受到诸多客观因素影响，2023年上半年，吉林省本外币贷款同比增长7.4%，比上年度同期提高1.3个百分点。人民币贷款方面，企（事）业单位贷款中，中长期贷款、短期贷款分别增加553.5亿元、538.92亿元，票据融资减少160.73亿元。受国内外环境影响较大的小微企业成为信贷的主要投放对象，货币政策工具持续支持小微企业发展。《吉林省金融运行报告（2022）》显示，全省充分发挥业界的金融职能，强化银行业的主导地位，运用多种金融货币手段，进一步加大扶持力度，发放优惠利率贷款，普惠小微信用贷款余额增加65.4亿元，全年达成288.5亿元的支小再贷款额。科技型企业较为集中的资本市场融资功能得到提升，证券交易额同比增长达到39.6%，新三板挂牌公司超过50家，总股本529.3亿股，总市值超过5000亿元。吉林省以创新型省份建设为契机，大力加快新旧动能转换，深入挖掘经济发展新动能，增强实体经济活力，省政府积极实行稳健的货币政策，使得整个经济市场稳中向上。吉林省通过专项再贷款政策的精准实施，近两年连续通过发行大额存单、同业存单等形式，增加银行可贷款的金额，进一步巩固域内金融机构信贷资金保有量，提升投放能力，全省普惠小微信用贷款持续增加，较上年增长2.9倍，创历史新高。以通化市"专精特新"中小企业发展为例，截至2023年3月末，人民银行把扶持辖内"专精特新"中小企业作为阶段发展的最重要任务，通过精准扶持、专项金融服务，完成贷款余额30.61亿元，3个月实现近亿元的增长。

（二）积极落实创新发展理念，优化对科技创新的金融服务

随着创新型省份与长春国家自主创新示范区建设的持续推进，全省支

持、引导银行等金融机构的资金流流向具有较大发展潜力的新兴产业，科技创新、网络新媒体等，提升对战略性新兴产业的支持力度，积极鼓励同产业的改造升级，压降产能过剩行业贷款。农业银行在通化辖区创新服务，依托应收账款等数据信息，设立"保证+应收账款"组合模式，为科技型企业解决了技术研发贷款近4000万元，强化了产业新动能发展。吉林省还开辟了科技信贷绿色通道，在贷款准入、资格核查、审批流程、职能考核、奖励激励、风险评估等各方面政策的制定和实施方面设置特色服务，加大对科技型中小企业与研发创新动能企业的投资信贷扶持力度。中国银行在通化市进行科技型"专精特新"企业专项团队配置，根据科技型企业实际情况制定"惠如愿·专精特新贷"，根据科技型企业的技术升级、产品研发、资金周转、专利转化等方面实际情况，设立"专精特新普惠行"的专业服务团队，从结算到理财、从管理到贷款，提供全方位金融保障服务。吉林省还推动青年大学生创业板加快发展，鼓励互联网金融企业开展创新，政策与优惠措施积极向科技型中小微企业倾斜。积极利用新技术新方法，在技术突破上落实创新发展理念，丰富服务形式，通过研发利用小微企业的新型融资申报系统"吉企银通"，为广大小微企业实现了便利对接，通过手机即可操作，构建线上金融超市，加速银行金融机构与企业的融资沟通。金融机构不断转变观念，走进科技型企业，深度了解其技术研发水平、技术与新产品市场占有率，充分了解科技型企业的优势与资产经营管理状况，有针对性地评估资金需求，打通"最后一公里"，精准窗口指导，与企业有效对接，降低融资成本，提升贷款效率。人民银行通化支行编写《通化市"专精特新"企业信贷产品手册》，推进线上线下并行服务，为科技型企业提供金融产品信息筛选，仅2023年第一季度就完成近7000万元的"专精特新"中小企业贷款，最快实现三天完成千万元对接企业贷款，节约科技型企业成本超过20万元。积极推进长春国家自主创新示范区建设进程中，长春新区金融办优化金融业务，针对区域内上市公司情况，推行线上线下挂牌专题讲座，挖掘潜力企业，积极培育种子企业，打造"北交所"上市相关金融政策及业务流程培训宣讲答疑活动，提供金融机构、法务机构、财税机构的一条龙服务，为科技型企业上市保驾护航。

（三）聚焦发挥科技创新引领作用，打造稳定技术环境

吉林省贯彻创新型省份建设理念，强化企业创新主体作用，加快新旧动能转换，在推进创新型城区上求突破，区域创新能力显著提升，对研发团队与研发技术的投入持续增加。2022年，吉林省专利无论是专利授权量还是发明授权量均获得提升，前者达到了近3万件，后者也超过0.6万件，充分表明吉林省技术创新的原始动力与原发能力优势明显，也彰显出了吉林省科技成果转化效果明显提升。在科技创新市场主体领域也取得了进展，高新技术服务业增加值增长8.6%，企业数量同比增长7.2%。科技研发成果同样丰富，在省级的330项成果中，其中省级科技进步一二三等奖总数接近200项，其中技术发明三个等级累计获奖11项之多，自然科学一二三等奖合计超过60项。技术成果转化工作也持续推进，技术合同签订超过2500份。提升对战略性新兴产业的支持力度，推进大数据、新能源、节能环保等战略性新兴产业集聚发展，积极创建全省科技创新样板区。在培育发展新动能上求突破。坚持产业先导、规划先行，全面推动项目建设，不断丰富城区承载功能内涵。针对科技创新与技术成果转化相关的重大项目，落实服务秘书制，营造敢抓项目、善抓项目、大抓项目的良好氛围。光大银行在通化市实施"专精特新+知识产权质押贷"，为辖区内具有专利技术优势的科技型代表企业发放贷款，实现技术融资，提供授信支持，强化发明专利的科技成果转化优势，缓解融资担保困境，仅2023年前5个月，就已经实现针对区域内专利技术优势企业的资源盘活，为通化石油、化工、机械制造等6家科技型"专精特新"中小企业发放知识产权质押贷款近5000万元。

（四）科技金融服务模式创新，平台搭建取得一定进展

吉林省各地区在科技金融组织形式、服务模式等方面开展了一定的创新实践，主要以地区的科技金融服务中心、科技金融服务平台为载体，实现功能拓展。政府相关职能机构也在逐步完善，设立了金融上市办公室。吉林省科技金融服务模式从"政+投+保+银"模式不断拓展和延伸，在此成果运作的

基础上，省政府与各金融投资机构的合作不断加深，商业银行、投资基金及中介公司三家联动的合作，形成了高风险防范和高利益分享的良性循环。近两年，为进一步落实创新型省份建设，省科技厅与吉林银行就科技型企业发展的相关问题形成合作共识，签订了进一步发展的战略协议，打造"一把手"工程，创新金融机构的科技金融服务模式，初始就在三个月实现了超过100亿元的科技型企业贷款投放额度。通过科技部门与银行信息共享，日常联络沟通，强化互动协作，政府累计提供超过5000户高新技术等科技型企业名单，银行邀请金融专家进行技术把控，提高银企对接效率，同时推进研发"初创贷""吉翔通"等科技金融企业专属的系列新产品，对各类科技型中小企业等给予"四免三贴"政策。另外，打造创新型省份及长春国家自主创新示范区的过程中，省政府还选取了重点的发展区域作为试点，重点给予引导与支持。长春国家自主创新示范区的建设过程中，长春新区进行科技金融优化，作为科技金融结合试点，全区构建形成"一个中心、两个平台"金融服务架构体系，在融资问题上为科技型中小企业保驾护航。新区通过与证券机构签署战略合作协议及组建资本市场服务团队来实现辖区内企业进入资本市场，搭建与上交所合作的培育中心和上市服务平台，以路演、培训和问诊等形式实现国家自主创新示范区上市企业数量的稳定增长。平台搭载方面，长春市科技金融服务中心作为省内运作较有优势的科技金融服务平台，综合性提供科技金融服务、科技政策服务、科技企业经营服务等一站式综合咨询服务平台，无论是债券、担保融资、股权投资、科技成果转化贷款专利质押还是双创微贷、可转债发行，都能提供专业对接机构进行有针对性的服务。在政策解读与获利方面，有专门的风险补偿、贴息贷款补助、新三板四板补助等方面的专业解读，还可以为科技型企业提供各种备案、政策更新、法律解读、技术前沿等多角度多层次咨询，具有较成熟可供推广合作的平台服务构架。

（五）政策法规陆续出台，科技金融政策环境逐步完善

吉林省及省内城市在依托国家出台的相关金融政策主导之下，相继出台了一系列扶持科技金融的政策，从2013年至今，相关的政策文件达到15

个，围绕创新型省份建设与长春国家自主创新示范区建设的相关政策措施也在逐步完善，包括《关于强化金融服务支持科技创新的实施意见》《吉林省金融助力科技创新行动计划》以及涉及四平市、长春市的金融支持城市创新转型、大力推进科技创新等各种实施意见，政策数量与质量都有所提升。在政策引领下，措施落实到位，科技金融政策环境得到改善。创新驱动战略实施中制定的相关政策从政府宏观的角度来协调科技创新的发展，尤其是融合了创新与金融的综合优势，逐渐转换着吉林省经济发展结构。科技水平的提高将直接提升经济发展速度，对市场经济各层面的发展都起到了极大的助益作用，使得科技快速转化为生产力，提升国家或区域的整体经济竞争力，形成经济良好发展的循环态势。随着相关政策支持力度的加大，体制机制改革逐步加深，吉林创新型省份本土特色的"1+N"科技创新政策体系逐步完善，科技金融通过多样化的机构合作与切合实际的创新性服务产品的开发进一步发展。全省科技金融政策环境正在改善，为科技型企业引领产业转型升级营造良好的环境基础。长春新区以金融为创新发展核心要素，近两年陆续出台金融服务政策，助力长春国家自主创新示范区建设，其中包括新区金融服务的15条行动措施，还包括优化金融环境的五大工程，并修订了新区金融集聚推动实体经济发展的政策若干项。以金融服务为创新驱动的助力，改善营商环境，将上市奖金提升至300万元，金融惠企政策兑现服务变被动为主动，政府上门服务，为符合政策的企业发放补贴金额近700万元。

二 吉林省科技金融发展过程中存在的问题

（一）服务体系发展滞后，发展环境仍待提升

近年来，创新型省份建设对全省的科技金融服务体系建设提出了新要求，不断加快科技创新引领，重视实体经济带动发展，强化科技型企业的扶持发展，但科技型中小企业因其自然先天弱势，融资困境依旧存在。吉林省科技金融服务体系与机制仍不健全，金融资源要素和科技资源要素融合度不

高，各个城市科技金融服务体系尚未形成。吉林省科技金融发展缺乏推进抓手，科技金融发展环境亟待完善，平台建设缺失情况有待改善。以科技金融平台信息化为例，其运行水平较低，科技型企业与金融机构信息沟通成本较高，企业急需的供求信息与资金流通信息收集困难，时效滞后，科技金融资源底数不清，科技金融发展未得到有效支持，依靠民间资本自行发展动力不足且风险较大。

（二）科技金融模式创新不足，市场培育力度不够

创新型省份建设需要创新驱动的市场化动力，需要加快科技成果转化的市场搭建。科技金融发展与科技创新发展息息相关，一样要求在模式创新上下足功夫，吉林省目前受到发展环境与资金短缺等因素的制约，科技金融发展模式依然停留在服务平台建设与生态体系建设的初级阶段。通过对国内外科技金融发展相对先进地区进行研究，吉林省在模式创新方面还可以有更多突破。在建设创新型省份的大环境下，科技金融的示范机构建设力度仍待提升，科技金融合作模式方面，尚未充分开发银行的金融主力优势，未充分整合银行资源。在专业化科技金融组织机构建设方面基础较弱，如天使基金、科技支行、风险基金、种子基金等培育力度不够。技术创新能力强但创业能力不足，科技成果产出多但省内转化不多，技术研发机构较多但具体实施相关技术的企业很少，科技资源潜力很大但转化为科技金融实业的比例较低，创业投资及科创服务与贷款覆盖仍待加强。创新型省份建设相关的科创金融服务与科创保险示范区建设仍滞后。科技金融服务平台、银行企业衔接制度及完备的管理系统是发展科技金融的必要条件，当然还需要具备健全的担保机制、完善的政策法律体系、适度的投行发展规模等。

（三）专业管理人才不足，梯队建设尚未成型

创新型省份及长春国家自主创新示范区建设，无论是科技成果转化还是金融服务的开发，急需大量专业智库团队。吉林省在科技金融谋划与平台建设团队建制上，数量和质量上都有较大缺口。专业管理人才不足，直接制约

了吉林省科技金融发展壮大。虽然高校与科研机构众多，但在创投、科技金融、科技管理、科技资本市场运作等方面的复合型人才急缺。优秀的风投团队是风投行业健康发展的关键，吉林省在培养科技金融相关领域人才方面缺乏基础，在引进人才方面缺乏吸引力，科技金融人才队伍建设任重道远。缺少专业的科技金融智库，缺少沟通协调的复合型金融行业团队，难以对市级、省级科技金融政策产生重大影响，难以制定具有更大突破性的科技金融试点政策，难以真正踏上先行先试之路。

（四）金融要素集聚力不足，未能形成合力

全力建设创新型省份，金融运营的健康生态体系尚在建设过程中，尚未形成合力。机构体系管理层次低，政府相关政策，诸如金融、财政、人才、机构、监管等方面，均存在运行不畅的情况，在规划制定与政策设计和行政管理等方面均亟待加强，归根结底是因为政府重视力度不足，缺乏全省与各地区的科技金融发展整体规划设计，未从战略上制定科技金融未来阶段的发展目标、发展任务，尚未形成符合吉林省省情的体系合理、配套完整、可操作性强的科技金融相关的指导思想、实施细则与政策措施等，同时也缺乏相应的政府职能部门来主导政策执行、细化任务、明确职责分工等。金融要素集聚力不足，在科技金融工作中统筹联动能力较弱。创新创业投资基金利用上不充分，工作推进效果仍待进一步明确。市区级政府缺乏在科技金融有关行业的审批权限，制约了科技金融主体的规模扩大和产业集聚。科技金融统计指标与效益评价体系不完善、信息不对称。省内缺乏务实与有效的区域联动机制，尚未做到经济较发达区域科技金融特色创新资源集聚的科技金融一体化发展，科技金融供需衔接和协同耦合程度不高。

三　加快吉林省科技金融发展的对策建议

（一）以专业化平台为突破口，建立健全科技金融服务体系

长春国家自主创新示范区建设需要全方位强化科技创新力量，实现硬核

产业竞争力发展，平台与服务体系的建设应该走在前面，打好基础。

一是打造专业化平台。依托长春市已经建立运营较好的科技金融服务平台，致力于打造全省科技金融服务的总体运营样板平台，并集中优势力量，打造成全省样板示范，以便后期设立分支。省市两级科技管理部门携手共建并将长春科技金融服务中心升级为省级平台，授权其在全省范围内提供科技金融及相关评估服务，支持长春科技金融服务中心牵头成立吉林省科技金融服务业战略联盟，在全省范围内复制推广长春科技金融服务中心经验和模式。积极建立区域综合服务平台的共享与联动机制，拓宽平台服务范围，不断增加服务内容和服务产品个性化，实现企业孵化与开发区孵化、创业基地孵化的信息共享。

二是健全综合服务体系。创新型省份急需协同综合服务体系，鼓励高校专业人才参与科技金融规划设计，强化域内域外交流合作，打通科技平台与金融平台，强化要素整合，打造覆盖全省的创投、信息技术与金融服务的综合体，并延伸科技金融中介服务市场建设，打造中介服务聚集区，创建具有整合优势的技术与专利产权转让市场。同时加强技术手段的配合与平台的建设，包括科技金融服务系统、综合信息服务系统、信用信息监测系统等，这样有利于科技创新与科技金融双主体的有效对接，减少搜索成本，鼓励监管部门整合各类数据信息，建立征信服务系统，实现服务机构数据库共享。

（二）创新科技金融服务思路，提升科技金融服务效率

全省打造高标准国家自主创新示范区和创新型省份，应在创新发展模式与规范模式上两手抓。

一是应构建科技金融服务联盟。将相关的主体运营机构有机结合起来，信息共建共享、资源共享，成立专门政策性担保服务机构，鼓励多种形式的民间融资机构构建科技金融服务联盟，体现科技金融普惠的一方面，坚持用普惠性金融发展理念完善科技金融发展，提升科技金融在中小微科技型企业方面的投资覆盖面。

二是构建相关发展机制。积极构建后期的反馈评价机制,为区域内科技创新、双创发展和科技研发能力提升夯实金融基础,同时也能提升经济发展质量,实现区域经济新旧动能的转换。

三是鼓励发展科技信贷。针对科技型企业发展成长期的不同特点,提升审批效率,简化审批流程,强化专利技术转化,盘活技术资源,推进灵活审批,采取信用平台与专家审核相结合的方式,提升科技贷款发放效率和力度。政府应积极引导金融投资机构注重科技创新企业的技术方向和发展前景,将潜在的发展潜力、技术提升潜力以及新产品开发潜力等引入贷款担保抵押的关注范围,综合考虑科技型企业的成长价值,将其综合成长价值作为科技小额贷款发放的定价标准之一,还要根据不同技术数据设计不同还款模式与操作规则,形成动态的、合理的跟进政策,以此来平衡科技型贷款的风险及其能得到的收益。

(三)培育科技金融智库团队,打造科技金融服务品牌

长春国家自主创新示范区及创新型省份建设要实现产学研融通与开放协同发展,发挥人力资源优势,形成品牌聚力。

一是加强专业人才培养。围绕长春新区的"药谷"、"光谷"吉大双创和北湖科创打造全省的科创研究机构、知识产权特色小镇和人才双创港等,充分开发利用吉林省内科研机构与高校的资源优势,从长远上做大做稳人才基础,实现人才集聚区打造,形成虹吸效应。依托长春金融高等专科学校这种专业性较强、专业人才集聚的高等院校,建立吉林省科技金融研究中心。构建完善的科技金融人才培养系统,系统内各个层级及研究方向的设计应具有合理性及针对性,可针对吉林省科研的重点及科技企业重点的发展方向培养人才,制定省内、地区的人才培养计划,建立人才交流机制,实施科技金融人才外派学习计划;同时,也可以提高人才待遇、引进人才定向基金的方式吸引科技人才。注意人才的管理,吸引高级别培育团队"走进来"进行扶植,加强人才支出的经费比例,实行强制性人才阶段性提升计划,力争送出去的回得来、请进来的留得住,在资金、社会、文化等多方面制定吸引人

才留住人才的针对性措施，全力打造科技金融百人智库团队，力争在"十四五"阶段打造出区级科技金融规模型智库团队。

二是加强复合型人才培养。要依托科技主管部门和各大科研院所，特别是科技与金融都具备人才基础的机构，打造复合型人才培养基地，加强科技金融可持续发展的人才环境建设，加强懂技术、懂投资、懂转化、懂开发、懂法律的科技金融综合化团队的培育。

三是打造科技金融服务品牌团队。在年度科技计划经费中设立科技金融补助计划，省、市、区三级科技管理部门协商三级财政部门按照科研机构的科研基本业务费模式设立科技金融平台专项资金，对科技金融平台的基础设施建设、人才队伍培训等进行支持。同时，长春科技服务平台在智库团队建设方面已经有了一定的成功经验，特别是在吉林省长春市科技型中小企业中具有知名度以及服务影响力和产品号召力的"科技金融红娘"，以平台为基础，加速科技金融发展元素的集聚与整合，协调科技型中小微企业与金融服务机构和中介服务机构、政府部门、民间资金投资者等超过百余家。总结其发展经验，力争把"科技金融红娘"打造成吉林省的品牌团队。

（四）盘活各项科技金融投入资源，鼓励合作协同发展

推进创新型省份建设的统筹规划资源的投入与分配，实现协同合作效率最大化。

一是创新资本市场，盘活科技资源投入。加速资源有序流动，促进科技创新、投融资资本与产业创新的有机结合。多鼓励并协商区域内商业银行设立科技专业支行为科技创新企业提供其成长阶段急需的各种科技金融服务。建立科技金融服务融资特异性考核制度，针对风险高回报高且非传统抵押模式的科技型融资，要适当放宽不良贷款率的容忍度，在风险考核方面有针对性地进行参考。

二是可以考虑搭建合投网络。利用省市科技金融发展的平台来组建天使基金、VC、PE的组合矩阵。这种组合式平台合投的形式，可以在短时间利

用互联网技术改变空间范围，集聚更多对本地区科技金融创投感兴趣的专业投资团队和合伙人及创投机构，来破除本地的科技金融投入资源的瓶颈。政府参与搭建平台，制定优惠政策，保护科技成果创新与转化，提供良好的双创环境，可以吸引人才，引流科技金融资本，并拓宽科技金融信息渠道。不断盘活资源，包括专利、技术、理论、产品等，以现有成熟的合作平台为基础，建立专业的数据与信息分析处理检索平台，提高信息线索效率，加快技术成果转化，增强科研成果共享覆盖面。

三是鼓励协同发展。强化平台与产业园区、科技园区、高新技术开发区、双创园区、科技成果孵化器、科研院所的合作，提高合作交流水平，盘活信息与技术资本。同时还要加强省内各市县区之间的合作，以及地区级、本地区与外省市资本市场的合作，搞好项目推介，做好项目与资本的对接合作，实现资源共享与双赢。

参考文献

［1］华泰来：《为有创新活水来》，《吉林日报》2023年3月1日。

［2］中国人民银行长春中心支行货币政策分析小组：《吉林省金融运行报告（2022）》，中国人民银行吉林省分行官网，http：//changchun.pbc.gov.cn/changchun/124662/4600192/index.html。

［3］《人民银行通化市中心支行：精准发力赋能专精特新中小企业发展》，中国人民银行吉林省分行官网，http：//changchun.pbc.gov.cn/changchun/124676/4899512/index.html。

［4］《吉林省2022年国民经济和社会发展统计公报》，吉林统计网，http：//tjj.jl.gov.cn/tjsj/tjgb/ndgb/202304/t20230401_8687326.html。

［5］赵途：《吉林省JT融资担保公司的发展策略研究》，硕士学位论文，吉林大学，2021。

［6］刘伊江：《科技与金融耦合系统脆弱性的演化研究》，硕士学位论文，武汉理工大学，2021。

区域篇

B.12
长春市经济运行特点分析与未来展望研究

任 鹏[*]

摘 要： 当前，全国各省份之间的比较，突出表现在其核心城市之间的竞争发展。而经济总量是否突破万亿级规模，是衡量一个城市综合实力的重要标准。作为"一主六双"高质量发展战略的主要空间载体，总结好长春市经济运行规律与特点，深入探索发展潜力，对于强化长春市在新时代吉林省全面振兴取得新突破新征程中的战略支撑作用具有重要意义。本研究分析了长春市经济总体运行特点与存在的问题，研判了其发展潜力与产业优势，并提出持续推动科技创新，加快构建现代化产业体系；加快长春现代化都市圈建设，提高辐射带动能力；以现代化大农业为主攻方向，加快推进乡村振兴；构筑现代化综合交通体系，主动融入新发展格局；持续挖掘内需潜力，不断增强发展后劲等有针对性的对策建议。

关键词： 经济运行 核心城市 都市圈 长春市

---

[*] 任鹏，吉林省科学技术信息研究所研究实习员，研究方向为区域经济与农村发展。

习近平总书记在新时代推动东北全面振兴座谈会上强调，要努力走出一条高质量发展、可持续振兴的新路子，奋力谱写东北全面振兴新篇章。① 长春市作为东北地区省会城市，既是吉林省全面实施"一主六双"高质量发展战略中"一主"的主要载体，也是东北地区经济、科技、教育、医疗、文化等资源的主阵地。截至2022年末，长春市总面积达到2.47万平方公里，辖4县（市）7区。总人口908.72万，占吉林省总人口的38.3%。② 随着东北全面振兴各项政策措施的实施，长春市有基础、有条件、有机遇实现更好更快发展。

一 长春市经济运行情况与特征

近年来，在吉林省"一主六双"高质量发展战略实施中，长春市"一主"的战略作用发挥明显，对全省经济社会的支撑能力逐步增强，正在成为吉林实现全面振兴的重要载体。2023年以来，长春市主要经济指标持续恢复，经济回升向好态势不断巩固，经济运行呈现速度快、结构优、质量好、活力足的显著特征。数据表明，长春市在疫后经济恢复、新动能挖潜、新赛道突破方面取得了明显的成效，不仅为长春市本身的发展带来机遇，也为吉林省乃至东北地区的振兴发展提供了坚实的物质支撑。

（一）经济增长稳中有进

"十四五"以来，长春市经济运行平稳有序，生产供给稳中有升，市场供需基本平衡，供给结构不断优化，主要发展指标总体上呈现稳中有进。

---

① 《习近平主持召开新时代推动东北全面振兴座谈会强调：牢牢把握东北的重要使命 奋力谱写东北全面振兴新篇章》，中国政府网，https://www.gov.cn/yaowen/liebiao/202309/content_6903072.htm?jump=true&wd=&eqid=b16055cb0000864e000000046561a189。

② 长春市统计局、国家统计局长春调查队：《长春统计年鉴2022》，中国统计出版社，2023。

2021年，长春市GDP实现7103.1亿元，增长6.2%;[1] 2022年，受疫情等不可抗拒因素影响实现6744.6亿元，下降4.5%；2023年以来，长春市经济呈现持续恢复、稳中有进、稳中提质的良好态势。上半年，全市GDP增长达到9.1%，增幅居于全国副省级城市首位，高于全国3.6个百分点[2]，发展势头迅猛。前三季度，扣除2022年疫情导致的基础影响，GDP同比略有下降，但仍保持6.5%的增长水平。从三次产业占比看，一二三产业增加值均保持较高水平增长，分别增长5.1%、5.1%和7.7%。三次产业结构比为4.2∶41.0∶54.8，与2022年同期相比，第三产业占比有所提升，呈现持续较快发展。

疫情后的快速增长，一方面说明长春市发展潜力较大、韧性较好，另一方面也体现出国家支持东北地区全面振兴的相关政策保障有力，政策效果已经快速显现。

（二）产业结构持续优化

经过多年发展，长春市形成了以新型工业和现代服务业双轮驱动的现代化产业结构。2023年以来，工业和服务业均保持良好的发展势头，农业生产也实现了稳固提升。

1. 工业迅速恢复

从工业指标看，前三季度，规模以上工业增加值增长6.2个百分点，高于全省平均水平3.5个百分点。工业增加值规模占吉林省总量的60%左右，对全省贡献率达到了133%左右。电子产业、装备制造业、汽车产业、材料产业、农产品加工和医药产业分别增长19.1%、9.1%、8.6%、7.0%、6.1%、3.2%。一汽生产整车124.1万辆，增长10.7%，完成产值2602亿元，增长8.7%，其中一汽奔腾、解放产值增速超80%，皓月、长客产值分别增长18.8%、8.8%。

---

[1] 长春市统计局：《长春市统计年鉴2021》，中国统计出版社，2022。
[2] 数据来源于长春市统计局调研资料。

2.服务业快速增长

从服务业指标看，前三季度，长春市规模以上服务业增长10.8%，实现两位数的增长，比全省平均水平高8.7个百分点。服务业增加值规模占吉林省总量的80%左右，对吉林省的贡献率达到了71.4%。八个规模以上服务业重点行业营业收入增速"七增一降"。文化体育娱乐业、互联网相关服务业、装卸搬运仓储业、租赁商务服务业、多式联运代理业、居民服务业、科技服务业营收增速分别增长42.4%、20.3%、19.7%、18.8%、7.2%、6.8%、4.1%，软件信息服务业下降4.3%，[①] 八个行业中有四个领域实现了两位数增长，文体娱、互联网等服务业带动作用明显，确保了长春市经济运行整体水平的攀高。

3.农业生产形势良好

从农业指标看，预计全年粮食产量有望达到250亿斤以上的新高点，有效助力吉林省千亿斤粮食工程实施。前三季度，分类别看，长春市种植业实现产值增长2.9%，园艺特产业实现产值增长6.1%，畜牧业实现产值增长5.8%。其中，肉牛养殖规模发展到147万头，增长12.2%；生猪养殖规模发展到985万头，增长2.7%；

（三）项目保障支撑有力

近年来，长春市始终把项目投资作为稳定经济增长的关键引擎。积极引进和储备了一批技术含量高、发展潜能大、示范引领强的重大项目，积蓄了发展新动能，助推经济提速增效。2023年前三季度，长春市固定资产投资达到1141亿元，同比增加3.3亿元。如图1显示，与2022年相比，2023年以来长春市固定资产投资始终趋于正向发展态势。重大项目开工呈现良好态势，5000万元以上项目开工1268个，开复工率达到103.7%。截至目前，奥迪一汽新能源汽车项目基本完成全年投资，比亚迪新能源动力电池项目也完成了投资的70%以上。从投资结构看，通过实施基础设施投资和工业投

---

① 数据来源于长春市发改委调研资料。

资双拉动战略，有效弥补房地产投资缺口。前三季度，全市工业投资增长18.2%，基础设施投资增长15.4%，带动建筑业产值增长5.8%。①

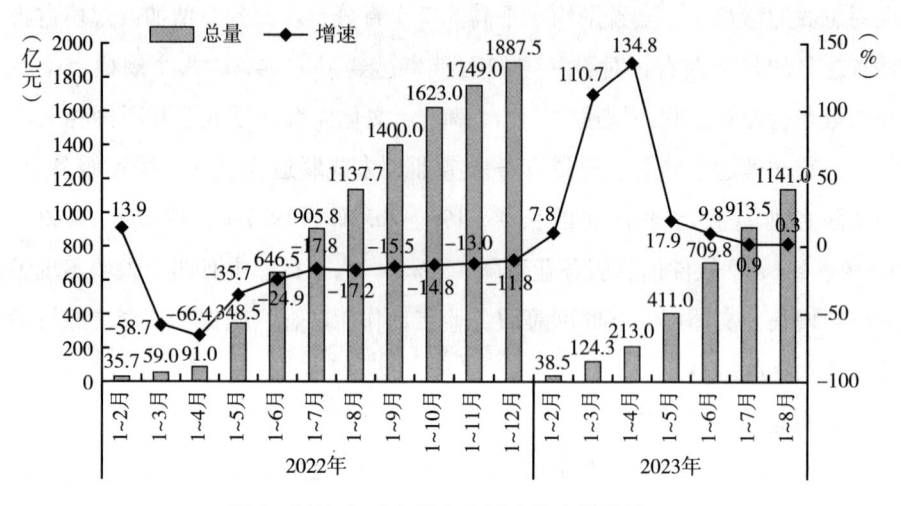

图1　2022年以来长春市固定资产投资情况

资料来源：长春市发改委。

（四）消费市场加速回暖

近年来，长春市充分释放"政策+活动"作用，持续挖掘消费潜能，推动消费提质扩容。前三季度，全市限上社会消费品零售总额增长14.7%，高于全省3.4个百分点，连续8个月居15个副省级城市首位。规模以上服务业核算行业营收增长6.8%。文旅市场接待游客1.26亿人次，旅游收入1988.6亿元，均超2019年同期水平。② 通过举办房交会、汽博会、航空展等系列活动，持续加大汽车、住房、家电等大宗商品消费促进力度。前三季度，汽车销售23.4万辆，增长47.7%，商品房销售面积465万平方米，增长5.1%。华润万象城、文和里等新型消费场景人气暴增，对经济复苏拉动作用显著。

---

① 数据来源于长春市发改委调研资料。
② 数据来源于长春市文旅局调研资料。

二 存在的问题

当前,长春市经济发展主要存在有效需求不足、内生动力不强、经济回稳向好基础不稳等问题。

(一)工业增长压力较大

由于长春市长期呈现一汽"一企独大"、汽车产业"一业独大"的发展格局,工业发展受汽车市场影响较大。近年来,受市场需求不足、新能源汽车市场挤压、重点产业产品价格持续下行以及行业政策变化等因素叠加影响,汽车行业订单减少,产能利用不足。一汽主力燃油车产量持续下滑,联动影响重点零部件企业。2023年前三季度,佛吉亚排气、丰田发动机、大众一汽平台产值分别下降27.1%、16.9%、3.3%,全市1281户规模以上工业企业中有503户负增长,占比达39%。180户亿元以上汽车零部件企业产值预计下降16.2%。

(二)投资拉动后劲不足

2023年以来,长春市固定资产投资增长呈现较好态势,但总的来看,后续储备支撑不够,重大项目支撑乏力,5000万元以上项目较上年减少52个,缺少百亿级新建产业项目支撑。一方面,民间投资信心偏弱,受上游原材料价格上涨、人工和物流成本提高等方面因素影响,企业营业收入和利润总额大幅度降低,企业观望情绪严重,民间投资下降14.8%,项目建设进度放缓;另一方面,房地产市场低迷影响企业投资,受全国房地产市场大环境低迷影响,长春市房地产市场库存规模较大,作为投资重要领域的房地产开发投资连续负增长,前三季度,全市房地产投资下降20.4%,下拉全市投资7.6个百分点。

(三)产业结构有待优化

尽管长春市目前初步搭建起以"新型工业+现代服务业"双轮驱动为支

撑的现代化产业体系，但产业结构仍亟待优化。汽车工业产值长期以来占全市工业总产值的70%左右，先进装备制造业、医药健康产业、光电信息产业、生物制造产业、新能源、新材料等战略性新兴产业虽然蓬勃发展，但还没有对经济发展实现较强的带动。长期以来，"一柱擎天""二人转"的经济结构还没有从根本上得以改变，导致长春市经济高度依赖汽车产业的单一发展，抵御市场风险的能力不强。

（四）消费需求仍然不足

消费市场还不够活跃，居民消费趋于保守，刚需以外领域消费热情不高。2023年前三季度，居民存款增长34.9%，消费贷款仅增长2.6%。全市1613户限上批发、零售、住宿、餐饮企业有668户销售额下降，占比达41.4%，欧亚超市连锁下降超30%。[①] 与此同时，受柴油剥离影响，前三季度限上石油及制品类零售额连续呈现下降趋势。

三 未来展望

在新时代推动东北全面振兴座谈会上，习近平总书记强调了东北地区在资源禀赋、产业基础和地理区位等方面的优势，对进一步发挥东北地区战略作用提出要求，这为长春市高质量发展指明了方向，提供了重大战略机遇。随着国家重大战略的实施、东北振兴政策红利的全面释放和自身经济基础、产业优势的发挥，长春市将实现稳步向好的发展预期。

（一）多业并举的产业体系进一步完善

随着长春市产业结构的不断优化，将进一步形成多业并举、协同发展的产业发展格局。从汽车产业看，当前，长春市新能源汽车仅占汽车产值的2.9%，发展空间巨大。随着奥迪一汽新能源汽车、沃尔沃新能源、比亚迪新能源等整

---

① 数据来源于长春市商务局调研资料。

车项目的建设，汽车产业产值仍有上升空间。从装备制造业看，随着市场需求的不断提高，中车长客集团产能和配套企业将不断向长春倾斜，工业机器人、农用机械等领域全国大型制造企业也将相继落户，精密仪表等制造业新领域技术优势也将不断转化为生产力，发展潜力巨大。从医药健康产业看，长春市拥有金赛药业、百克生物等一批知名领军企业和拳头产品，2022年65户规模以上医药企业实现产值286.5亿元，5年间增长近一倍，目前产业提升空间仍然很大。从光电信息产业看，长春市拥有光华微电子、禹衡光学、永利激光等细分领域"隐形冠军"企业，在卫星、汽车芯片、传感器等细分领域逐步形成完整产业链。未来通过深度挖掘优势潜力，有望打造一批世界级光电品牌。从文旅产业看，按照现阶段旅游发展趋势，长春市冰雪游、消夏游、乡村游等产业规模将持续扩大，通过开发高质量影视产品，拓展创意版权、电影周边产品、主题公园等衍生环节，旅游产业有望实现千亿级产业。

（二）人口要素潜能进一步释放

在支撑经济运行的全部生产要素中，劳动力要素是最为关键的要素，只有通过劳动力这个活跃要素，才能更好激发土地、资本、数据、科技等要素的作用。即使在数字经济时代，技术、数据等新兴生产要素的价值也要通过复杂劳动得以实现。因此，劳动力依然是一个区域和城市竞争力的最大砝码。过去10年间，吉林省全域人口持续流失，唯有长春市呈人口净流入局面。从"七普"数据看，全省常住人口10年间减少338万人，而长春市增长了30万人，且增长的人口主要为学历层次较高和适龄劳动力人口。目前，长春市常住人口已达到908.72万人，按照现有人才引进政策，将很快进入"千万人口城市"。未来，长春市将整合打出人口政策"组合拳"，吸引更多域外人才到长春投资兴业，实现打造"千万人口城市"与打造"万亿级城市"齐头并进。

（三）政策红利效应进一步显现

党的十八大以来，习近平总书记多次到东北地区考察调研，为新时代东北全面振兴谋篇布局、指明方向。党中央、国务院进行了一系列振兴东北的战略部署，特别是2023年9月习近平总书记主持召开新时代推动东北全面振兴座谈会后，吉林省、长春市也相应出台了落实政策举措。近年来，为贯彻落实中央、省委的战略要求，长春市在推动高新技术产业、创新驱动、绿色发展、扩大消费、民营经济等领域均有明确的战略规划与政策支持。2023年以来，随着一批重大项目投产见效释放增量，税费支持、企业用工补助和援企稳岗等激活民间投资信心的举措效果集中显现，国家、吉林省和长春市系列稳经济、促消费、强实体政策红利加速释放，这些战略导向和政策叠加效应将为推动长春市经济持续增长和高质量发展积累积极因素，为长春全面振兴提供有力支撑。

四 对策建议

今后一个时期，长春市应深入贯彻落实习近平总书记在新时代推动东北全面振兴座谈会上的重要讲话精神，紧跟国家政策导向，及时出台推动经济持续增长、促进消费恢复等系列政策措施，不断增加生产供给，持续扩大市场需求，稳步提升发展质量，加快构建现代化大都市，率先在全面振兴中取得新突破。

（一）加快建设长春现代化都市圈，不断提高辐射带动能力

长春市在"一主六双"高质量发展战略中肩负"一主"的重任，要加快建设现代化都市圈，不断提高城市综合功能和竞争力，持续增强对全省其他地区的辐射带动能力。

一是做大做强现代化都市圈的核心功能。依托朝阳区、南关区等中心城区，打造现代服务业集聚区和创新服务中心，建设科技、金融、信息等创新型服务平台与咨询平台。依托长春新区、净月区、莲花山等开发区，开拓发展数字产业、生态康养、文化旅游、会展培训及创新产业等。以长春汽车产业开发区为核心，推动汽车产业功能集聚，实现汽车产业全链条发展。依托

长春中韩国际合作示范区，积极培育壮大外向型产业，将长春市打造成为东北地区乃至东北亚地区对外开放的重要平台和关键节点城市。

二是主动发挥副省级城市的中心枢纽功能，增强辐射带动能力。打造两小时经济圈，与周边市、县共建产业园区，围绕同质化程度较高的重点行业合理布局、错位分工、融合发展，完善产业配套协作机制。以国家城乡融合发展长吉接合片区为引领，推动长吉一体化；以基础设施建设、重大项目布局为纽带，推动长四一体化协同发展，加快形成都市圈与周边区域协同联动发展格局。

（二）持续推动科技创新，加快构建现代化产业体系

在新时代推动东北全面振兴座谈会上，习近平总书记首次提出"新质生产力"概念，具有极其重要的理论意义和现实意义。[1] 长春市应依托现有科技、教育资源，实施创新驱动发展战略，深刻把握新时代新型工业化的基本内涵和发展规律，积极谋划符合数字经济时代高质量、高效能的战略性新兴产业和未来产业，以新型工业化带动现代化产业体系构建，增强发展后劲与动力。要巩固汽车、装备制造等战略性新兴产业的领先地位，超前布局未来产业，促进现代服务业与先进制造业深度融合。加快推进制造业"智改数转"，运用新技术新模式对传统制造业进行数字化、网络化、智能化改造。瞄准核心零部件、关键基础材料、工业软件等，推动科研成果就地转化，加快形成完整、高效、富有韧性的新型工业体系和产业创新体系。

（三）以现代化大农业为主攻方向，优化农业农村现代化路径

长春市要在筑牢国家"五大安全"基石上发挥示范引领作用。始终把保障国家粮食安全摆在首位，深化农村一二三产业融合发展，形成粮经饲统筹、农林牧渔多元发展的产业体系。[2] 深入实施乡村振兴战略，以国家城乡融合发展示范区为引领，以农业种植和畜牧养殖为基础，大力实施"千亿

---

[1] 赵静、王月：《新时代推动东北全面振兴须加快形成新质生产力》，《辽宁日报》2023年9月21日。

[2] 任鹏：《吉林省农村一二三产业融合度评价研究》，硕士学位论文，吉林农业大学，2023。

斤粮食""千万头肉牛"建设工程,发挥食品加工与农产品精深加工产业优势,建成全国一流的百姓中央厨房。依托农安、榆树等农业大县和公主岭国家农业高新技术产业示范区,构建机械化、规模化、标准化的农业生产经营体系。推动数字化赋能农业农村现代化,以数字经济带动技术流、资金流、人才流、物资流向农村地区延伸,优化城乡之间劳动力、资本、土地、技术等资源要素。加大对优势、特色、绿色农产品的生产以及多功能农业的公共物品投入,在特色、高值、绿色和产业链增值等方面开拓农业发展和农民增收的新领域。提升长春市现代化大农业的综合生产能力和农产品竞争力,实现资源优化配置、城乡要素融合、农业高质量发展。

(四)构筑现代化综合交通体系,主动融入新发展格局

进一步优化以长春市为中心的铁路、公路、航空等基础设施布局,以现代化综合交通体系畅通人流、物流、技术流、信息流等要素流动渠道,提高对外开放水平,高效衔接京津冀、粤港澳、长三角等经济区,有效融入新发展格局。[①] 一是构建完备的公路体系,搭建以"两横一纵两环五放射"的高速公路为骨架的公路体系,发挥基础支撑作用。二是构建现代化的高速铁路网。建设以长春为核心的"米"字形高速铁路,进一步推动长(春)辽(源)梅(河)通(化)、长(春)通(辽)赤(峰)、长(春)松(原)白(山)等高速铁路建设,发挥先行引领作用。三是打造一流的现代化航空枢纽。进一步发挥长春空港经济区示范引领作用,提升空港与城区各类交通方式的转换能力。提高国内外航线网络密度和覆盖范围,逐步将长春市打造成为日本、韩国和北美通往欧亚大陆的重要节点。

(五)持续挖掘内需潜力,不断增强发展后劲

落实落细促消费政策,充分发挥消费券撬动作用,继续发放5000万元汽车、

---

① 吉林省人民政府:《"一主、六双"产业空间布局规划》,吉林省人民政府网,http://xxgk.jl.gov.cn/gbcs/? file=http://xxgk.jl.gov.cn/szf/gkml/201901/W020190131540754063897.pdf。

家电及电子产品消费券，推动汽车、家居、家电等大宗商品扩销增销。开展东方甄选长春专场、一刻钟便民生活节等线上线下促销活动，培育消费新热点。发挥房交会等平台载体作用，积极争取租赁住房和城中村改造专项贷款试点，加快推进房地产交易市场建设，推动房地产市场稳步回暖。持续办好家博会、家居焕新消费季，促进家电、家具、家纺、家装全领域消费。全力推进文合里、红旗青年荟等文旅项目建设。以"冰雪丝路世界发展大会"为契机，将长春冰雪节打造成国际知名冰雪会展品牌，围绕冰雪装备、冰雪体育、冰雪旅游、冰雪文化等设计一批高端消费产品，带动吃住行游娱购等消费全链条发展。

参考文献

[1]《习近平主持召开新时代推动东北全面振兴座谈会强调：牢牢把握东北的重要使命 奋力谱写东北全面振兴新篇章》，中国政府网，https：//www.gov.cn/yaowen/liebiao/202309/content_6903072.htm? jump = true&wd = &eqid = b16055cb0000864e000000046561a189。

[2] 长春市统计局、国家统计局长春调查队：《长春统计年鉴2022》，中国统计出版社，2023。

[3] 长春市统计局、国家统计局长春调查队：《长春统计年鉴2021》，中国统计出版社，2022。

[4] 赵静、王月：《新时代推动东北全面振兴须加快形成新质生产力》，《辽宁日报》2023年9月21日。

[5] 任鹏：《吉林省农村一二三产业融合度评价研究》，硕士学位论文，吉林农业大学，2022。

[6] 吉林省人民政府：《"一主、六双"产业空间布局规划》，吉林省人民政府网，http：//xxgk.jl.gov.cn/gbcs/? file = http：//xxgk.jl.gov.cn/szf/gkml/201901/W020190131540754063897.pdf。

B.13 吉林市推动经济高质量发展对策研究

王晓群[*]

摘　要： 经济高质量发展是吉林市在中国式现代化进程中实现全面振兴的首要任务。近年来尽管吉林市委市政府和各相关部门做了诸多尝试和大量的工作，致力于以创新驱动产业转型升级，不断优化经济结构、培育产业新动能，为城市经济实现高质量发展蓄积能量，但是客观地看，城市经济增速出现放缓趋势，经济下行压力依然持续。因此，吉林市在推动城市经济现代化的实践进程中，直面吉林市经济发展面临的现实困境，以推动经济高质量发展为目标导向，拓展承载空间、夯实产业基础、激发消费潜力、优化发展格局、强化环境支撑，不断探索新时代新征程老工业基地高质量发展的新路径。

关键词： 经济运行　产业转型　营商环境　吉林市

党的二十大报告明确指出："高质量发展是全面建设社会主义现代化国家的首要任务。"吉林市在推动城市经济现代化的实践进程中，要以推动经济高质量发展为目标导向，拓展承载空间、夯实产业基础、激发消费潜力、优化发展格局、强化环境支撑，不断探索新时代新征程上老工业基地高质量发展的新路径。

一　现状特征

（一）一二产业稳中向好，经济高质量发展势能不断蓄积

2022年以来吉林市经济呈现明显的恢复性增长态势，经济增速由2022

---

[*] 王晓群，吉林市委党校哲学教研部主任，教授，研究方向为宏观经济、区域经济。

年第一季度的-10.4%恢复到2023年第一季度的7.1%，尽管2023年上半年有所回落至5.8%，但仍高于全国平均5.5%的增速，整体发展趋势十分强劲。

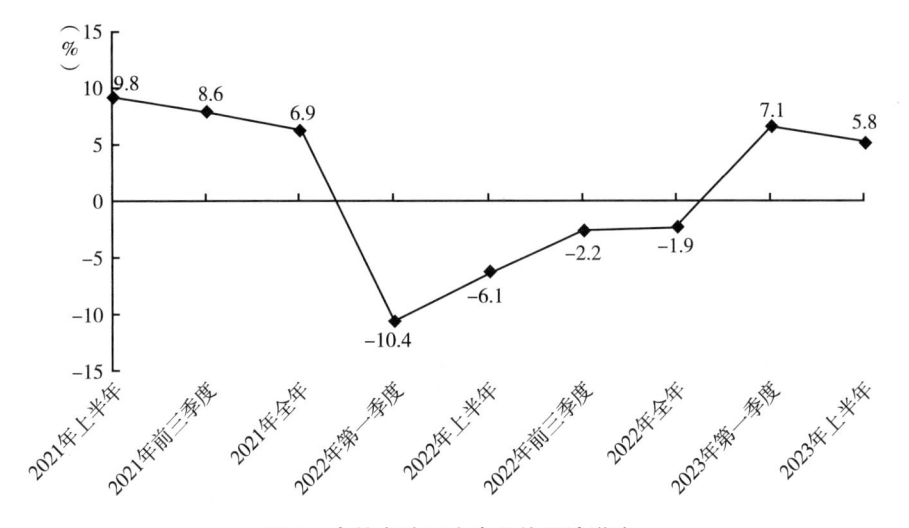

图1 吉林市地区生产总值累计增速

资料来源：吉林市人民政府网。

从第一产业发展情况看，在2022年新建高标准农田40.8万亩，实施黑土地保护项目19万亩，粮食生产再获丰收，产量达到90亿斤的基础上，2023年第一季度和上半年，吉林市农业生产增速明显加快，分别达到6.1%和6.5%（见图2）。

从第二产业发展情况看，由于疫情冲击2022年第一季度第二产业增加值增速为-17.9%，在这个历史低点之后，第二产业出现逐步回升的态势，在2023年第一季度和上半年出现了强势回升，增速分别为7.2%和4.1%，上半年增速与全国4.3%的水平基本持平（见图3）。

2022年以来，吉林市委市政府坚定不移巩固工业"压舱石"地位，连续开展两轮百日攻坚行动，推动规模以上工业产值逆势增长3%，全年全市完成工业增加值455.0亿元。规模以上工业中，石化行业比上年增长14.0%，能源行业增长2.4%，轻纺行业增长25.4%，电子行业增长1.2%。

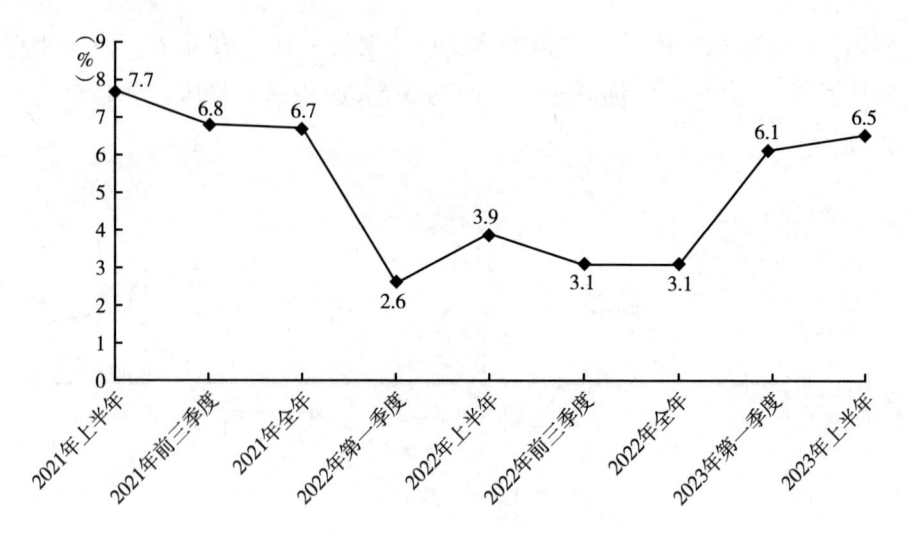

图 2　吉林市第一产业增加值累计增速

资料来源：吉林市人民政府网。

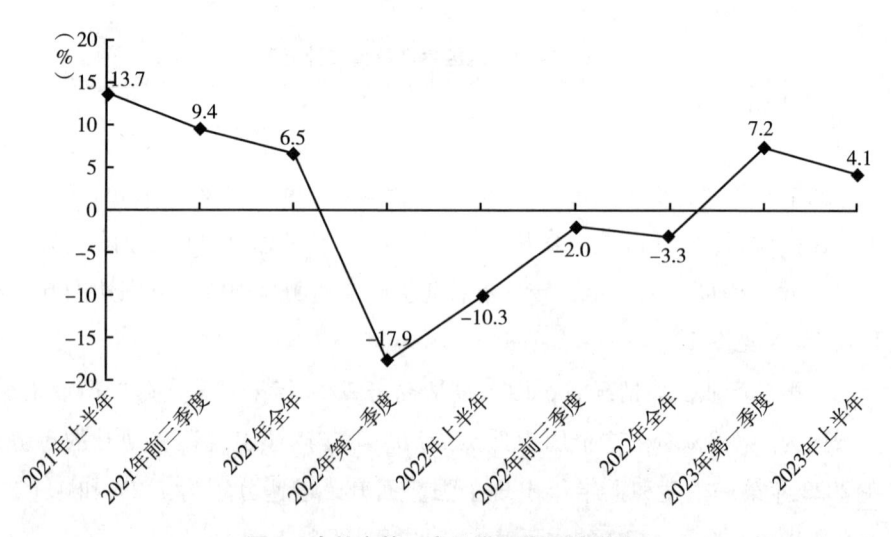

图 3　吉林市第二产业增加值累计增速

资料来源：吉林市人民政府网。

重点产品中，原油加工量、化学纤维、石墨及碳素制品、乙烯、粗钢、成品钢材产量分别比上年增长 14.9%、16.6%、8.9%、4.6%、2.7%、1.1%。

截至2023年6月，吉林市工业增加值同比增长3.2%，规模以上工业增加值同比增长4.7%，开始步入中速发展区间。

具体来说，2022年全市50户重点企业产值增长5%，中油吉化全年原油加工量突破900万吨，吉林化纤碳纤维产值实现翻倍增长，吉林国兴年产5000吨高性能碳纤维等30个项目投产见效。总体来说，吉林市工业经济稳中向好。

（二）投资拉动效应显著，经济高质量发展根基不断筑牢

投资拉动始终是经济发展的重要动力，从总体上看，2022年吉林市第一产业、第二产业固定资产投资分别增长32.8%、24.7%，第三产业投资下降8.9%，固定资产在实体经济领域实现增长。截至2023年6月，吉林市固定资产投资总额同比增长19.6%，高于全省0.9%的增长水平，也高于长春市9.8%的水平，在全省9市州中排名第1，尤其值得注意的是项目投资（不含房地产）同比增长26%，还要高于固定资产投资总额的增速。近年来，吉林市大力实施投资和项目建设攻坚行动，聚焦提升化工、碳纤维等六大产业集群产业集聚度，瞄准国内重点区域以及行业龙头和细分领域冠军等重点企业进行了卓有成效的招商引资和项目攻坚工作，中石油第一个全部使用绿电的化工项目——吉化转型升级项目全面开工，该项目总投资339亿元，是新中国成立以来吉林省单体投资最大的工业项目；我国首个千万千瓦级抽水蓄能基地、总投资70亿元的蛟河抽水蓄能电站全面启动。2022年以来，投资100亿元的建龙钢化新材料产业园、投资41亿元的超薄柔性玻璃产业园等270个项目签约落地，其中产业项目占比达到95%，[①] 随着这些大项目相继落户吉林，为城市经济注入了活力，厚植了根基。

（三）副中心城市建设步伐加快，经济高质量发展空间不断拓展

吉林省委十二届二次全会明确提出"支持吉林市打造全省副中心城

---

① 2023年《吉林市政府工作报告》。

市"，"打造全省副中心城市"已经成为2023年吉林市统领振兴发展各项工作的战略重点。吉林省委"支持吉林市打造全省副中心城市"这一重大战略决策，从吉林市经济发展看，这一战略决策有利于吉林市加快传统产业改造提升，提高先进产能比例，有效扩大优质供给，推动制造业向价值链中高端跃升；有利于吉林市优化产业空间布局，提升生产要素配置水平与效率，不断提高开放合作、融合发展的水平；有利于发挥自身地位优势、区位优势、资源优势和产业优势。因此，随着副中心城市建设步伐的加快，吉林市经济高质量发展的空间进一步打开，能够更好地完成老工业基地产业再造工作，打造全国重要的现代产业基地；能够更好地强化全省商贸交通地位，打造全国商贸物流枢纽城市，提升区域企业在区域乃至全球产业链价值链中的地位；打造全国创新创业高地，持续提升经济发展的内生动力。

（四）创新能力大幅提高，经济高质量发展动力不断激活

创新是经济高质量发展的内生动力。科技创新能够为经济提供新技术、拓展新空间、创造新增量，进而形成城市经济新的增长极。吉林市围绕"六新产业"积极实施创新驱动产业发展战略，取得了显著的成效。2022年全年共认定技术合同465份，技术合同成交总金额5.2亿元；国家高新技术企业256户，科技型中小企业186户。获得省科学技术奖39项，其中一等奖1项、二等奖10项、三等奖28项。拥有省级以上科技企业孵化器（众创空间）17个。新认定国家高新技术企业70户，新增国家科技型中小企业51户。拥有省级以上"专精特新"企业达到108户，全市"专精特新"企业营业收入增长10.6%。

二 典型经验

（一）突出优势产业赋能增效，推动产业链、价值链集聚发展

习近平总书记指出，在巩固存量、拓展增量、延伸产业链、提高附加值

上下功夫。加快传统制造业数字化、网络化、智能化改造，推动产业链向上下游延伸，形成较为完善的产业链和产业集群。

近年来，吉林市坚持把发展经济的着力点放在实体经济上，充分发挥吉林市工业门类齐全、配套完善的基础优势，围绕统筹推进传统产业改造升级和新兴产业培育壮大，加快推动"建链、补链、延链、强链"工作，巩固优势产业领先化，促进数字和产业深度融合化，加快产业金融支撑高效化，在推动现代产业集群化、高端化等方面做了大量的工作，从而巩固壮大了城市经济的根基，打造了推进城市经济增长的新引擎。

围绕打造全国重要的产业基地，吉林市致力于"六大产业集群"形成规模优势，逐步构建起结构优化、链条完善、层次提升、效益突出、可持续发展的现代产业体系。化工产业实现转型升级，以吉林石化和吉化北方为龙头，依托吉化转型升级项目，打造千亿级化工产业，建设千亿级化工园区，建设全国先进化工产业基地；先进材料产业持续壮大，围绕建设中国碳纤维高新技术产业化基地，打造"中国碳谷"，巩固吉林化纤大丝束碳纤维行业龙头地位，支持吉林化纤集团创建世界一流"专精特新"示范企业，着力打造碳纤维产业集群。聚焦装备制造、农畜产品精深加工等产业高质量发展，推动相关产业集聚度和竞争力走在全省前列。推进以吉林建龙为核心的钢化新材料产业园区集群建设，着力打造全国一流的钢铁生产基地，建设全国先进金属材料产业基地。同时围绕产业基础高级化、产业链现代化，推动医药、汽车、信息等传统优势产业转型发展，激活经济发展新动能。

（二）突出建设一流营商环境，增强市场主体活力

营商环境是市场主体在市场经济活动中所涉及的体制机制性因素和条件，其优劣直接影响市场主体的兴衰、生产要素的聚散、发展动力的强弱。良好的营商环境是经济发展的必要条件。

近年来，吉林市围绕打造一流营商环境，精准提供"更有温度、更能感知"的有效政策支撑，关注企业成长中的烦恼，纾解企业发展中的困难，解决企业前进中的问题，让域内企业有更多获得感，也为经济发展注入了发

展的信心和生机。持续建设企业发展服务中心，打造集科技大市场、要素交易市场、人才供给市场于一体的综合交易市场，进一步优化企业服务机制和功能。举办"企业家节"活动，评选吉林市百强企业和优秀企业家，营造企业家干事创业的浓厚氛围。实施"专精特新"培育工程，建立优质企业梯度培育体系。围绕传统优势产业和新材料等新兴产业，深入挖掘一批成长速度快、创新能力强、发展潜力大的"青苗"。2022年吉林市在全省率先推行"收件即受理""首席事务代表制""告知承诺制和容缺受理服务模式"改革，"点菜式"下放市级行政权力20项，1064项政务服务事项实现全城通办。

（三）突出提升精准招商能力，提升产业可持续发展动能

招商引资是提升地方经济总量最便捷最有效的途径。近年来，吉林市坚定落实全省"一主六双"高质量发展战略和市"四六四五"发展战略，全力开展产业精准招商，有效提升了产业集聚度和竞争力。

一是建立机制牵引力。吉林市通过创新建立"市领导高位推动、市县联动、产业链互动、部门协同"等八项机制，明确要求各县（市）区、开发区党政主要领导始终有一人主抓招商，制定实施各县（市）区、开发区招商引资、产业链招商引资双"赛马"机制，对招商工作进行科学考评，以每月赛马问效激发各县（市）区、开发区和产业链招商部门的招商干劲和活力。

二是提升目标精准度。聚焦提升化工、碳纤维等六大产业集群做大规模、做优结构、做强链群，以吉林化纤等龙头企业为依托，精准开展产业链补链、延链、强链、扩链招商，瞄准国内重点区域以及行业龙头和细分领域冠军等重点企业，紧密跟进企业布局规划、投资意向，主动出击，小规模、高频次、点对点，千方百计招引有体量、有质量的大项目、好项目，有效地提升了产业集聚度和竞争力。

三是增强方法灵活性。吉林市实施线上线下密集精准招商，夯实招商引资工作基础，创新建立"招商引资数据包"，更新完善《吉林市产业推介宣传片》，高质量编制产业链招商地图，依托省市驻外办事机构、商协会、校

友会深挖招商资源，组织开展全市招商引资暨产业链招商工作培训。进一步深化"屏对屏"招商实效，充分利用吉林投资促进平台、"吉林市合作交流"微信公众号等平台推送招商信息，组织开展"网络招商会"，市委市政府主要领导带头经常性"云洽谈"。2022年吉林市全年招商引资到位资金比上年增长31.0%，招商引资项目签约落地总投资额1302.0亿元，其中，签约投资额10亿元以上大项目30个。201个招商项目开工建设，投资额931.7亿元，其中，177个招商项目当年签约当年开工。卓有成效的招商工作为吉林市经济发展注入了源头活水，提供了可持续发展的动能。

三 存在的问题

（一）工业经济下行压力有待进一步化解

2022年吉林市完成工业增加值比上年下降2.4%。其中，规模以上工业增加值下降1.8%。冶金行业、医药健康行业、机械加工与制造行业、汽车及配件制造行业、建材行业、农副食品加工行业均有所下降，其中，除冶金行业下降8.4%、农副食品加工行业下降15.5%之外，医药健康行业（下降20.8%）、机械加工与制造行业（下降25.1%）、汽车及配件制造行业（下降26.0%）、建材行业（下降20.4%）下降幅度均超过20%。高新技术产业园增加值占规模以上工业增加值的比重为4.3%，比上年回落2个百分点。

2022年吉林市规模以上工业企业实现利润总额19.0亿元，比上年减少58.4亿元。分门类看，采矿业实现利润7.9亿元，增加1.4亿元；制造业实现利润17.5亿元，减少58.9亿元，尽管实现了行业盈利，但利润减少幅度很大；电力、热力、燃气及水生产和供应业出现亏损，亏损额总计6.4亿元，亏损增加0.9亿元。重点产品中，汽车、水泥、黄金、原煤产量分别下降63.9%、21.1%、21.0%、15.9%。[①] 由以上数据可以

---

① 《吉林市2022年国民经济和社会发展统计公报》。

看出，作为吉林市城市经济现代化重要支撑的工业经济依然面临着较大的下行压力。

（二）非公经济活力和创新能力有待进一步提高

《吉林市2022年国民经济和社会发展统计公报》数据显示，2022年吉林市在规模以上工业中，除国有控股企业增加值增长6.2%外，股份制企业、外商及港澳台商投资企业、民营企业增加值均有所下降，其中下降幅度最大的是外商及港澳台商投资企业，下降36.6%，其次是民营企业，下降10.7%，下降幅度都比较大，只有股份制企业微降0.6%。由以上数据可以看出，包括外商及港澳台商投资企业与民营企业在内的非公经济活力还不强，对城市经济的拉动作用还有待提高，尽管吉林市十分重视非公经济在现代化经济体系建设中的重要作用，把非公经济作为支撑产业转型升级、城市经济稳定和创新发展的重要力量，相关部门在吉林市委市政府正确领导下，对激发非公经济活力做了大量工作，但是目前吉林市部分民营企业仍处于产业链低端，依然存在产品附加值低、经济效益不明显、在科技创新与品牌培育方面投入少等问题。有资料显示，吉林市全市6000多户民营工业企业中，拥有有效发明专利的只有221户，占比不到4%。全市民营经济年科技投入占主营业务收入的比重为0.6%，低于全国平均水平1.2个百分点。同时，民营企业即使是高新技术企业和科技型企业普遍存在贷款难、融资难的问题，也在一定程度上影响了企业发展的活力。

（三）开发区拉动作用有待进一步提高

开发区是城市经济发展的重要增长极，是产城融合示范区、高质量发展引领区。《吉林市2022年国民经济和社会发展统计公报》数据显示，2022年吉林市高新技术产业开发区地区生产总值比上年下降0.8%。规模工业增加值可比下降3.7%。地方级财政收入4.5亿元，下降11.0%。固定资产投资增长6.0%。招商引资到位资金74.8亿元，增长13.9%。外资到位资金850.0万美元，增长19.7%。2022年吉林经济技术开发区地区生产总值比上年下降3.2%。规模工业增加值可比下降4.5%。地方级财政收入3.3亿元，下降8.7%。固定资产投资增长25.9%。2022年吉林中新食品区地区生产总值下降0.3%。规模工业增加值可比增长11.2%。地方级财政收入2985.0万元，下降52.0%。固定资产投资增长4.8%。招商引资到位资金10.0亿元，增长62.1%。2022年吉林北大湖体育旅游经济开发区地方级财政收入0.3亿元，与上年持平。固定资产投资增长17.8%。规上服务业营业收入3.1亿元，增长81.8%。招商引资到位资金13.0亿元，增长35.0%。接待旅游人次150.1万人，增长30.5%。旅游收入4.1亿元，增长56.0%。通过对吉林市开发区的经济数据分析我们可以看出，吉林高新技术产业开发区、吉林经济技术开发区、吉林中新食品区、吉林北大湖体育旅游经济开发区在固定资产投资、招商引资到位资金等方面出现了较大幅度的增长，但是由于种种因素影响，吉林高新技术产业开发区、吉林经济技术开发区、吉林中新食品区在地区生产总值、规模工业增加值、地方级财政收入等关键经济指标方面均有所下降，开发区引领经济高速、高效发展的作用还有待进一步发挥，在城市现代产业体系建设中的功能还有待进一步提高。

四　对策建议

习近平总书记在新时代推动东北全面振兴座谈会上指出，东北资源条件较好，产业基础比较雄厚，区位优势独特，发展潜力巨大。当前，推动东北全面振兴面临新的重大机遇：实现高水平科技自立自强，有利于东北把科教和产业优势转化为发展优势；构建新发展格局，进一步凸显东北的重要战略地位；推进中国式现代化，需要强化东北的战略支撑作用。相信在强国建设、民族复兴新征程中，东北一定能够重振雄风、再创佳绩。

2023年是吉林市全面贯彻落实党的二十大精神、开启全面振兴新征程的第一年，吉林市结合落实吉林省"一主六双"高质量发展战略，大力实施"四六四五"发展战略，全力有序推进省域副中心城市建设等重点工作。围绕吉林市推进经济高质量发展，梳理出如下政策建议，以供参考。

（一）加快构建现代产业体系，推动产业向现代化、高端化、集群化发展

吉林市要紧紧围绕吉林省"一主六双"高质量发展战略，加快构建六大产业集群，推进产业基础高级化、产业链现代化、产品终端化，提高产业间融合发展水平，实现各产业集群间组团互动发展。

吉林市应采取分产业施策的方法，提高产业集聚度，实现产业高级化。对于精细化工产业，要把精细化工头部企业的培育作为重点，壮大基础化学工业，做强专业化学工业，做精高性能材料工业，培育特种化学工业。对于先进材料产业要围绕碳纤维、石墨、钼镍、钢新材料、绿色石材、环保水泥等领域，优化整合材料工业基础，打通上下游协作关系，推动钼镍、石墨、石材产业园建设与升级，打造国内外知名品牌。对于装备制造产业，要聚焦航空、新能源汽车、冰雪装备等领域，大力发展航空装备制造，深入推进军民融合，建设中国北方航空维修基地；做大做强功率半导体产业，坚持国产化替代，全力打造"中国芯"；建立汽车轻量化创新平台，积极布局新能源汽车产业；分类建设雪场冰场重型装备、大众普及型个人冰雪运动装备制造基地，努力将吉林市打造成为冰雪装备制造大市、强市。对于农畜产品精深加工产业要立足"粮头食尾""农头工尾"，重点发展粮食、畜禽乳品、特产品、特色食品等精深加工板块，推动农畜产品多元化开发、多层次利用、多环节增值。加强国家级北药科创基地在食用、药用、保健养生等方向上的产业链延伸。塑造吉林高新区、吉林经开区、磐石无抗生物产业园、中新食品区现代生物农业产业园在生物医药、生物制造、生物农业、生物能源、生物环保、生物服务等领域的产业优势、产品优势、市场优势和人才优势。

（二）加快推进国家创新型城市建设，深入实施创新驱动发展战略

习近平总书记在新时代推动东北全面振兴座谈会上强调，要以科技创新推动产业创新，加快构建具有东北特色优势的现代化产业体系。推动东北全面振兴，根基在实体经济，关键在科技创新，方向是产业升级。

创新是经济高质量发展的内生动能，只有以科技创新为牵引，不断提升战略性新兴产业的产业规模和层次，才能真正为经济高质量发展提供有力支撑。吉林市要紧紧围绕六大产业集群，加快创新要素向重点产业和企业集聚，加速科技成果向现实生产力转化。

一是围绕培育壮大创新主体，加快推进科技企业研发投入、转化成果、新产品产值"三跃升"计划和科技企业上市工程，实施国家高新技术企业倍增计划，加强科技型中小企业育成和科技小巨人培养。支持企业牵头组建创新联合体，推动跨领域跨行业协同创新，鼓励吉林化纤等龙头企业整合科技资源力量，探索产业集成创新试点。

二是围绕加快科技成果转移转化，做好"无中生有"和"有中生新"两篇文章，以产业链部署创新链，发挥重大科技专项引领示范作用，开展优势产业核心技术攻关。充分发挥长吉图国家科技成果转移转化示范区作用，引入外部优势创新资源，深化与长春光机所等国内国际科研机构、吉大等高校、一汽等创新型企业合作，促进技术成果在吉林市转化和应用。

三是围绕推进"校城融合"发展，加大对驻吉高校开展应用技术基础研究、推进重点学科建设的支持力度，进一步发挥冰雪、健康、新能源、现代农业、新材料五大"校城融合"细分产业研究中心作用，持续推动建设吉林经开区军民融合产业创新创业基地、高新北区吉林市科技创新城等六大创新创业基地，重点支持吉林化工学院碳纤维、吉林医药学院临床检验检测、北华大学冰雪科技等七大产业创新支撑平台建设。

四是围绕激发人才创新活力，完善人才培养激励和保障机制，健全科技人才评价体系，围绕重点产业发展需求，精准培育引进科技领军人才。

（三）加快打造省域副中心城市，构建老工业基地再造新优势

为落实吉林省委"支持吉林市打造全省副中心城市"决策部署，2022年8月，吉林市委政研室牵头起草《关于支持吉林市打造全省副中心城市创建"六双"融合发展实验区的意见》。目前，吉林市委市政府已经成立工作专班，着手研究打造副中心城市总体思路，发展定位、空间布局、经济结

构、发展动力、全方位支撑,加快编制副中心城市总体规划和若干专项方案,形成"1+X"战略体系。吉林市可以借鉴吉林大学中国国有经济研究中心潘石提出的东北经济腾飞模式,构建一个吉林市做强省域副中心城市的"飞机模式"(见图4)。"飞机模式"犹如吉林市"摇橹人"精神,寓意着吉林市在未来的发展中有目标、自身硬、上下前后左右联动、不畏风雨、勇毅前行的精神。

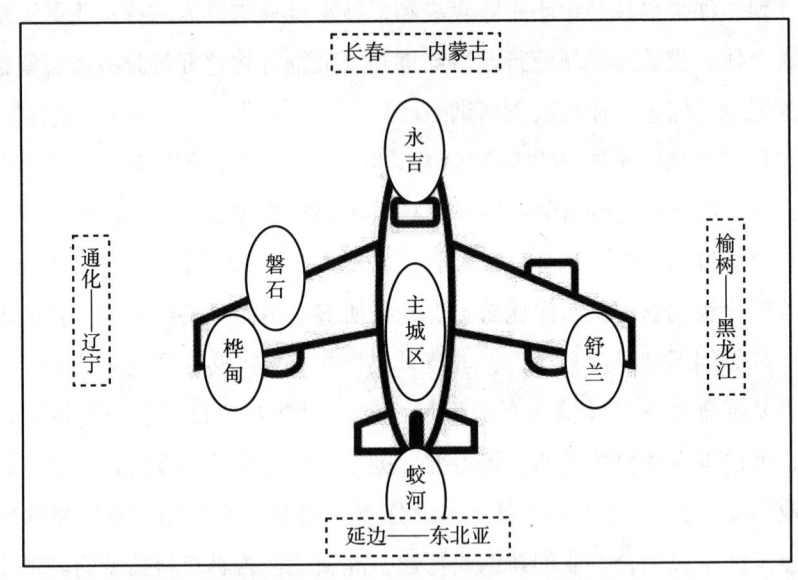

图4 吉林市省域副中心城市"飞机模式"

通过这个模式,吉林市在空间布局方面,以市内主城区为机身,打造核心区;以永吉(中新食品区)为机头,面向长春、四平、白城和内蒙古,永吉县城与吉林市区同城化发展,培育成为吉林市副中心;以桦甸、磐石为左翼,连接白山、通化、辽源和辽宁,打造产业升级样板城市;以舒兰为右翼,连接榆树、五常和黑龙江,打造现代农业示范区;以蛟河为尾翼,连接延边和东北亚,建设长吉图重要节点城市。"飞机模式"是一个让吉林地区整体协调一致、众星拱月式齐力"做强省域副中心城市"的一盘棋。

在产业发展方面,吉林市要争当环长春四辽吉松工业走廊"领跑者",

在建设世界级冰雪旅游目的地、打造全国重要的现代产业基地、打造全国创新创业高地、打造全国商贸物流枢纽城市等方面作出应有的贡献，为吉林市经济发展打开新空间，为吉林市老工业基地再造谋求新优势。永吉县要与吉林市区同城化发展，打造城乡融合发展示范区，培育成为市域副中心，将继续壮大县域经济实力，打造全省工业转型先行区。桦甸市要加快发展生态旅游、食品医药、绿色矿业、新型能源、先进材料等产业，打造全国产业转型升级样板城市；磐石市要着力打造无抗生物、冶金化工新材料等百亿级产业园区，争当全省县域经济发展"排头兵"；舒兰市未来要率先在全省基本实现农业现代化，创建全国农业现代化示范高地，构建"3+2+X"现代产业体系，扎实推进"十大工程百大项目"，打造全省农业现代化示范高地、中国北方钼业之都和宜居宜业文明城市；蛟河市要聚焦"打造县域经济增长极"的使命任务，发展壮大医药健康、新型能源、绿色石材、长白山特产品加工产业，立足长吉图，目标瞄向东北亚。

（四）加快数字经济与实体经济深度融合，打造新型工业化关键引擎

党的二十大报告强调要"加快发展数字经济，促进数字经济和实体经济深度融合，打造具有国际竞争力的数字产业集群"。吉林市要充分利用数字经济创新性高、渗透性强、覆盖面广的特征，加快打造经济发展的新经济增长点，成为改造提升传统产业的支撑点，成为加速区域经济体新型工业化的关键引擎。

以制造业为核心的传统产业是数字经济和实体经济深度融合的重点领域，也是吉林市作为老工业基地转型升级、实现全面振兴的关键所在。吉林市首先要充分利用好数字化、网络化、智能化手段，把人工智能、工业互联网、5G等新技术应用到对传统产业的全方位、全角度、全链条改造上去，促进产业的技术变革和优化升级，提高全要素生产率，实现制造业在产业模式和企业形态方面的根本性转变。其次要发挥数字技术的放大、叠加、倍增作用，拓展产业形态，延长产业链条，提高产业附加值，以增量带动存量，促进传统产业迈向全球价值链中高端。推动以市场化、商业化的方式运用好

数字技术，加快形成新产业、新业态和新模式充分涌流的发展态势，推动以数字化为基础的产业集聚和产业链延伸，形成集群内企业协同共生的产业生态，带动中小企业协同共生发展，加强产业集群和产业链涓滴效应，培育区域经济增长极，培育平台型企业和产业链主型企业，以数据流促进上下游、产供销协同联动。最后要充分发挥数字经济技术密集、创新层出不穷，是新产业新业态天然的发生器、孵化器这一特点，加快战略性新兴产业培育，围绕前沿技术研发和应用推广，在重点领域提前布局，不断开辟新领域、制胜新赛道，形成经济竞争力持续提升、不断向产业链高端迈进的良好态势。

B.14 通化市红色资源与旅游产业深度融合发展研究

国莉莉*

摘　要： 红色资源作为中国共产党百年奋斗历程的重要见证，是中华民族宝贵的精神财富，凝结着党薪火相传的红色基因。通化市红色资源丰富，红色文化底蕴深厚。推动红色资源与旅游深度融合发展，不仅是深入贯彻落实党中央关于发扬红色精神、赓续红色血脉指示精神的重要内容，更是落实新发展理念、促进通化旅游业高质量发展的重要体现。在新征程上，通过多种途径培育文旅活动载体，提升通化"红色之城"城市名片的知名度、美誉度，为通化绿色转型全面振兴迈出新步伐、展现新气象注入活力。

关键词： 红色资源　红色旅游　通化市

党的二十大报告明确提出要"弘扬以伟大建党精神为源头的中国共产党人精神谱系，用好红色资源"。通化作为革命老区、红色之城，红色文化资源丰富、红色文化底蕴深厚。深入挖掘红色资源与旅游资源，将其进行创新性深度融合打造，开创具有本地特色的知名红色文旅产业，不仅可以提升通化红色文旅产业的传播力和影响力，还可以通过实际成效汇聚推动新时代通化绿色转型、全面振兴的磅礴精神力量。

---

* 国莉莉，吉林杨靖宇干部学院培训部主任，副教授，研究方向为党史党建、红色文化等。

一 通化市红色资源与旅游产业融合的现状分析

通化是一座红色之城、英雄之城。域内红色资源丰富,中国共产党人的精神谱系和红色基因在通化得到充分展现、生动演绎和世代传承,红色文化资源与旅游资源融合发展,红色旅游工作不断向纵深发展并初步展现成效。

(一)通化市红色文化旅游资源的优势特点

通化市红色资源独具特色,其优势是其他地方所不能替代的。

1. 资源丰富,遗址遗迹众多

通化红色资源种类丰富。全市现有各类爱国主义教育基地53个。其中,国家级爱国主义教育示范基地1个、省级9个、市级26个,革命遗址、遗迹124个(不包括梅河口)。按照区域划分,东昌区有12处,二道江区有4处,集安市有27处,辉南县有13处,柳河县有17处,通化县有51处。参照国家旅游局规划财务司、中国科学院地理科学与资源研究所起草的、具有国家标准的《旅游资源分类、调查与评价》,通化市红色旅游资源可分为3个主类、7个亚类、9个基本类型。其中,第一类是遗址遗迹类,包括2个基本类型,分别是历史事件发生地和军事遗址与古战场。通化市的遗址遗迹一部分已被开发利用,还有一部分因处于深山密林中,虽保护完好但尚未被利用。第二类是建筑与设施类,包括5个基本类型,分别为展示演示场馆、碑碣(林)、名人故居与历史纪念建筑、陵区陵园和人物。目前通化市此类红色资源建设得比较好、利用率高,部分还成了国家、省级爱国主义教育示范基地。第三类是人文活动类,包括2个基本类型,分别为文艺团体和文学艺术作品。与全国其他红色资源富集且发展较好的地区相比,通化在此方面稍显薄弱,具备创作红色文艺作品的团体少,已开发的制作精良、口碑好的作品少(见表1)。

表1 通化市旅游资源分类

主类	亚类	基本类型	代表性资源
遗址遗迹	社会经济文化活动遗址遗迹	历史事件发生地	河里会议遗址、抗联军校遗址
		军事遗址与古战场	老岭抗日游击根据地遗址、老岭会议遗址
建筑与设施	单体活动场馆	展示演示场馆	抗美援朝纪念馆、东北抗日联军纪念馆
	景观建筑与附属建筑	碑碣(林)	集安市革命烈士纪念塔、通化县革命烈士纪念碑
	居住地与社区	名人故居与历史纪念建筑	高志航纪念馆(故居)
	归葬地	陵区陵园	杨靖宇烈士陵园、玉皇山烈士陵园
	人事记录	人物	杨靖宇、高志航等
人文活动	艺术	文艺团体	通化市歌舞剧院
		文学艺术作品	话剧《白山红雪》《徐振明》

2. 革命性强，彰显红色本色

通化红色资源记录的是域内各个地区在不同历史阶段的光辉足迹，是党带领通化一代代革命者和奋斗者在革命、建设和奋斗中取得的成就、牺牲与奉献的真实记载，是中国共产党人的精神谱系和红色基因在通化的充分展现、生动演绎和世代传承。这些红色资源中，蕴含着被第一批纳入中国共产党人精神谱系的东北抗联精神、抗美援朝精神。此外，还有杨靖宇精神、东北老航校精神等。这些红色精神承载着中国共产党人的初心和使命，传承着永不褪色的红色记忆。

3. 资源独特，覆盖各个时期

抗日战争时期，通化是杨靖宇将军领导东北抗联第一路军的主要游击区；解放战争时期，通化是陈云、肖劲光等指挥"四保临江"战役的主战场，是东北民主联军军政大学、炮兵学校、工兵学校、航空学校和军政大学文工团"四校一团"的诞生地；抗美援朝时期，通化是中国人民志愿军入朝参战首发地和重要后勤保障基地；和平建设时期，通化荣膺"全国双拥模范城"九连冠，目前正在争创"十连冠"。这些历史时期的红色资源在通化大地上都有所展现。通化市红色资源涵盖了我国革命和建设的各个时期，涉及了许多重大的历史事件，直接记载了各个时期通化人民在党的领导下奋斗的历史。特别是许多个"第一"的遗址遗迹是通化所独有的。① 比如，集安鸭绿江铁路桥被誉为"抗美援朝第一渡"，通化地区的东北民主联军航空学校（也称东北老航校）是中国共产党领导的人民军队创办的第一所航空学校等。这些遗址遗迹是无法复制且极为宝贵的。

（二）通化市红色文化旅游资源的时代价值

1. 历史价值——研究通化红色历史的重要载体

"历史是最好的教科书。对我们共产党人来说，中国革命历史是最好的营养剂。多重温这些伟大历史，心中就会增加很多正能量。"② 通化市的红色资源客观真实地见证了党领导通化人民革命、建设和奋斗的整个历史过程，是独属于通化历史的具体形态。充分发挥通化红色资源对于研究历史的客观载体作用，使后人更真实、直观地了解党在通化的红色历史、感受红色文化的博大精深与厚重，是红色资源最重要的现实意义和时代价值。

2. 教育价值——传承红色基因的天然课堂

红色文化本身就具有其独特的教育功能，通化市红色资源是开展红色教育的鲜活教材。受众到革命烈士陵园开展拜谒活动，到当年红色历史发生地去感受遗址遗迹传递的精神动力，到纪念场馆去开展爱国主义和理想信念教育，会让其感受到跨越时空与当年英雄人物进行心灵对话的真实感，达到精神的血脉传承、教育的深入骨髓，意义重大、无可替代。

3. 文化价值——增强文化自信的独特媒介

通化市红色资源是中华优秀传统文化的重要组成部分，蕴含着通化人民艰苦卓绝的斗争和奋斗史。这些以史实为主体的红色文化，具有独特的文化

---

① 国莉莉、曲向东：《以"三地三摇篮"推动吉林省红色旅游高质量发展对策研究》，《新长征》（党建版）2023年第2期。
② 《中国革命历史是最好的营养剂》，载习近平《论中国共产党历史》，中央文献出版社，2021。

魅力和强大的凝聚力与吸引力。蕴含伟大精神的红色文化是连接现在与过去的重要纽带。在传承红色基因、赓续红色血脉、弘扬红色文化、增强文化自信方面所发挥的作用是无可替代的。

4.经济价值——促进文旅深度融合发展的宝贵资源

随着红色旅游发展的规模化、系统化程度加强，红色旅游吸引力也迅速提升，革命年代遗留下来的革命遗址、烈士遗址以及可歌可泣的动人故事，都深深地吸引着各地的游客前来"朝圣"。[①] 充分发挥好红色资源优势，增强文旅经济的价值引导力、社会服务力、产业驱动力，将"资源多"向"产业优"转变，不仅能实现文化旅游业的高质量发展超越，而且还可以促进革命老区全面振兴、全方位振兴。

二 通化市红色资源与旅游产业融合现状研究

近年来，全市紧紧围绕"红色之城 康养通化"的城市品牌定位，深入挖掘，科学规划，多措并举，不断加快推进红色旅游工作向纵深发展并初见成效。红色旅游成为通化市旅游产业的重要组成部分和建设旅游支柱产业的重要支撑。但由于种种原因，目前还存在一些亟待解决的问题。

（一）红色旅游融合发展取得的成绩

1.突出红色文化与红色教育融合发展

通化市开创的"重走抗联路"红色教育项目，为广大党员干部、高校师生和社会大众开展爱国主义和理想信念教育提供了重要载体，取得了明显的政治效益和社会效益，现已成为通化市红色教育品牌。

2.突出红色文化与传统旅游融合发展

开发专题红色旅游产品的同时，推进全域旅游资源融合发展。靖宇陵园、鸭绿江国门大桥等红色旅游景区已经在综合线路编程时成为经典景点。

---

① 孙佳佳：《红色文化的历史演变及当代价值研究》，《中国民族博览》2023年第2期。

3. 突出红色文化与乡村旅游融合发展

红色旅游与脱贫攻坚和乡村振兴的有机结合，有效带动了农业增收、农民致富。全市现有红色类3A级乡村旅游经营单位1个，与红色旅游关联的3A级乡村旅游经营单位3个。

4. 突出红色文化与工业旅游融合发展

挖掘工业领域红色文化元素，拓展工业旅游产品，培树民族产业品牌。通化葡萄酒股份有限公司现已成为3A级旅游景区和省级工业旅游示范点，推动工业企业通过研发文创旅游产品拓展红色文化旅游产业链。

（二）红色旅游融合发展存在的问题

1. 融合度不高，发展没有形成合力

近年来，通化市文旅局充分发挥文旅职能优势，推动红色旅游快速发展。但由于发展红色旅游需要各部门、各地区联动起来共同推进，目前通化尚未成立统筹联动部门负责此项工作，红色旅游发展还存在缺乏统一性、系统性、协同性的问题。通化市红色旅游的集聚效应尚未形成，发展合力较弱。一方面，发展红色旅游需要党史、文物、国土资源、环境等不同部门的共同推进。但由于部门比较多，又没有对此项工作进行统筹的机构或联席会议机制，沟通协调存在一定困难，无法形成强大的合力。另一方面，通化市红色资源分布较分散，各县区之间红色旅游产业缺乏合作，协作不密切，基本是各县市区各自为战的情况。各县市区红色文化资源保护利用存在起点低、规模小、影响力不大等问题，导致通化市红色旅游整体发展受到了一定程度限制。加之目前没有出台对红色文化遗迹进行管理保护的相关制度要求，导致在实践中出现双地管理、互相推卸责任或无人管理、开发利用率低的状态。因此，相对于红色旅游比较成熟的地区，通化红色旅游产业存在产业链条短、核心精品景区少、接待能力弱、游客体验消费项目吸引力差等问题。通化市红色旅游的优势并未充分发挥出来。

2. 模式较单一，红色旅游吸引力弱

由于种种原因，当前通化市红色旅游资源的开发存在着不同程度的局

限,红色资源利用手段单一,展现形式缺少多元化元素。虽然通化的红色资源跨越的历史时期较长、内涵和种类丰富,但大多数资源普遍由纪念馆、旧居、遗址遗迹等组成,而且展陈多为静态、文物陈列,缺乏创意和特色,展示手段简单,展览资源与其他东北抗联、抗美援朝等展馆展陈互相重复的现象比较严重。声、光、电等科技手段运用不够广泛,缺乏互动式展陈,难以适应多样式、年轻式、沉浸式发展趋势。另外,红色旅游与宣传、老区发展等之间未做到真正的有机融合。受人、财、物等资源严重缺乏等因素的约束,当前通化市红色文化旅游仍然停留在利用会议、媒体进行宣传等一些传统的宣传推介方式上,缺乏利用现代化手段进行旅游资源宣传的途径。特别是人们喜闻乐见的短视频平台、自媒体平台、全景 VR、在线直播等可视化、新兴宣传方式的运用不多,且并未借鉴其他地区旅游宣传的成功做法,如新疆阿克苏地区的"网红"文旅局局长热娜古丽拍摄短视频为地区旅游做宣传,四川甘孜"网红"文旅局局长刘洪化身武侠剧侠客为家乡代言等,导致受众区分不明显、宣传效果不佳。[①]

3. 资源利用度低,经济效益提升缓慢

目前,通化市多数红色文化旅游基础设施属公益事业类项目,消费业态项目开发不足,回报率太低,企业投资意愿不强,靠政府奖补性政策支持又杯水车薪,红色旅游资源利用度低的现象还一定程度存在。比如,1936 年 7 月召开的河里会议上组建了东北抗联第一路军并成立了中共南满省委。作为东北抗联史和中共吉林历史上极为重要的历史事件发生地,河里会议遗址因为位于深山密林中,没有资金修建通往其遗址的道路,到现在为止也没有被利用。除此之外,二道江区的大拐弯战斗遗址、集安市的二次老岭会议遗址等都存在此类问题。"红色旅游+"的复合型旅游产品,如表演、纪念品、文创产品等较少。红色旅游发展比较好的地区都有面向游客的红色演出,如延安市的大型红色沉浸剧《再回延安》、井冈山的实景演出《井冈山》等;

---

① 李琰昊、董守业:《乡村振兴视域下的红色旅游资源开发与整合研究——以通化市为例》,《海峡科学》2023 年第 6 期。

都开发了多种特色的文创产品,如南昌新四军军部旧址陈列馆采用陶瓷材料打造的文创产品《这里的黎明静悄悄》,以茶具为器型,再现了《沙家浜》"春来茶馆"场景;辽宁抚顺市开发的雷锋主题的书签、格尺、水杯、日记本等各类文创产品,非常受游客欢迎。但通化的红色文创产品单一且游客能带走的产品非常少,面向游客群体的红色演出项目稀缺,红色旅游的规模和效益没有凸显,较难形成良性互动产业链。除此之外,现阶段通化市的主要客源在吉林省内。游客来源地域性过于单一、停留时间不长,也是经济收益不高的重要原因。

4. 内涵挖掘不足,缺少红色龙头品牌

由于缺乏党史、红色文化等专业的人才,通化红色资源背后的精神内涵、文化内涵等挖掘不够深入,商业化气息较重,难以形成红色龙头品牌效应。目前,通化地区红色旅游景区大多有优良的生态环境、空气质量好、自然环境优美的特点,红色旅游大多为或欣赏环境,或观看遗址讲故事,导致游客往往知其然而不知其所以然。与中国著名的革命圣地延安、井冈山等相比,通化对红色文化的研究还不够深入,未能建立自身的文化特色品牌,甚至本地人对当地的红色资源的认识也仅停留在"听说过"的程度,外地游客印象更不深刻。比如,作为国务院批准的首批全国重点烈士纪念建筑保护单位、中宣部等命名的"全国爱国主义教育示范基地""国家国防教育示范基地""全国廉政教育基地"的杨靖宇烈士陵园,是游客对于通化最感兴趣的红色旅游打卡地。陵园的保护和建设工作虽然开展得较好,但对杨靖宇将军的不为人知的故事和伟大精神研究整理和提炼不够深入、宣传力度不够,知名度较低。又如,最能集中体现东北抗联红色资源的东北抗日联军纪念馆对史实研究不够深入,出现展陈内容有错误、有漏洞、不严谨等现象,历史与现实的结合点不足。此外,通化大多红色文化资源基本处于原生态保护状态,还有很多未开发利用的红色资源,再加之年轻一代对革命史实了解甚少,因此导致通化红色旅游的影响力不够,形成红色龙头品牌的难度较大。

三 推动通化市红色资源与旅游产业深度融合发展的对策建议

（一）科学规划引领，统筹资源保护与产业发展

通化市红色旅游必须遵循的首要原则就是科学规划引领、全面统筹推进。一是亟须编制"通化市红色旅游发展规划纲要"。通化市应抓紧组织党史、经济、文旅、规划和生态等领域的专家学者、党性教育工作者等，立足当地红色旅游的实际情况，根据其专长，高标准地编制"通化市红色旅游发展规划纲要"并开展各项工作。二是各县市区结合各自实际情况认真编制其地域红色旅游的中长期、短期规划。通过制定科学的规划，确保红色旅游发展与革命传统教育、旅游产业结构优化升级、旅游扶贫、区域协调发展，构建具有通化特色的红色旅游发展新格局，促进红色旅游与生态保护、产业发展同频共振。

（二）调动多方力量，推进特色产业的整合开发

发展红色旅游仅依靠文旅局的单一力量是不可能完成的，要调动多方力量，推进特色产业的整合开发，理顺工作体制。首先，通化市各级党委和政府应充分认识到，红色地标的开发利用是其责无旁贷的义务和责任。通化市各级党委和政府要高度重视红色旅游工作的重要性和紧迫性，带着对历史负责、对人民负责的责任感和使命感来做此项工作。其次，要用规范性文件制度指导红色旅游发展。通化市应抓紧时间制定具有本地特色的"通化市红色旅游经典景区服务规范"等相关规章和制度。通过制度规范红色旅游景区景点建设管理、服务标准等，发挥好红色旅游的育人功能。最后，建立红色旅游统筹发展的综合性专门机构，牵头全市的相关工作。专门机构要以文旅、党史、宣传、民政部门为主，

由党校（干部学院）、教育、交通、财政、公安等相关部门参加，[1]制定出全面、科学、周密且符合通化实际情况的发展规划，切实加强对红色文化资源管理的总体设计和组织领导，进一步明确红色旅游发展的管理人、责任人等，建立科学、全面、有效的管理考核机制，自觉担负起管好用好红色文化资源的使命和职责。

（三）突出红色主题，优化旅游产业的发展定位

统筹协调开发红色资源与旅游资源、经济资源和生态资源是红色旅游的发展定位，且主题必须定位在"红色"上。一方面，要深挖底蕴内涵，强化阵地建设，让红色文化资源"实起来"。坚持以《中共中央关于党的百年奋斗重大成就和历史经验的决议》和党中央有关精神为依据，准确把握党的历史发展的主题主线、主流本质，正确认识和科学评价党史上的重大事件、重要会议、重要人物，[2]切实把好政治关、史实关，加强陈列主题、展陈内容、陈列文字说明、讲解词、导游词、课件等的研究和审查，确保展出的物品和史料客观、真实、可靠，展陈的说明和讲解内容准确、完整、权威。特别需要注意的是，在实际操作中，确保避免出现庸俗化、娱乐化及"低级红""高级黑"等意识形态领域的严重问题。另一方面，要从促进当地经济社会发展的重要支柱层面去谋划红色旅游。习近平总书记在新时代推动东北全面振兴座谈会上的重要讲话中指出，当前，推动东北全面振兴面临新的重大机遇，实现高水平科技自立自强，有利于东北把科教和产业优势转化为发展优势，实际上为东北深入挖掘红色资源推动产业发展指明了方向。红色文化是引领革命老区经济社会高质量发展的强力引擎。实践中，通化应立足产业基础和红绿特色，助推三次产业融合发展，建立链条完整、功能多样、联结紧密的高品质旅游产品体系和高附加值旅游产业集群，最大限度地实现红色文化旅游资源的经济效益。在此基

---

[1] 国莉莉、曲向东：《以"三地三摇篮"推动吉林省红色旅游高质量发展对策研究》，《新长征》（党建版）2023年第2期。
[2] 李捷：《中共党史党建学视野下的大历史观与正确党史观》，《教学与研究》2023年第1期。

础上，注重将其转化为社会价值，促进各地区乃至整个通化经济和社会、历史和现实的和谐发展。①

（四）强化创新发展，打造红色通化的特色品牌

通化市不仅红色资源丰富、内涵深厚，而且域内自然资源、地域特色文化多样。因此，开展创新特色组合型红色旅游会进一步提升市场竞争力，打造红色通化的特色品牌。比如，突出红色文化与传统旅游融合发展，在开发专题红色旅游产品的同时，发挥通化旅游资源多元性、丰富性优势，推进全域旅游资源融合发展；深入挖掘森林公园、文物古迹、冰雪项目等景区景点内的红色遗址遗迹，打造"红色+生态+古迹+冰雪+边境"等旅游产品并快速推向文化旅游市场，推动"红白绿古边"等深度融合发展。又如，深入推动红色文化与乡村旅游融合发展、红色旅游与脱贫攻坚和乡村振兴有机结合，有效带动农业增收、农民致富。有红色资源的村镇，应注重立足本地的产业基础、民俗特色，助推红色旅游与村集体经济融合发展，构建特色现代化农业产业体系，带动乡村发展。在发展中，政府应发挥更大作用，帮助基层解决资金融通困难等突出问题，打造层次高、特色鲜明的红色旅游景区，形成"红色旅游+乡村旅游+休闲康养活动+生态文明旅游"的模式，满足游客的个性化需求。除此之外，"红色旅游+白色冰雪""红色旅游+国参故里"等都是拓展红色文化旅游产业链的途径，综合发力才能形成独具通化风格的特色旅游。

（五）创新传播方式，扩大文旅产业的影响效应

要抓住全媒体融合发展的契机，塑造通化红色旅游品牌，通过互联网传播渠道与抖音等新技术信息平台载体，传播通化市红色旅游产品，尤其是待开发的红色文化。② 一是充分利用"三微一端"新媒体手段，创造网红打卡

---

① 国莉莉、曲向东：《以"三地三摇篮"推动吉林省红色旅游高质量发展对策研究》，《新长征》（党建版）2023年第2期。
② 陈天琦、王爱茹：《关于整合通化红色文化资源的研究与思考》，《旅游纵览》2022年第14期。

场景，发挥网红效应，快速放大宣传推广效能。制作旅游形象广告，有效选择广播、电视、报纸、杂志、飞机和火车车厢等传统媒体，及时发布旅游信息。利用参加国家、省主办的各类旅交会、推介会等活动平台，通过发放《通化旅游指南》、播放通化旅游宣传片等开展立体式营销推广工程，宣传推介通化红色旅游产品，有效扩大红色旅游产品的知名度。二是开发一批可以带得走又具有收藏或食用价值的特色文创产品，如抗联靰鞡鞋，带有抗联元素的砚台、U盘、抗联煎饼等，在提升红色旅游产品消费附加值的同时宣传通化红色品牌，弘扬红色精神。三是逐步改善和提高展馆档次，强化线上展厅建设，引进智能导览讲解设备，利用VR、MR等技术手段，开设体验式、参与式的项目，使表现手段更加科学化和多样化，增加吸引力和参与度。四是研发并创作与红色文化相关的经典剧作，使其走下舞台，走向红色景区景点，成为游客能近距离参与体验的驻场演艺，推动红色题材旅游演艺延伸至旅游市场。

（六）优化人才引育，激发红色事业的活力动能

推动通化市红色旅游发展需要树立人才资源观，打通人才输送的"最后一公里"，优化红色旅游高素质人才的培养与引进。建立一支由高精尖的研发队伍、高素质的教育（讲解员）队伍组成的立体化人才队伍，为红色旅游发展提供智力支持。建立通化市红色文化专家智库，吸收政治素质过硬、具备研究特长、能够开展教学的机关单位同志及社会领域红色传承人物，围绕深入挖掘通化红色文化资源、加强红色文化理论研究、开发精品教学课程、谋划红色旅游精品线路等方面内容积极建言献策。培养和教育一批政治觉悟高、业务素质好的教育（讲解员）队伍。[①] 选好用好熟悉通化红色历史、形象气质好、表达能力强、热衷于红色教育传播事业的青年人。在其带领下，在通化形成浓厚的红色文化弘扬和传承氛围。特别是推动更多的青

[①] 国莉莉、曲向东：《以"三地三摇篮"推动吉林省红色旅游高质量发展对策研究》，《新长征》（党建版）2023年第2期。

少年产生共鸣，成为红色文化的研究员、宣传员，赓续红色血脉，传承红色基因，共同把红色精神传承好，发扬光大。既要将高端人才"引进来"，又要"走出去"，到红色文化发达省份、知名干部学院和发展较好的纪念馆去学习，引进先进的经验。另外，要与省内知名高校，如吉林大学、东北师范大学、通化师范学院等建立联系，依托其培养一批有用人才。

B.15
新时代白山市加强生态文明建设对策研究

师歌阳　张金朋*

摘　要： 白山市建设践行"两山"理念试验区以来，生态文明建设成果得到广泛认可，从省市联动、产业布局、全民行动、科学治理等方面取得了一批经验，走出了一条极具特色的生态文明建设之路。在对当前存在的问题进行深入分析的基础上，本研究提出了全力加强生态环境治理、构建新型生态产业体系、完善生态文明制度体系、建构联动共享支撑体系、推动生态资源价值放大、夯实生态文明建设根基等对策建议。

关键词： "两山"理念　生态文明　生态环境　白山市

白山市地处长白山腹地，生态环境优良，自然资源丰富，是全国少有的四季皆宜的全域旅游休闲度假胜地。自2021年白山市启动建设践行"两山"理念试验区以来，不断采取务实举措，推动"两山"理念落到实处，把生态优势转化为产业优势、经济优势和发展优势，取得了显著成效。

一　白山市生态文明建设现状特征

（一）宏观经济运行稳中有进

2022年白山市实现地区生产总值541.76亿元，三次产业结构比为

---

* 师歌阳，中共白山市委党校讲师，研究方向为社会治理；张金朋，吉林省社会科学院农村发展研究所助理研究员，研究方向为生态经济、特产经济发展。

13.6∶27.6∶58.8，人均地区生产总值 59228 元。与生态文明建设直接相关的指标中，水利、环境和公共设施管理业固定资产投资增速达到 39.1%，比全市固定资产投资增速高 33.5 个百分点；森林覆盖率高达 84.5%；环境空气质量六项指标优良率达 96.7%，11 个地表水省级考核断面达标率为 100%，8 处县级以上集中式饮用水源水质达标率为 100%。

（二）生态文明成果得到认可

2023 年 10 月 28 日，白山市中部生态经济区被授予第七批"绿水青山就是金山银山"实践创新基地，靖宇县被授予第七批生态文明建设示范区。再加上之前获得的第四批"国家生态文明建设示范区"（白山）、第四批"绿水青山就是金山银山"实践创新基地（抚松）、第六批"国家生态文明建设示范区"（抚松）等荣誉，白山市生态文明建设成果得到了国家认可。此外，白山市还创建国家生态镇 5 个、省级生态乡镇 20 个、省级生态村 102 个。

（三）生态环境质量全面提升

水环境质量逐年提高。2023 年前三季度，全市水环境质量达到 3 个 100%，即 22 个国省控断面达标率 100%、优良水体比率 100%、8 处在用县级以上集中式饮用水源水质达标率 100%，水环境质量位居全国第一方阵。空气质量显著提高，白山市中心区优良天数比率始终保持在 96% 以上，$PM_{2.5}$ 浓度年均值下降到 2022 年的 23 微克/米^3，优良天数比率显著高于全省平均值。土壤环境质量大幅提高，受污染耕地安全利用率和污染地块安全利用率均达 100%，生态质量指数（EQI 值）为 84.95，比全省平均值多 17.63。

（四）生态经济发展亮点纷呈

生态旅游产业实现跃升。2023 年上半年全市接待游客 538.6 万人次，实现旅游收入 86.7 亿元，旅游人数和收入增幅均位居全省第一。医药康养产业提档升级。2023人参产业高质量发展大会成功召开，与国药集团达成战略合作，华润和善堂新厂、长白山生态医疗康养小镇、长白山国际健康谷等项目有序推进。绿色食品产业迈向高端。矿泉水产业实现产值同比增长44.9%，产能、产量分别占全省的70%和80%以上，农夫山泉临江年产119万吨天然水项目、农夫山泉靖宇新上无菌线、天士力C胞活力矿泉水等项目引领发展加快建设，原水和高端饮品相互补充的发展格局加快形成。小浆果、绿色山珍向规模化、品牌化迈进，成功举办长白山寒地蓝莓节等特色活动。

（五）生态环境治理成效显著

白山市围绕"高标准深入打好蓝天、碧水、青山、黑土地和草原湿地保卫战"，强力推动生态环保督察问题整改，生态环境治理取得显著成效，规划先行、绿色驱动、典型引领、公众参与的工作模式和"守绿换金、冰雪生金，农工旅协同发展"的转化模式已经形成区域典型经验。从实践看，关停华能白山煤矸石电厂、浑江发电厂，45家单位完成挥发性有机物治理，建立了温室气体重点排放单位名录，开展排污口排查整治，503个行政村垃圾收运处置体系全覆盖，一般工业固体废物综合利用率达到91%，农村生活污水治理率达到29.82%，畜禽粪污资源化利用率达到97%，矿山生态修复1444公顷，治理水土流失110.24平方公里等，都体现了白山市生态治理成效。

二 白山市生态文明建设的典型经验

白山市通过顶层设计、高位统筹、务实推进，构建了多点支撑、多业并举、多元发展的生态文明建设新格局。总体来看，白山市生态文明建设有四个方面的典型经验。

（一）省市联动强统筹

2021年吉林省委省政府出台了支持白山市建设践行"两山"理念试验

区的意见,2022年将支持白山市建设践行"两山"理念试验区写入吉林省第十二次党代会报告,成立吉林省支持白山市建设践行"两山"理念试验区领导小组办公室,多项举措凸显省委省政府对白山市生态文明建设的重视和支持。《白山市长白山保护开发区共建"两山"理念试验区协同发展行动纲要(2022~2025年)》《关于共建"两山"理念试验区推进长白山三大生态经济区建设的意见》《白山市建设践行"两山"理念试验区实施方案》等文件相继出台。在"省市联动强统筹"的基础上,白山市着力谋划重大项目,全力挖掘生态资源,奋力探索发展经验,取得了当前的显著成就。

(二)产业布局促融合

白山市在强化生态文明建设过程中,把产业布局放在了第一位。与长白山管委会联动发展,全面推进"一山两江"战略布局:以山强优势、以水促融合,生态旅游、生态能源联动提升。生态旅游产业多点开花。松花江风景游和鸭绿江风情游蓬勃发展,旅游人数和收入增幅均位居全省第一。生态能源产业蓄势待发,数百亿元新能源项目投资正在加快落实。生态食品产业方兴未艾,小浆果、人参、蓝莓等正在形成新的优势。产业布局优化正在推动形成"多轮驱动"新优势,促进"产业融合"支撑新模式,加速"生态产业化"总进程。

(三)全民行动助发展

只有不断强化生态化的生活品质,形成全民向往生态发展的氛围,生态经济才能根深蒂固。白山市围绕"生活品质牌",持续提升城市功能品位和承载力,建设更高品质的宜居宜业宜游宜养的生态城市。城市基建生态化水平不断提升,城市内部生态标识体系不断健全,浑江沿岸已成城市基建生态化样板。乡村建设生态化水平不断提升,全市完成88个省级"千村示范村"创建任务。全域基建生态化水平不断提升,高速公路、高速铁路建设如火如荼,交通与生态融合水平不断提升。白山市正在提升全民参与生态文明建设行动的积极性和主动性,形成全民生态大氛围。

（四）科学治理显优势

科学治理是强化生态文明建设的总保障。科学治理是保障生态资源质量、维护转化持续性的基础，是生态产业化的根本保障。白山市统筹生态保护与修复、系统规划与治理，成效显著。不仅山水林田湖草系统开展生态资源保护与修复，而且行政手段和市场手段结合施策，严守"三线一单"，维护生态安全，谋划重大生态保护项目，积极运用数字技术、遥感技术等先进科学技术，突出打造生态资源保护与修复的生态文化全民氛围。科学治理且综合治理、系统治理，也是白山市在生态文明建设中的重要经验。

三 白山市生态文明建设中存在的问题

白山市由于其地理区位以及经济转型等问题，在生态文明建设过程中面临一些独特问题，包括生态产业发展缓慢、基础建设差距较大、科技创新支撑不强、人口流失严重等。

（一）"两山"转化通道还需要进一步拓宽

全市干部群众对"两山"理念的认识与党中央和省委的要求还有一定偏差，在生态资源保护与开发之间、在生态政策的落实与优化之间的平衡点尚难以把握，依赖初级资源、依赖招商引资而内生动力不足等问题仍然较强，市场化运营生态资源能力仍待提升。部分干部群众、企业主体对于"两山"转化的通道、链条、路径还缺乏深入认识，并因此制约了中观和微观层面推进"两山"转化以及生态资源价值实现的进程。

（二）基础设施建设还需要进一步完善

对外开放基础条件不优。白山边境线长433公里，是吉林省乃至整个东北地区向东向南开放、对朝合作的重要前沿。但白山对外开放平台仅有临江省级边合区和长白互市贸易区，级别低、空间小。城市基础功能水平不高。地下管网建设滞后，生活垃圾处理设施不完善，市区绿地总量偏小。市区缺少综合性公园和防灾避险功能性公园。

（三）科技创新支撑体系还需进一步优化

企业对技术改造、产品研发、设备更新等重视不够、投入不足，绝大多数企业不具备自主研发能力，缺少核心技术和自主创新产品。市内院所、高校科技成果少且成熟度不高，基本上是小试成果，实现商业化转化还需继续投入研发经费。企业规模普遍较小，多数企业处于产业低端，承载和转化科技成果能力较弱，不具备与高校和科研院所合作的实力，造成企业与高校、科研机构产学研深度融合不够。

（四）人口流失问题还需要进一步解决

白山市人口总量为90.6万人，较"七普"95.2万人下降了4.8%。2016年国家放开二孩政策后白山市当年新生儿为7660人，之后呈逐年下降趋势，2022年新生儿为2859人，较6年前减少了近63%。全市人口呈现出总量下降、出生人口下降、劳动年龄人口下降、死亡率上升的人口负增长特征。其中农村人口外流严重，劳动年龄人口比率逐年下降，经济发展面临着较为突出的人才短缺问题，懂经营、会管理、能带富的领头人少，专业技术人员更是缺乏。

（五）生态产业化发展水平不高

白山市生态产业仍处于依赖资源发展，以传统加工、区域性发展为主的初级阶段。企业多、小而散，产品存在同质化竞争和重复生产现象，未能充分将生态优势转化为经济优势。经济总量不大、产业层次不高、发展动能不足、精准投入不够、产业发展质量不高、特色经济效益不优等问题依然存在。仅人参、食用菌和蓝莓产业形成了一定的产业规模，山野菜、特色牧业、渔业等发展总量亟待提升。投融资、招投标等领域尚未形成明确的倾斜政策，企业贯彻绿色高质量发展的理念意识不强，缺乏开展绿色制造体系创建工作的积极性。

四 白山市加强生态文明建设的对策建议

（一）全力加强生态环境治理

聚焦四个保卫战，全力加强生态环境治理。一是打好蓝天保卫战，加快推进北方冬季清洁取暖项目示范市项目建设。强化燃煤污染治理，严格落实秸秆全域禁烧工作，开展清洁柴油车、清洁柴油机、清洁运输、清洁油品等专项行动，强化大气面源污染治理，加大餐饮油烟、恶臭异味治理力度，深化消耗臭氧层物质和氢氟碳化物环境管理等。二是打好碧水保卫战，统筹推进"三水共治"，加强江河湖泊系统治理，持续改善水环境质量。加快推进城镇污水治理工程项目建设，实现城镇污水管网全覆盖。实施县级及以上城市污水处理厂扩容改造，分类推进乡镇生活污水处理设施建设、人工湿地和污水处理厂污泥无害化处置设施建设。加强河道日常巡查管护，严格河湖生态空间管控。严格水资源管理制度，加强用水总量和强度控制。积极开展"美丽河湖"创建活动。三是打好黑土地保卫战，深入推进农业农村污染治理攻坚，抓好农村生活污水治理，确保治理设施稳定运行，打造污水治理样板村，稳步提高全市农村生活污水治理率。持续强化畜禽养殖污染防治，加快推进种养结合和畜禽粪污综合利用，促进畜禽粪污就地就近转化还田。持续实施化肥农药减量增效行动和农膜回收行动，大力推广测土配方施肥、生物防治、农膜回收利用等绿色生产技术。大力推进绿色矿山建设、大宗固废综合利用基地建设等。四是打好青山和草原湿地保卫战，将具有长白山特色的东部典型天然草原作为重点保护对象，做好河岸带水生态保护与修复、湿地植被恢复、人工湿地减污等工作，实施生物多样性保护工程，全面提升区域生态修复、水土保持与水源涵养能力。持续开展大规模国土绿化行动，积极争创国家森林城市和园林城市。

（二）构建新型生态产业体系

围绕建设践行"两山"理念试验区，以转型数字化、服务智能化、社会共享化、产业高端化为主攻方向，集中力量发展壮大绿色生态产业，全力整合生态资源，构建4+1新型生态产业体系。一是打造全域生态旅游产业。做优旅游产品，释放松花江旅游资源潜力，积极开发沿松花江、鸭绿江旅游等项目，打造松花江文旅IP和鸭绿江自驾游IP。做强冰雪产业，构建以冰雪旅游、冰雪运动、冰雪文化、冰雪装备为核心的全产业链，打造地标冰雪景观，争办国家级冰雪赛事活动。提升产业品牌，聚焦沉浸式体验，持续打造"长白山之夏""长白山之冬"文旅品牌，推出一批精品线路。二是打造生态医药健康产业，深度融入"长辽梅通白延医药健康产业走廊"，树牢人参产业主导地位，持续办好人参产业高质量发展大会，加快国家级现代农业产业园、国家级区域性良种繁育基地建设，推进人参种业振兴和长白山人参品质提升。推动长白山药业、葵花药业、施慧达药业重大项目建设。积极开发药食同源系列中药健康产品，加快构建现代中药、化学药、中药材精深加工、中草药种植共同构成的生态医药产业体系。三是做精做细绿色食品产业。打造"长白山天然矿泉水"第一品牌，推进蓝莓系列饮品、长白山特色浆果饮品等项目建设，开发松茸肽、香菇冻干粉等绿色有机高端健康产品，打造长白山新型"生态、健康、绿色"食品产业集群。四是发展新能源产业，抢抓全省东部"山水蓄能三峡"建设机遇，促进一批抽水蓄能电站项目建设，大力发展太阳能、风能、生物质能等清洁能源。五是大力发展生态农业。加强高标准农田、肉牛养殖等项目建设，打造一批绿色标准化种植基地和绿色有机示范村，着力培育"二品一标"农产品，支持农民合作社、家庭农场、农村电商等新型经营主体围绕生态农业聚力发展，增量提质。

（三）完善生态文明制度体系

深入学习贯彻习近平法治思想，扎实做好国家、省出台的法律法规规章标准的宣贯工作,积极推动地方立法,为提升自然生态系统质量和生态产品供给能力提供法治保障。持续推进生态示范创建,加快建设生态强市。深化生态环境领域改革,不断健全生态文明制度体系,进一步强化地方政府和相关部门的生态环境保护职责。提升生态环境监管执法效能,深化"四不两直"监管,落实"双随机、一公开"制度,聚焦重点领域、重点行业、重点时段,压茬开展春季行动、夏季攻势、秋冬会战等综合执法行动,严厉打击环境违法犯罪行为。抓紧抓实生态环保督察问题整改,不打折扣地抓好各项整改任务落地见效,坚决守住整改成果。完善现代生态环境监测体系,加快水环境质量、声环境功能区自动监测站点建设,规范社会化环境检测机构的环境检测行为,加强环境监测队伍和应急监测能力建设。强化生态环境治理保障支撑,加快发展节能环保产业,推广生态环境整体解决方案、托管服务和第三方治理,加强环保技术、产品引进和自主创新,提高环保企业核心竞争能力。深化政银企合作,为全市环境治理拓宽融资渠道。建设智慧高效的生态环境管理信息化体系,推进现代感知手段和大数据运用,促进生态建设与"数字白山"融合发展。加大项目谋划推进力度,最大限度争取专项资金支持,提升污染防治能力。推进生态环境保护全民行动,突出主流渠道和主旋律基调,宣传党的二十大精神和习近平生态文明思想,宣传建设践行"两山"理念试验区和生态强市、一体化发展、环保督察反馈问题整改、污染防治攻坚战典型经验做法。广泛开展生态环保主题宣传教育,深入开展"美丽中国,我是行动者"行动,推动生态文明理念深入人心,进一步汇聚守护生态环境的共识和合力。

(四)建构联动共享支撑体系

尽快建立多层次联动共享机制,加快域外生态文明建设经验转化落地进程。一是借力吉浙、吉皖合作,共享生态转化经验。浙江、安徽都是我国生态经济发展较好的地区,且与吉林省建立了高层次的合作关系。白山市可以依托"两山"理念试验区建设,率先加强生态经济领域的吉浙、吉皖合作,重点是引入两省产学研合作和市场开发助力生态经济发展的经验。二是借力省院省校合作，共享生态转化技术。中科院、农科院等科研机构和吉林大学、东北师大等高校储备了一批生态经济领域科技成果。白山市可以依托"两山"理念试验区建设，打造一批省院省校生态科技成果转化示范园区，形成"科技+"促进生态经济发展的新模式。三是借力"一带一路"合作，共享生态产品市场。深度融入共建"一带一路"并挖掘其对生态产品的巨大需求具有重大意义。白山市可以依托"两山"理念试验区建设，支持域内各类主体参与"一带一路"生态经济展会，谋划主办国际性的"一带一路"生态经济展会，实现生态产品市场的国际共享。四是推广山水联动开发，共享生态资源优势。鼓励基层政府和市场主体共同探索"山水联动开发"，创新性践行"两山"理念，打造"山水互补、数实融合"等生态产业开发场景，用好原生态优势，谋划打造"大山水、大生态、大自然"的发展新路。

（五）推动生态资源价值放大

大力探索生态价值放大的新实践。构建市场促进生态价值"放大"的新场景，谋划建设一批生态价值"放大"的试验区，突出"制度型开放"，做好"企业化运营"，融入各类先进技术，构建生态价值"放大"的新场景。突出人才引领生态价值"放大"的新机制，将生态产品市场开发型或者企业运营型人才纳入各类各级人才政策支持范畴，推动具有先进管理经验或者市场运作经验的人才进入生态产业，突出"市场+"型人才引领生态价值实现能力。强化主体带动生态价值"放大"的新战略，按照"专精特新"思维培育生态产业市场主体，牵头培育"专精特新"型生态产业企业，授权这些企业打好"吉字号"生态产品或生态服务品牌，带动生态价值不断"放大"。加速生态产业升级进程。聚力特色细分行业推动"定向"式升级。依据大数据技术等先进手段挖掘出2~3个最具发展潜力的生态产业子行业或再细分行业，成立相关产业发展局（或办公室），推动政策、财力等资源聚焦支持，实施"定向"式升级策略。把握产业发展周期实施"赋能"式升级。依托智库评估出生态产业及主要细分行业的发展阶段，并依据不同行业的发展阶段以及要素缺失情况，引导关联部门、产学研机构等进行精准赋能，形成"增长板"和"补短板"兼顾的支持方式。引导主体治理改善形成"内驱"式升级。针对5年以上市场经营绩效增长不佳的生态领域市场主体进行综合调研，采用政策引导、项目示范等方式引导相关主体引进新的职业经理人，改善企业治理结构，强化企业主体活力，加快形成"内驱"式升级力量。

（六）夯实生态文明建设根基

优化人口布局，夯实生态文明建设根基。加快落实习近平总书记关于"支持在边境城市新建职业教育院校"的指示，尽快公布相关新建院校地址，鼓励生态功能区内人口向这些院校周边集聚，促进职业教育与生态经济融合发展。精选一批商贸功能强的节点型乡镇，完善基础设施和公共服务，加强新基建支撑能力，增强商业信誉，叫响商业品牌，推动生态功能区内具有劳动力的人口和家庭向这些乡镇集聚。支持在生态经济较好、区位交通优势明显的地点打造一批生态康养功能区，并引导周边地区人口向这些功能区聚集，形成"生态服务康养、生态融入康养、生态得益康养"的新局面，推动这些功能区形成新的特色小镇或特色城镇。构建好生态价值实现的基础性框架，尽快制定生态经济发展专门的法律法规，明确生态经济的边界，清查生态经济主体，确定生态经济合作对象，奖励生态经济的特殊贡献者，举办生态经济的全球性论坛，构建生态价值实现的基础性框架。保护好生态价值实现的基础性资源。尽快确定一批最具生态价值的生态资源品类，围绕相关生态资源做好种质资源保护、生长区域保护、可持续开发规划、价值评估以及最低价格保护制度等工作，确保这些基础性资源具有最基本价值。培养好生态价值实现的基础性人才。尽快确立生态经济发展和生态价值实现的基础性人才培养制度，在确保基础性技术人才持续性基础上，要进一步加强生态经济运营管理人才、战略规划人才、交叉融合人才的培养，用基础性人才体系保障生态产业高质量发展。

参考文献

［1］蔡冲春等：《绘就美丽生态新画卷》，《吉林日报》2023年11月24日。

［2］《加快产业绿色转型 全力推进高质量发展全面振兴》，《长白山日报》2023年3月10日。

［3］蔡冲春等：《白山：践行"两山"理念 加快绿色崛起》，《吉林日报》2023年3月7日。

［4］王雪峰：《金山银山 美丽白山》，《绿色中国》2023年第5期。

［5］王晓平等：《守护绿水青山 绘就生态画卷》，《吉林日报》2023年2月10日。

［6］《省委省政府关于深入打好污染防治攻坚战的实施意见》（2021年12月31日），《吉林日报》2022年1月13日。

开 放 篇

B.16
吉林省深化面向东北亚开放合作的对策研究

邵冰 王岩[*]

摘 要: 近年来吉林省深度融入"一带一路"建设,全力打造对外开放新前沿,统筹贸易、投资、平台、通道建设,积极参与国家构建东北亚经济圈。吉林省面向东北亚开放合作也存在着贸易规模较小、开放度不高、投资合作不平衡、产业合作层次不高等问题。在经济全球化遭遇逆流、外部环境不确定性增加的形势下,吉林省深化面向东北亚开放合作,机遇与挑战并存。吉林省应立足特色优势产业和区位地理优势,找准融入"双循环"新发展格局的契合点和着力点,进一步畅通国际物流通道,扩大面向东北亚贸易投资合作规模,加强重点产业合作,发挥开放平台带动作用,打造东北亚地区合作中心枢纽,加强与东北亚国家地方政府合作,深化人文交流,着力构筑"向北开放"新优势。

---

[*] 邵冰,经济学博士,吉林省社会科学院研究生处研究员,研究方向为东北亚区域经济;王岩,长春大学副教授,研究方向为区域经济。

关键词： 对外开放　国际合作　吉林省　东北亚

在当前国际上单边主义、保护主义盛行以及逆全球化回潮的背景下，东北亚处于主要区域利益攸关方深化经济合作的十字路口，为全球生产和消费市场带来了巨大的潜力。吉林省地处东北亚地理中心，是我国面向东北亚开放的重要窗口，文化的相似性、共同的历史轨迹和地理相近等因素，为吉林省与东北亚各国的密切合作提供了坚实的基础。在我国积极推进"双循环"新发展战略，对产业链供应链提出新的要求和新的挑战的背景下，振兴吉林老工业基地需要加快建立开放型经济体系，充分利用国内国际的市场和资源，借助东北亚周边国家扩大国际经济合作。

一　吉林省面向东北亚开放合作取得的主要进展

近年来，吉林省围绕深度融入"一带一路"建设，全力打造对外开放新前沿，统筹贸易、投资、平台、通道建设，积极参与国家构建东北亚经济圈。

（一）与东北亚国家经贸合作扎实推进

吉林省与东北亚国家之间经贸往来密切，东北亚各国在吉林省对外经济合作中占据着重要地位。虽然近年来受国际制裁和新冠疫情的双重打击，吉林省对朝贸易受到严重影响，但与东北亚其他四国之间的贸易往来紧密，俄罗斯、日本、韩国都是吉林省的主要贸易对象和进出口市场。2022年吉林省货物贸易进出口总额1158.5亿元，与日本、蒙古国、韩国、俄罗斯四国的贸易额合计达到323.7亿元，占吉林省进出口贸易总额的27.9%，对四国出口123.4亿元，占吉林省出口总额的24.6%，从四国进口200.2亿元，占吉林省进口总额的18.9%。其中，对日本进出口83.1亿元，占全省进出口总额的7.2%；对韩国进出口59.6亿元，占全省进出口总额的5.1%；对蒙古国进出口7.7亿元，占全省进出口总额的0.7%；对俄罗斯进出口173.3

亿元,同比增长65%,高出全国35.7个百分点,占吉林省进出口总额的15.0%。近年来,随着俄罗斯的经济重心开始向东转移,吉林省对俄贸易实现稳步增长,2022年吉林省对俄煤炭进口552万吨,同比增长15%;对俄出口整车8000余辆,贸易额26.3亿元,同比增长306%;对俄跨境电商出口额18.7亿元,同比增长24.4%;对俄进口海产品16.2万吨,同比增长30%。此外,液化气、大豆、光电产品、医药产品等成为吉林省对俄贸易的新增长点。2023年吉林省对俄贸易继续保持强劲增势,前三季度对俄进出口累计比上年同期增长76.0%,其中对俄出口增长231.2%。2018~2022年吉林省与东北亚主要国家贸易合作情况如表1所示。

表1 2018~2022年吉林省与东北亚主要国家贸易合作情况

单位:亿元

国家	贸易	2018年	2019年	2020年	2021年	2022年
俄罗斯	进出口	62.43	57.72	57.75	104.99	173.27
	出口	12.70	16.80	16.96	29.45	65.57
	进口	49.73	40.92	40.79	75.54	107.70
	贸易差额	-37.03	-24.12	-23.83	-46.09	-42.13
日本	进出口	119.39	103.79	130.24	106.98	83.08
	出口	26.16	22.27	21.94	24.78	25.55
	进口	93.23	81.52	108.30	82.20	57.53
	贸易差额	-67.07	-59.25	-86.36	-57.42	-31.98
韩国	进出口	50.59	73.06	51.10	56.76	59.60
	出口	30.04	36.84	29.00	31.50	32.13
	进口	20.55	36.22	22.10	25.26	27.47
	贸易差额	9.49	0.62	6.9	6.24	4.66

资料来源:《吉林统计年鉴》、长春海关。

(二)与东北亚国家投资合作不断拓展

投资方面,东北亚国家中的日本和韩国成为吉林省主要的外商投资来源国。截至2019年末,吉林省有日资企业144户,累计直接投资金额13.2亿美元，分别排在吉林省外商投资企业户数的第 3 位和实际利用外资金额的第 6 位。日本在吉林省的投资主要分布在长春、延边和吉林地区，投资的主要领域包括汽车制造业、电气机械和器材制造业、医药制造业、农副食品加工业、计算机通信和其他电子设备制造业等。截至 2022 年 5 月，在吉林省的韩国投资企业共有 386 户，占吉林省外资企业总户数的 25.4%，在来吉林省投资的 60 多个国家和地区中排名第 2；累计直接投资 22.5 亿美元，占吉林省实际利用外资金额的 8.6%，排名第 4。韩国对吉林省的投资主要分布在延边州、长春、吉林、通化等地区，从投资的行业类别看，食品、农副产品及资源类产品、纺织业等劳动密集型行业占据较大份额，也有相当数量的韩资企业分布在通信设备、专用设备制造等行业。吉林省对东北亚国家的投资主要集中在俄罗斯、蒙古国和朝鲜，投资的方向主要是境外资源开发，涉及森林采伐、木材加工、矿产开发、海产品加工、现代农牧业、卷烟、进出口贸易等行业。

（三）面向东北亚开放平台建设取得明显成效

近年来，吉林省依托东北亚地理几何中心优势，积极打造和完善吉林省对外开放的重要平台载体，不断增强贸易承载能力和吸引外资能力。长春新区围绕吉林省"一带一路"向北开放重要窗口和东北亚地区合作中心枢纽建设，加快推进国际陆港、临空经济示范区、国际互联网数据专用通道建设，打造一港三区六园，大力推进中俄科技园、中日智能制造产业园等国际合作园区建设，高效能建设开放型产业合作平台，积极构建内陆开放型经济模式。中韩（长春）国际合作示范区着力打造东北亚区域经济合作的引领区、中韩全方位宽领域合作的先行区，引入中俄机电商会、圣彼得堡商会等成立跨境服务平台，成功签约阿里韩日跨境电商项目，面向韩日开展跨境贸易。积极完善珲春海洋经济发展示范区、珲春综保区开放功能，大力推进延吉、珲春两个跨境电商综试区建设，不断提升互市贸易区和保税物流园区等开放平台功能，推进珲春、和龙国家级边合区，以及龙井、图们、集安、临江、长白等省级边合区特色产业集群建设，多层次打造对外开放合作的新高地。

（四）面向东北亚国际物流通道不断畅通

近年来，吉林省持续加大通道建设力度，全面提升与东北亚国家的互联互通水平，为对外开放提供重要支撑。吉林省提出，到2025年将基本形成北接黑龙江面向俄罗斯、南接辽宁面向环渤海、西连内蒙古面向蒙古国和欧洲、东连日本海面向东北亚的内联外通、便捷高效、功能配套的"大交通、大物流、大枢纽"综合立体交通网。长春高水平建设临空经济示范区，提升龙嘉机场承载能力，争取第五航权政策，打通空中运输通道。长春新区东北亚国际物流港加快建设货运集散中心和"铁海联运、公铁联运、无缝对接"的吉林省对外开放内陆港口和东北亚国际物流"桥头堡"。2023年6月，"长春—莫斯科"中欧班列开通，有利于推动吉林省深度融入"双循环"新发展格局。2023年8月，长春至莫斯科TIR跨境公路货运线路实现首发，填补了吉林省中欧公路直达运输的空白。延边州着力构建陆海空立体交通网络体系，不断缩短与周边国家和地区交流合作的空间与距离，2019年12月延吉开通至首尔（仁川）的国际货运航线，为中韩经贸合作增添了一条"空中货运走廊"。珲春先后开通"长珲欧"班列和跨境电商TIR国际公路运输专线、对俄"海洋班列"、清洁能源进口班列、珲春至莫斯科整车集装箱出口班列等跨境运输线路，并不断提高口岸通关效率，与企业建立预约服务机制，实行对俄公路口岸每周"7天×10小时"和铁路口岸"7天×24小时"通关工作制，2022年珲春铁路口岸"长珲欧"班列累计开行44列，创历史新高。为进一步扩大内贸货物跨境运输业务范围，2023年海关总署批复同意新增设俄罗斯符拉迪沃斯托克港（海参崴港）作为内贸货物中转口岸，同时，浙江省新增设舟山甬舟码头、嘉兴乍浦港作为内贸货物入境口岸，为吉林省经济发展带来了新的机遇。

（五）与东北亚各国人文交流稳步推进

吉林省与俄罗斯地理位置临近、经济结构互补、边境人文合作经验丰富，在中俄两国友好交往的大背景下，吉林与俄罗斯在互访交流、人员交往等方面建立了密切联系。目前，吉林省有 11 个城市与俄罗斯地方结好，双边合作的地理区域不断扩大。吉林省与日本隔海相望，一直以来高度重视与日本的交流合作，吉林省在 1987 年、2017 年、2018 年分别与宫城县、鸟取县及岛根县建立了友好省县关系。韩国是吉林省对外交往的重要国家之一，吉林省高度重视与韩国地方政府开展务实合作，目前已与韩国十余个地方政府建立了长期联系，不断拓展经贸、文化、旅游等领域的合作空间。吉林省与朝鲜山水相连、隔江相望，多年来与咸镜北道保持良好的合作关系。吉林省非常重视与蒙古国的友好交流，积极开展与蒙古国在农牧业、教育、旅游等领域的务实合作。

二 吉林省面向东北亚开放合作存在的主要问题

吉林省面向东北亚国家开放合作中也存在着贸易规模较小、开放度不高、投资合作不平衡、产业合作层次不高等问题。

（一）贸易规模较小，开放度不高

整体上看，吉林省是外经贸小省，在全国对外贸易中所占的比重一直较低。如表 2 所示，2018~2022 年，吉林省的对外贸易依存度分别为 9.0%、11.1%、10.4%、11.4%、11.9%，外贸依存度不仅远低于全国平均水平，也低于同处东北地区的辽宁省和黑龙江省。2022 年，吉林省实现地区生产总值 13070.2 亿元，实现货物进出口总额 1558.5 亿元，外贸依存度为 11.9%，同期对东北亚日本、韩国、俄罗斯、蒙古国四国的外贸依存度仅为 2.5%，表明吉林经济面向东北亚开放程度还不够高。从对日贸易情况看，2021 年吉林省对日本的进出口贸易总额为 106.98 亿元，同时期相比，辽宁省对日本进出口总额为 927.5 亿元，是吉林省的 8.7 倍；山东省对日本进出口贸易总额达到 1821.5 亿元，是吉林省的 17.0 倍。从对韩贸易情况看，2021 年吉林省对韩国进出口贸易总额为 56.8 亿元，而辽宁省对韩国进出口贸易总额为 571.1 亿元，辽宁省是吉林省的 10.1 倍；山东省对韩国进出口贸易总额为2695亿元，是吉林省的47.4倍。从对俄贸易情况看，近两年吉林省对俄罗斯贸易快速增长，2021年、2022年吉林省对俄进出口总额分别达到104.99亿元、173.27亿元，但仍远远低于黑龙江省对俄进出口1313.4亿元、1854.7亿元的贸易规模。从对蒙古国贸易情况看，2022年中蒙双边贸易额达122亿美元，而吉林省对蒙古国贸易额约为1.06亿美元，不及全国的1%。因此，吉林省对东北亚地区的贸易规模和对外开放程度还有待进一步扩大和提高。

表2　2018~2022年东北三省外贸依存度

单位：%

省份	2018年	2019年	2020年	2021年	2022年
辽宁	29.8	29.1	26.1	28.0	27.3
黑龙江	13.6	13.8	11.3	13.4	16.7
吉林	9.0	11.1	10.4	11.4	11.9

资料来源：根据东北三省历年《国民经济和社会发展统计公报》数据计算。

（二）贸易发展不平衡，出口竞争力有待提升

如表1所示，从2018~2022年吉林省与东北亚主要国家贸易情况来看，吉林省对韩贸易呈现相对稳定态势，且一直保持贸易顺差状态。日本是吉林省面向东北亚开展合作的重要贸易伙伴，但5年来吉林省对日进口额一直大于出口额，长期处于贸易逆差状态。2021年、2022年吉林省对俄贸易保持强劲增势，但进口额分别是出口额的2.6倍和1.6倍。2022年，吉林省对蒙古国进出口总额为7.66亿元，其中出口0.18亿元、进口7.48亿元，进口额是出口额的近42倍。在对外贸易商品结构方面，吉林省向东北亚主要国家出口的商品包含机电产品、基本有机化学品、汽车及其零配件、农产品、木及其制品、医药材及药品等，出口产品附加值较低，技术含量和产品品牌核心价值不高，缺乏国际知名品牌，出口竞争力有待提高。从东北亚国家进口的商品集中在机电、高新技术产品，以及化石能源、农产品等方面，

特别是关系吉林省制造业发展的机床、电子元件、高新技术等产品的进口规模正在逐年扩大。其中,从日、韩进口的多属于高科技、高附加值产品,从俄、蒙、朝进口的大多是原料性初级产品。

(三)投资合作不平衡,引进外资规模亟待扩大

近年来,虽然吉林省利用外资规模逐步扩大,2020年吉林省利用外资5.66亿美元,同比增长5.87%。2021年吉林省利用外资6.8亿美元,同比增长19.98%。[①] 但是与发达地区相比,吉林省利用外资的总体规模仍然较小。从外资来源看,东北亚地区对吉林省的投资来源国主要是日本和韩国,吉林省与日、韩紧密的经贸往来为双方的产业合作打下了良好的基础。但是,与山东、辽宁等沿海省份相比,吉林省与日、韩的产业合作仍需加强。截至2021年底,日本在山东省有投资企业1379家,投资总额124.5亿美元。韩国在山东有投资企业4505家,投资总额约227.4亿美元。截至2021年底,日本累计在辽宁设立外商投资企业7907家,韩国累计在辽宁设立外商投资企业1.1万家。相比之下,吉林省对日、韩的产业合作明显落后于山东省和辽宁省,日、韩对吉林省的投资潜力未能充分发挥,引进外资规模亟待扩大;从地区分布看,日本、韩国对吉林省外商直接投资主要集中在长春、吉林、延边州等地区,其他县市外商直接投资所占比重较小,地区间利用外资规模差距较大、分布不均衡;从产业投向来看,日本、韩国对吉林省的投资以第二、第三产业为主,对第一产业的投资占比较小,第二产业主要投向汽车制造业、食品制造业、农副食品加工业等行业,第三产业主要投向房地产业、租赁和商务服务业以及交通运输、仓储等行业,农业、基础设施、高新技术等领域吸引外资有限,产业合作层次和利用外商直接投资的效率有待进一步提升。

(四)对外投资规模较小,产业合作层次不高

吉林省对东北亚地区的投资规模较小,主要分布在朝鲜、俄罗斯和蒙古

---

① 《2020年吉林省利用外资情况》,吉林省商务厅官网,http://swt.jl.gov.cn/ztxx/202206/t20220623_8487834.html。

国，对日本、韩国的投资还很薄弱。对外投资的领域也比较单一，其中对朝鲜的投资主要集中在矿产开发、建材、制造业、化学工业，以及贸易、服务业等行业；对俄罗斯的投资主要分布在木材加工、医药制造、建材、食品加工等行业；对蒙古国的投资主要集中在矿产开发、公路建设、钢铁冶炼等领域。总体上看，吉林省对东北亚地区的投资规模较小，产业合作层次不高，长远性、支撑性的大项目不多，缺乏跨国经营经验和专业人才，在开拓海外市场方面国际竞争力不强，在投资风险防范及善后能力等方面也存在一定差距。此外，国际环境的不确定性、局部地区地缘政治博弈激烈等，也对吉林省企业对东北亚国家的投资合作和国际化发展带来诸多风险和挑战。

三 吉林省面向东北亚开放合作面临的形势

当前，在经济全球化遭遇逆流、外部不确定性增加的形势下，吉林省面向东北亚开放合作，机遇与挑战并存。

（一）东北亚国家间合作战略高度契合，区域合作内生动力增强

在复杂的地缘政治环境下彼此成就、在合作中实现自身利益的最大化，一直是东北亚各国所关注的焦点。虽然地区各国经济发展各具优势，对未来发展也有各自的愿景规划，但是维护地区和平与稳定、促进地区共同繁荣、加强地区合作已经在东北亚六国之间达成了共识。当前东北亚地区和平与发展所需要的安全环境得到了大幅改善，日本对"一带一路"的关注持续提升，蒙古国的"草原之路"、俄罗斯的"欧亚联盟"、韩国的"新北方政策"都与"一带一路"倡议具有很好的衔接性，域内国家之间相互依存的程度不断加深，开展更高层次、更广领域合作的愿望不断增强，中国加快东北老工业基地振兴步伐，俄罗斯将远东开发被纳入国家战略规划，朝鲜着力发展经济建设，东北亚区域合作内生动力增强，为深化吉林省面向东北亚开放合作创造了有利条件。

（二）"一带一路"强化向北开放，为吉林面向东北亚深度开放打下了良好基础

习近平主席提出构建人类命运共同体理念和"一带一路"倡议已经十周年，共建"一带一路"为拓展和深化东北亚地区合作持续注入新动能。2023年9月7日，习近平总书记在新时代推动东北全面振兴座谈会上的讲话指出，东北是我国向北开放的重要门户，在我国加强东北亚区域合作、联通国内国际双循环中的战略地位和作用日益凸显。要增强前沿意识、开放意识，加强与东部沿海和京津冀的联系，深度融入共建"一带一路"，在畅通国内大循环、联通国内国际双循环中发挥更大作用。当前中俄全面战略协作伙伴关系不断深化，中蒙俄经济走廊建设扎实推进，"一带一路"建设强化了向北开放，为吉林打造对外开放新前沿，尤其是向东北亚深度开放打下了良好的基础。2023年7月25日，中共吉林省委十二届三次全会就新时代全面深化改革、扩大高水平开放工作作出安排部署，提出突出开放合作这一重点，不断拓展吉林全面振兴新空间，着力深化"五个合作"，拓展开放的广度和深度，扩大合作的行业和领域，推动开放合作不断上规模、上层次、上水平。全面调动各方面参与改革的积极性、主动性、创造性，为全面深化改革、扩大高水平开放创造了良好条件。

（三）东北亚国际关系和地缘政治格局变动，影响地区合作深入推进

东北亚是世界经济的重要增长极，这里幅员辽阔、资源丰富、人口众多，各国产业结构梯次分布，自然资源禀赋各异、特点鲜明，具有极强的互补性，为开展区域合作奠定了良好的基础，是全球最具发展活力和合作潜力的地区之一。然而，由于种种原因，特别是东北亚地区存在的安全困境，使得该地区的区域合作难以深入推动和进行。东北亚是世界主要大国美、中、俄、日势力并存与矛盾交汇的地区，东北亚的诸多热点矛盾，如朝鲜半岛紧张局势、中日竞合关系、美国的干扰因素等问题都根源于该地区的"安全困境"。东北亚地缘政治竞争的客观存在影响东北亚地区合作深入推进。此

外，东北亚国家间利益导向也存在着差异，日本和韩国近年来对外经济合作政策重心明显地向美国、欧洲、澳大利亚等西方国家和地区倾斜，俄罗斯远东地区的开发也面临着资金、技术、人才等方面的限制，使得东北亚地区开展深度合作面临诸多困难。

四 吉林省深化面向东北亚开放合作的对策

新形势下，吉林省应立足特色优势产业和区位地理优势，找准融入"双循环"新发展格局的契合点和着力点，全面深化与东北亚国家的开放合作，着力构筑"向北开放"新优势。

（一）积极推进互联互通，进一步畅通国际物流通道

在基础设施建设方面，积极推进互联互通，提升同俄、蒙、朝通道联通水平，畅通国际物流通道。进一步完善珲春铁路口岸的硬件设施，加快珲马铁路扩能改造，促进中俄间公路、铁路、陆海联运的联通，推动"长满欧""长珲欧""吉浙1号""海洋班列"稳定运营，推进"滨海2号"国际交通走廊建设，复航至日、韩的陆海联运航线，强化和拓展联结"一带一路"和东北亚市场的流通纽带功能，做强做大多式联运国际流通体系，抓好长春生产服务型、长春陆港型、延边（珲春）陆上边境口岸型国家物流枢纽建设，将吉林省打造成东北亚地区重要的贸易集散地。完善机场基础设施建设，加大空中航线开发力度，争取开通更多的国际客运、货运航线，进一步畅通空中开放通道。推动口岸基础设施建设，提升口岸信息化水平，深化通关便利化改革，加强与朝、俄、韩等国家的海关合作，提升区域贸易的便利化水平，保障区域产业发展的供应链安全，发展智慧交通、智慧物流、"丝路电商"。

（二）加大招商引资力度，扩大面向东北亚贸易投资合作规模

加大吉林省形象宣传和投资环境、招商政策及重点项目推介力度，吸引更多的资金、技术、项目和人才等要素集聚，促进吉林省招商引资到位资金

和实际利用外资不断增长。继续加大产业集群招商、产业链招商、平台招商、园区招商、以商招商力度，主动参与中日、中韩、中俄国家层面合作机制，面向日本、韩国、俄罗斯开展全链条、集群式精准招商，重点吸引这些国家产业链高端和行业龙头企业来吉林投资，在高端装备、人工智能、节能环保等领域开展有针对性的招商引资。深耕东北亚地区市场，优化吉林省对外贸易方式与结构，加快推动提升同东北亚国家间的贸易便利化水平，促进资源要素优化配置。推动吉林省对外贸易转型升级实现创新发展，贸易总量结构不断提升和优化。引导服务贸易加快发展，巩固传统服务贸易，逐步扩大国际旅游、服务外包、文化创意等服务领域出口。支持吉林省企业以新设、并购、合作等方式，加强对外农林渔业、矿业等资源开发利用的境外投资合作，提升对外投资合作水平。

（三）加强重点产业合作，实现面向东北亚的产业开放新突破

吉林省是中国的老工业基地、主要商品粮基地、生态环境大省、冰雪产业和冰雪文化重要省份、沿边近海省份。在高水平对外开放背景下，吉林省面向东北亚开放合作，应进一步巩固这些优势，加强面向东北亚的农业合作、工业合作、生态环境合作，以及旅游、物流、海洋经济领域等合作，突出吉林省智能制造、农业、医药健康、新能源、冰雪装备等特色产业。一方面，深入贯彻习近平总书记在新时代推动东北全面振兴座谈会和进一步推动长江经济带高质量发展座谈会上的重要讲话精神，推进吉浙对口合作迈上新台阶，打造吉沪合作"升级版"，谱写新时代吉苏合作新篇章，推动吉皖合作取得新成果、开创新局面，加强与长江经济带的产业合作，促进吉林省内贸外运航线与上海相关港口合作，以高水平对外开放推动高质量发展。另一方面，加强与日本、韩国在装备制造、人工智能、电子信息、医药健康、农产品深加工等领域合作，在新兴产业、高端制造业、现代服务业等领域加强技术合作。加强与俄罗斯、蒙古国、朝鲜的能源资源合作，扩大吉林省对俄农业、食品加工、木材加工等领域合作，加强同蒙古国农业种植合作，推进对俄远东渔业开发和海产养殖合作，实现面向东北亚的产业开放新突破。

（四）发挥开放平台带动作用，打造东北亚地区合作中心枢纽

扩充和提升开放平台能级，以高水平对外开放促进吉林省经济高质量发展。推进中韩（长春）国际合作示范区建设，完善珲春海洋经济发展示范区、综合保税区、跨境电商综试区、互市贸易区（点）、保税物流园区等开放平台功能，更好地发挥引领和示范带动作用。实施开发区整合优化，提升发展动能与整体质量，提高平台项目承载功能，引导错位发展、差异化发展，加大招商引资力度，持续在建链延链补链强链上下功夫，推动产业集聚发展。以长春、吉林、延吉、珲春四个跨境电商综试区为核心，引导吉林省跨境电商产业高质量发展，持续拓展跨境电商产业链、生态链，做大进出口贸易规模，助力吉林省传统产业转型升级、促进产业数字化发展。抓好边境开放平台建设，利用珲春、和龙国家级边境经济合作区和图们、龙井、长白、临江、集安等省级边境经济合作区等平台，积极引进加工类产业项目，大力发展边境贸易，推进边境旅游项目建设，推进三次产业融合发展，形成边境特色产业集群。争取设立新平台，推动吉林自贸区申报取得实质进展。

（五）加强与东北亚国家地方政府合作，深化人文交流合作

建立和完善与东北亚国家地方政府友好合作交流机制，加强吉林省与东北亚国家在教育、文化、旅游、科技、体育等领域的合作，推进吉林省与东北亚国家多层次交流，为深化面向东北亚开放合作夯实更牢固的民意和社会基础。开展高水平对外合作办学，加强国际化人才培养，创新机制做好海外引才工作。鼓励省内高校和科研院所与东北亚国家开展产学研用合作，深化国际科技交流合作。进一步拓展国际文旅交流，着力发展冰雪旅游、边境旅游。充分利用"世界寒地冰雪经济大会"等平台推介吉林特色冰雪文旅产业项目，推进吉林省寒地冰雪经济品牌建设，打造吉林省寒地冰雪经济产业新优势、新名片。加强与俄罗斯、朝鲜地方旅游部门的沟通合作，开发跨境旅游，提升吉林文化旅游地域特色，扩大边境地区对外交流合作。

B.17
吉林省冰雪产业发展研究及东北亚国家经验借鉴

崔小西 陈 兵[*]

摘 要： 自习近平总书记提出"冰天雪地也是金山银山"的发展理念，并就"发展寒地冰雪经济"作出战略部署以来，特别是借助2022年北京冬奥会带来的发展机遇，全国同冰雪相关的产业迅速发展起来。吉林省作为冰雪大省，正以自身优势大力发展冰雪经济，将冰雪产业打造成吉林省的重点优势产业。东北亚国家中的俄罗斯、韩国和日本是传统的冰雪强国，在冰雪文化产业、冰雪体育产业、冰雪旅游产业和冰雪装备制造产业有自己的特点，这些可为吉林省冰雪产业的发展提供借鉴，推动吉林省寒地冰雪经济高质量发展。

关键词： 冰雪产业 冰雪经济 吉林省 东北亚

一 吉林省冰雪产业发展的现状

（一）政府积极出台政策，多举措助力冰雪产业发展

2021年发布的《吉林省冰雪产业高质量发展规划（2021~2035年）》（以下简称《规划》），是全国首个省级冰雪产业高质量发展规划。《规划》明确了吉林冰雪产业发展的战略定位，到2025年，吉林省冰雪产业发展取

---

[*] 崔小西，吉林省社会科学院俄罗斯研究所副研究员，研究方向为俄罗斯问题；陈兵，东北林业大学，研究方向为俄罗斯语言与文化。

得实质性进展，总规模达到2500亿元，成为世界知名的国际冰雪旅游胜地；到2035年，吉林省冰雪产业发展达到较高水平，成为世界冰雪运动胜地、国际冰雪赛事中心、世界知名的国际冰雪旅游胜地和寒地冰雪经济高质量发展示范区。到2025年，冬季旅游接待人次达到1.2亿，冰雪文化旅游总收入达到2200亿元。2023年9月发布的《关于促进消费的若干措施》明确了吉林省将在新雪季拟发放3000万元冰雪消费券，以发放冰雪运动消费券的形式，鼓励民众积极参与冰雪活动。10月正式发布《吉林省旅游万亿级产业攻坚行动方案（2023~2025年）》，提出到2025年底，吉林省旅游总收入达到7200亿元，接待国内外游客突破4亿人次，5年内实现万亿级旅游产业目标，努力打造世界级冰雪旅游胜地和避暑胜地。此外，吉林省还将全面实施"中小学雪假"和"职工雪假"制度，号召全民特别是青少年广泛开展冰雪活动。以上举措将带动全省人民特别是中小学参与冰雪运动的积极性。

（二）吉林冰雪文化独具特色，省内冰雪旅游资源极为丰富

吉林省是冰雪大省，冰雪资源得天独厚，吉林省的冰雪文化独具特色，融合了汉、满、朝、蒙的传统民族特色。举办多个国际冰雪旅游节和冰雪比赛，如长春净月潭瓦萨国际越野滑雪节、吉林国际雾凇冰雪节、延吉国际冰雪旅游节、东北亚（中国·延边）冰雪汽摩运动嘉年华活动、查干湖冰雪渔猎文化旅游节等。吉林省处于"冰雪黄金纬度带"，地势东高西低，东部长白山与欧洲的阿尔卑斯山、北美的落基山并称世界三大粉雪基地，不仅有温泉和雾凇，还有多处成熟的滑雪场和滑雪度假区，非常适宜开展冰雪休闲运动和旅游度假观光。吉林省有全国唯一以"雪"为主题的博览会——雪博会，是东北地区最具规模和影响力的冰雪产业专业类展会。省内长白山滑雪场、北大湖滑雪场、净月潭滑雪场、庙香山滑雪度假区、天定山滑雪场等都是国内一流滑雪场。目前，吉林省已经建成75座滑雪场，雪道总数319条。滑雪场单日最大接待量达到10万人次，成为全国滑雪接待规模最大的省份。长春冰雪新天地是吉林省冰雪旅游的新亮点，通化万峰滑雪度假区是

通化冰雪旅游的亮丽名片。2023年雪季，全省接待国内游客5673.27万人次，实现国内旅游收入1008.36亿元，重点监测的26家冰雪旅游企业接待人次1178万，同比增长76.61%；营业收入同比增长34.99%，两项指标均创历史新高。

（三）重视冰雪体育+应用型人才

吉林省是国内传统的冰雪体育大省，为国家培养了一批知名奥运冠军。近年来，围绕推动吉林省冰雪产业、冰雪经济发展，吉林省教育系统强力推进冰雪运动进校园工作，探索形成了冰雪运动教学、训练、竞赛一体化的校园冰雪运动发展模式。目前吉林省开设冰雪运动专业高校3所，建设高水平运动队高校4所，累计建设冰雪运动特色学校557所，其中国家级冰雪运动特色学校302所、奥林匹克教育示范学校15所。2021年成立了集合冰雪人才培养、冰雪科学研究和冰雪体育赛事、冰雪旅游服务的吉林体育学院冰雪产业学院，将推动吉林省冰雪经济高质量发展。

（四）吉林省冰雪装备产业是冰雪产业重要增长点

随着冰雪运动不断升温，民众对冰雪装备的需求会日益增加，同时，冰雪装备产业的发展也会为实现"3亿人上冰雪"的战略目标提供支撑。目前吉林省的冰雪装备产业正在努力向前发展，已经有数家企业从事冰雪装备产业，还有长春市冰雪装备产业园等项目。根据"2023中国冰雪旅游发展论坛"公布的"冰雪国潮：2023年十大冰雪装备品牌"，长春百凝盾体育用品器材有限公司生产的PENNINGTON/SSM百凝盾品牌在列。这家公司是知名的冰刀、冰鞋以及运动员级专业冰雪装备制造企业，是北京冬奥会冰上项目运动员可使用的四个冰刀品牌中唯一一家来自中国的企业。辽源市2022~2035年发展冰雪装备产业的总体规划中提出全市力争到2025年冰雪装备产业销售收入达到10亿元，到2035年冰雪装备产业销售收入达到30亿元，将冰雪装备产业打造成具有国内一流水平的产业新地标。未来，吉林省的冰雪装备产业一定会成为冰雪产业重要的增长点。

二 东北亚国家冰雪产业发展的经验

东北亚地区是世界上冰雪资源的富集区,在全球冰雪资源的分布中占有重要地位。在已形成的东北亚、欧洲和北美世界三大冰雪板块中,东北亚冰雪产业是最具增长潜力的板块。东北亚国家中俄罗斯、日本和韩国在冰雪产业方面发展的历史要早于我国,积累了很多我们可以借鉴的发展经验。

(一)俄罗斯冰雪产业发展特点

1. 冰雪文化多元化呈现

冰雪文化在俄罗斯人们心中占重要位置,在冬季生活的各个方面都有所体现,不仅包含了冰雕和雪雕、冰雪节这些最重要的元素,俄罗斯人还有自己庆祝的传统冬季节日,有自己的冬季饮食。冰雪题材是俄罗斯文学、艺术和影视作品中必不可少的元素。

2. 群众性的冰雪运动开展广泛,冰雪体育竞技水平高

冰雪运动在俄罗斯有广泛的民众基础,每年的2月7日是俄罗斯的冬季运动日。俄罗斯70多个地区在这天都会举办"俄罗斯滑雪"传统比赛,业余和专业选手都能够参加,是规模最大、参赛人数最多的比赛。俄罗斯各地还举办国际冬泳比赛和民间冬泳运动,都是民众参加的传统冬季运动。俄罗斯冰雪运动竞技水平非常高,冰球、花滑、冰舞、越野滑雪等运动居世界领先地位,都曾取得冬奥会的金牌。

3. 政府加大投入带动冰雪旅游

俄罗斯政府于2019年批准的《2035年前旅游发展战略》中提出了"2035年前俄罗斯联邦滑雪旅游发展方案":计划2035年将投资近650亿卢布(按照2023年12月8日汇率计算,约合50.57亿元人民币)用于发展滑雪度假。该方案中计划滑雪旅游市场增长2倍,增加滑雪场的数量,山地滑雪旅游人数增加至250万人(约占总人口的1.7%)。

4.冰雪装备制造业历史悠久,传统和现代工艺并存

俄罗斯的冰雪装备制造业有悠久的历史,冰球鞋的制造业保持着数百年的生产质量传统,还将最新的技术和创新融入冰鞋的制作过程中。生产的冰球鞋、花滑鞋不仅提供给本国运动员,还出口到世界各地。由于俄罗斯冬季降雪量大,清雪设备必不可少。其中最受欢迎的是手持式扫雪机,这种设备优点是功率大、使用方便,最常用于清扫居民区的积雪。

(二)日本冰雪产业发展特点

1.通过举办冰雪节向世界传播日本冰雪文化

世界上每年举办国际冰上艺术节的想法起源于日本,日本札幌冰雪节是世界四大冰雪节之一,每年吸引数百万世界各地的游客。冰雪节期间,还有文化展览和各种艺术活动,其中札幌雪祭是日本最著名的大型冬季节日之一。札幌冰雪旅游已经成为支撑当地经济发展的支柱。日本通过举办冰雪节向世界传播日本冰雪文化。

2.冰雪运动普及早,以举办冬奥会和亚冬会为契机发展壮大

日本是亚太地区重要的冰雪运动中心,是冰雪产业发展最早的国家。日本在冰雪运动设施数量、质量以及冰雪运动人口参与率方面均位居世界前列。自20世纪60年代,冰雪运动在日本迅速普及,日本的冰雪产业得以快速发展。日本冰雪运动的发展与冬奥会和亚冬会举办有直接的关系。自札幌成功获得冬奥会主办权后,当地的冰雪运动得到大力发展。

3.冰雪旅游以优质服务著称

日本滑雪场的雪被认为是世界上最松软的,一直是高水平滑雪者和滑雪板爱好者最喜爱的滑雪目的地。日本拥有众多世界一流的滑雪胜地,每个滑雪场基本上都有温泉。日本是世界上拥有滑雪场数量最多的国家之一。为吸引游客,滑雪度假村里还提供丰富多彩的活动。而滑雪度假村高质量的服务是日本冰雪旅游吸引外国游客的重要因素。

4.冰雪制造业起步早,滑雪板制造业发达并处于领先地位

日本冰雪制造业起步早,注重生产的滑雪板质量。日本最佳单板滑雪品

牌通常采用最先进的技术手段，加上日本独有的美学设计。例如，Rice28是日本最早生产自由式滑雪板的品牌之一，于1995年推出，在日本滑雪板历史上占有独特地位，它采用先进技术生产所有雪上运动配件。1935年创立的Descente是世界上最著名的高科技服装公司之一。该品牌生产的所有服装都具有极高的品质，非常注重细节。

（三）韩国冰雪产业发展特点

1. 注重冰雪文化培育，以冰雪体育文化著称

韩国是亚洲传统的冰雪运动强国，注重冰雪体育文化的培育。韩国注重培养学生对冰雪体育的兴趣，在韩国的中小学教育中，滑冰是必修课。从小学需要掌握的冰雪体育规范的初级技能，到初中需要掌握的规范技术动作，韩国学生一直都在紧密同冰雪运动相联系。此外，韩国不同地区冬季还会举办以冰雪、传统习俗和地方特产为主题的各种节庆活动。

2. 完善的冰雪体育竞技人才培养体系推动韩国冰雪运动高质量发展

韩国冰雪运动开展较早，有成熟的冰雪运动发展模式。韩国通过申办和举办冬奥会和亚冬会，对冰雪运动发展起到了重要的推动作用。韩国重视青少年后备人才的发掘与培养，冰雪运动在韩国各级学校系统都有支持和保障，注重初期的冰雪运动人才的选拔。韩国常年派遣国家队赴世界各冰雪强国联合训练提高竞技水平，同时学习先进的训练管理理念，逐渐缩小与世界冰雪体育强国的差距。

3. 冰雪旅游注重情境相融

韩国冰雪旅游是以优质的滑雪场地和唯美的故事情境吸引游客。韩国最大的滑雪场龙平滑雪场是2018年平昌冬奥会的主会场之一，是亚洲第二个世界级的滑雪场，还是热门韩剧《冬季恋歌》《孤单又灿烂的神：鬼怪》的取景地，深受喜欢韩剧年轻人的向往，纷纷前往打卡拍照，成为韩国冰雪旅游的一大特色。

4. 冰雪装备制造业受客观因素限制，品牌产品高科技含量高

韩国由于地域和人口的限制，以及人工成本的增加，很多产品都是依赖进口。冰雪装备制造业也有本国品牌,比如韩国滑雪服品牌 ROMP,面料使用了高科技技术,是非常受欢迎的滑雪服品牌。OVYO 品牌的滑雪服、滑雪手套都受到年轻人的喜爱。

三 吉林省冰雪产业发展同东北亚国家相比较存在的问题

(一)政府对于吉林冰雪文化对外宣传和推广不够,缺乏国际影响力

吉林冰雪文化的推广虽然不断扩大,但还是远远不够。在吉林省内的城市道路和公共场所,大幅的吉林冰雪宣传画和宣传语很少出现。很多小区居民对城市筹办的冰雪活动获取的信息量不够。通过对俄罗斯、韩国和日本网站搜索关键词"中国冰雪",首先出现的是哈尔滨冰雪大世界的相关报道和图片,对吉林省冰雪的介绍只有输入关键词"吉林"才会显示报道和图片。可见,政府重视吉林冰雪在省内外的宣传,缺少对其国际化的传播。

(二)冰雪运动普及不够广泛,民众参与度还需加强

从以上三个国家冰雪运动发展看,其共同的特点是,冰雪运动在民间有广泛的群众基础,正是群众的广泛参与,带动了冰雪运动的发展。但是目前吉林省内,从中小学到大众,冰雪运动普及方面还远远不够。虽然像延吉等城市已经在中小学开设了冰雪课程,但是对于一些普通的冰雪运动,像滑雪、冬泳、冰上娱乐项目,大众参与度还是很低。这也和长春举办大型国际冰雪运动赛事少有关。此外,吉林省并没有像俄罗斯一样,在指定的冬季运动日里,民众积极参与到冰雪运动中,民众参与度还需加强。这也是未来吉林冰雪运动能否高质量发展的重要因素。

(三)冰雪旅游的竞争力有待提升

目前,吉林省的冰雪旅游资源极为丰富,旅游文化独具吉林特色,但是

在国内外冰雪旅游竞争力上还有待提升。首先，吉林省内举办的多个国际冰雪旅游节和冰雪比赛，影响力没有扩展到全国乃至世界，省内不是举办地的民众，对举办城市的冰雪活动信息量获取较少，这无形中会减少冰雪旅游的人数。其次，吉林冰雪旅游城市除了像吉林国际雾凇冰雪节、查干湖冰雪渔猎文化旅游节，很多城市还是缺乏有特点的宣传。冬季对于冰雪国家来说，冰雪旅游最主要是滑雪和赏雪，如果冰雪旅游的目的地带有故事性，更能激发旅行者的兴趣。像韩国的滑雪场会以年轻人喜爱的韩剧拍摄地作为宣传，吸引年轻人前往；日本以举办大型的冰雪节吸引本国和世界各地人前往旅游。吉林省也还可以继续探寻出有特点、有故事的冰雪旅游地。最后，针对吉林省冰雪旅游设计的精品旅游线路仍需深度开发，最好形成历史传承。现在省内外知名的冰雪旅游线是长白山冰雪旅游，这也是依托长白山的知名度。未来，吉林省还是要开发出享誉全国和世界的旅游线路。

（四）冰雪装备制造业数量少，没有形成产业集群

冰雪装备制造业作为冰雪产业链上的重要环节，随着近年来冰雪运动的热度也在持续升温。国内的冰雪装备制造业虽然起步晚于欧美，但是依托国内强大的制造力和完善的产业供应链，成为很多世界知名冰雪装备品牌的生产地。吉林省目前冰雪装备产业还在持续发展阶段，并且也取得了优异的成绩，但是和吉林省整体冰雪经济发展相比，冰雪装备制造业没有形成产业集群，在国内外有影响力的品牌数量较少，这些都是目前吉林省冰雪装备制造业存在的问题。

四 吉林省同东北亚国家冰雪产业发展的借鉴及对策

2023年11月17日在长春举办的"世界寒地冰雪经济大会"，是展示中国寒地冰雪资源的对外窗口和促进世界冰雪经济合作的国际平台。在国家战略部署下，我国冰雪经济的加快发展也将为世界各国寒地冰雪经济发展提供重要的机遇和广阔的合作空间，将为全球经济增长提供新的动能。吉林省应

借此机遇立足自身优势大力发展冰雪经济，推进高水平对外开放。基于东北亚国家冰雪产业特点以及吉林省冰雪产业发展存在的问题，吉林省应从以下几个方面借鉴东北亚国家冰雪产业的经验。

（一）政府要加强吉林冰雪文化的对外推广，鼓励创作关于冰雪文化题材的文化作品并给予产业政策支持

通过电视新闻媒体、互联网、手机微信公众号等宣传渠道积极做好外宣工作，将吉林冰雪文化向国际传播，推介吉林省传统特色的冬季饮食文化、冬季民俗文化等。选择长春、吉林、延吉等城市同国外有特点的冰雪城市建立长期的"冰雪友好城市"，并形成互访机制。通过定期互办冰雪艺术节、国际滑雪比赛和冰上项目比赛，共同展出各自有特点的冰雕雪雕作品，促进冰雪文化的国际交流，提升吉林冰雪国际影响力。吉林省冰雪文化融合了汉、朝、蒙、满等民族文化特点，这种多民族融合的文化特色也为吉林省冰雪文化注入了丰富的创作素材。关于冰雪文化的文学、艺术和影视作品是宣传冰雪文化必不可少的元素。因此，政府要给予相关文化企业和个人优惠政策，鼓励创作关于吉林冰雪文化的小说、诗歌、绘画、歌曲、影视作品等，讲好吉林冰雪故事，给予政策扶持，制定规划，根据每年创作的数量设立专项资金。

（二）政府要加大对冰雪运动的投入，夯实群众冰雪运动基础，力争举办亚冬会等国际赛事

俄罗斯、日本和韩国都曾举办过冬奥赛事，而在赛事举办之前，这些国家的民众已经开始从事各种冰雪运动，民众冰雪运动基础都较为广泛，国家对冰雪运动的投入也很大。因此，政府要积极申办国际冰雪大赛，力争再次举办亚冬会。国际大赛的举办会带动当地冰雪运动的发展，例如，自札幌成功获得冬奥会主办权后，札幌市政府就将滑雪课列为小学必修课程。吉林省的冰雪运动要借鉴以上国家的冰雪运动经验，从中小学积极培养青少年的冰雪运动兴趣爱好，普及青少年冰雪运动基本知识和技能。可以仿效俄罗斯设

立一个"冰雪运动日",在这一天,号召全民参与冰上运动。还可以举办一些民间冰雪运动赛事,如冬泳、冰上龙舟、冰上自行车等比赛,增加赛事的趣味性。参赛人员可以从机关企事业单位、中小学校、高校在校生、街道、社区自由报名参加,制定赛制,激发民众的参与热情。通过与冰雪体育强国举办更多的友谊赛、表演赛,聘请对方教练到省内执教等形式,建强省内冰雪体育竞技的弱项,促进吉林省冰雪体育产业的发展,为国家输送更多优秀的冰雪运动体育人才。

(三)发挥政府引导作用,助力文旅企业打造冰雪+旅游项目,以冰雪文旅带动冰雪产业发展

通过对以上国家冰雪旅游经验的总结可以看出,一个国家举办冬奥会或者亚冬会的前后5年往往是该国冰雪产业发展的黄金时期,也是冰雪旅游发展的上升期。目前北京冬奥会闭幕不到两年,正是冰雪旅游发展升温时期。吉林省的冰雪旅游要抓住机遇,借助文旅企业的宣传,突出自己多民族融合的特色,由省内有资质的旅行社开发特色冰雪旅游路线,打造冰雪+东北美食、冰雪+观光游、冰雪+东北文化等有特点的冰雪旅游项目,吸引来自国内外的游客,让民众对吉林冰雪记忆深刻,打造世界知名的国际冰雪旅游胜地。此外,要借鉴日本冰雪旅游高质量的服务经验,提升吉林省冰雪旅游的服务水平、服务环境和服务设施,让城市的冰雪旅游经济成为振兴地方经济的重要手段。

(四)政府协同相关企业筹措搭建多元化的文旅项目,将各国冰雪文化相互融合

中国、俄罗斯、韩国和日本各有自身独特的冰雪文化,需要有一个现实稳定的平台展示这些国家的冰雪文化,使民众能够近距离详细了解这些国家冰雪产业发展的历史和现状。吉林省可以在省内城市中选址,打造国内首家东北亚冰雪文化产业城,文化产业城里可以布置与东北亚国家冰雪产业相关的展厅:冰雪文化展厅、冰雪运动展厅、冰雪商品展厅、冰雪影片展厅、冰

雪饮食展厅，还可以设置以小型冰雪运动为主的冰雪游乐园区，这座冰雪产业文化城不仅可以成为该城市冰雪旅游的城市符号，吸引本省、全国以及国外游客的关注度，也会成为未来城市打卡新地标。

（五）统筹规划，重视冰雪装备制造业国际间的交流

吉林省的冰雪装备制造业近几年正在稳步持续发展，需要向冰雪装备制造业历史悠久且发达的国家学习，像俄罗斯冰球鞋制造的传统和现代工艺、清雪机的现代化，日本滑板技术的创新性，韩国含有高科技的滑雪服等。因此，政府要统筹规划，未来定期举办相关主题的国际论坛。论坛可以先以东北亚国家为主轮流举办，除了讨论冰雪装备产业的主题，还可以将讨论主题扩展，就冬季气候变化应对、冬季空气污染治理、冬季城市园林管理、冬季交通管理等内容进行交流。在这个论坛上不仅能够详细了解各个国家相关方面的发展现状，交流各自国家在相应方面的优势举措，还能够学习到先进的技术，对促进相应领域产业链的相互交流，进而促进相应产品的贸易发展，具有非常重要的意义。

随着北京冬奥会的落幕，我国未来将会成为亚太地区乃至世界冰雪运动的重要国家之一。根据《中国冰雪产业发展研究报告（2023）》分析，预计2025年中国冰雪运动产值将达到1万亿元，占整个中国体育总产值的1/5，2024~2025冰雪季中国冰雪休闲旅游人数有望达到5.2亿人次。吉林省有适合发展冰雪产业的优越地理条件，在吉林省大力发展冰雪产业的背景下，通过借鉴以上国家冰雪产业的发展经验，为吉林省冰雪产业发展带来新动力和助推力，从而提升吉林冰雪影响力，推动吉林冰雪经济高质量发展，让"吉林冰雪"这张名片走向国际。

参考文献

[1]《吉林省冰雪产业高质量发展规划（2021~2035年）》。

[2]《俄罗斯联邦2035年前旅游发展战略》。

[3] 陈琳、李桂华：《后冬奥时期日本发展冰雪运动的实践经验及对我国的启示》，《沈阳体育学院学报》2022年第6期。

[4] 王思悦、李云聪：《日本冰雪体育旅游业发展经验及其启示》，《当代体育科技》2022年第7期。

[5] 孙民康等：《举办冬奥会促进冰雪运动发展的韩国经验及借鉴》，《北京体育大学学报》2022年第1期。

[6] 孙民康等：《韩国冰雪运动发展经验及启示》，《体育文化导刊》2021年第11期。

[7] 丁红卫、王宇飞：《日本冰雪产业的发展经验及借鉴》，《宏观经济管理》2020年第7期。

[8] 胡慧璟、郭万超：《借鉴日韩经验发展首都冰雪产业》，《前线》2020年第6期。

[9] 田栋：《奥运经济效应及我国发展冰雪经济的国际经验比较与借鉴》，《全球化》2018年第9期。

[10] 段天龙等：《韩国冰雪竞技体育人才培养体系的研究》，《冰雪运动》2018年第1期。

[11] 张贵海：《试论东北亚冰雪产业区域合作》，《学术交流》2013年第10期。

[12]《打造美丽中国吉林样板》，《吉林日报》2023年9月26日。

[13]《〈吉林省冰雪产业高质量发展规划（2021~2035年）〉政策解读新闻发布会》，吉林省人民政府网，http：//www.jl.gov.cn/szfzt/xwfb/xwfbh/xwfbh2021/jlsdssjrmdbdhdychy_386181/wzzb/202110/t20211028_8262164.html。

[14]《释放冰雪红利 吉林省雪道数量达319条》，搜狐网，https：//www.sohu.com/a/615645890_120988576。

[15]《吉林将实施"中小学雪假"助力全民参与冰雪活动》，人民政协网，http：//www.rmzxb.com.cn/c/2023-10-08/3421085.shtml。

[16]《2024~2025冰雪季中国冰雪休闲旅游人数望达5.2亿人次》，搜狐网，https：//www.sohu.com/a/625640121_120537428?qq-pf-to=pcqq.c2c。

[17]《2023年中国冰雪运动产值将达8900亿元》，《北京商报》2023年9月15日。

[18]《"种草"吉林粉雪 全国滑雪场记录里程前十名，四个在吉林》，人民网，http：//jl.people.com.cn/n2/2022/1208/c349771-40224318.html。

[19]《通化市：冰雪产业示范新城释放发展新效能》，人民网，http：//jl.people.com.cn/n2/2023/0917/c349771-40573490.html。

[20]《吉林省拟发放3000万元冰雪消费券 拉动新雪季冰雪消费》，人民网，http：//jl.people.com.cn/n2/2023/0913/c349771-40569356.html。

[21]《2023年俄罗斯最好的滑雪胜地》，https：//www.puteshestvuy.com/gornolyzhnye-

kurorty-rossii/。

[22]《旅游业得到提升》，https：//www.kommersant.ru/doc/4966042。

[23]《日本滑雪胜地》，https：//otdyhateli.com/obzor-gornolyizhnyih-kurortov-yaponii/。

[24]《韩国滑雪的黄金时期》，https：//ratanews.ru/news/news_28112022_4.stm。

[25]《俄罗斯山地度假胜地的需求增长了15%》，https：//www.rbc.ru/business/08/04/2023/643103379a7947824eb6c04c。

[26]《松原整合冰雪资源聚焦冰雪经济壮大冰雪产业——全力建设吉林西部冰雪旅游中心城市》，吉林省人民政府网，https：//www.jl.gov.cn/szfzt/jlyhyshjjxs/dxzf/202311/t20231117_2884151.html。

[27]《5个最佳日本滑雪板品牌》，https：//www.japanvenge.com/best-japanese-snowboard-brands/。

[28]《"冰雪国潮：2023年十大冰雪装备品牌"揭晓》，搜狐网，https：//travel.sohu.com/a/625612544_121124675。

[29]《Descente服装 滑雪时尚+梦幻科技》，https：//www.kant.ru/articles/3253541/。

B.18 吉林省跨境电商高质量发展面临的难点问题和对策建议研究

张佳睿 闫吉[*]

摘　要： 在新发展阶段，吉林省提高对外开放水平，要全力稳外资稳外贸，积极推动外贸新业态发展，尤其是要将跨境电商高质量发展作为发展的重点。近年来，吉林省以推动跨境电商综合试验区建设、跨境电商零售进出口业务发展、跨境电商企业孵化和人才培养为着力点，实施跨境电商扩量提质行动。但与跨境电商发展较好的地区相比，仍面临缺少龙头企业引领、跨境电商合作不足、金融支持力度不大、相关配套服务有待完善、跨境电商品牌化不足等难题。为促进吉林省跨境电商高质量发展，应促进传统产业与跨境电商深度融合，充分发挥行业协会的作用，加大对跨境电商的金融支持力度，推动海外仓和综合服务平台建设，打造跨境电商品牌优势以培育核心竞争力。

关键词： 跨境电商　跨境电商综合试验区　海外仓　吉林省

党的二十大报告提出，"推进高水平对外开放"，"优化区域开放布局，巩固东部沿海地区开放先导地位，提高中西部和东北地区开放水平"。[①] 2023年9月7日，习近平总书记在主持召开的新时代推动东北全面振兴座谈会上指出，"提升对内对外开放合作水平"，"要增强前沿意

---

[*] 张佳睿，吉林省社会科学院副研究员，研究方向为世界经济、财政金融；闫吉，统计学博士，吉林省农业科学院科员，研究方向为农业经济。
① 习近平：《高举中国特色社会主义伟大旗帜　为全面建设社会主义现代化国家而团结奋斗——在中国共产党第二十次全国代表大会上的报告》，《人民日报》2022年10月26日。

识、开放意识"。① 推进高水平对外开放是地处东北的吉林省在复杂的国际形势下的重大历史使命，吉林省要增强开放意识，以战略的眼光、不断创新的举措提升对内对外开放合作水平。在新发展阶段，吉林省提高对外开放水平，要全力稳外资稳外贸，积极推动外贸新业态发展，尤其是要将跨境电商高质量发展作为发展的重点。

一 吉林省跨境电商发展的现状

近年来，在相关政策的大力支持下，吉林省跨境电商贸易规模日益扩大，跨境电商综合试验区建设带动产业集聚，跨境电商企业孵化和人才培养平台加快建设，在吉林省经济发展中发挥了重要作用。

（一）在多项政策支持下跨境电商贸易规模日益扩大

近年来，国家和地方层面出台多项政策，促进跨境电商快速发展，使吉林省跨境电商规模日益扩大。2020年，商务部等六部门发布《关于扩大跨境电商零售进口试点的通知》，将跨境电商零售进口试点范围从37个城市扩大至海南全岛和其他86个城市（地区）。2021年，在《国务院办公厅关于加快发展外贸新业态新模式的意见》中提出，在全国适用跨境电商企业对企业（B2B）直接出口、跨境电商出口海外仓监管模式，完善配套政策，便利跨境电商进出口退换货管理，优化跨境电商零售进口商品清单；在《"十四五"数字经济发展规划》中提出，大力发展跨境电商，培育壮大一批跨境电商龙头企业、海外仓领军企业和优秀产业园区。2023年，财政部、海关总署、税务总局发布《关于跨境电子商务出口退运商品税收政策的公告》，降低跨境电商企业出口退运成本。吉林省在出台的多项政策中，都将跨境电商作为发展和支持的重点。比如，《关于积极应对新冠肺炎疫情促进

---

① 《习近平主持召开新时代推动东北全面振兴座谈会强调：牢牢把握东北的重要使命 奋力谱写东北全面振兴新篇章》，中国政府网，https://www.gov.cn/yaowen/liebiao/202309/content_6903072.htm。

稳外贸稳外资的若干措施》提出，支持企业开展跨境电商零售进出口、保税仓建设，提高企业线上国际市场开拓能力；《吉林省人民政府办公厅关于做好跨周期调节进一步稳外贸的实施意见》提出，支持企业上线知名跨境电子商务平台或设立独立站，开展跨境电子商务业务，支持企业拓展跨境电商零售进口，依规开展"线下展示+线上交易"业务。

国家政策陆续出台和吉林省的积极探索，为吉林省跨境电商快速发展提供了坚实基础。吉林省跨境贸易发展迅速，连续三年实现进出口高速增长，2020~2022年跨境电商进出口增速分别为25%、38.1%、68.1%，2022年高于全国58.3个百分点。2023年1~8月，延边州跨境电商进出口贸易额达20.7亿元，同比增长54.4%。2023年上半年，长春市企业在跨境电商线上平台达成进出口订单额1.7亿美元。

（二）跨境电商综合试验区建设带动产业集聚

自2015年起，国务院分7批同意设立跨境电子商务综合试验区，吉林省共有长春、珲春、延吉、吉林四个城市获批。这四个跨境电商综试区的设立，使吉林省跨境电商发展迅速，贸易便利化水平日益提升。2022年，长春市针对外贸企业诉求切实进行纾困解难，如引导一汽进出口公司完成首单跨境电商B2B直接出口（9710）报关，实现了对坦桑尼亚出口4辆解放卡车报关试单。2022年珲春跨境电商进出口额达35.2亿元，同比增长63.7%，出口业务呈爆发式增长。珲春利用该重大利好政策机遇，建设东北亚跨境电商产业园，2022年8月一期项目东北亚国际商品城试营业，吸引54家企业入驻，促进了电商与特色产业有机融合；园区不断优化营商环境，吸引了北京天府盛集团、上海五兆国际、广州优尔国际、北京铭谦科技、深圳巨量跳动、杭州龙象传媒等一大批创新型优质电商企业前来考察，并入驻园区。吉林市成功推进跨境电商项目，与宁波国际物流发展有限公司签订合作发展跨境电子商务产业项目协议，依靠其外贸数字化平台管理运营和资源优势，在跨境电商进出口规模、主体培育、人才培养等方面取得较大新进展。延吉市积极搭建"延吉跨境通甄选"小程序商城，完成了第三方支付、物流与平台的对接。

（三）跨境电商企业孵化和人才培养平台加快建设

吉林省积极推动跨境电商企业孵化，力争培养一批跨境电商企业和创业团队，推动传统产业与跨境电商深度融合。启动吉浙跨境电商运营中心项目，重点开展跨境电商创业孵化、就业培训、供应链金融等综合服务，为孵化跨境电商创业项目提供了平台。珲春东北亚跨境互市电商产业孵化中心全力打造跨境电商产业集聚发展高地和东北亚青年创新创业高地，目前已吸引电商、物流、外贸企业等95家企业入驻，成为吉林省辐射东北亚地区重要的跨境电商载体。通过孵化平台的帮助，很多跨境电商企业在公司注册、资源对接、仓储物流等方面获得一系列帮扶，得以迅速成长。

跨境电商发展对人才的需求较大，需要懂得推广运营、美工摄影、物流、客服等方面的专业性人才，也需要拥有高效整合能力、外语能力、国际法律知识等的综合型人才。[1] 吉林省积极引进和培养跨境电商人才，弥补人才缺口。2020年10月，长春光华学院数字经济学院与满天欣未来科技同步签署校企合作协议，共建"满天欣跨境电商特色产业学院"，培养吉林省急需的跨境电商应用型人才。2021年4月，中韩跨境电商（阿里巴巴国际站GGS）人才基地落户长春，培养跨境电商营销、运营、贸易、供应链等应用型人才。延边州商务局在延边大学经管学院设立跨境电商实训基地，联合阿里巴巴公益基金会举办跨境电商启航培训班；延吉市、珲春市分别与长春人文学院外国语言文学学院、延边大学经济管理学院签订合作协议，输送对口人才。吉林省通过政府引导、行业参与、学校与企业产教深度融合，实现跨境电商人才培养与企业需求的无缝对接。

二 吉林省跨境电商发展面临的难点问题

虽然吉林省跨境电商发展势头良好，为吉林省经济发展贡献了重要力

---

[1] 江华鹏：《我国跨境电商发展特点探析》，《对外经贸》2022年第12期。

量，但与跨境电商发展较好的地区相比，仍有很多不足，实现高质量发展仍面临一些难题。

（一）中小企业占比较大，缺少龙头企业引领

长期以来，吉林省跨境电商企业以中小微企业为主，经营方式粗放，主要依托产品的高性价比在境外电商平台上大量开店铺货经营，受平台规则影响大，业务稳定性差。部分中小型跨境电商对平台运营机制、市场潜力等了解不足，不利于其开拓国际市场。[①] 虽然还有部分中小型跨境电商善于利用电商平台，为出口贡献了重要力量，但由于其经营产品同质化较强，主要依靠低成本竞争，市场竞争激烈，核心竞争力不强，在国际贸易中缺少话语权，抗风险能力不足。比如，2021年4月开始的亚马逊大规模封店事件对大量中国中小型跨境电商造成了较大影响，加上近年来欧美国家对跨境电商进口商品合规化运营的要求越来越高，同时平台广告成本、运输及仓储配送成本、供应链成本、商品退货成本等都在上升，也逼迫跨境电商卖家不得不改变经营模式。目前，吉林省缺少跨境电商龙头企业，缺少自建独立电商平台的企业，更缺少具有特色的"电商+产业"平台。吉林省原有的龙头企业没有充分借助跨境电商出海，难以通过跨境电商巩固品牌优势、扩大市场规模。

（二）跨境电商分散发展、合作不足

吉林省的跨境电商大多是民营中小企业，这些企业各自为政、分散经营，没有形成合力，不利于行业的高质量发展。它们往往局限于自身的短期利益，缺乏对企业和行业的长远规划，导致企业发展侧重点不突出、服务质量不高、品牌建设乏力。我国跨境电商发展较好的地区都建立了行业协会，促进对外贸易健康发展，帮助企业维护合法权益，保障消费者合法权益，提

[①] 金泉、苏庆新：《跨境电商平台赋能中小企业国际化的机制研究》，《国际贸易》2022年第10期。

升跨境电商竞争力。2014年上海最早建立了上海跨境电子商务行业协会，目前有400多家会员单位，协会下设专家智库和十大专业委员会，为企业提供精准、专业的服务；同时，协会开展政策解读、专业技能培训、商务资源整合、校企人才合作等多项工作，为上海跨境电商快速发展提供了支撑。虽然2019年由长春兴隆综合保税区隆通供应链管理有限公司、吉林省满天欣科技有限公司、吉林君友现代服务业产业园管理有限公司等30余家企业共同发起筹备成立了吉林省跨境电子商务协会，但与跨境电商发展较好的地区，如上海、杭州、广州、成都等相比，协会仍未搭建起政府与企业以及企业之间的有效沟通平台，经验交流、调研培训、咨询服务等活动还未完全开展起来。

（三）跨境电商获得的金融支持不足

一方面，跨境电商的融资需求难以得到满足。为扩大规模和拓宽经营范围，跨境电商有较大融资需求。但吉林省的跨境电商规模较小，大多缺少抵押物和质押物，因而不容易从银行等金融机构获得贷款。同时，小额多笔的B2C业务对银行来说存在融资服务成本较高、风险难把控等问题，而且跨境电商大部分交易均在电商平台上进行，银行无法采集该部分数据，导致银行授信额度较低，难以满足企业融资需求。

另一方面，跨境电商面临支付渠道结算不畅的问题。吉林省跨境电商支付结算主要有商业银行和第三方支付平台两种渠道，尽管这两种渠道应用范围较广，但仍存在流程复杂、收费高、交易结算风险高等问题。[①] 吉林省部分商业银行尚未建立跨境电商交易结算系统，第三方支付平台操作不合规可能增加交易风险。跨境电商卖家结汇风险较大，而现有的汇率衍生品无法满足吉林省跨境电商企业的交易场景和碎片化需求。另外，传统银行外汇衍生品以服务大型企业的标准化产品为主，与吉林省大量中小型跨境电商企业的需求不符。

---

① 何苗：《5G背景下中国跨境电商发展的进阶路径研究》，《全国流通经济》2022年第1期。

（四）相关配套服务有待完善

跨境电商涉及物流、税收、售后、管理等多个环节，这些环节需要有较高的综合配套服务能力，而吉林省相关配套服务水平有待提高。在物流方面，传统的集装箱物流周期长，航空快递成本高，低效、高成本的物流难以满足吉林省跨境电商快速发展的需求。虽然吉林省着力打造物流通道，提高通关效率，但跨境物流仍然存在运输过程不稳定导致产品损坏，而退换货也比较困难。在税收方面，跨境电商面临税务合规风险。在售后服务方面，由于销售商品质量监管缺乏明确规范，导致退换货较难，交易纠纷解决机制不畅。[1] 在管理方面，"关、检、税、汇"等部门协同配合度有待提高，相关管理制度不完善，不利于吉林省跨境电商的快速发展。

（五）跨境电商品牌化不足

品牌化可以给跨境电商带来价格优势，提升其国际竞争力。吉林省跨境电商品牌意识与建设能力薄弱，大多仍依靠传统"量""价"优势，对企业品牌的重视程度不够，导致出口商品多为代工的劳动密集型产品，同质化竞争严重。同时，大部分跨境电商企业不擅长品牌营销，对海外市场的消费环境和消费者行为特征了解不充分，难以建立品牌优势。同时，很多跨境电商不重视产品创新，知识产权保护意识不强，往往仿冒、抄袭其他产品，以低价竞争获取优势，不利于长远可持续发展。同时，吉林省跨境电商品牌管理不成熟，国际市场占有率不高。跨境电商品牌化建设的难度较大，尤其是品牌化建设渠道费用日益上涨，进一步提升了跨境电商品牌培育的难度。

三 促进吉林省跨境电商高质量发展的对策

为促进吉林省跨境电商高质量发展，应促进传统产业与跨境电商深度融

---

[1] 许辉：《数字经济下跨境电商产业生态系统战略布局研究》，《改革与战略》2019年第8期。

合，培育壮大电商主体；充分发挥行业协会作用，优化营商环境；借鉴先进地区经验，加大对跨境电商的金融支持力度；推动海外仓和综合服务平台建设，完善相关配套服务；打造跨境电商品牌优势，培育核心竞争力。

（一）促进传统产业与跨境电商深度融合，培育壮大电商主体

一方面，推动吉林省传统产业与跨境电商融合发展，尤其是推动传统产业利用跨境电商改变生产方式和流通方式，塑造品牌形象，提高附加值。[①] 要引导吉林省传统产业充分利用跨境电商渠道开拓国际市场，依托吉林省汽车产业、石化产业、农产品加工产业等产业集群，由龙头企业或行业协会牵头，优先发展一批有跨境电商产业优势的企业。同时，要推动传统外贸企业"上线触网"，开展跨境电商业务，进一步拓展国际市场。[②] 相关部门要积极引导传统产业与跨境电商深入融合，"一企一策"帮助企业采用跨境电商方式出口，指导企业进行相关备案、登记申报等。充分发挥长春市、珲春市、吉林市和延吉市四个跨境电商综试区的作用，在跨境电商与传统产业间搭建起桥梁，帮助传统产业通过跨境电商探索新发展路径。通过政策引导，以跨境电商赋能传统产业培育新的增长点，扶持一批有较高知名度和国际市场开拓能力的龙头企业。

另一方面，加大跨境电商帮扶力度，培育壮大跨境电商主体。吉林省应积极开展跨境电商主体培育工程，加大对电商企业的指导帮扶力度，培育中小型跨境电商，支持大中型跨境电商做大做强，引进龙头企业。建议政府部门设立跨境电商发展专项基金，并对接知名投资基金，引导建立跨境电商孵化基地和服务平台，对入驻企业给予一定补贴，帮助企业进行宣传推介和品牌打造、了解国际经贸规则。同时，政府可以提供有关的支持和便利条件，对企业进行市场推广、培训，根据跨境电商企业的需求和面临的难题，组织

---

① 张夏恒：《跨境电子商务与传统产业融合发展：全产业链集聚的价值、要点与思路》，《当代经济管理》2022年第1期。
② 王惠敏、戴明锋、赵新泉：《跨境电商带动传统产业转型升级路径》，《国际经济合作》2021年第1期。

开展培训和研讨活动,帮助企业解决难题,促进交流合作。推动跨境电商平台和产业园建设,发挥园区集聚效应,吸引更多企业入驻。①加大对跨境电商平台、大卖家、支付、物流等全产业链龙头企业的招引力度,推动其在吉林省设立技术创新中心、物流基地、服务中心、人才培训中心和品牌运营中心,带动本地跨境电商快速发展。

(二)充分发挥行业协会作用,优化营商环境

吉林省应充分发挥跨境电子商务行业协会作用,整合省域跨境电商资源,营造公平竞争的良好氛围。行业协会要定期组织跨境电商企业沙龙和与其他企业协会、商会和服务机构间互动交流,不断学习新政策、交流新商机,扩大协会影响力。行业协会要着力宣传国家和地方跨境电商相关方针政策,规范企业经营管理行为,促进市场健康有序发展。行业协会要定期组织经验交流会,举办行业峰会、论坛,以更好地帮助跨境电商企业间实现充分沟通,寻找合作的商机。行业协会还应促进行业标准的形成,制定行业规范,协调企业间争端,在企业利益受到损害时帮助企业维护合法权益。

吉林省应为跨境电商发展营造良好的营商环境,促进跨境贸易便利化。要进一步完善跨境电商通关、税务等制度,助力跨境电商高质量发展。一要优化口岸营商环境,简化通关手续,压缩通关时间。促进跨境B2B出口,对其出口货物优先安排检查,支持符合条件的出口货物简化申报。海关要加快"单一窗口"建设,并向跨境电商宣传业务办理流程,助力快速通关。二要完善税务服务。税务部门要精简退税资料,无缝衔接企业申报与退税审核批准,实现退税全流程无纸化。推进智慧税务建设,运用微信、QQ等线上办事渠道,对出口退税电商进行辅导或业务办理。

(三)借鉴先进地区经验,加大对跨境电商的金融支持力度

虽然吉林省跨境电商发展较快,但金融支持步伐缓慢。吉林省应借鉴其

---

① 蒋建华:《跨境电商产业园建设探讨》,《商场现代化》2022年第4期。

他地区金融机构的做法，推动金融支持跨境电商发展。例如，我国一些地区出台了相应的金融扶持跨境电商发展的政策，2021年8月中国人民银行杭州中心支行、浙江省商务厅、国家外汇局浙江省分局联合印发了《关于金融支持浙江省跨境电子商务高质量发展的指导意见》，着眼跨境人民币、外汇、支付、融资等方面，出台金融支持跨境电商九条举措，为跨境电商高质量发展按下快进键。这是我国第一个省级层面出台的专门以金融支持跨境电商发展的政策，对于吉林省有较强的借鉴意义。同时，多家金融机构进行产品和服务创新。例如，中国银行不断拓展"中银跨境e商通"产品服务范围，加强与境内支付机构在跨境电商进出口方向收付业务合作；兴业银行推出跨境电商综合金融服务方案，为跨境电商从业者提供余额理财、加油筒付等专属金融产品。

为提升吉林省跨境电商贸易便利化水平，可从畅通跨境电商人民币结算渠道、加大跨境电商融资支持力度、加强风险防控等方面发力。第一，加大跨境电商融资支持力度。创新政银担合作产品，为中小型跨境电商企业提供信用担保服务，推动关税保证保险等担保模式实际落地，支持商业银行联合担保存货管理机构、电子商务企业等开展无形资产、动产质押等多种形式的融资服务。① 第二，畅通跨境支付结算渠道。推动省内银行与跨境电商企业、第三方支付平台深化合作，连接和整合跨境电商支付结算渠道。② 推动金融机构建立跨境电商综合性服务平台，为跨境电商企业开通海外虚拟账户，推广跨境直汇业务。第三，增强风险防控能力。鼓励省内保险公司研发营销涵盖跨境电商各环节的保险产品，对每一个环节进行保险产品设计、精算及风控定价，推出如跨境运输险、跨境支付险等适合跨境电商需要的避险产品和风险管理工具，为吉林省跨境电商平台和企业提供全流程风险保障。

---

① 张方波：《金融支持跨境电商发展研究：进展、挑战与推进》，《征信》2022年第9期；张莉、刘文燕：《金融服务跨境电商新趋势》，《中国金融》2022年第18期。
② 中国人民银行延边州中心支行课题组：《跨境电商支付难点分析及应对》，《吉林金融研究》2021年第11期。

（四）推动海外仓和综合服务平台建设，完善相关配套服务

海外仓是由物流企业、跨境电商平台或大型跨境电商卖家等在境外自建或租用的数字化仓储设施，企业可将货物提前发送至海外仓，实现在当地中转、包装、销售、配送、退换货等，大幅提高货物出入境效率，缩短配送时间，提升周转速度，缩短服务周期，降低成本，使当地客户无须漫长等待就能够很快收到商品，增强客户体验感和满意度。[①] 2018年6月中国吉林公共海外仓在德国纽伦堡投入使用，为中欧班列提供调配、仓储等服务，吉林省出口的汽车零配件等产品在此短暂仓储后即可尽快送至客户处。但总体来看，吉林省海外仓建设仍处于起步阶段，海外仓覆盖范围仍较小，需要加大建设力度。吉林省要支持有能力的传统外贸企业、跨境电商企业和物流企业等主体设立海外仓，尤其是推动多方主体合作建立公共海外仓。[②] 有关部门要加强对海外仓主体的支持和引导，建立奖励和补贴机制，鼓励有条件的企业在"一带一路"沿线进行重点布局，搭建以海外仓为支点的出口目的地国配送辐射网点，提供一站式仓储配送服务。

吉林省应进一步完善跨境电商综合配套服务，为跨境电商提供保障。打造集商品展销、创业孵化、金融服务、仓储物流等功能于一体的综合服务平台，为跨境电商提供物流、金融、支付、代运营等综合服务。[③] 目前，吉林省以获批的四个跨境电商综试区为基础，吸取先进地区经验，结合自身特色和优势，已建立起跨境电商综合服务平台，引导跨境电商向规模化、集群化和数字化方向发展。但这些综合服务平台的服务能力有待提高，难以满足跨境电商的全方位需求。提高平台的综合服务水平和效率，要积极引入阿里巴

[①] 王立鹤、宋丽妮、韩媛媛：《我国"跨境电商+海外仓"商业模式研究——基于核心能力建设的技术路径》，《全球化》2022年第6期。

[②] 李肖钢、王琦峰：《基于公共海外仓的跨境电商物流产业链共生耦合模式与机制》，《中国流通经济》2018年第9期。

[③] 丁伟：《我国跨境电商服务平台建设研究》，《改革与战略》2017年第3期。

巴、eBay 等电商平台和物流、金融、海外仓等第三方服务商，打造跨境电商产业生态圈。跨境电商综合服务平台既需要政府的大力支持，也需要借助市场和民营企业力量，鼓励民营资本参与平台建设。

（五）打造跨境电商品牌优势，培育核心竞争力

第一，明确市场定位，严格把好产品质量关。跨境电商打造品牌首先要明确自身定位，不能盲目跟风，要有差异化的品牌定位。要了解客户的需求是什么，在线上与用户多做沟通，制定具体的品牌建设方案。同时，要选准目标市场，了解各国文化、历史等，以更好地设计品牌形象和推广，建立品牌在客户心中的知名度和美誉度，形成品牌黏性。打铁还需自身硬，要想在激烈的国际竞争中占有一席之地，吉林省跨境电商还要把控自身产品的质量，严格按照国际质量检测标准来生产，以高质量产品打造品牌效应，逐渐形成品牌国际影响力。

第二，讲好品牌故事，拓展品牌国际传播途径。品牌故事可以拉近与客户之间的距离，通过文字、图片和视频等多种方式向客户展示品牌的核心价值观，加深客户对品牌的印象。吉林省跨境电商在夯实自身的基础上，还要通过讲好品牌故事，来进一步打造品牌形象，促进品牌国际传播，增强客户对品牌的认可度和文化认同感。讲好品牌故事，要挖掘产品特性，结合中国文化和企业文化，围绕应用场景和人群来讲故事。同时，跨境电商企业要采用多种营销方式，如"直播+品牌""社交+品牌"等营销方式加大品牌国际传播力度。在营销渠道上，可选取大型社交媒体网站、形象好的网红，与国外客户多渠道建立联系。

第三，持续创新，满足客户需求。创新是品牌的生命力所在，跨境电商应加大投入力度，开展业务创新和产品创新，延续品牌在客户心中的好感度。在业务创新方面，要积极布局跨境直播和独立站市场，提升管理能力、广告投放力度以扩大品牌效应。同时，逐步调整市场策略，将业务重点由欧美市场向"一带一路"共建国家和 RCEP 国家倾斜。在产品创新方面，要加大研发投入力度，重视知识产权保护，避免同质化生产，以持续的产品创

新打造特色品牌形象。逐渐调整低价取胜的策略，建立起产品质量和知名度较高的吉林品牌。

参考文献

[1] 习近平：《高举中国特色社会主义伟大旗帜 为全面建设社会主义现代化国家而团结奋斗——在中国共产党第二十次全国代表大会上的报告》，《人民日报》2022年10月26日。

[2] 《习近平主持召开新时代推动东北全面振兴座谈会强调：牢牢把握东北的重要使命 奋力谱写东北全面振兴新篇章》，中国政府网，https://www.gov.cn/yaowen/liebiao/202309/content_6903072.htm。

[3] 金观平：《保障外贸产业链供应链稳定畅通》，《经济日报》2022年3月28日。

[4] 张莉：《大力发展跨境电商有利于稳就业稳外贸》，《中国经济时报》2019年3月1日。

[5] 李楠：《跨境电商与贸易便利化的互动机制探讨》，《大众投资指南》2021年第13期。

[6] 聂玉景：《跨文化视域下我国跨境电商企业营销策略研究》，《广东经济》2023年第1期。

[7] 徐芃：《双循环新发展格局下跨境电商发展探讨》，《时代经贸》2022年第12期。

[8] 王洛程：《我国跨境电商企业战略转型路径研究》，《中国商论》2022年第24期。

[9] 李春霞：《跨境电商企业的自主品牌营销策略研究》，《企业改革与管理》2022年第23期。

[10] 白悦：《跨境电子商务综合试验区建设对中国出口贸易的影响研究》，硕士学位论文，江西财经大学，2022。

[11] 严琰：《跨境电商发展如何又快又好》，《人民论坛》2017年第15期。

[12] 江华鹏：《我国跨境电商发展特点探析》，《对外经贸》2022年第12期。

[13] 金泉、苏庆新：《跨境电商平台赋能中小企业国际化的机制研究》，《国际贸易》2022年第10期。

[14] 何苗：《5G背景下中国跨境电商发展的进阶路径研究》，《全国流通经济》2022年第1期。

[15] 许辉：《数字经济下跨境电商产业生态系统战略布局研究》，《改革与战略》2019年第8期。

[16] 张夏恒：《跨境电子商务与传统产业融合发展：全产业链集聚的价值、要点与

思路》，《当代经济管理》2022年第1期。
［17］王惠敏、戴明锋、赵新泉：《跨境电商带动传统产业转型升级路径》，《国际经济合作》2021年第1期。
［18］蒋建华：《跨境电商产业园建设探讨》，《商场现代化》2022年第4期。
［19］张方波：《金融支持跨境电商发展研究：进展、挑战与推进》，《征信》2022年第9期。
［20］张莉、刘文燕：《金融服务跨境电商新趋势》，《中国金融》2022年第18期。
［21］中国人民银行延边州中心支行课题组：《跨境电商支付难点分析及应对》，《吉林金融研究》2021年第11期。
［22］王立鹤、宋丽妮、韩媛媛：《我国"跨境电商+海外仓"商业模式研究——基于核心能力建设的技术路径》，《全球化》2022年第6期。
［23］李肖钢、王琦峰：《基于公共海外仓的跨境电商物流产业链共生耦合模式与机制》，《中国流通经济》2018年第9期。
［24］丁伟：《我国跨境电商服务平台建设研究》，《改革与战略》2017年第3期。
［25］李泉水：《基于校企合作的跨境电商人才培养新模式探究》，《就业与保障》2022年第12期。

B.19
吉林省加大与俄远东地区合作对策研究

陶丽 陶彬*

摘 要： 习近平总书记在黑龙江省哈尔滨市主持召开新时代推动东北全面振兴座谈会时指出，东北资源条件较好，产业基础比较雄厚，区位优势独特，发展潜力巨大。东北是我国向北开放的重要门户，在我国加强东北亚区域合作、联通国内国际双循环中的战略地位和作用日益凸显。吉林省与俄罗斯远东地区一直有着密切合作，而在推动东北全面振兴大背景下，吉林省进一步推进与俄罗斯远东地区的合作具有深远意义。随着俄罗斯在远东地区开发力度的加大，俄远东地区在基础设施、物流通道、吸引投资等方面都取得了显著成效，这也为双边合作提供了良好的发展基础。

关键词： 地区合作 投资 贸易 东北振兴 俄罗斯远东地区

一 吉林省与俄远东地区合作现状

（一）吉林省与俄远东地区合作成绩显著

俄远东地区企业已经适应了经济发展变化，许多企业专注于亚洲市场，这也导致俄远东港口的货物量超负荷，运输船舶的维修数量增加了近3倍。吉林省与俄罗斯滨海边疆区接壤，作为中国向北开放的窗口，依托珲春吉林省积极参与中俄地方合作，与俄罗斯滨海边疆区、哈巴罗夫斯克边疆区等开展了广泛合作。

---

* 陶丽，吉林省社会科学院俄罗斯研究所研究员，研究方向为俄罗斯政治与文化；陶彬，吉林日报国际传播部助理研究员，研究方向为国际传播。

1. 双边贸易额大增

2023年第一季度,吉林省与俄罗斯贸易总额57.3亿元,同比增长92.3%。其中,出口28.5亿元,同比增长210.4%,进口28.8亿元,同比增长39.6%[①],增长的主要原因是现在拥有了更多开展外贸的机遇。公开资料显示,截至2023年4月2日,经吉林珲春对俄口岸出口的国产车已达3589辆,出口量已超上年全年总量。2022年12月,珲春市成功获批二手车出口业务。[②] 2023年第一季度吉林省以8.2%的增长率成为中国GDP增速最高的省份。黑龙江省与辽宁省的增速也分别达到了5.1%和4.7%,高于全国平均水平。东北三省GDP综合增长率超越了长三角、珠三角和京津冀,成为中国第一,这都是与俄罗斯的贸易增长分不开的。

2. 加大物流通道建设力度

从2020年起,克拉斯基诺过境点和斯拉维扬卡港被列入吉林省内陆贸易产品跨境运输转运港口名单,2023年符拉迪沃斯托克港(海参崴港)也加入其中。连接俄罗斯与吉林省的"克拉斯基诺"过境点在2024年完成现代化改造,其吞吐量将增加到每天750辆。目前,每天可处理110辆汽车,重点在卡车上,这是通过在车道上增加一条额外的车道和优化交通方案来实现的,过境点和边境交通基础设施建设工作达到了一个新的水平。2023年8月初,俄滨海边疆区和吉林省代表团举行会议,专家们讨论了在增加两国货物流通、建设新道路和边境检查站现代化方面的合作与协作。

3. 货运量增长显著

2023年第一季度,乌苏里海关官员在俄滨海边疆区的汽车检查站登记了近3.6万辆汽车。与上年同期相比,车辆数量大幅增加,通过俄滨海边疆区和中国边境的汽车数量增长48.2%,呈现较快的增长势头。2023年1~6月,吉林省向俄方开行中欧班列76列,承运货物6452标箱,货运量同比增

---

① 《国际局势突变,国家敲定五大决策大力发展东北!》,搜狐网,https://www.sohu.com/a/676870663_120467820?scm=1102.xchannel:325:100002.0.6.0。
② 《二手车出口要"走出去"更要"走进去"》,中国汽车报微信公众号,https://mp.weixin.qq.com/s/UpI2Kmit0wRBt02LzK6sig。

长42.4%。俄滨海边疆区作为俄罗斯通往亚洲的主要门户，与吉林省的合作达到了一个新的水平，决定共同发展边境基础设施。目前，过境点正在积极建设，根据俄罗斯交通部的计划，应于2025年投入使用，优先建设道路，增加货物流量。

（二）促进吉林省与俄远东地区多领域合作及人才交流

俄罗斯"向东看"战略不仅带动中俄之间高水平的开放和各个领域合作的扩大，而且也将带来人文领域，特别是文化领域、数字合作和地方合作的更大机遇。吉林省和俄罗斯远东地区的合作更是多方位、多角度的，在经贸、文化、旅游、学术交流等方面都有着密切联系。

1. 合作领域广泛

吉林省"一主六双"的产业布局基础逐渐夯实，随着产业发展和产业集聚，与毗邻地区进一步加强发展战略对接，改善营商环境，拓展农林水产、机电设备、采矿化工、航空航天、高新技术、建筑承包、绿色低碳、跨境电商、数字经济和金融投资等领域的合作，共同确保粮食、能源资源、重要产业链供应链等经济安全。俄方全力加大对交通运输、港口和口岸基础设施以及装备配备的投入，双方进一步解决瓶颈问题，畅通物流通道。

2. 旅游业形势大好

吉林省地处东北亚核心，东部与俄罗斯有接壤，也是中国"一带一路"向北开放的一个重要窗口。吉林省作为东北亚几何中心，在区位优势上具有承接冰上丝路和滨海二号线中俄互联互通战略的区位优势。此优势不但促进了双边贸易发展，同时也促进了旅游业发展。随着2023年9月底中俄旅游团跨境免签政策的重启，中俄边境城市再现人潮汹涌的景象。吉林省共有20家赴俄罗斯免签旅游业务的旅行社，其中珲春有3家，旅游业的发展不但提升了消费能力，还增进了两国人民之间的文化交流。

3. 人才领域交流深入

吉林省与俄远东地区的紧密合作为人才交流提供了空间。吉林省的优势产业，如汽车、化工、医药、轨道交通等产业升级和数字化转型与俄方进行了深入的人才交流。吉林省对俄人才交流合作具有独特的区位和地理优势。俄罗斯尖端科技领域，如基础研究、核能开发、航空航天、生物技术等方面都是领先的，而且有很深的基础研究和很好的人才储备。加强人才领域的交流对促进双边的合作起着重要作用。

（三）吉林省与俄远东地区的合作优势

吉林省拥有汽车及零部件、机械器具、化工、建材等优势产能，资金市场及制造能力符合俄罗斯的发展需要，俄罗斯的先进技术资源和人才也能助力吉林加快振兴和高质量发展，高度的互补性将为双方经贸合作注入强大和持久的动力。

1. 合作基础良好

作为世界领先的经济体，中国已经是俄罗斯最大的贸易伙伴。作为平行进口计划发展的一部分，中国将增加对俄罗斯的机器、生产线和消费品供应。中国正在成为俄罗斯从计算机和智能手机到汽车和生产零部件的主要供应商。中国海关总署2023年7月13日发布的统计数据显示，2023年1~6月，中俄贸易额同比增长40.6%，达到1145.47亿美元。其中，中国对俄出口522.84亿美元，同比增长78.1%；中国自俄进口622.63亿美元，同比增长19.4%。[①] 在中俄加强"东北—远东"地区互利合作的重大历史性机遇下，吉林省同俄罗斯远东地区具备良好的合作基础。

2. 投资潜力巨大

42个拥有中国投资的项目正在跨越式社会经济发展区和符拉迪沃斯托克自由港实施，投资金额达70亿卢布，已对外公开的投资金额达650亿卢布。吉林省和俄滨海边疆区具有扩大互利经贸投资合作的巨大潜力，为加强在基础设施、工业园区、物流运输及农业、旅游等重点领域的投资合作，俄方建立了一个永久性的滨海产品销售中心，并举办农产品交易会，增加沿海

---

① 《2023年上半年中俄贸易额同比增长40.6%，达1145.47亿美元》，搜狐网，http://news.sohu.com/a/700553001_121124032。

优质环保产品的供应，如螃蟹、其他海鲜、鱼类、大豆、玉米、蜂蜜以及猪肉和牛奶等。

3. 蕴含合作商机

中国作为全球第二大经济体，也是俄罗斯最佳的合作伙伴，不仅帮助俄罗斯开发远东地区，而且大量购买俄罗斯的能源和粮食，而俄罗斯不仅批准了符拉迪沃斯托克港（海参崴港）对中国开放，还首次批准远东天然气管道对中国的出口，这大大促进了两国更坚实的友好合作。在此大背景下，发展吉林省和俄罗斯远东地区间的合作蕴含着巨大的生机、商机。新形势下双方扩大经贸合作互为机遇，在两国元首的共同指引下，吉林省与俄远东地区能够充分发挥各自优势，深化务实合作，进一步夯实双边合作基础，着力实现共赢发展。

二　吉林省与俄远东地区合作中的不足

（一）互联互通水平有待提高

俄罗斯战略东转，使俄远东地区的货运量剧增。俄滨海边疆区港口和陆地边境口岸的发展将使出口货物基础到2030年增加到3亿吨。因此，吉林省与俄远东地区需进一步提高互联互通水平，提升口岸货物灌装能力。同时，双方应加快公路铁路口岸建设，落实铁路口岸24小时通关保障机制等。

1. 俄港口容量不足

目前，俄远东港口的容量严重不足，俄远东方向的进口量上升（2022年增长34%），俄罗斯海运公司的份额增加43%，货流向东转移，集装箱周转量增加，港口能力负荷增长。为了加大运输领域的作用，实施大型运输项目尤为紧迫，其中大部分（主要管道、港口、巴马河和横贯西伯利亚亚欧大陆桥的重建）旨在增加原材料出口量。

2. 俄远东地区的铁路运能不足

目前来讲，俄远东地区没有充分的运能，是制约俄远东地区发展的重点,俄铁内部调配时应增加远东地区的铁路运能。俄滨海边疆区正在筹建物流集散中心,以使符拉迪沃斯托克等港口发挥更大的作用,最终将该区打造成为俄罗斯的一个国际货物运输走廊。在政府、企业和俄罗斯铁路的共同努力下在2024年将运输货物的数量增加到1.3亿吨。该地区正在建设与海港相连的运输和物流中心,公路的吞吐量正在增加。

3. 基础设施建设不足

吉林省和俄远东地区接壤的口岸基础设施还较为落后,满足不了日益增长的贸易合作要求。综合性物流枢纽建设还需加快推进,珲春至扎鲁比诺港公路等级比较低,公路运输能力还存在严重不足,亟待中俄双方共同加快公路改造。通道经济发展有待进一步加强,中欧班列通道经济作为不够明显。

(二)双边职能部门应加强合作

吉林省与俄远东地区应加强双边政府职能部门的协作,建立健全双方定期会议机制,借助职能部门的力量,提高协商解决合作中重大问题的能力。

1. 口岸通关能力不足

虽然珲春铁路口岸已实现7×24小时工作制,但受限于设施老旧、通关流程复杂以及智能化水平不足等因素,货物运输效率尚需提升,通关环境有待进一步改善。吉林省需要同俄远东地区共同推动珲春口岸和克拉斯基诺口岸的升级改造,加快打造边境海关物流枢纽,共同提升通关过货能力,推进云计算、大数据、人工智能等信息技术在交通物流等领域的应用,切实提高通关便利化水平。

2. 政策标准不对等

吉林省与俄远东地区在农业领域有着密切合作,但由于两国之间受到配额限制和检疫标准的不对等,产生了很多问题。借助俄罗斯的资源进行种植和养殖后也很难回到中国境内进行深度加工。基于这一点,希望中俄两国政府之间建立更好的税收和通关政策,并针对配额、分配方式以及产品认定方式提出一些相应的突破方案。

3. 合作平台运用不高

建立新机制的前提是很好地运作和利用现有的机制和平台，在双边合作过程中吉林省也努力为俄方提供平台，但珲春的海洋经济示范区、长春的兴隆综保区等在双边合作中并没有发挥积极作用，希望俄方的企业入驻珲春海洋经济示范区及长春的兴隆综保区等平台。

（三）经贸领域合作有待改善

近年来吉林省对俄的进出口总额增幅较大，尤其是双边的跨境电商发展比较强劲，口岸通关便利化水平不断提升，但在双边经贸合作中也存在不足之处。

1. 双方合作规模总体偏小

吉林省与俄远东地区合作领域不够宽，市场主体较少的情况仍然存在。在促进区域经贸合作，构建中俄班列融入本地贸易、投资等新发展模式以及做大做强特色产业，完善产业链条等方面还需要双方通力合作，形成产业集聚效应。

2. 法律在合作中的作用不足

对俄贸易法律先行，但在双边贸易合作中由于中俄不同的法律体系和制度，容易产生较多争议，两国律师在交易方案的设计上可以破解一些由各方法律规定不同而导致交易失败的情况。吉林省与俄远东地区在法律领域的合作严重不足，双边需要从合作项目的选择、合资框架的梳理等方面构建法律服务体系。加强吉林省与俄远东地区法律部门的合作，为交易双方的资信调查、背景调查、履约能力调查及权利保障等方面提供服务。

3. 加强双边金融机构合作

金融机构在双边贸易发展中起到重要作用，吉林省努力同俄罗斯的相关市州开展多种形式的融资模式，助推项目建设。努力建设多元投资体系，各类金融机构加强合作，创新融资模式，推出金融专项扶持措施。鼓励以多种形式开展贸易，支持快捷灵活的外汇支付方式，扩大出口保险的覆盖面，加强对一般贸易的支持。

三 俄加强对远东地区开发的主要方向

（一）发展俄远东地区物流运输体系

2023年最重要的方向之一是改善俄远东地区的物流出口，在新的地缘政治条件下，远东作为地缘战略领土的作用急剧加强。如今，随着国际经济合作链条的断裂，俄罗斯的交通流量转向远东地区。

1. 俄远东货流向东转移

2022年，俄罗斯和中国在俄远东地区开通了两座跨境桥梁：布拉戈维申斯克—黑河高速公路和下列宁斯科耶—同江大桥，在外贝加尔建造了一个新的粮食终端，这是俄罗斯最大的粮食物流设施，也是世界上第一个全周期专用粮食陆上终端，消除了俄远东地区粮食转运的基础设施限制，降低了物流成本，谷物、豆类和油料作物的年转运量将达到800万吨。

2. 加强跨境运输基础设施建设

俄远东地区开发已被列为俄国家优先事项，它是长期发展战略，并在相当长的一段时间内将得到贯彻落实，比如绕哈巴罗夫斯克高速公路、雅库茨克的勒拿河大桥等的建设，不仅对该地区发展具有一定的推动作用，而且在确保整个国家交通连通性等方面也有着重要意义。俄罗斯远东地区的经济形势正在发生变化，不但在俄远东地区建立了工业集群，还具有广泛的港口区，这增加了俄罗斯与亚太地区国家的贸易往来，同时也促进了航空业以及其他行业的发展。俄滨海边疆区政府正在努力提高跨境运输基础设施的承载能力。

3. 提升俄远东过境潜力

俄港口基础设施的进一步发展有助于满足运输领域的新需求，并将进一步促进该地区的经济增长，通过提升过境潜力增加总附加值。考虑到俄罗斯所有的经济流向远东逆转，必须确保俄罗斯的物流能够承受这种压力。现在，俄政府正在完成北方进口的工作，希望食品、必需品、药品和建筑材料能够按时以较低的价格运抵所有的北方领土，以减少远东和俄罗斯联邦其他地区之间的价格差异。

（二）增加俄远东地区投资额度

发展俄远东地区的运输、物流和娱乐旅游潜力可以提高远东地区的投资吸引力。目前，外来的经济制裁在很大程度上限制了俄罗斯资本密集型产业的增长，因此在建筑和运输领域可以提供最高的投资率。

1. "远东特许权"项目的实施

2023年计划在"远东特许权"项目下实施30个项目，总投资2000亿卢布。首批14个项目已获批准并正在实施，总金额为310亿卢布，包括滨海边疆区的新滑雪胜地、哈巴罗夫斯克边疆区的儿童营、赤塔和比罗比詹的亮化工程、外贝加尔边疆区的村庄供暖、马加丹地区的体育和社会设施等。基础设施的完善不但可以帮助发展当地经济，改善营商环境，也为招商引资提供助力。

2. 城市投资增长速度加快

2023年对俄远东地区的投资额将增长0.7%，达到2.4万亿卢布。俄远东9个地区的投资增长率最高，其中楚科奇自治区（41.7%，得益于巴伊姆矿区的开发）、布里亚特共和国（25.6%，矿产开采、航空制造、农业、运输和旅游项目的实施）、跨贝加尔地区（4.9%，矿产资源开发）。由于煤炭、石油和天然气开发项目的投资阶段将结束，阿穆尔州（-11.9%）和萨哈共和国（雅库特）（-3%）的投资将下降。俄远东主要地区的投资增长速度加快，很好地说明了俄政府远东开发力度的加大。

3. 加大教育领域的投资力度

2023年，俄罗斯"优先-2030"计划的参与者总数增加到123所大学，俄远东有15所大学将获得25亿卢布，远东高等教育补助金总额增长了近4.5倍。2022~2024年大学发展计划的资金总额将达到57.7亿卢布。俄远东联邦区的所有高等教育机构都可以申请第二阶段的选拔，如哈巴罗夫斯克、乌兰乌德、南萨哈林斯克、雅库茨克、乌苏里斯克、布拉戈维申斯克、马加丹、比罗比詹、符拉迪沃斯托克、赤塔、彼得罗巴甫洛夫斯克—堪察加半岛的 15 所地区教育机构等。

（三）加大俄远东地区政策优惠力度

随着俄乌冲突及国际形势的变化，俄罗斯面临着更加严峻的挑战。因此，俄罗斯中央政权同俄远东发展部以及地区领导人一起采取相应措施和优惠政策，以确保俄远东的投资条件在俄罗斯具有最强优势。

1. 俄远东经济发展倡议

为了保持俄远东地区的人口数量，并打破负面的移民潮，俄政府提出了远东社会经济发展的一系列新倡议。所有的倡议都是由俄远东居民自己评估的，包括为国防工业联合企业员工在内的年轻专家建造 1 万套出租公寓的建议以及支持中小企业建立多功能服务中心网络。为关键经济部门培养人才，提高人口流动性，提高医疗质量，为创意产业的发展创造条件，这些领域的项目已经开始实施。投资综合开发项目的公司将获得超前发展区的优惠，已经在 7 个地区选定了试点项目，将建造超过 250 万平方米的现代经济适用房。

2. 加大社会政策优惠力度

为了支持三孩和更多孩子的家庭，向这些家庭额外支付 100 万卢布，这些资金可用于偿还抵押贷款以及购买现房或在建住房，来自俄滨海边疆区的第一批大家庭已经受益于新的支持措施。为了让人们想生活在这个地区，需要加大人才引进和基础设施建设力度，重要的是降低企业家的税收负担，简化官僚程序，降低小企业贷款利率等。外国资本获得了税收优惠，简化了通关程序，扩大了进入某些行业的机会。

3. 不断完善优惠政策

优惠税收、免费向俄罗斯公民分配土地、优惠"远东抵押贷款"、特殊商业制度是该地区发展的主要机制，还有一个"单一补贴"，允许用俄联邦预算资金建造新的社会设施，俄罗斯将不断保持和完善俄远东地区的优惠政策。

四 关于吉林省加强对俄远东地区合作的几点建议

（一）建立多形式推介会，加强双边企业交流

多年来吉林省与俄罗斯有关地方搭建和参与多个平台，包括中国东北亚博览会，东北远东实业理事会等。中俄已经建立了长江中下游地区和伏尔加河沿岸联邦区域地方合作理事会、东北地区和远东及贝加尔地区政府间合作委员会这两大区域性合作机制。另外，中俄友好和平与发展委员会地方合作理事会，在每年都会有一些具体的活动来指导地方合作，这对引领各领域合作发挥了不可替代的作用，双方可进一步充分利用有关机制，乘势而上，切实落实两国元首达成的重要共识，推动合作迈上新台阶。加强双方政府，包括非政府组织机构的沟通合作，政府在法律、政策、制度层面要发挥一定的作用；非政府机构包括市场化的人才服务机构以及猎聘机构应该作为政府机构的助手。积极与俄滨海边疆区及远东其他地区的企业界建立更多的联系，双边的国际合作部门、经济部门，包括工商会应多举办推介会及洽谈会，以促进吉林省和俄远东地区企业的交流与合作。

（二）借助吉林省农业种植技术，加强双边农业合作

借助吉林省农业种植技术和俄罗斯远东地区土地资源优势，加强大豆、小麦、玉米、水稻品种繁育和种植技术的合作。要加强大宗农产品，尤其是大豆的生产和加工方面的合作，以优化中国的大豆进口格局。可以建立农业产业园，其目的就是要进一步加强相关领域的国际合作，成为一个联合平台，进行相关的技术转让，这对双边未来产品加工来讲具有积极的意义。同时可以进一步加强产学研之间的联合，加强有关新的品种开发，共同利用对方种子资源开展相关的研究。构建国际开放实验室和研究团队，共同开展资源利用研究和技术创新，尤其要加强和大型企业的有效合作，共建种子生产繁育基地。切实加强与俄远东地区的科技合作，包括积极争取农业科研政策和资金支持。

(三)建立中医药文化海外传播模式,扩大产业合作范围

在俄罗斯联邦允许使用的所有药物库中,有28个国家注册,德国有58种注册药物,中国只有4种。中草药被广泛用于中国医药生产,在俄罗斯只有8%的药品是在植物原料的基础上合成的。俄罗斯可以提供堪察加半岛和远东的原料基地,那里生长着独特的药用植物,而我方可以提供其传统的中草药生产技术,此领域合作必然能给双方带来巨大的利益。目前,仅在莫斯科就有120多个中医中心,俄罗斯对东方医学,特别是中国医学的兴趣是巨大的。以中医药国际化合作项目为依托,拓宽中医药产业的合作范围,开拓以医带药、以药兴商的途径,创新校企合作的新模式。打造吉林省面向海外的远程医疗服务专家团队,提升云医疗的中医药服务水平,让中医药惠及俄罗斯及全世界人民,并加强与境外高水平高等院校科研院所的联系,开展深度合作,找到共同的切入点。联合相关专家打造海外远程医疗服务专家团队,推动中国传统医药成为增进睦邻友好关系、建立更加密切合作的纽带。

(四)加强媒体分支机构建设,加大对外传播力

吉林省与俄远东地区可以进一步提升媒体驻对方的分支机构,同时有效利用网上媒体资源,包括在一些新型的通讯社,利用俄中头条等有效的媒体合作平台,更加有效地以双方都能接受的形式进行广泛的传播。在对俄远东地区传播舆论中,要从整体上提高传播效能,在强化对外传播能力的同时,注意新的国际传播领域中的媒介属性的改变,将传播策略的重点转向新媒体平台。利用"微信公众号""微博""抖音"等多种渠道,构建新媒体矩阵,拓展宣传渠道,增强宣传效果。加强新媒体宣传平台的建设,实现平台的正常化运作。在新媒体平台上,对国家政策和时事新闻,以更加专业和敏锐的眼光进行分析。同时,要注意时效性,关注国际国内形势,以简洁的方式传播主流价值观。重视跨文化融合,重视价值导向,当中俄民众在面临信息渠道乱无法辨别真伪时,要密切关注不同信息来源和同源事件的评价,并加以正确的引导,只有提前预判舆情方向,才能通过信息梳理还原事情真

相。高度关注国际和国内、线上和线下、政府和民间等各种舆论导向，构建多元化的发声平台，并最终形成多方联动效应。

（五）加强双边智库建设，促进专业人才培育与交流

地方经济社会发展需要智库提供精神动力和智力支持，因此智库的建设应该建立在对接、服务地方经济社会发展的基础上。吉林省社会科学院主办的吉林省与俄远东经济合作圆桌会议成效颇为显著，参加会议的人员除了学者，还有官员、企业代表、民间组织代表等，并在会议期间提出了很多在双边合作中出现的现实问题并给出了相关的对策建议。会议为吉林省与俄远东地区搭建了多领域合作平台，并积极开展对接及推进工作。依托智库开展对俄人才交流合作方面的引导，在人才合作领域涉及两国的政治、经济、文化、人才包括法律制度等跨境的人才流动，由于两国信息不一定完全对称，需要两国智库互相沟通，互相协作，互相引领。随着中俄战略协作伙伴关系的不断发展，加强俄语人才的培育也愈发重要。俄语已经成为一种东北地区的区域性优势语言，它对区域经济的发展具有重要意义，培养和使用复合型俄语人才，服务区域经济，保障市场需求。随着吉林省与俄远东地区合作的良好态势的发展，更应以服务区域经济为出发点和落脚点及时地调整人才培养模式，以适应不断变化的市场需求。

民 生 篇

B.20 吉林省优化社区居家养老服务路径研究

韩佳均 徐铭晗*

摘 要： 吉林省"居家社区机构相协调，医养康养相结合"的养老服务体系基本成形，社区居家养老服务政策体系更加完善。随着吉林省老龄化形势的日益严峻，社区居家养老产业化规模有待提升。总体上看，吉林省老年人对居家养老护理服务需求大而分散，老年人消费意愿低，频次不高，专业人才特别是护理人员短缺。进一步加快推进社区居家养老服务，需要不断健全老年生活照料体系，构建社区居家老年人紧急救援体系，加快居家养老服务网络平台建设，全面提高养老服务从业人员素质，积极创建老年友好社区，提升老年人生活品质。

关键词： 养老服务 社区养老 居家养老 人口老龄化

近年来，吉林省聚焦老年人的急难愁盼，聚焦老年人的美好生活，着力

---

* 韩佳均，吉林省社会科学院社会学所副研究员，研究方向为社会保障、社会政策；徐铭晗，长春财经学院讲师，研究方向为社会保险。

提升基本养老服务便利化可及化水平，推动实现全体老年人享有基本养老服务，形成积极应对人口老龄化的格局。

一 吉林省社区居家养老服务发展现状

吉林省在居家社区养老服务体系和服务政策上不断调整，以适应新时代养老服务的需求。

（一）"居家社区机构相协调，医养康养相结合"的养老服务体系基本成形

2016~2020年，吉林省共有6个市参加了民政部和财政部开展的居家和社区养老服务改革试点工作。2021~2023年，吉林省共有3个市参与实施居家和社区基本养老服务提升行动项目（见表1）。通过试点，吉林省在社区居家养老服务基础设施建设、养老服务清单等建设上开展了积极的创新，为居家社区养老服务发展积累了宝贵的实践经验。吉林省各地依托和整合现有资源，发展街道（乡镇）区域养老服务中心或为老服务综合体，在社区层面建设嵌入式养老服务机构，大力发展社区老年食堂建设、农村养老大院和互助站点建设，为老年人提供全托、日托、居家上门等服务，进一步提升社区居家养老服务质量和效率，为老年人就近就地享受社区居家养老服务提供了便捷。

表1 吉林省参与居家和社区养老服务改革试点及提升行动情况

单位：个

居家和社区养老服务改革试点地区						居家和社区基本养老服务提升行动项目			
第一批（2016年）	第二批（2017年）	第三批（2018年）	第四批（2019年）	第五批（2020年）	小计	提升行动（2021年）	提升行动（2022年）	提升行动（2023年）	小计
长春市	—	延边州 通化市	吉林市	松原市 辽源市	6	长春市	白山市	辽源市	3

资料来源：根据民政部发布的通知整理。

1. 社区居家养老设施布局进一步优化

布局层面，打造智慧居家社区基本养老服务网络。经过多年推动，目前吉林省形成了三种社区居家养老服务模式。一是社区依托型，即使用社区公共用房，统筹利用社区资源，为居家老年人提供养老服务。二是综合嵌入型，即社区养老服务中心位于居民区内，具备独立场所，由专业养老服务人员为居家老年人提供养老服务。三是延伸服务型，即养老机构在提供机构养老服务的同时，将服务延伸至社区或家庭，利用机构资源为老年人提供养老服务。[1] 截至2023年8月，吉林省完成了178个嵌入式社区居家养老服务设施、136个社区老年食堂建设任务。以县级中心敬老院为核心、以区域性乡镇敬老院为支撑、以农村自助互助服务为补充的县乡村三级农村养老服务主干网络基本形成。

在居家适老化改造方面，采取"一户一策"方式，为年满60周岁以上符合条件的特困人员、低保对象等困难老年人家庭提供安全防护、生活辅助等53个改造项目。吉林省2023年对老旧小区按照基础类、完善类、提升类三类进行适老化改造。在老旧小区改造中加装电梯，增设老年日间照料中心，增设爬楼辅助设施，开展特殊困难老年人家庭适老化改造等，让更多的困难老年人家庭共享政策红利。从2019年开展至2021年，连续3年实施农村养老助浴工程，为所有农村福利中心和农村互助养老站（点）配备助浴设备，解决了失能半失能老人洗澡难问题。

2. 社区居家养老服务形式积极创新

服务内容层面，除提供的基本照顾服务外，吉林省均开展独居老人"敲门问需"服务，紧扣生活需求、情感需求，建立定期巡访探视长效机制，着力加强居家老年人巡访关爱体系建设。吉林省2021年在全国率先开展"居家老年人巡访关爱"工作，针对居家老年人底数不准、情况不明、需求不清的问题，印发了《关于开展居家老年人巡访关爱工作的指导意

---

[1] 张丽霞：《谋发展 求创新 推动养老服务高质量发展——访吉林省民政厅厅长肖模文》，《中国社会报》2023年8月4日。

见》，开发了系统平台，在为全体老年人建立电子档案的基础上，重点对独居、空巢、留守、特困、高龄、失能、重残和计划生育特殊家庭8类老年人开展入户巡访，从身体、经济、安全、需求等方面全面掌握居家老年人的基本情况，依托现有救助政策，实现应救尽救、应帮尽帮、应扶尽扶，全面构建起巡访、帮扶、服务"三位一体"关爱体系。[①] 通过巡访关爱，政府部门可及时了解居家老年人的日常情况，防止意外发生，同时根据老年人的服务需求，精准对接社区养老、居家养老和机构养老，进一步提高养老服务的精准性和可及性。截至2023年6月底，全省开展上门探访142.2万人次，发展巡访志愿者3.7万人，走访老年人家庭41.36万户，巡访8类重点老年人22.57万人次。

服务方式层面，着力打造"15分钟助老服务圈"。自2022年起，吉林省将社区老年食堂建设纳入省政府民生实事强力推进，截至2022年底，全省已建成社区老年食堂136个。预计到2023年底，全省为老年人提供助餐服务的场所将突破500个。吉林省社区居家养老助餐服务并未设置门槛，鼓励采取委托经营方式运营社区老年食堂。以吉林省长春市为例，长春市开展"2023年幸福长春行动计划"，在长春市居住的60周岁及以上老人，持"敬老助餐卡"可以在全市任意一家敬老餐厅享受优先就餐、优惠价格、优待服务的"三优"助餐服务。在为老人提供餐食服务的基础上，推出智能点餐、专业配餐、暖心送餐等个性化服务，构建智能化、专业化、一体化助餐服务体系。

3. 医养康养文养相结合探索社区养老新模式

医养服务进一步向社区下沉。吉林省印发《关于强化"六个拓展"扎实推进家庭医生签约服务扩围提质工作的通知》，要求进一步做实做细家庭医生签约服务，截至2023年6月，吉林省共有家庭医生团队7875个，每年通过社区层面服务居家老年人达200余万人次。

[①] 张丽霞：《谋发展　求创新　推动养老服务高质量发展——访吉林省民政厅厅长肖模文》，《中国社会报》2023年8月4日。

创新医康养护服务模式。例如，长春市2021年末开始启动医疗照护保险居家服务试点，服务家庭中的失能、半失能老人。确定10项家庭自行护理较难开展的生活照料项目和8项需求度较高的医疗护理项目。同时大力推进家庭养老床位建设，为失能老人家庭建设有护理床、网络服务终端等设备器具的家庭养老床位，开展家庭养老床位照护服务项目。

积极探索"文养结合"幸福养老新模式，充分挖掘全省各类老年教育资源，加快构建老年教育服务体系。在省内49所高等院校推动开展"老年课堂"试点，授课内容涉及声乐、戏曲、养生保健等多个方面。与广东、广西、浙江等地签订了旅居养老协议，着力构建老年人学习、娱乐、健康、旅游、公益等服务平台，不断丰富老年人的精神文化生活。[1]

（二）社区居家养老服务政策体系更加完善

近年来以省政府或省政府办公厅名义印发养老服务规范性文件8个，民政厅及会同相关部门出台文件50余个，基本形成了相对完备的养老服务政策框架。[2]

1. 系统部署社区居家养老服务工作

2021年，省民政厅联合省直相关责任部门制定了《健康养老幸福工程实施方案》，加快建设居家社区机构和互助养老相协调、医养康养文养相结合的养老服务体系，实施精准健康幸福养老工程。2022年，省委省政府先后印发了《关于加强新时代老龄工作的实施意见》《吉林省老龄事业发展和养老服务体系"十四五"规划》，对完善老年健康支撑体系进行了系统部署。开展居家社区养老提升行动，从区域养老中心建有率、居家社区养老服务设施、助餐助浴助洁服务、家庭适老化改造、居家老年人巡访关爱服务等方面全面强化居家社区养老服务能力。吉林省卫生健康委等18个部门印发

---

[1] 赵乃政、王子阳、祖维晨：《探寻"银发族"乐享晚年的吉林实践》，《吉林日报》2023年8月30日。
[2] 张丽霞：《谋发展 求创新 推动养老服务高质量发展——访吉林省民政厅厅长肖模文》，《中国社会报》2023年8月4日。

了《吉林省"十四五"健康老龄化规划》，对完善老年健康支撑体系进行了系统部署，特别是对推动医疗服务向居家社区延伸、深化医养结合服务模式等进行了任务分解。在《吉林省社区居家养老服务改革试点工作方案》中，提出九大重点任务，深入探索居家养老服务"吉林模式"。吉林省民政厅等15部门联合印发了《2023年"新时代新社区新生活"服务质量提升行动方案》，开展14项社区行动，其中包括"社区养老服务行动"，持续推动社区服务提标扩能、提质增效，不断增强人民群众的获得感幸福感安全感。

2. 逐步细化居家养老服务政策内容

吉林省研究制定了《居家养老服务与管理规范》等地方标准，为规范市场行为提供了基本遵循和技术支撑。规范服务流程，从居家老人提出服务申请到确定服务项目，从签订服务协议到服务用工派单，从服务过程到服务回访等方面，逐项健全制度，建立台账，确保居家养老服务质量。[①] 长春市、松原市、通化市陆续出台《新建住宅小区社区居家养老服务用房配建移交管理办法》，四平市出台《新建住宅小区配建社区居家养老服务设施建设、移交与管理办法》，规范新建住宅小区社区居家养老服务用房配建移交管理工作，加快发展社区居家养老服务，不断满足老年人持续增长的就近养老服务需求。长春市制定了《长春市敬老餐厅管理办法（试行）》《长春市敬老餐厅考核细则》《长春市社会合作建设敬老餐厅实施方案》，从资质、选址、场地、标识、补助等多个方面进行明确，建立量化评估标准和退出机制，建立考核排名和奖励补贴机制，促进敬老餐厅服务秩序规范和服务质量提升。

二 吉林省社区居家养老服务存在的问题

进入新发展阶段以来，吉林省持续深入推进居家养老服务工作，社区居家养老的载体布局日趋完善，服务品质有所提升。但是吉林省人口老龄化形

[①] 吉林省民政厅：《加强扶持引导 激发社会活力 大力推动居家养老服务创新发展》，《中国社会报》2016年1月11日。

势较为严峻，老年人对居家养老护理服务需求大且分散，短期照护需求高，普遍消费意愿低，消费频次不高的问题比较显著。

（一）老龄化形势严峻，社区居家养老产业化规模仍须提升

从"七普"数据来看，吉林省已经处于超少子化和中度老龄化社会。按照0~14岁人口占总人口的比例在15%以下为超少子化社会衡量，吉林省0~14岁人口占总人口的11.92%，属于超少子化社会（见表2）。同时，吉林省人口老龄化情况要高于全国平均水平，60岁及以上老年人口占总人口数的23.11%，65岁及以上老年人口占总人口数的15.6%。按照国际惯例，60岁及以上人口数达到20%，或者65岁及以上人口达到14%，就说明处于中度老龄化，那么吉林省已经处于中度老龄化社会。预计到2035年，吉林省65岁及以上老年人口将达到总人口的近30%，进入重度老龄化阶段。从吉林省内各地市情况来看，延边州、白山市、通化市人口老龄化程度较深，松原市、长春市、四平市少子化程度较为严重。未来十年，吉林省人口老龄化的加剧和少子化程度的加深，必将对养老、医疗等公共服务提出更高要求。

表2 吉林省少子化及老龄化情况

单位：人，%

地区	2020年底人口合计	60岁及以上人口合计	60岁及以上人口占比	65岁及以上人口占比	0~14岁人口数	0~14岁人口占比
全省	2199788	508469	23.11	15.60	262213	11.92
长春市	846711	174831	20.65	13.93	104070	12.29
吉林市	327938	84054	25.63	17.24	36975	11.27
四平市	164026	40329	24.59	16.92	19675	12.00
辽源市	91845	23445	25.53	17.21	9805	10.68
通化市	123270	31797	25.79	17.33	14047	11.40
白山市	88379	22836	25.84	17.89	9633	10.90
松原市	204380	44263	21.66	14.35	27368	13.39
白城市	139928	33157	23.70	15.84	15737	11.25
延边州	158690	41097	25.90	17.68	18431	11.61
长白山	5693	1170	20.55	14.88	675	11.86
梅河口市	48928	11490	23.48	15.41	5797	11.85

资料来源：根据"七普"数据整理。

吉林蓝皮书

从"七普"统计数据来看，60岁及以上老年人口健康状况较好，80%左右的老年人处于健康和基本健康状态，95%以上的60岁及以上老年人生活能够自理（见图1）。吉林省的人口老龄化过程可以说是健康老龄化和积极老龄化过程，社区居家养老服务产业的发展空间巨大。

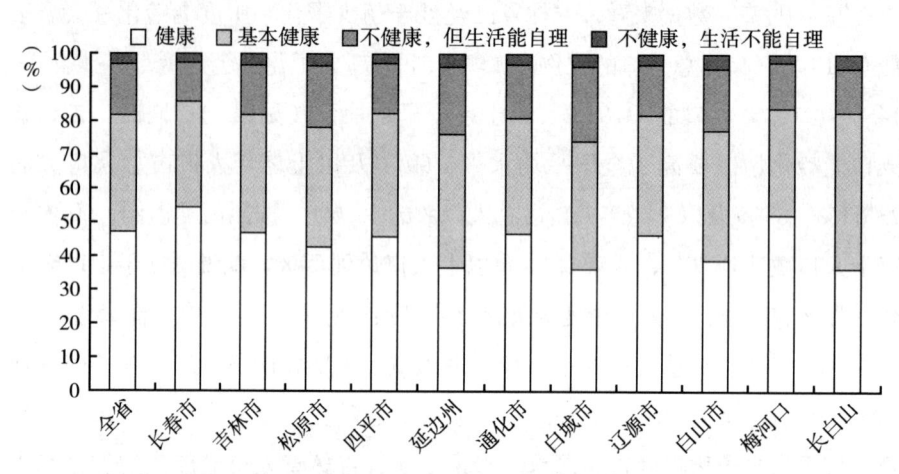

图1 吉林省各地区60岁及以上老年人口健康状况

资料来源：根据"七普"数据整理。

笔者通过爱企查企业信息平台查询，限定关键词为"居家养老"搜索，查询到吉林省经营范围包含"居家养老"的企业有747家。全国经营范围包含"居家养老"的企业最高的是江苏省，有15763家。在限定企业性质为"民营企业"后，共查询到吉林省有471家民营企业经营范围包含"居家养老"，这些企业大部分为小微企业。目前存续的企业注册资金最高为50亿元，而居家养老服务仅是其经营范围中的一小部分，经营主体以连锁药店、康复和医疗保健为主。按照相同搜索条件，北京市有5074家企业，安徽省有2801家企业，江苏省有2457家企业。在限定企业性质为"社会组织"搜索后，吉林省有204家社会组织从事居家养老服务，而江苏省有12752家社会组织从事居家养老服务。整体上看，吉林省社区居家养老服务还处于初级发展阶段。有些地方已经有比较好的模式，但效益如何、可否持续、能否推广都有待进一步的发展和探索。

（二）老年人对居家养老护理服务需求大而分散

从"七普"统计数据来看，吉林省 60 岁及以上的老年人有 53.13%的与配偶同住，12.25%的老年人独居（有保姆/无保姆），也就是超过 65%的老年人是空巢状态。从各地区情况来看，延边州有 75.69%的是空巢老人，白城市的空巢老人比例达到 73.57%，白山市为 72.36%。相比之下，只有长春市的空巢老人占比最小，但是也达到了 60%。而独居有保姆的老年人占比非常小，全省平均占比 0.21%，即吉林省平均 1000 位 60 岁及以上的独居老年人中，只有 2 位老人有保姆照顾，可见社区居家养老需求潜力巨大（见表 3）。

表 3　吉林省各地区 60 岁及以上老年人居住情况

单位：%

地区	与配偶同住	与配偶和子女同住	与子女同住	独居（无保姆）	独居（有保姆）	养老机构	其他
全省	53.13	16.12	15.53	12.04	0.21	1.10	1.86
长春市	49.70	19.98	16.69	10.07	0.22	1.08	2.26
吉林市	53.31	14.95	15.57	13.01	0.25	1.51	1.40
四平市	55.58	15.46	14.53	10.99	0.16	0.69	2.59
辽源市	53.00	16.18	14.95	12.49	0.18	1.25	1.94
通化市	54.62	15.79	14.72	12.43	0.28	0.94	1.22
白山市	57.42	10.92	13.47	14.80	0.15	0.79	2.46
松原市	53.07	17.55	18.23	9.31	0.15	0.79	0.90
白城市	60.12	10.14	14.06	13.26	0.19	0.73	1.50
延边州	55.90	8.79	11.91	19.54	0.25	1.64	1.97
长白山	55.98	11.45	15.64	13.93	0.00	0.60	2.39
梅河口	53.05	17.91	15.31	11.31	0.22	1.06	1.14

资料来源：根据"七普"数据整理。

通过对生活能够自理的老人的调研可以发现，从居家照护需求来看，超三成的老年人对上门居家照护服务有较高需求，且主要以短期需求为主，对长期照护需求不高，由于生活能够自理，大部分老人还是习惯于独立生活或者子女偶尔过来照料一下，需要的照料服务也以短期照护为主。照护形式方面，在有居家照护需要的老年人中，每周或每日固定上门的小时工需求占比最高，达到51.5%。此外，老年人对日常生活照料服务的需求也较为旺盛。小时工服务内容方面，需求占比最高的3项分别为理发、修脚和洗澡。由于老年人居住分散，各个年龄段、各个消费层级的老年人需求有很大不同，需求的同质性较低，个性化要求比较高。除了基本照护类的定期服务外，其他如康复服务类和心理慰藉类等偶发性的、临时性的需求较难满足，且不易在社区内形成规模化的服务供给。同时，跨区域养老服务供给受服务半径影响，也难以实现及时性和普惠性。

（三）老年人消费意愿低，频次不高

从"七普"数据来看，吉林省老年人的收入主要依靠离退休金/养老金，全省68%的老年人能够实现自给自足，即收入来源为离退休金/养老金、劳动收入和财产性收入。其中辽源市、梅河口市、四平市有27%~28%的老年人需要继续靠劳动获得收入。而松原市有35%的老年人是靠家庭其他成员供养，白城市13%的老年人靠最低生活保障金生活（见表4）。

表4 吉林省各地区60岁及以上老年人收入状况

单位：%

地区	离退休金/养老金	劳动收入	家庭其他成员供养	最低生活保障金	财产性收入	失业保险金	其他
全省	44	21	24	5	3	0	3
长春市	43	22	26	2	3	0	5
吉林市	51	19	24	4	2	0	1
四平市	36	27	23	4	3	0	8
辽源市	44	28	19	5	1	0	3
通化市	49	20	23	5	1	0	1
白山市	63	11	12	11	0	0	2
松原市	25	25	35	5	10	0	1
白城市	37	17	21	13	9	0	3
延边州	56	13	19	8	3	0	1
长白山	68	6	18	4	0	0	4
梅河口	43	28	21	6	1	0	0

资料来源：根据"七普"数据整理。

在居家养老服务的价格上，78.5%的老年人可接受的护理费在2000元以内，而此额度只能满足陪同就医、助浴等不定期单次上门服务，老年人的期望值与市场价格差距较大。20.7%的老年人期望每月护理费支出介于2000元至5000元之间，而吉林省住家保姆的平均工资基本在6000元以上。有居家照护服务需求的老年人超过半数是由家属和保姆等非专业人士照顾，经过培训的护工简单护理工资为216元/天~252元/天，全活工资在290元/天~336元/天。据统计，2022年吉林省人均养老金约为2850元，聘请护工的价格已经远远超出养老金能够承受的范围，有一些老年人因为经济原因或不愿与保姆同住而选择了将就。

受消费习惯和收入水平因素影响，调研的老年人对居家照护等服务虽有需求，但付费意愿和能力不高。例如，在老年人助餐方面，目前长春市敬老餐厅的套餐基本在15元左右，60岁及以上老年人可以享受8.5折优惠。笔者在访谈中发现，大部分老年人觉得虽然菜品丰富、营养全面，但也是有优惠券、代金券或者偶尔过去改善一下生活，并不会长期在敬老食堂吃饭。一方面，能够自理的老年人在家做饭更符合自己口味；另一方面，每次吃饭都要出门或者排队，觉得很麻烦。也有老年人表示对菜品新鲜程度、卫生状况、加工过程表示担忧。还有老年人表示在敬老食堂吃饭每个月每个人至少需要1100元，价格太高。单纯依靠老年人自身的支付能力，不足以满足多元化的养老服务需求。调研发现，仅两成子女会给予老年人补贴，子女对于花钱为老年人购买专业服务的消费习惯还未形成。

（四）专业人才特别是护理人员短缺

2023年，吉林省举办了第三届养老护理职业技能大赛，加快养老护理员队伍建设向更高水平迈进。随着养老服务逐步向"医养康护"和社区居家养老方向迈进，养老护理员工作场所已经不再局限于养老机构。未来会更深入社区和家庭中，专业的养老护理员和养老护理方面知识的普及，相较于快速增长的老年群体及日益多元化的养老需求和个性化的照护服务，增长速度和服务质量都需要大幅提高。

一是养老服务护理工作认同度低。养老护理员从事照护老人的工作，而这项工作不仅脏、累，工作琐碎，而且工作强度普遍较大，一般在养老院一位护理员需要同时照护多位老人，对护理员身体素质和健康程度要求较高。同时由于老年人作息时间不稳定，经常出现昼夜颠倒或夜间需要特殊照护，护理员休息时间少、夜间休息不好。照护老年人的心理压力大，尤其是半失能失智或患有阿尔茨海默病的老年人难以沟通，护理员个人承担风险较高。同等薪酬待遇下，行业内普遍认同"宁可伺候一小，不愿伺候一老""医院当护工也不去养老院"，对养老护理员工作认同度普遍较低。

二是市场对养老护理员的认同度不高。虽然养老护理员需求较大，但在市场招聘中多以家庭保姆标准招聘护理老年人，要求一般都是学历不限、经验不限，从业和入职门槛低，一般从业者也以低学历、高年龄女性为主，人员流动性大，专业技能性低。虽然近年来养老护理员队伍中也出现了年轻人的身影，不过一般都集中在高端养老机构中。随着高龄老人的增加，老年人失能失智后的养老护理需求增长，迫切需要加强养老护理人才队伍建设。

三 吉林省优化社区居家养老服务的建议

优化社区居家养老服务，一方面要继续加强对社区居家养老服务的各项支持，包括财政支持、人力支持和设施建设支持等；另一方面要全面动员社会力量参与到社区居家养老服务体系的建设中，形成全社会敬老爱老的老龄友好社会氛围。

（一）立足社区居家，加快老年生活照料体系建设

随着老龄化程度的加深，失能半失能老人会迅速增多，建立可负担老年生活照料服务体系的任务日益紧迫。现有的社区居家养老服务需求针对性不强，主要集中在家政服务和娱乐休闲服务，针对失能半失能以及失智老年人急需的专业生活照护服务很少。要加大对社区居家养老服务的投入和支持力度。推动社区卫生服务机构、乡镇卫生院建设医养结合服务中心，支持有条

件的医疗机构开展"互联网+护理服务"和延伸护理服务，为高龄、失能等老年人提供便利的居家护理服务。重点发展社区嵌入式小微养老服务机构，重点建设失能失智老人护理型养老床位。尽量满足老年人在熟悉的社区环境中养老的要求，有利于其家人对老人的照料和关爱，提升老年人生活质量。加快老年友好社区建设，逐步加强对特殊老年群体的专业服务。

（二）建立社区居家老年人紧急救援体系

积极探索专业人员救援、治未病等专业养老服务，推动居家社区养老服务体系进一步完善。建立区域性的长者紧急救援队，专门为保障低保、特困长者安全24小时提供紧急呼援等服务。梳理"家庭安全检查表"，涵盖服务老年人身体状况、家庭安全、家庭情况三大类型检查项目，不仅关注长者个人的身体情况，还关注其家中的水、电、煤气的使用情况和物品摆放情况，以及家中厕所是否有防滑垫、扶手，拖鞋底部是否有花纹等，通过互联网形成"电子工单"，保障服务对象信息准确无误，以预防为先的工作思路，提前消除安全隐患。定期开展急救协助员急救培训，提高社工、居民志愿者、辖区长者的应急救护能力。确保每个社区都至少有3~4名懂急救的社工或者志愿者，可以在收到突发情况的消息后以最快速度上门，第一时间对伤者情况作最快研判和处理，填补救援空窗期，保障长者生命安全。

（三）加快居家养老服务网络平台建设

建立全省统一的养老服务信息平台。平台建设应包括紧急救援和呼叫服务系统、老年人基本信息和健康档案系统、加盟商和养老服务人员管理系统、养老服务需求评估系统、在线支付结算系统等，并能与政府相关公共服务平台有效对接。养老服务信息平台尚未覆盖的区域要发挥基层群众性自治组织、基层老年协会作用，建立健全社区居家养老互助服务网络。

实施"网格化管理、组团式服务"新的社会管理模式，建设社区管理体系和统一的养老服务信息平台，实时反映地理位置，把握工作情况，还可以将楼房、道路、公共设施等城市部件均纳入网格管理，实现城市信息一按全知、一图搞定，构建"横到边、纵到底、全覆盖、无缝隙"的网格体系，做到"服务开展更快捷、情况把握更精准、数据信息更全面"。利用现代技术手段建立在社区信息化基础上的网格化管理，整合"格"里的各种为老服务资源。以相对固定的社区医疗服务，实现健康老龄化。

（四）全面提高养老服务从业人员素质

加快培养养老服务专业人才队伍。大力发展养老服务专业继续教育和社会培训，提高从业人员的综合职业能力和实际操作能力。增加从事老年护理工作的医疗护理员数量，开展职业技能培训和就业指导服务，培训一批老年方向的医疗护理员，充实老年健康特别是长期照护服务队伍。推进服务失能、半失能老年群体的紧缺型技能人才的培养。

完善人才激励机制。落实养老服务从业人员岗位津贴、入职补贴制度。对在国家和省级职业技能大赛中获奖的养老服务类选手及相关人员，落实荣誉称号、晋级、奖励等政策。健全老年健康相关职业人才评价制度，完善以技术技能价值激励为导向的薪酬分配体系，为养老服务人才创造职业上升空间。

提升职业尊崇感和社会认同度。加大养老服务人才的典型培育和宣传力度，让全社会理解支持养老服务工作，从切身利益和社会地位方面提升养老服务人员的责任感和荣誉感，营造良好的职业发展社会氛围。

参考文献

[1] 祖维晨：《构建"一刻钟"养老服务圈》，《吉林日报》2022年11月10日。

[2] 纪竞垚：《中国老年人的养老意愿：现状、趋势及群体性差异——基于三期中国老年社会追踪调查数据》，《老龄科学研究》2022年第7期。

[3] 吉林省民政厅：《加强扶持引导 激发社会活力 大力推动居家养老服务创新发展》，《中国社会报》2016年1月11日。

[4] 葛延风、王列军、冯文猛等：《我国健康老龄化的挑战与策略选择》，《管理世

界》2020 年第 4 期。
[5] 宋宏宇：《转变思维方式 优化服务供给 持续加强养老服务体系建设》，《中国社会报》2020 年 7 月 23 日。
[6] 于建明：《路径依赖框架下社区养老服务体系存在问题的原因分析及对策》，《社会政策研究》2022 年第 4 期。
[7] 纪竞垚：《居家养老服务的政策效应：基于对老年人生活质量影响的分析》，《人口与发展》2022 年第 3 期。

B.21
吉林省加快推进养老服务业发展对策研究

全龙杰 郭东阳*

摘　要： 习近平总书记在主持召开新时代推进东北全面振兴座谈会时强调，要提高人口整体素质，以人口高质量发展支撑东北全面振兴。推动养老服务业高质量发展是促进人口高质量发展、实现党的二十大提出的全体老年人享有基本养老服务目标的重要路径。吉林省政府高度重视发展养老服务业，近年来，省内养老服务业发展的政策引领初步形成，养老机构建设快速发展，老年健康服务体系建设持续推进，全省养老服务业得到全面发展。但是目前吉林省养老服务业发展仍面临设施不足、养老服务网络未真正形成、医养康养融合不够深入、智慧养老发展缓慢、养老服务人才匮乏、政策支持力度不大等问题。未来吉林省应在推进顶层设计、强化政策扶持、建设人才队伍、升级产业配套、挖掘市场潜力等层面全方位发力，加速推进养老服务业高质量发展。

关键词： 老龄化　养老服务　养老机构　吉林省

人口老龄化是影响未来中国发展的重要因素，也是吉林省面临的最主要的人口问题之一。如何应对人口老龄化，关系中国未来经济社会的发展节奏和路径。2023年5月，习近平总书记在主持召开第二十届中央财经委员会第一次会议时指出，要以人口高质量发展支撑中国式现代化，人口的高质量发展与人民的高品质生活是紧密结合的。2003年，吉林省65岁及以上老年人口比重就已超过7%，正式步入老龄化社会。此后，吉林省老

---

* 全龙杰，法学博士，吉林省社会科学院社会学研究所助理研究员，研究方向为人口与发展；郭东阳，法学博士，吉林警察学院治安系讲师，研究方向为人口与发展。

龄化程度迅速加深，2019年65岁及以上老年人口比重翻倍，达到了14%。《吉林省2022年国民经济和社会发展统计公报》显示，截至2022年底，吉林省60岁及以上老年人口达592.9万人，占总人口的25.3%，高于同期全国平均水平的19.1%；65岁及以上老年人口达416.6万人，占总人口的17.7%，高于全国平均水平的14.9%。吉林省的经济发展受到人口老龄化的严重影响。

一 吉林省养老服务业发展现状

吉林省老龄化进程开始得较早，且进展速度快、老龄化程度深。推进养老服务业高质量发展是吉林省践行积极应对人口老龄化国家战略的新落脚点，具有必要性和紧迫性。近年来，吉林省聚焦老年人的基本养老服务需求，深入贯彻落实积极应对人口老龄化国家战略，坚持城乡统筹、区域统筹，实施幸福养老工程，通过提升机构养老服务质效、拓展社区居家养老服务、健全县乡村三级农村养老服务网络等，加快建设居家社区机构和互助养老相协调、医养康养文养相结合的养老服务体系，推动基本养老服务工作取得积极进展。

（一）养老服务业发展的政策引领初步形成

为了应对人口老龄化问题，推动吉林省经济的全面发展，吉林省政府高度重视发展养老服务业，确定了养老事业与养老产业双轮驱动、同步发展的战略思想。早在2017年，吉林省政府办公厅就出台了《吉林省老龄事业发展和养老体系建设"十三五"规划》，强调重视发展吉林省的养老服务业。近年来，吉林省先后制定出台了《关于建立健全养老服务综合监管制度促进养老服务高质量发展的实施意见》《关于推进养老产业加快发展的实施意见》等一系列政策文件，从设施建设、人才培养、资金监管等方面提供了政策保障。吉林省各地区、各有关部门深入贯彻习近平总书记关于东北振兴和吉林工作的重要讲话重要指示精神，认真落实党中央、国务院和省委省政府积极应对人口老龄化的决策部署，积极探索实践，推动改革创新，抓好政策落实，全省养老服务业得到全面发展。

（二）各类养老设施覆盖面持续扩大

近年来，吉林省积极推进以居家为基础、以社区为依托、以机构为补充、医养相结合的养老服务体系建设。各级各类养老设施覆盖面持续扩大，服务能力不断提高，初步构建起与吉林省人口老龄化发展进程相适应的养老服务体系。截至2022年，全省养老机构1521家、养老床位14.2万张，比2017年增加近2万张。县级以上公办养老机构实现全覆盖，区域性养老服务中心格局基本形成。建成城乡综合性社区居家养老服务中心233个，社区日间照料中心1970个。城市社区主要形成了委托运营、延伸服务、资源共享三种养老服务模式。截至2023年7月底，全省共有社区养老服务设施1042个。其中，社区依托型900个、综合嵌入型124个、延伸服务型18个。自2022年吉林省启动社区老年食堂建设试点以来，截至2023年7月，全省已高质量完成136个社区老年食堂建设任务，积极构建"15分钟养老服务圈"，着力提升社区为老服务能力。计划到2025年底，全省每个街道至少建有1个社区老年食堂，老年食堂在乡镇覆盖率达到60%以上。

（三）老年健康服务体系建设持续推进

吉林省持续加强二级及以上综合性医院老年医学科建设，全省二级及以上综合性医院开设老年医学科的比例达到38%。累计投入5250万元，完成35个县级中医院（二级）中医药特色老年健康中心项目建设。不断强化基层医疗卫生机构建设，医疗服务能力不断提升。深入推进医疗卫生与养老服务资源整合，截至"十三五"期末，全省共有医养结合机构172个，医疗卫生机构与养老机构签约1794对，医养结合机构床位499万张。积极推动国家安宁疗护试点城市长春市、吉林市、通化市和白城市开展安宁疗护服务。初步建立起综合连续、覆盖城乡的老年健康服务体系。

（四）农村养老服务不断探索优化

吉林省结合省情，不断加强县级福利中心、乡镇福利服务中心、村级养老大院和互助站点三级农村养老服务网络建设，实现县级福利中心示范引领、乡镇福利服务中心兜底保障、村级养老大院和互助站点托养服务，城乡一体、融合发展。按照"有固定场地、有服务设备、有服务内容、有服务队伍、有管理制度、有资金保障"的"六有"要求，推进农村养老大院建设，在全省建成农村养老大院3613个。同时，配备老年活动设施，为农村养老服务提供设施保障。探索推进农村互助养老发展，建成农村互助站点285个。农村互助站点位于村屯之中，由村书记或村妇女主任承担管理服务工作，农村老年人每月只需交纳300元至400元即可入住，有效满足了农村老年人在家门口养老的愿望。

二 吉林省养老服务业发展存在的问题

（一）养老服务供给总量不足

目前，吉林省养老服务业发展存在供需间的结构性矛盾。一是省内各类养老服务机构提供的床位总量存在巨大缺口。根据我国现行的9073养老发展规划的标准进行测算（每千名老人拥有36张养老床位），2023年，吉林省机构养老床位数的需求总量约为24万张，而吉林省现有机构养老床位仅为14.45万张，缺口将近10万张。二是吉林省目前开展的社区居家养老服务比较落后，服务缺乏可选择性和针对性、服务项目和服务主体都相对单一，实际上的社区居家养老服务网络还未真正形成，无法满足现阶段不断发展变化的老年人基本服务需求。三是高质量的医护型养老服务供给不足，目前吉林省大多数的养老机构仍是传统的供养型机构，缺乏护理型、康复型等特需服务供给，大型医护型养老机构、老年护理院、老年病院以及长期护理机构等明显缺失，无法满足失能、半失能老人的护理服务需求。

（二）养老服务业缺少专业人才

缺少专业人才是限制吉林省养老服务业进一步发展的重大制约因素之一。养老服务业对从业的相关专业人才的需求具有全面性，无法满足单一的人才类型。吉林省对于各类养老服务专业人才的培养严重不足，导致养老服务业的发展缺少强有力的人才支持。目前，吉林省养老机构配有养老护理员共计9520人，机构养老老年人中每百名老人拥有护理员12人，但根据国家现行标准估算，吉林省共需要专业护理人员约1.6万人，远高于现有的护理人员总数。养老护理人员总数存在缺口的同时，养老机构普遍待遇偏低，整体水平也仅仅高于省最低工资标准，且社会上对养老护理人员的身份认同不足，因此当前省内养老机构存在雇人难、留人难的问题。省内部分地区的社区养老服务项目中虽然列有精神慰藉、医疗保健、康复护理等服务，但由于缺少专业的从业人员，导致很多机构无法兑现列表中的服务。还有一些养老服务业的管理者的相关专业知识和管理经验不足，使得吉林省养老服务业发展无法得到足够的智力支持。

（三）智慧养老发展缓慢

现阶段，吉林省智慧养老设施建设相对滞后，特别是在高端和智能化方面，一些老年人居住的机构依然存在服务不规范、设施老化等问题，无法满足智慧养老发展的需求。且智慧养老服务市场存在数字鸿沟，数据信息化基础设施和智慧应用发展不足，导致智慧养老服务无法实现跨部门、跨区域、跨网络的全面覆盖，服务水平无法满足老年人真实需求，制约了吉林省智慧养老服务的发展。吉林省政府对于智慧养老的政策支持力度不足，规划和投资都较为薄弱，致使智慧养老设施建设和技术研发的效果无法达到预期水平，无法满足老年人的多元需求以及整合社会资源的要求。

（四）政策支持力度有限

虽然近年来吉林省先后出台了一系列政策文件，为稳步推进吉林省养老事业发展搭建了制度平台。但是这些文件并没有明确吉林省的养老基本模式、养老产业的总体规划，仅局限于机构养老服务的完善等基础性服务内容，依然没有解决政府、社会、市场的养老分工问题，没有明确的产业指引政策，更缺乏一个权威的产业标准，无法从根本上解决吉林省养老产业无序、盲目、低水平发展状态。

三 推动吉林省养老服务业加快发展的对策建议

（一）高位推进顶层设计

发展养老服务业需要从战略高度对产业前景进行顶层设计，进一步明确政府和市场的定位，转变发展理念，做到高位统筹、系统谋划、规划引领、科学推进。

一是制定养老服务业中长期发展规划。对当前养老服务业发展的现状、问题及趋势进行充分的调研分析，在现有的养老服务市场状况和未来形势的基础之上，制定明确的养老服务中长期发展目标，并将其纳入全省经济社会发展总体规划，在规划下推动、在规划下督查、在规划下落实各项工作。在目标的基础之上，制定相应的发展策略和措施，包括调节服务供需关系、优化服务质量、加强服务标准等方面。

二是要明确养老服务业在现代化经济体系中的定位。要转变发展理念，养老不再仅仅是传统意义上的民生工作，更是一项经济工作。从经济工作的角度看，养老服务业是一种新的服务业态，可以为现代化经济体系带来新的经济增长点。需要加快建设资金、科技、人力协同发展的养老服务业发展体系，挖掘养老服务业所蕴含的广阔就业空间，将养老服务业发展为吉林省现代服务业体系中的一个重要支柱产业。

三是统筹推进与突出重点相结合。在规划引领和系统谋划的基础上，确定吉林省养老服务业发展的优先行业和重点领域，并将其纳入"十四五"发展规划。在养老服务业的重点领域推进项目化、工程化作业。对于广大民

办养老机构同样要加强规划衔接，在政府的主导下科学地引领民办养老机构的发展方向。结合吉林省各地区的不同情况，准确把握各地老年人养老服务的异质化需求，有针对性地编制各地养老服务业发展规划。

（二）持续强化政策扶持

养老服务业具有特殊性、福利性、综合性、微利性等行业特征，因此相比其他行业更需要以制度的形式予以扶持。吉林省应在归纳、整理现行扶持养老服务业政策的基础上，进一步强化政策投入，逐步形成系统、完整的政策链条，为养老服务业发展营造更优的政策环境。

一是进一步加大政策扶持力度。对民办养老机构进行土地、规划、财税、水电气费用等全方位的减免支持，引导社会资本投资建设规模化、连锁化的养老服务设施。在税费减免等相关的扶持措施上应继续严格贯彻执行现有的各项优惠政策，并在此基础上进一步加大减免的幅度。对于小微型养老机构，只要符合条件的，应在相关规定允许的范围内给予所得税、增值税等最大限度的税收优惠政策。

二是完善金融配套政策。发挥政府对金融业的宏观指导作用，在信贷、投资等方面给予养老服务业发展所需的相关政策支持。在风险可控的前提下，银行部门要坚决落实现行扶持养老服务业发展的相关政策文件，加大对养老机构或相关项目的贷款倾斜力度，扶持养老机构尤其是民营企业、小微企业在行业内立足。金融机构可以适当拓宽贷款抵押担保物的认定范围，对符合小额担保贷款条件的民办养老机构给予贴息贷款。

三是引导社会资本投入省内养老服务业。探索符合养老服务业发展的有效融资途径，构建多样化、多层次的融资供给支持体系。鼓励引导社会资本通过整合、转换或转变用途等方式，将闲置的社会资源改造用于养老服务，并支持其可持续发展。

（三）大力建设人才队伍

人才是行业发展的关键。建设一支素质优良、数量充足、结构合理的养老服务人才队伍，是推动养老服务业高质量发展的必然要求。吉林省要加快建立养老服务人才体系和培训体系，实现养老服务业人才专业化。

一是推进养老服务相关专业教育体系建设。要通过在全省范围内整合高等院校、中等职业学校等院校资源，加快养老服务业专业人才培养，同时鼓励省内各类养老服务机构合理地设置专业技术岗位，主要包括康复护理、医疗保健、心理咨询、营养调配等专业人才队伍，为老年人提供更专业的养老服务。分层次引导、鼓励大中专院校、职业院校、技工院校等教育机构开设养老服务相关专业，以定向委培等形式为养老服务机构培养医养康养等领域的专业人才。支持各类本科院校主动适应社会对高层次养老服务业管理人才的迫切需求，加大高层次人才的培养和政策支持力度。

二是大力推广产教融合。将养老服务列为职业教育产教融合、校企合作优先领域。支持相关院校联合养老服务企业和机构加强校企合作，开展订单式人才培养。支持养老服务企业全面参与养老服务人才培养体系建设，共同编制养老服务职业技能等级标准及大纲，开发职业培训教材，共建养老服务实训基地。落实税收支持等政策，建设培育一批产教融合型养老服务企业。推动省级培训基地建设，统筹优势培训资源，提升培训质量。依托省养老服务示范中心，积极推动成立吉林康养职业技术学院，为全省养老服务机构培养技能型、复合型、专业型人才。鼓励省内养老机构提供更多教师实践和学生实习的机会，提高产教融合水平。鼓励省内符合条件的养老机构积极开展职业教育校企合作，参与养老服务相关学科建设。

三是按不同层次开展相应的专业技能培训。以提升职业能力为重点，制定养老护理员培养培训计划，强化实际操作技能训练、综合职业素质培养，定期对省内在岗养老护理人员开展技能培训。引导养老护理人员参加继续教育并实行学分制管理，其学分成绩可作为养老机构招聘时的重要考量标准之一。所有养老服务机构负责人每年进行相应的专业培训，重点培训养老服务行业法律法规、养老服务管理运营、养老服务风险防范、养老服务质量标准等内容，全面强化一线管理者的机构管理能力、业务运营能力，提升其政策法规水平。

（四）全面升级产业配套

养老服务业是一个多元的产业体系，产业辐射面广。养老服务业能否长效发展取决于养老服务产业链能否合理衔接。面对不断扩大的养老市场规模，吉林省需要从产业整合、升级配套的角度布局养老服务产业链，带动产业上中下游整体协调发展，提高产业规模和质量。

一是完善养老服务产业链，向上下游相关产业延伸。养老服务产业链发展要以养老服务业为核心产业，提升养老服务的质量。链条化延伸以养老服务企业集团形式，打造连锁化的品牌，提供一体化的服务，形成具有特色和规范的养老企业集团。以连锁化经营、集团化发展的形式，实现规模效应和协同效应的优越性。关注养老服务产业链的上下游产业，为其提供相应的基础设施、基础物料、基础服务的供应和保障。

二是加强养老服务业与相关产业融合发展。围绕老年人的食、住、行、游、娱、用、医、教，需要进行产业链资源整合。促进"养老服务+"，与餐饮、旅游、文化、体育、教育、家政、养生、健康、地产、金融等行业融合发展。打造气候康养、林特康养、中医药康养、温泉康养、运动康养、游憩康养、湿地康养、民俗康养等特色品牌，大力丰富养老服务内容。

三是加强智慧养老产品的研发、生产、配套。针对吉林省智慧养老产品发展滞后、产品开发力量薄弱的短板，要加快对智慧养老服务业关键技术的研发和应用。加大智慧养老设施建设和技术研发的投入，推广智慧化养老服务。政府可以出台政策鼓励和引导社会资本增加在智慧养老服务方面的投入，并积极支持相关企业的技术创新与研发。加强多部门协作和信息共享，建立智慧养老服务平台。政府可以引导和鼓励相关部门加强协作，完善信息沟通机制，建立智慧养老服务平台，实现信息、资源、服务的全面整合。出台智慧养老服务行业标准，建立规范的标准体系，在智慧养老基础设施标准、智慧养老产品分类指导标准、智慧养老项目实施和运营标准、信息安全标准等方面出台行业标准。除了技术方面，还要提高老年人对智慧养老产品的认可度，使老年人们能够享受到更加方便、舒适和高品质的智慧养老服务。

（五）深度挖掘市场潜力

面对巨大的养老需求，吉林省养老服务业可预见巨大的市场前景和社会效益。养老服务业发展必须从自身特点出发，提升自身产品市场竞争力，才能够充分激发市场潜力，保障养老服务业的可持续发展。

一是挖掘老年人的多元养老需求，促进养老产品多样化。面对不同年龄、不同健康程度的老年人群体，要精准拓宽不同需求老年人的服务范围，针对不同需求的老年人群体，增加服务项目，完善服务方式。引导社会办养老服务机构重点面向中低收入群体、适度面向中高收入群体，满足老年人多层次、个性化服务需求。契合老年人回归田园、爱好种植采摘、聚集性活动特征，开发城乡休闲养老相关产品。针对老年人的怀旧情怀，开发以文化、历史、地域民族风情为主题的旅游养老产品，如延边朝鲜族风情、边境游等。重视老年人的文化教育需求，持续开展文养结合，联合社会力量加大社区老年大学建设力度，满足老年人学习、娱乐、健身养老需要。

二是发展定制化养老服务，提升养老服务业附加值。定制化服务满足养老需求是未来养老服务业发展的趋势。针对养老服务的特点，加强具体服务项目的开发，为养老服务定制的精准化提供基础。养老机构可以根据老年人个人的不同情况定期评估，建立个人养老档案，制订个人专属养老计划。重视包括年龄、性别、生活环境、赡养金收入（方式）、工作性质、性格特点等客户特性，利用大数据等数字化技术全面刻画老年客户画像，实现对养老客户的精准细分，拓宽养老定制服务方案的适用性，提升定制化养老服务定制的精准性。养老机构要提供主动关怀、法律维权、文化教育、体育健身、精神慰藉、医疗保健等专项服务，推出个性化的"套餐服务"，让老年人可以自由选择"套餐"，通过服务项目菜单化、点选化，满足现阶段老年人的异质化需求，让养老服务更高效、更精准。

三是大力发展旅居养老，吸引省外老年消费群体。充分利用吉林省自身环境、资源、文化、气候等方面的优势条件，吸引外省"候鸟"老人来吉。落实省民政厅与广东、广西、浙江等省份签订的旅居养老协议，深入推动旅居养老项目。完善医疗领域的配套政策，协调异地就医的医疗保险关系，与南方城市在社会保障体系方面开展合作，让老年人的医疗异地结算更加便捷。开发省内环境优美、气候适宜、地产配套城市构建"移居小镇"等，吸引省际"旅居"式养老群体。重点打造吉林省消夏养老服务品牌并着力进行宣传推广，打磨并扩散"消夏之旅""22℃的夏天"等吉林省专属的文化名片，拓展特色旅游养老服务路线，针对南方城市一些养老社区开展精准推介宣传，开拓省外市场。

参考文献

[1] 林晓宁、徐彬：《供给侧结构性改革下吉林省养老产业发展研究》，《北方经贸》2020年第5期。

[2] 徐芳、吴楚克：《吉林省"候鸟式"养老模式发展与完善机制》，《北华大学学报》（社会科学版）2017年第6期。

[3] 王晨、李昕：《"互联网+"背景下吉林省智慧养老模式发展的探究》，《产业创新研究》2022年第14期。

[4] 杨洋、韩俊江：《制约吉林省老龄产业发展的因素及解决对策》，《税务与经济》2014年第5期。

[5] 刘佳琪：《中国养老产业融资问题研究》，博士学位论文，吉林大学，2019。

[6] 张丁：《吉林省民办养老机构的发展困境与政策支持研究》，硕士学位论文，吉林大学，2019。

[7] 朱勤皓：《关于大城市养老服务的几点思考》（下篇），《中国社会报》2019年6月4日。

[8] 杜鹏、吴赐霖：《推动老龄事业与养老产业协调发展》，《行政管理改革》2023年第7期。

[9] 黄蕾、林晓宁：《我国智慧养老产业发展趋势与路径研究》，《经济研究导刊》2021年第24期。

[10] 任杨、朱宇、关博文：《社区居家养老服务中的政府作用》，《学习与探索》2022年第9期。

B.22 吉林省城市社区治理实践与提升路径研究

王浩翼 苗延义*

摘　要： 基层社区建设历来是吉林省的一项"亮点工作"，在几十年的实践探索中，吉林省逐步形成了特有的以党建引领、自治推动、服务促进、文化融合为理念的社区治理模式。2022年是吉林省的"基层建设年"，全省1970个城市社区以此为契机围绕建强多元治理主体、强化公共服务设施、强化服务内容、提升信息化智能化水平、加强人才队伍建设实施了一系列新举措，对于社区治理体系进行了全面深化，取得了显著效果。但在走访调研中我们注意到，目前吉林省在城市社区治理方面还存在难以摆脱传统路径依赖、资源整合能力偏弱、经费保障水平有待提升、智慧社区建设步伐缓慢等问题。本研究对近年来吉林省在城市社区治理方面的实践进行了全面总结，在此基础上提出进一步明确社区的角色定位和权责边界，全面提升社区的资源整合能力，加大社区建设的投入保障力度，加快推进智慧社区建设与运营等对策建议，为推进吉林省社区治理体系和治理能力现代化提供借鉴。

关键词： 基层治理　城市社区　幸福社区　基层建设年

一　吉林省城市社区治理的主要做法及成效

基层社区作为社会的基本单元，既是人民群众安居乐业的家园，也是社会治理创新的基础平台。党的二十大以来，吉林省全面落实习近平总书记视察吉林重要讲话重要指示精神，在全国率先建立了党建引领城乡基层治理统

---

* 王浩翼，吉林省社会科学院社会学所助理研究员，研究方向为基层社会治理；苗延义，东北师范大学马克思主义学部社会学讲师，研究方向为基层社会治理。

一领导体制,几年来,全省各市州积极探索具有地方特色的城市社区治理新路径,治理效能得到了显著提升。

(一)创新平台载体,提升基层社区治理效能

吉林省为进一步提升基层社会治理创新发展的新动能,专门成立了"省委城乡基层治理工作委员会",下辖街道管理体制改革、简政放权、网格治理、物业治理、民生服务、警地融合6个专项工作组,并由省级领导担任组长,[①]各市(州)、县(市、区)也全部建立了相应的领导机构和工作机构[②]。通过制订工作计划、建立任务清单、完善组织机构运行机制,明确各职能部门的工作责任,全面提升全省基层社会治理效能。2022年2月,吉林省启动开展"基层建设年"活动,旨在用一整年时间,从提高基层党建质量、提高基层治理效能、筑牢基层组织堡垒、夯实基层治理体系等维度出发,推动城市治理重心下移、资源力量下沉,解决老百姓身边的急难愁盼问题,为实现"坚持以人民为中心的发展思想,加快推进社会治理现代化"提供了更优的吉林方案和吉林实践。在全省"基层建设年"的带动下,全省各市州通过创新平台载体,实现了社会治理效能的新突破。其中,长春市将社区治理的重点落在居民小区,开展了为期4年的"幸福小区"创建活动,通过每年评选出200个市级、400个县区级"幸福小区",打通城市基层治理的"最后一百米",这一主题活动也被评为"全国2023创新社会治理年度十大案例"。

(二)坚持党建引领,推动社区服务转型升级

一是完善党建引领基层治理运行机制。"三长"联动机制和在职党员"双报到"机制是吉林省结合疫情防控探索的创新举措,也是筑牢抗

---

① 李抑嫱:《党旗高扬筑基石 奋楫笃行开新篇——2020年以来全省城市基层党建工作综述》,《吉林日报》2023年7月19日。
② 耿洪彬、管玄同:《吉林省党建引领基层治理的实践探索与思考》,《新长征》(党建版)2023年第2期。

击疫情社区防线的关键所在。在疫情防控转段时期，吉林省将两项机制进行了创新升级，全面服务于常态化的社区治理，一方面建立以日常"三长"为主，将网格内机关事业单位干部、企业职工等在职人员作为兼职"三长"的"双三长"机制，全面服务社区居民。目前，吉林省共有日常"三长"44万人、兼职"三长"20.4万人，实现了"平时"服务、"战时"应急的工作机制。另一方面将"战时"的"双报到"机制转化为常态运行，要求在职党员全面服从居住地社区党组织统一调配，截至2023年6月，全省累计有8200多个机关企事业单位的37万名在职党员到居住地社区报到，完成4.1万个"我为群众办实事"项目，认领兑现群众的38.7万个"微心愿"，[①] 形成了融合共建、共治共享的基层治理新格局。

二是建立基层治理责任包保机制。为进一步推动党组织向最基层延伸，吉林省自上而下建立起"省级领导包市、市级领导包县、县级领导包街道（乡镇）、科级干部包社区（村）、其他干部包网格（小区）"的"五级包保"责任制，围绕社区治理存在的重点难点问题采取"项目化"的方式在社区开展日常服务。其中，长春市推动81个市直部门、13家市属骨干国有企业的2.8万名干部职工常态化包保64个城市街道所属的393个城市社区、2600多个居民小区、2.8万多个楼栋，[②] 实现"小事不出楼栋、大事不出社区"，显著提升了居民的归属感和幸福感。

三是全面推广"党建+物业"模式。物业公司作为服务小区居民、改善人居环境的责任主体，已经成为城市社区治理体系中的重要一环。为强化党组织对物业公司的指导，2021年5月，吉林省印发《吉林省物业管理条例》等14个配套文件，建立起党建引领社区治理框架下的物业管理体系，通过"国有物业服务企业接管""街道社区代管""党建引领居民自治"等多种方式，在全省2000多个小区中实行"红心物业"治理，推动

---

① 王超：《擎旗铸魂固根基——2022全省开展"基层建设年"工作综述》，《吉林日报》2023年3月19日。

② 王子阳：《长春全面提高城市基层治理效能》，《吉林日报》2022年7月22日。

1749个无物业管理的小区实现"动态清零",[①] 实现了由"无人管"到"共治理"的转变,基本达成"有清扫保洁、有维修保养、有安全防护"的目标。

(三)突出民生导向,切实增强综合服务能力

一是智慧社区建设步入新阶段。2023年6月,吉林省民政厅等17个部门印发《关于推进智慧社区建设的实施意见》,明确了智慧社区建设10项具体任务举措,为智慧社区建设提供政策支持,标志着全省智慧社区建设进入新阶段,省内各市州也围绕智慧社区建设开展了一系列探索。其中,长春市二道区、南关区,吉林市丰满区,白山市临江市承接了全国社区公共服务综合信息平台和智慧社区试点任务;长春市所辖区县实现了"一门式、一张网"社区公共服务模式应用全覆盖;吉林市开发"互联网+社区+民政"信息系统,打造全科式社区综合信息服务平台,实现社区管理数字化、社区治理精准化、社区服务精细化;松原市宁江区启动"智慧社区"综合管理服务云平台建设项目,通过"智慧宁江"微信公众号为统一入口进行登录,实现文宣、政务服务、基础数据采集、便民应用等多个板块的应用,打通服务群众的"最后一米"。[②]

二是社区养老服务平台建设取得显著成效。为进一步提升老年人社区居家养老的可及性和便利性,吉林省将综合嵌入式社区居家养老服务中心建设列为2022年省政府的民生实事项目,打造以照护为主业、辐射社区周边、兼顾上门服务的社区养老服务网络,目前全省在街道层面已建成179个社区综合养老服务中心。此外,为满足社区居家老年人的就餐需求,全省积极开展社区老年食堂试点建设工作,通过政府提供用房、委托社会力量运营、鼓励社区与餐饮企业合作等方式,建成社区老年食堂136个,到2023年底,

---

[①] 李抑嫱:《党旗高扬筑基石 奋楫笃行开新篇——2020年以来全省城市基层党建工作综述》,《吉林日报》2023年7月19日。

[②] 《吉林省人民政府对省十四届人大一次会议第0033号代表建议的答复》,吉林省人民政府网,http://xxgk.jl.gov.cn/zcbm/fgw_97981/xxgkmlqy/202306/t20230626_8728633.html。

全省为老年人提供助餐服务的场所将突破500个。①

三是社会工作服务站建设取得积极进展。2021年2月，吉林省印发《吉林省乡镇（街道）社会工作服务站设立工作方案》，全力推进乡镇（街道）社工站建设，截至2023年6月，全省共设立700余个乡镇（街道）社工站，占全省954个乡镇（街道）的78%，社工站入站人员达到1400人。此外，吉林省积极开展乡镇街道社工站建设系列评审工作，25个乡镇街道社工站获评"省级示范创建社工站"，30名社会工作者获评"优秀驻站社工"，10名专家获评"社工站建设优秀督导"，27个案例获评"社工站优秀服务案例"。

（四）夯实工作基础，激活社区发展内生动力

社区工作者队伍建设是提升社区建设和服务能力的关键所在，吉林省近年来大力开展社区工作者选聘工作，打造了一支人数充裕、结构合理、素质优良的社区工作者队伍，为提升全省社区治理体系和治理能力现代化水平奠定了坚实基础。

一是社区专职工作者队伍不断壮大。针对疫情防控中暴露出来的社区力量薄弱问题，吉林省在综合考虑社区规模、人口数量、工作任务等因素的基础上，设置专职"社工岗"，并建立选任录用、日常管理、考核评价、薪酬待遇、教育培训和激励约束等相关配套制度机制，进一步提升社区工作者的职业化水平。此外，吉林省从大学毕业生中选派万名基层治理专干到社区工作，均给予事业编制，平均每个城市社区配备3名社区治理专干，建立起以高素质人才为支撑的社区人才体系，这一创新做法走在了全国前列。②

二是社区工作者待遇得到显著提升，拓宽社区工作者成长路径。针对社区工作者成长没空间、人才留不住的现实问题，吉林省印发《关于进一步

---

① 《吉林省人民政府对省十四届人大一次会议第0033号代表建议的答复》，吉林省人民政府网，http://xxgk.jl.gov.cn/zcbm/fgw_97981/xxgkmlqy/202306/t20230626_8728633.html。
② 李抑嫱：《党旗高扬筑基石 奋楫笃行开新篇——2020年以来全省城市基层党建工作综述》，《吉林日报》2023年7月19日。

畅通优秀城市社区工作者晋升通道的意见》，从打破招录聘用人员身份限制、畅通提拔选任上升渠道、强化政策待遇激励三个方面着手，制定8条务实管用举措，有效破解社区工作者发展难的问题。在生活待遇方面，吉林省则是完善了"三岗十八级"薪酬体系，将基层社区专职工作者的平均薪酬整体提高到4700元/月，并享有职工养老保险、失业保险、医疗保险、住房公积金、采暖补助以及人身意外伤害险等方面待遇，调动和激发了全省社区工作者的工作热情。

三是社区工作者技能培训体系更加完善。为有效推动社区工作者职业化与专业化建设，吉林省充分利用长春社区干部学院的资源优势，组建全国24个省（区、市）400多名优秀社区书记、知名专家学者、基层先进典型担任兼职教师的"师资库"，以及由基层社会治理专家学者编写的《社区工作者职业化专业化培训教学大纲》《吉林省城市基层党建案例》《全国城市基层党建创新案例（吉林省）》"教材库"，针对全省社区工作者开展全员常态培训，打造出社区工作者培训的"吉林模式"。习近平总书记在视察学院时给予了充分肯定，指出"学院办得很有意义、很及时"。

二 吉林省城市社区治理面临的问题和挑战

（一）社区治理难以摆脱传统路径依赖

过去三年，社区居委会作为应急处置的首要场所，在执行疫情防控任务的过程中超越常态治理"边界"，将行政力量贯穿整个社区治理过程，政府资源的集中下沉在为基层社区带来丰富治理资源的同时，也加重了社区对基层政府在物资、政策、人力上的依赖程度。在疫情防控转段时期，社区居委会的这种行政色彩浓厚的管理逻辑并没有减弱，反而在越来越多的指标与考核中得到进一步强化，不少职能部门习惯性地将社区作为自己"腿"，持续将各种行政性工作任务下派给社区。在调研过程中，部分社区工作者对于目前社区工作负担重、行政任务多的现状持有一些看法。究其原因，一方面是社区治理体系的体制机制受到疫情防控的思维惯性影响，政府行政主导、政治动员及传统行政惯性在短期内难以改变，行政化路径依然是社区解决治理问题最习惯最依赖的路径；另一方面是社区的经费并不独立，当前，吉林省内资源获取能力较强的城市社区并不多，大多数社区的治理经费来源于政府划拨，部分社区居委会为了获得更为丰富的治理资源，愿意承担部分行政性工作。

（二）社区资源整合能力仍然偏弱

社区治理是一个动态的、复杂的过程，其运行需要各类资源的助力。近年来，随着大量人员和资源下沉，社区成为链接资源的节点，这也对社区在资源与人员的整合方面提出了更高的要求。从调研情况来看，目前吉林省社区治理在资源的整合能力上存在以下两个问题。首先是对下沉党员干部的统筹管理能力较弱。党员干部下沉作为疫情期间的一项创新性的制度安排，在应对突发事件的过程中取得了非常好的成效，但在疫情防控转段时期，这种自上而下依靠强制命令，且有明确任务目标的动员体系，其局限性也随着时间的推移开始显现，尤其是社区居委会在人力资源整合机制方面的不完善，导致了人员分配失衡和志愿服务的整体效能不佳。比如，部分党员干部在开展志愿活动时缺乏认真与热情，在常态化下沉过程中出现以混完任务时长，没按时、按量、按质完成活动任务等的情况。其次是资源整合机制仍不成熟。在"基层建设年"的带动下，各级包保单位为社区提供了源源不断的治理资源，但由于社区长期以来缺乏对于资源的主导性，在识别、整合、分配方面没有形成系统全面的流程化体系，面对数量与种类上较为零散的下沉资源时，没有做好二次分配工作，难以将下沉资源与居民需求做到精准适配，影响了整体的治理效益。

（三）社区治理经费保障水平有待提升

社区治理所需要的基础设施配套和日常运转需要多方面资金的支持。吉林省依托"基层建设年"活动，为社区设立了"基层党组织服务群众专项经费""社区党建工作经费"等工作经费,加大了对于社区治理经费的投入保障力度,但在调研走访过程中,社区工作人员反映的几个现象值得注意。首先是资金投入的可持续性有待提高。目前省内城市社区治理资金在专项工作经费和包保单位的资源支持下尚可承受,但随着社区的服务内容和项目的进一步扩大,后期需要有大量资金的持续性投入,目前吉林省财政正处于比较困难的阶段,在财力物力有限的现实情况下,如何持续加大资金的投入,确保社区治理经费的可持续是关键所在。其次是资金的使用缺乏容错机制。由于财政自主权不高,社区在使用资金时需要考虑使用程序是否规范,是否符合上级部门提出的要求,导致社区工作人员在经费的使用上表现得异常谨慎,担心出现问题,不愿主动组织活动和申请项目,在一定程度上也降低了社区活力。

(四)社区智能化建设步伐缓慢

吉林省正逐步在全省范围推进智慧社区建设,但由于起步时间较晚,加之发展基础薄弱,在智慧化程度、平台建设、服务内容和功能方面与上海、浙江等一些地区还有较大的差距。从省内部分智慧社区的试点情况看,还存在以下几个方面问题。一是智慧社区建设的政策体系仍不健全。《关于推进智慧社区建设的实施意见》的出台虽然明确了智慧社区建设的总体要求、重点任务和保障措施,但对智慧社区建设采用何种技术标准和运营模式还缺乏统一的规定,需要加快对于政策体系的完善,避免出现设备设施编码规则和数据标准不统一、信息平台的接入与协同不畅等问题。二是应用系统便利程度不佳。智慧社区建设的初衷与目的是减轻基层工作者的工作压力,提高社区居民生活的便利程度,但目前部分试点社区的智慧应用使用门槛较高,操作系统不稳定,信息需要网格员手动采集和录入,对于人口基数大、流动性强的社区,网格员的工作负担较重,数据更新维护难度较高,难以保证实时性与精准性。三是居民参与意愿不足。目前省内智慧社区的智慧化程度较低,服务内容较少,且主要集中在"智慧安防"层面,少数试点能做到将物业、社保等服务功能嵌入系统,智慧服务的供给与居民的需求还不匹配。

三 对策建议

（一）进一步明确社区的角色定位和权责边界

基层政府行政嵌入社区治理是过去很长一段时间城市社区治理的内在逻辑，也将会是未来一段时期的最大实际。治理权力的下移是一个逐步调适的过程，不可能一蹴而就，需要对社区的行政性与自治性间的关系进行再认识。[①] 因此，在疫情防控转段时期，吉林省的城市社区需要重新找回自身的角色定位，加快从过去的"包揽型"向"服务型"转变，进一步减少社区治理过程中的非必要行政干预，同时加大对社区必要的行政资源的投入，达到行政性与自治性的平衡。在具体做法上，一是在理念上进一步明确社区的自治地位，摒弃基层政府与社区上下级领导关系，重新回到业务层面的指导关系，转变社区工作者与居民的认知偏差和思维惯性。二是进一步优化社区职能，尤其是对三年来社区所承担的过多的政治性、行政性事务加以规范，减轻社区行政负担，实现社区自治与政府行政的相互协调与合作。三是扩大社区治理社会基础，厘清小区物业、下沉党员干部、包保单位等治理主体的权责关系，培育社区居民的公共意识，重塑多元参与的社区治理共同体。四是完善社区考核评价体系，摒弃以"展示化""形式化"治理为标准的评价体系，建立以社区居民的真实需求为参考的考核指标体系，采取更加灵活多样的评价机制，减轻社区工作人员的负担。

（二）全面提升社区的资源整合能力

社区资源的多样性、隐蔽性、碎片化的特点，以及多元主体间存在的利益冲突在一定程度上决定了社区资源整合的难度，尤其是吉林省城市社区对

[①] 苗延义：《能力取向的"行政化"：基层行政性与自治性关系再认识》，《社会主义研究》2020年第1期。

于各类资源的整合能力目前还相对较弱，和满足社区居民日益增长的美好生活需求还有一定差距，要想实现基层社区治理现代化的目标，就必须在社区资源整合体系优化方面取得突破，提高社区资源整合的能力水平。一方面要营造社区党建资源共同体。发挥社区党组织对辖区内资源进行识别、汲取和配置利用的功能，将辖区内的机关、企事业单位、社会组织等主体纳入党建联盟，通过定期召开党建联席会议等方式，深度挖掘和运用辖区内的各类社会资源，撬动盘活潜在资源，推动社会资源供给与居民需求的精准对接。另一方面要健全下沉党员干部管理体系。鉴于目前吉林省参与社区"双报到"活动的党员干部人数众多，需要尽快在街道层面建立一套完善的下沉党员管理体系，根据下沉干部的职业特点、个人特长分配任务，做到人尽其用，改变过去粗放式管理而无法有效发挥党员专长的现象。此外，要完善下沉党员的考核与激励机制，从整体上对党员下沉社区治理进行督导，实时跟进党员下沉工作进度，避免党员下沉社区治理中出现形式主义、作风不良、资源浪费等现象。加大对于优秀下沉事迹的宣传力度，鼓励单位将下沉社区工作成绩纳入本职绩效考核评价加分项，提升党员下沉社区的积极性。

（三）加大社区建设的投入保障力度

目前吉林省经济下行压力加大，政府财政正处于最困难的阶段，各级政府坚持过紧日子，把每一分钱都花在刀刃上，在财力物力有限的现实背景下，全省基层社区治理工作需要积极探索花小钱、办大事的有益途径，充分发挥工作的主动性和创造性，尽可能地避免资金的重复投入和浪费，建议可以着重从以下三个方面入手。一是探索建立社区财政投入新模式，在确保社区自筹资金收支合规的前提下，可以适当借鉴厦门市"EPC+O"模式，让社区通过公开招标方式引入社会资本主导实施社区项目建设，满足社区运营维护、改造等方面巨额的、持续性的资金需求。此外，适当提高"基层党组织服务群众专项经费""社区党建工作经费"等工作经费预算额度，解决社区资源供需的矛盾。二是提高社区资金使用灵活性。允许社区根据自身建设实际需要,对社区项目资金进行适当调剂,提高资金的使用效益。三是建立资金使用容错免责机制。针对社区工作人员在项目资金的使用过程中因不可抗力、难以预见因素等客观原因出现的偏差失误,要进行科学评估,对于需要受到追责问责的,同步启动容错免责调查程序,实现容错事项事前备案和免责认定"双同步",让社区工作人员卸下心理包袱,形成敢想敢做、不畏艰难的良好工作氛围。

(四)加快推进智慧社区建设与运营

一是加快对于智慧社区建设试点的经验总结。吉林省目前的几个智慧社区建设试点各具特色、各有侧重,建议下一步要加快总结各试点的经验做法和建设模式,尤其是对存在的诸多问题、难点、体制机制性障碍给出相应的破解之道,明确全省智慧社区建设的发展方向。二是完善智慧社区建设的标准体系。充分利用与浙江省"对口合作"的优势,借鉴杭州、衢州等在全国"智慧社区"建设实践较好地区的经验做法,利用吉林大学"国家智能社会治理研究院"的资源优势,打造智慧社区的专家团队,参与制定符合吉林省实际情况的"智慧社区"行业标准、技术结构、指标体系。三是积极拓展服务功能。对已有的智慧社区管理平台进行功能升级,加快拓展社区养老、医疗、教育、购物、物流等服务功能。四是提升居民使用体验。以使用者的体验为基准,充分吸收基层工作人员对智慧社区软硬件设施的意见和建议,进一步优化操作系统,增强智慧应用的便利性和流畅性。此外,要充分考虑老年人、儿童等"信息弱势群体"的习惯,尽可能地简化操作步骤,提高居民参与智慧社区建设的意愿。

参考文献

[1] 苗延义:《能力取向的"行政化":基层行政性与自治性关系再认识》,《社会主义研究》2020年第1期。

［2］李抑嬗：《党旗高扬筑基石 奋楫笃行开新篇——2020年以来全省城市基层党建工作综述》，《吉林日报》2023年7月19日。

［3］耿洪彬、管玄同：《吉林省党建引领基层治理的实践探索与思考》，《新长征》（党建版）2023年第2期。

［4］王超：《擎旗铸魂固根基——2022全省开展"基层建设年"工作综述》，《吉林日报》2023年3月19日。

B.23
吉林省农民工工资支付保障问题研究

张新梅[*]

摘　要： 近年来，吉林省多措并举保障农民工工资支付并取得显著成效，但由于各方面因素的制约，吉林省农民工工资支付保障依然面临劳动用工管理规范化亟待提升、工资支付相关保障制度未完全落实到位、参与监管的相关职能部门职责定位不够清晰、监管联动衔接不畅等问题。对此，吉林省应在强化制度建设的基础上，实体化运行根治拖欠农民工工资工作议事协调机构，运用信息化手段及时发现欠薪苗头隐患等，对工程建设项目保障农民工工资支付工作进行全过程监管，逐步实现农民工工资全年"基本无拖欠"的目标。

关键词： 农民工　工资支付　吉林省

2020年5月1日，由国务院制定并颁布的《保障农民工工资支付条例》（国务院第724号令）（以下简称《支付条例》）正式生效实施，标志着农民工工资支付保障工作步入规范化、法治化轨道。自《支付条例》颁布实施三年以来，吉林省多措并举，推进各项保障制度落地实施并取得明显成效，在对吉林省农民工工资支付保障工作进行总结的同时也发现了一些亟须改进的地方，为此需要进一步提高吉林省农民工工资保障能力，尽早实现农民工工资全年"基本无拖欠"的目标。

---

[*] 张新梅，吉林省社会科学院法学所副研究员，研究方向为劳动法学、法社会学。

一 吉林省农民工工资支付保障举措及成效

（一）制定实施办法及细则，完善农民工工资支付保障制度体系

2021年12月31日吉林省人社厅、住建厅、交通运输厅、水利厅、银保监局五部门联合发布《吉林省工程建设领域农民工工资保证金实施办法》，该办法明确工资保证金可以用工程担保公司保函替代；对工资保证金的存储比例、存储时间进一步明确细化；强化属地人社部门对工资保证金的监管职责。2021年2月2日吉林省人力资源和社会保障厅出台《吉林省执法监察信息化监管平台管理办法》《吉林省工程建设领域农民工工资专用账户管理办法》，根据各相关部门间的职权分工进行职责细化，实现农民工实名制管理信息化和工资支付在线监管。2023年9月7日吉林省住房和城乡建设厅印发《吉林省房屋市政工程施工现场人员实名制管理办法》，将实名制落实情况、个人考勤情况直接与企业综合信用、个人信用挂钩。

（二）进行普法宣传，营造保障农民工工资支付的良好社会氛围

确定每年的4月份为《支付条例》宣传月，通过发放宣传手册等方式以及通过报刊、广播电视、门户网站、微信公众号等渠道，向社会公众广泛宣传《支付条例》和相关工资支付保障制度。吉林省通信管理局联系运营商发送公益短信，吉林省住建厅在施工现场张贴宣传标语，吉林省交通厅在高速公路和客运站等人员密集场所张贴宣传标语、播放宣传视频，中国人民银行长春支行组织银行利用LED显示屏循环播放宣传标语，长春市公安局在135块交通诱导屏循环播放宣传标语，吉视传媒在开机画面播放宣传标语。全省累计发放宣传单、宣传册、折页等相关宣传物品共计27.32万份，摆设宣传展板900余块，LED滚动屏播放宣传语、宣传短片

以及悬挂横幅共计 3.97 万条，微信公众号、微博等社交平台发布及转发文章共计 5 万余次。[1]

（三）推动信息化平台建设，对建筑业农民工工资支付实时动态监控

一是升级改造"吉林省建筑工人实名制管理平台"。要求建筑业劳务人员每日上、下工采用人脸识别的考勤方式，将考勤数据上传至"吉林省建筑工人实名制管理平台"，与"吉林省执法监察信息化监管平台"实现数据互联互通，为拖欠农民工工资案件的解决提供农民工信息、考勤依据。截至 2023 年 5 月，吉林省共有 2378 个项目开展了实名制管理工作，一共录入农民工信息 36 万余条，项目考勤率 81%。[2] 二是优化吉林省农民工劳动监察执法信息化平台，首先将农民工工资保证金管理、农民工实名制管理、施工单位人工费分账管理、委托银行代发农民工工资管理等核心内容数据进行动态录入；其次对动态录入的数据进行项目信息预警、实名制预警、工资专户预警、银行代发预警等的实时分析研判；最后综合将舆情信息案件、全国根治欠薪线索反映平台案件、预警研判案件均纳入移动执法办案，对农民工工资支付情况进行实时动态监控。

（四）设立速裁庭，专门处理农民工工资争议案件

自 2023 年 6 月以来，吉林省在各级劳动人事争议仲裁机构内部设立速裁庭专门处理农民工工资争议案件。速裁庭坚持简案快办、繁案精办，对符合立案条件的，当天申请，当天立案，并在 3 个工作日内将仲裁庭组成人员、答辩、举证、开庭等事项一次性通知当事人，并将审限缩短至 30 日。在处理农民工工资争议案件时，注重调解，设置专门庭前调解团队，配备专

---

[1]《吉林省开展多种形式宣传〈保障农民工工资支付条例〉》，吉林省人社厅官网，http://hrss.jl.gov.cn/gzdt/202005/t20200507_7200251.html。
[2]《吉林省住房和城乡建设厅关于我省在建项目施工现场人员实名制落实情况核查通报》，吉林省人民政府网，http://xxgk.jl.gov.cn/zcbm/fgw_98022/xxgkmlqy/202309/t20230906_8793103.html。

门调解人员，立案时同步开展调解，引导调解结案。截至2023年7月底，吉林省共建立农民工工资争议速裁庭75个，实现农民工工资争议速裁庭全省覆盖，一共立案受理了450余件拖欠农民工工资争议案件，涉案金额达320余万元。①

（五）开展专项检查，打击建筑市场违法违规行为

开展建筑市场违法违规专项检查，严厉打击建筑市场违法发包、转包以及违法分包、挂靠等行为。自2022年以来，吉林省共计抽查了123个建设项目，在检查过程中下达《建设工程存在问题整改通知单》52份、《建筑市场执法建议书》35份，吉林省对下达执法建议书的项目进行调查处理，处罚有违法发包项目11个、具有转包行为的企业9家、具有违法分包行为的企业15家，查出有挂靠行为的个人13人，共计罚款633万元。对违规造成农民工工资拖欠的，依法给予停业整顿，并计入不良信用记录，予以公开曝光。②

（六）进一步加大对拖欠农民工工资行为的惩戒力度

一是列入拖欠农民工工资"黑名单"。自2021年以来，吉林省人社厅分两次向社会公布拖欠农民工工资"黑名单"信息表，共涉及13家违法违规用人单位和1名违法人员，涉及被欠薪的农民工769人。二是列入拖欠农民工工资失信联合惩戒名单。自2022年以来，吉林省人社厅分4次将36家拖欠农民工工资用人单位纳入失信联合惩戒名单，涉及被欠薪的农民工2009人。被列入拖欠农民工工资"黑名单"或者被纳入失信联合惩戒名单的用人单位及相关责任人员，在政府资金支持、政府采购、招投标、生产许可、资质审核、融资贷款、市场准入、税收优惠、评优评先、交通出行高消费等方面被依法依规予以限制。

---

① 《吉林：建团队 树机制 开展农民工工资争议速裁庭建设专项行动》，搜狐网，https：//m.sohu.com/a/715056208_121123688/。
② 《对省十四届人大一次会议第0047号建议的答复》，吉林省人民政府网，http：//xxgk.jl.gov.cn/zcbm/fgw_98022/xxgkmlqy/202305/t20230509_8706314.html。

（七）保障农民工工资支付成效显著

截至2021年2月，吉林省受理国家根治欠薪线索反映平台转办欠薪线索5702件，为5.67万名农民工追发工资待遇7.72亿元。吉林省各级劳动监察机构共检查用人单位4947户，通过立案及非立案方式协调解决欠薪案件290件，为0.4万名劳动者追发工资及赔偿金2860.66万元；其中涉及农民工3837人，涉及金额2667.06万元，实现了国企项目和政府投资工程项目农民工欠薪案件动态"清零"目标。① 自2021年底以来，吉林省各地人社部门运用《劳动保障监察责令改正决定书》等系列行政监察手段，为劳动者追回劳动报酬2464.61万元。

截至2023年5月，吉林省人社、住建部门协同查处拖欠农民工工资案件269起，帮助1293名农民工追回拖欠工资1.33亿元。② 吉林省法院组织开展治理"老赖"专项行动，2022年全年对吉林省人社厅、公安厅移送的20名恶意拖欠农民工工资人员依法定罪处罚③；截至2023年2月，全省速裁庭速审速执农民工欠薪案件6443件，帮助9639名农民工追回拖欠工资1.17亿元④。吉林省总工会组建省、市、县三级工会法律服务律师团，为农民工提供法律援助，截至2023年5月，5年来一共为农民工等特殊群体提供法律援助798件，挽回经济损失达326万元。⑤

---

① 《全省根治欠薪冬季专项行动圆满收官》，吉林省人社厅官网，http：//hrss.jl.gov.cn/gzdt/202103/t20210329_7980544.html。
② 《对省十四届人大一次会议第0047号建议的答复》，吉林省人民政府网，http：//xxgk.jl.gov.cn/zcbm/fgw_98022/xxgkmlqy/202305/t20230509_8706314.html。
③ 《司法为民践初心 守正创新应时代 以高质量刑事审判工作推动建设高水平平安吉林》，吉林省高级人民法院微信公众号，https：//mp.weixin.qq.com/s?__biz=MzAxNzM3Mjk1OQ==&mid=2652968712&idx=1&sn=faf96a1ae98281eb82b9adb6f031eb83&chksm=80333578b744bc6ed2ca37f6ced1098e85d84ecd88e537c85d727236cbcde1aca8aed27a54ea&scene=27。
④ 《怀热望行健 共时代跃进 全省法院五年高质量发展实现突破性进展》，平安吉林微信公众号，https：//mp.weixin.qq.com/s?__biz=MzUyMDcyOTkzOQ==&mid=2247722736&idx=2&sn=fdf98d2ced8febdb153613a6efa0b581&chksm=f9e8c2ccce9f4bdad31b6f4bc4fd40bc722d7b0ca0a3f6bfe78a1ee1972b65d0d16a5b242c57&scene=27。
⑤ 《情系职工凝聚奋斗伟力 履职担当服务大局——吉林工会五年工作回眸》，《工人日报》2023年7月15日。

二 当前吉林省保障农民工工资支付面临的主要问题

（一）劳动用工管理规范化亟待提升

一是劳动合同订立不规范。在当前施工企业内，农民工劳动合同的签订率虽然较高，但有一部分施工企业对于劳动合同的内容和订立形式缺乏全面性和严谨性，如对农民工工资支付相关内容约定不明确，没有农民工本人签字或者伪造农民工本人签字，违规签订所谓"集体合同"等，很多劳动合同形同虚设。二是实名制用工管理覆盖范围不广。目前部分在建工程施工项目没有按照实名制管理制度要求进行用工痕迹化管理，电子考勤系统使用率不高。2023年5月至8月，吉林省住建厅对全省实名制工作落实情况进行核查通报，部分县市项目经理、总监理工程师考勤率在70%以下，劳务人员考勤率在50%以下。[①] 三是劳资专管员的业务素质亟待提高。在建工程施工单位在施工现场虽然都配备了1名劳资专管员，但大都没有相应的资质证书及专业聘用合同，对其职责内容，如对农民工的劳动合同管理、实名制管理、考勤（工作量考核）、工资支付、工资专户管理、工资保证金管理以及相关台账资料的制作和保存等方面的业务并不熟练，业务素质亟待提高。

（二）工资支付相关保障制度未完全落实到位

一是建设单位未按要求提供工程款支付担保。为保障工程款不被拖欠，要求建设单位应当向施工单位提供工程款支付担保，这关系有钱支付农民工的问题。但就实际情况来看，大多数建设单位未按规定向施工单位提供工程款支付担保，该项制度并没有得到普遍落实。二是施工单位未按规定存储工资保证金。施工总承包单位应在工程所在地的银行存储工资保证金，还可用

[①] 《吉林省住房和城乡建设厅关于我省在建项目施工现场人员实名制落实情况核查通报》，吉林省人民政府网，http://xxgk.jl.gov.cn/zcbm/fgw_98022/xxgkmlqy/202309/t20230906_8793103.html。

银行保函、工程担保公司保函、工程保证保险替代。但部分在建工程项目没有严格落实工资保证金制度，存在少缴、不缴及保证金到期未及时续缴的情况。三是施工单位人工费用与工程款分账管理制度落实效果不好。项目运作和工程施工的主要推动力是资金的正常流转，有的建设单位没有按月足额给施工总承包单位的农民工专用账户拨付人工费用，有的施工单位农民工工资仍与工程款混于一体，影响了农民工工资款项的安全性。四是农民工工资尚未按月足额通过平台支付。目前，对农民工负直接管理责任的劳务班组为了规避个人所得税等目的，通常只给农民工支付部分工资，将工资支付金额以5000元为发放的上限上报平台支付，然后在春节前结算时再向农民工支付剩余大部分工资，农民工工资的支付数额与平台实际支付不一致，加大了农民工工资被拖欠的风险。

（三）参与监管的相关职能部门职责定位不够清晰

当前，虽然吉林省在执法监察信息化监管平台建设管理、工程建设领域农民工工资专用账户管理方面，根据各相关部门间的职权分工进行职责细化，但就《支付条例》如何贯彻落实到位，吉林省目前仍没有出台具体的实施意见，未进行清晰明确的部门定位和合理的职权分配，在相关职能部门履行职责的过程中缺乏落实《支付条例》工作任务清单，在保障农民工工资支付这个问题上，谁都有职责管，而谁都没有完全管，在实际工作中容易造成等、靠、推的现象，在处置农民工投诉案件时，往往需要借助农民工投诉被动地发现违法线索，吉林省近三年主动监管数据大多产生自冬季根治欠薪专项行动阶段，在未开展专项行动的时段，各职能部门由于职权划分不够清晰，缺乏持续有效的主动监管，造成部分在建项目工程长期在违规的情况下运行，增加了欠薪的隐患。

（四）跨地区、跨层级、跨部门监管联动衔接不畅

保障农民工工资支付是一项复杂重大的工作，触及多方利益，涉及的机构和人员多，需要跨地区、跨层级、跨部门协调运行、综合治理。目前，作

为政府议事协调机构的吉林省根治拖欠农民工工资工作领导小组，相关组成部门尽管从10多个成员单位扩充到20多个成员单位，但仅仅在专项行动期间组织协调相关部门成立了农民工欠薪案件化解联合工作专班，等阶段性任务完成之后，就没有常设机构继续承担此项协调处置职能；再加上各部门之间缺乏密切联动的工作机制，导致各相关职能部门之间互动交流并不多。其中人力资源和社会保障部门需要承担大量的协调组织工作，但在吉林省保障农民工工资支付工作中，其组织协调作用发挥并不明显，其平级身份使其很难调动其他部门的工作热情，部分成员单位主动性并不高、参与力度也不大。虽然吉林省住建厅作为工程建设领域的行业主管部门，2023年配合人社部门在查处施工企业拖欠农民工工资案件方面取得了一定的成效，但联合执法并未形成常态化、制度化，与其他职能部门的协同监管只能处于倡导阶段，这些都对实行农民工工资支付多方共治造成了一定的难度。

三 健全吉林省农民工工资支付保障机制的对策建议

（一）细化《支付条例》特别规定，进一步规范用工管理和工资支付行为

一是规范工程款支付担保行为。明确提供工程款支付担保的程序、资金比例及有关要求，建立依业主单位信用情况实行差别担保的制度，切实减轻市场主体的经济负担。二是健全工程建设领域分账管理细则，提高其可操作性，工程建设合同文本应为工程款和人工费用分列预留空间，人工费用比例应满足按月支付农民工工资的基本要求。三是制定农民工工资专用账户管理办法，细化账户开立、使用、撤销的条件及流程，规定施工总承包单位开设和使用农民工工资专用账户的权利义务及相应的法律责任。四是制定减免农民工个税征缴的实施办法，在处理保障农民工工资支付和个税征缴的关系上，在暂时缺乏相关法律政策的情况下，研究变通办法。五是完善工程建设领域农民工实名制管理操作办法，规定农民工实名制的内容、形式、操作流

程以及法律责任，全面推进实名制落实。六是制定针对农民工的专用简易劳动合同文本，简化劳动合同条款和内容，提高农民工劳动合同签订率。七是推行工程建设领域班组长职业准入制度，班组长经过培训取得相应资质才能上岗。八是制定劳资专管员管理办法，要规范劳资专管员的设置，明确其职责、权限，完善劳动用工管理规范化监管流程，明确其法律责任。

（二）实体化运行根治拖欠农民工工资工作议事协调机构

一是设立实体化运行的根治拖欠农民工工资工作领导小组办公室，将临时性的工作专班固定为实体常设部门，要求各成员单位派驻人员集中办公，明确各职能部门工作任务清单，定期进行联合检查，定期召开联席会议，建立各成员单位协同治理的长效工作机制。二是组建专门从事根治欠薪的工作队伍，主要承担上级对本级政府考核、对下级政府考核等工作，同时指派具体人员负责属地工程建设项目保障农民工工资支付的日常管理工作。三是在此基础上成立联合执法队伍，直接向领导小组办公室负责，具体承办农民工欠薪案件查处、督办和交办欠薪线索等事项。联合执法人员可从相关成员单位抽调，并经业务培训合格后上岗。四是建立农民工举报投诉联动中心。农民工工资支付涉及多个部门，不同的项目还存在不同的层级管辖规定，可参照市级政务服务综合大厅的模式，建立市级农民工举报投诉联动中心，由各职能部门派驻人员进驻联动中心，统一受理后，按照部门职责分流线索，与服务型执法"最多跑一次"的政务改革理念融合，可以最大限度减少部门之间的责任推诿。

（三）对工程建设项目保障农民工工资支付工作进行全过程监管

一是在工程建设项目开工前，相关领导小组成员单位应指导建设单位、施工单位提前做好各项保障农民工工资支付的准备工作，确保工程款支付担保、施工合同中人工费用的约定、缴纳农民工工资保证金、注册农民工实名制信息管理系统、安装实名制通道、开设农民工工资专用账户、委托银行代发农民工工资等相关保障制度在项目开工前都能落实到位。二是在工程建设项目施工阶段，由领导小组办公室联合执法队伍根据农民工工资支付预警平台信息，实施"一案三查"，一查农民工欠薪案件，二查工程建设项目各项制度建设情况，三查建筑市场违法违规行为，与此同时，还要用好保障农民工工资支付的信用联合惩戒制度，加大失信联合惩戒力度，对欠薪行为形成震慑。三是工程建设项目竣工阶段，要求施工总承包单位在施工现场公示未拖欠农民工工资30日后才可申请退还工资保证金，并且还要出具"农民工工资足额支付承诺书"，严格防范因施工总承包单位公示时间造假和公示信息未传达到农民工本人等因素造成的农民工工资拖欠问题。

（四）强化智慧监管，运用信息化手段及时发现欠薪隐患

一是强化预警平台信息化建设。由领导小组办公室牵头，进一步建立健全各级农民工工资支付监控预警平台，将各类在建工程项目信息全部纳入平台统一管理，包括农民工工资按月发放情况的信息、银行对施工总承包单位提供服务的信息、施工总承包单位对工人进行日常管理的信息、监理单位工程款拨付申报的信息及农民工个人信息等，从源头预防的角度进一步织密织细农民工工资保障信息管理网络。二是建立平台多重预警机制。除了对平台信息异常触发预警以外，还要对水电燃气供应、物业管理、信贷、税收等反映企业生产经营相关指标的异常变化设定预警底线，突破底线即进行预警。同时预警平台还可通过农民工个人手机端App或微信小程序等途径，按月向农民工本人推送当期工资发放对账单，对账单与本人实际工资支付情况有误的，农民工可将相关情况实时反馈给预警系统，一旦系统预警，即被纳入保障农民工工资支付重点监控对象，从而有效预防农民工工资被拖欠。

（五）发挥社会监督的力量合力保障农民工工资支付

一是发挥群团组织及其他社会组织的作用。属地工会组织对辖区内建筑企业、建筑工地要形成常态化监督机制，要重点对农民工工资专户开设、专户资金使用、农民工工资支付等方面的情况进行重点监督；共青团要长期关注建筑工地青年农民工工资支付工作；妇女联合会、残疾人联合会、行业协

会、法律援助机构、律师事务所等社会组织也要协同群团组织，形成社会监督整体合力。二是发挥新闻媒体的作用。一方面要采取政策解读、专题宣讲、宣传海报等方式，推动《支付条例》主题宣传活动；另一方面要加大对拖欠农民工工资违法行为等负面案例进行曝光的力度，营造保障农民工工资支付的社会氛围。三是发掘公民自身的作用。这里主要是指农民工，要对农民工进行培训，增强其法治观念，提高其法律素养，学会运用法律武器维护自身合法权益，同时引导他们理性合法表达利益诉求，切不可通过堵路、阻工等违法方式讨薪。

参考文献

[1] 刘军胜、刘军、贾东岚：《健全工资保障机制 维护农民工工资权——基于湖北恩施〈保障农民工工资支付条例〉实施情况的调查》，《中国人力资源社会保障》2022年第2期。

[2] 王程：《以法治欠 彰显公平》，《中国人力资源社会保障》2020年第1期。

[3] 杨晓春：《如何保障农民工工资依法及时发放——简谈〈保障农民工工资支付条例〉的施行》，《中国人力资源社会保障》2021年第2期。

[4] 李惠青、李叶华：《规范农民工工资支付行为》，《施工企业管理》2020年第5期。

[5] 黄平、李梧：《农民工工资发放现状及〈规定〉的影响》，《施工企业管理》2021年第11期。

[6] 杨志昱：《对〈支付条例〉的几点建议》，《施工企业管理》2020年第5期。

专题篇

B.24 吉林省肉牛产业高质量发展对策研究

姚堃 郭威[*]

摘　要： 自吉林省"秸秆变肉"暨千万头肉牛工程实施以来，全省肉牛产业数量、质量实现大幅跃升，高质量发展态势已全面显现，品牌体系、数字赋能、科技支撑、精准政策发挥了有效作用。2023年以来吉林省坚持问题导向，出台了一批新政策，降低了价格波动的冲击，强化了肉牛产业韧性。在此基础上，本研究总结了当前仍存在的战略规划仍需增强、协同联动仍需强化、基础设施仍需完善、企业主体仍需壮大、市场体系仍需拓展等有关问题，并提出了具有针对性的对策建议：加快形成肉牛新质生产力，构建肉牛产业开放新体系，创建肉牛产业发展新平台，加速肉牛产业数字化进程，突出全产业链金融支撑，营造更加有利的产业氛围。

关键词： 肉牛产业　新质生产力　高质量发展　吉林省

---

[*] 姚堃，吉林省社会科学院农村发展研究所副研究员，研究方向为农业产业化、农业可持续发展；郭威，吉林师范大学历史文化学院副教授，研究方向为区域经济史。

一 肉牛产业高质量发展现状分析

（一）肉牛产业高质量发展势头良好

2023年以来，吉林省坚持"扩量、提质、增效、转型"的8字方针，以大项目建设为引领，推动"秸秆变肉"暨千万头肉牛建设工程上规模上水平，实现优势产能持续释放。截至第三季度末，全省肉牛发展到631.2万头（其中存栏量达到440万头），全产业链产值达到2000亿元（同比增长7.6%），千头以上肉牛产业化大项目达到236个，万头以上牛场达到25个，通过国家审核入库肉牛专项债项目47个（其中30个项目已发行债券90.89亿元）。前三季度肉牛贷款余额309.76亿元，肉牛政策性保险在保牛只150.19万头，保险覆盖面占存栏量的34.13%。按2022年前三季度肉牛数量与全年数量比例关系预测，2023年全年肉牛数量可望达到716.63万头，达到2015年以来的最高值（见图1）。2023年5月30日吉林省第十四届人民代表大会常务委员会第四次会议通过了《吉林省人民代表大会常务委员会关于促进肉牛产业发展的决定》，为肉牛产业高质量发展提供了坚强保障。

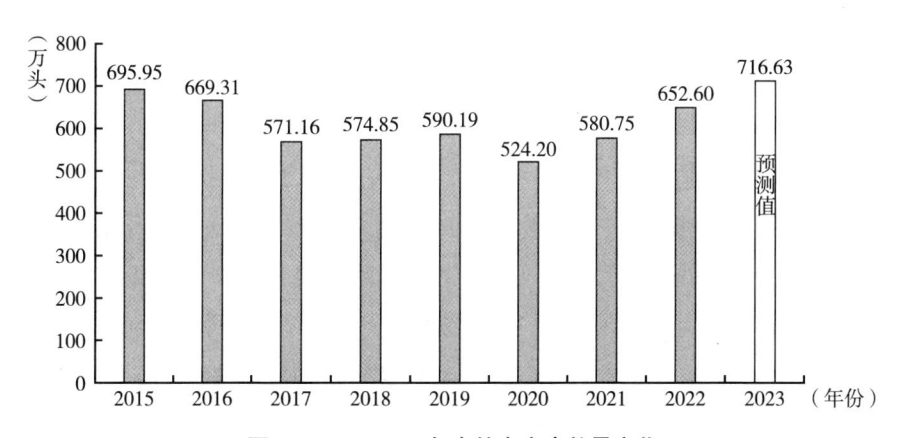

图1 2015~2023年吉林省肉牛数量变化

资料来源：国家统计局、吉林省统计局。

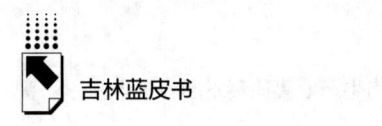

（二）品牌体系赋能肉牛产业加速发展

"吉牛"餐食品牌创建效果显著。开展"吉林肉牛产品名优食材供应基地"和"吉林肉牛产品餐食特色名店"评定挂牌工作，培育餐食品牌与新业态创新加快发展。截至2023年上半年，全省以省内牛肉为主要食材的餐食品牌共有16个，孵化培育的"吉林珍牛美食体验店""桦牛牛肉食材体验店""吉小牧5A牛肉工坊""牛财神'吉牛'品鉴店""两岁半吉牛肉铺""牛十三火锅店"等餐食品牌已成为省内餐饮行业强劲品牌。"吉林肉牛"品牌影响持续扩大。吉林省肉牛品牌已获得省级以上认定的有11个，其中入选"中国农业品牌目录"的有1个，获得国家"农产品地理标志"认证的有1个，被评为"中国驰名商标"的有3个、"吉林省著名商标"的有2个，被授予"吉林省非物质文化遗产""吉林老字号"的有1个，通过"吉致吉品—吉林肉牛"区域公用品牌认证的有3个，已有皓月、犇福、桦牛、吉小牧、兄弟牛人、城开吉牛等近20个肉牛产品独立品牌。"吉林肉牛"区域公用品牌被第12届中国（深圳）国际生态农业博览会组委会授予"健康行业最具影响力品牌"称号。

（三）科技对肉牛产业发展支撑强化

截至2023年上半年，全省12个涉农高校和科研院所立项涉牛国家级和省级科技专项项目130项，项目资金达1.32亿元，其中国家级25项8212万元、省级项目105项4966万元。成立"吉林省肉牛种业创新中心"，推动成立"吉林省延边黄牛种业创新中心"，推进全基因组选择、种牛个体精准鉴定、育种芯片研发等工作。全省建有"动物科技实验教学国家示范中心""吉林省动物生物工程中心"等涉牧国家级和省级科技平台50个，组织推荐肉牛地标35项，立项11项。新型生物瓣膜项目一期工程已进入临床试验阶段，清真肠衣项目已签订三方合作协议，长春皓月开发的补钙、补血、抗氧化、心脏瓣膜等生物大健康系列产品达15种，以牛副产品为主要研发方向的精深加工企业已发展到10家。先后开展肉牛养殖主体技术培训、乡村振兴驻村干部和肉牛养殖大乡（镇）派（驻）干部培训多次，印发《肉牛养殖10项技术（2.0版）》《肉牛养殖技术手册》等资料。组织专家团队对16家省级肉牛龙头企业进行现场指导服务，推广肉牛养殖"协会带动产业发展""钢架棚膜牛舍养殖"等10种典型模式（2.0版）。

（四）数字化赋能加速肉牛产业发展

2021年，吉林省在全国率先建设了"吉牛云"大数据平台，利用物联网、云计算、大数据、区块链等技术，以数据为核心，搭建肉牛产业大数据资源池，打通肉牛生产、流通、普惠金融、政府监管、屠宰加工、交易等各环节的信息通道，实现吉林省肉牛全产业链数据深度融合。目前，"吉牛普惠"小程序助力全省牛只普查，建立了完善的养殖主体档案、牛只档案；吉牛云联合银行保险等金融机构合力推进"活牛抵押登记+农户自愿保险+银行跟进授信+活体抵押监管"活牛贷款抵押业务，推动了普惠金融政策精准落地；"吉牛·云繁改"系统将肉牛繁殖员纳入平台统一备案规范管理并可上门提供繁改服务；"吉牛帮"数字乡村服务站项目为养殖主体提供政策宣传、技能培训、融资保险、母牛配种、健康管理、兽医服务、活牛及投入品交易、屠宰加工、产品深加工等肉牛养殖生产相关的全产业链服务，解决老百姓肉牛养殖"最后一公里"服务问题，还有利于推动建立吉林省肉牛活体期货产品标准、交割质量标准，加快肉牛期货或衍生品率先在吉履约、交割，打造"吉牛"标准。

（五）精准化政策提升肉牛产业韧性

2023年，为应对肉牛市场价格波动，吉林省出台了专项政策，对提升产业韧性发挥了重要作用。这些政策包括加快落实政策资金、推动金融政策调控、调整结构保护产能、降低繁改交易服务费用、鼓励大项目低价入栏积蓄后劲、拓展产销对接发展新业态、鼓励省内屠宰企业扩能降费、倡导消费扩大本地市场需求、打造产业品牌扩大市场份额、降低饲料饲喂及养殖成本、加强防疫降低疾病风险、加强指导提高养殖水平、加大走私牛肉打击力度、加强舆论引导与信息共享等。在相应政策的支撑下，吉林省肉牛养殖成本从2023年初的每斤16.50元下降到第46周的每斤14.29元，降幅达到13.4%，迅速扭转了肉牛价格下降带来的不利影响，有力增强了抵御市场价格波动冲击的能力（见图2）。

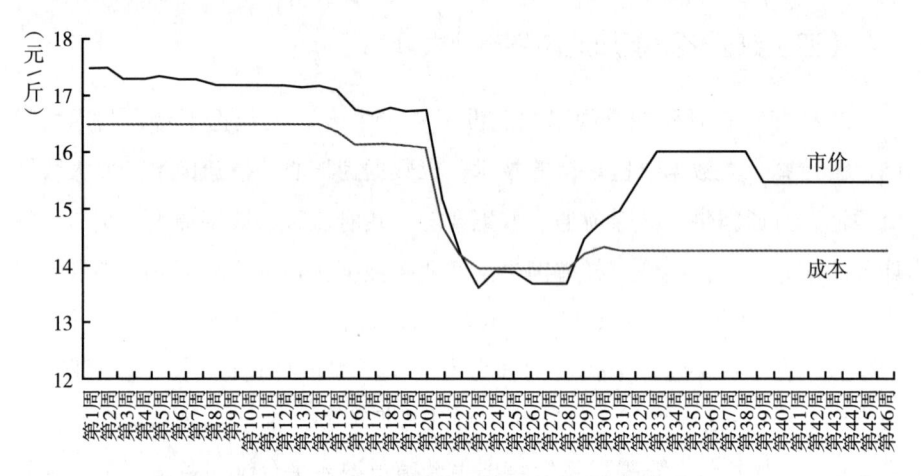

图2　2023年第1~46周吉林省肉牛价格及成本变化情况

资料来源：根据吉林省畜牧业管理局数据整理计算。

二　肉牛产业高质量发展存在的问题

（一）战略规划仍需加强

肉牛产业发展周期长，受市场影响大，必须有高水平的战略规划进行支撑。目前，吉林省在秸秆变肉工程、千万头肉牛工程已经启动实施并取得良好效果的基础上，迫切需要按照肉牛产业的发展规律编制肉牛产业高质量发展的中长期发展规划，迫切需要融入"大食物观""全国统一大市场"等制定战略发展规划，以对全省的肉牛产业布局、服务体系布局、产业安全发展等进行综合布局，对政府引导与市场主导之间的互动关系进行系统谋划。同时，吉林省地处东北地区中部，地处我国向北开放的重要节点上，如何通过战略规划增强肉牛产业对东北地区乃至东北亚区域的引领性也十分关键，以吉林省为中枢统筹"一带一路"相关国家的饲草、肉制品、企业主体、全球宣传等工作也需要强化战略规划的作用。此外，还需要统筹国内外经济社会形势变化以及气候变化等因素进行综合考量，并在精准性、系统性、协同性方面进行全面提升。

（二）协同联动仍需强化

部门协同、区域联动是构建肉牛全产业链和高水平产业体系的必要路径。目前，各部门对肉牛产业发展仍存在认识不同、看法不同的问题，在决策和行动中以落实上位政策上位法规为主，相互之间协同联动不足，制约了服务肉牛产业和解决具体问题的进度。地区之间缺乏常态沟通机制，肉牛产业"你发展你的、我建设我的"现象仍在一定程度上普遍存在，多个地区甚至相邻地区都在搞肉牛产业园区的现象仍然存在。部门间缺乏统一的标准和行动节奏、区域间缺乏统一的定位和补偿机制，从长远看都将制约肉牛产业高质量发展进程。县市政府在县域内整合资源支持肉牛产业高质量发展的力度不够，集中力量办大事、发挥资金合力作用仍不明显。

（三）基础设施仍需完善

肉牛产业高质量发展离不开基础设施体系的支撑，既包括传统的水、电、物流、圈舍、仓储等基础设施，又包括新型的通信、卫生、科研、数据等基础设施建设。肉牛产业基础设施发展存在不平衡问题，如中西部地区肉牛产业园的水电供应问题等，这一点在城开农投肉牛产业园区已经出现并通过饮水工程支线进行解决，但不能排除其他地区尤其是缺水地区出现这一问题，同时国土资源政策调整，耕地用途管制有了更严格的要求，对新增畜禽养殖设施建设使用一般耕地进行了严格控制，肉牛产业和土地资源之间的矛盾凸显。专用于肉牛养殖的新型圈舍以及物流仓储体系的基础设施规划不足，在未来可能制约肉牛或者牛肉制品的市场端发展。肉牛产业基础设施管理方面仍存在人才、劳动力等方面的制约因素。

（四）企业主体仍需壮大

肉牛产业高质量发展需要企业主体和项目主体进行支撑，吉林省3000亿元的肉牛全产业链体系可以支撑3~4户的百亿级企业，包括百亿级的繁育类企业主体、饲草类企业主体、屠宰类企业主体、餐饮类企业主体等。然而吉林省当前只有皓月集团达到100亿元规模，企业主体对于3000亿元的肉牛全产业链支撑不足。肉牛养殖环节散户较多，市场化意识不足以及圈舍设施场地简陋、破旧等，都制约了养殖环节的企业壮大进程。肉牛精深加工环节具有资金密集型和技术密集型特征，需要大规模投资，这制约了精深加工环节的企业壮大进程。肉牛配套服务体系则需要肉牛品牌的支撑以及肉牛领域分工的细化，这方面的不足制约了相关企业的壮大进程。不同地区招商引资以及项目管理方面缺少协同合作，制约了市场主体按照市场化方式配置资源能力的提升，阻碍了肉牛产业细分行业的进步，制约了企业壮大的可能性。

（五）市场体系仍需拓展

习近平总书记在新时代推动东北全面振兴座谈会上就"提升对内对外开放合作水平"先后指出，要增强前沿意识、开放意识，深度融入共建"一带一路"，要加强同京津冀协同发展等国家重大战略的对接，促进东北更好融入全国统一大市场。吉林省肉牛产业发展与"一带一路"相关国家开放合作不足，要在加强牛源合作的基础上，在肉牛全产业链方面深化合作，包括种质、饲料、繁育、疫病、加工、数字化场景等方面要全力拓展贸易对象和投融资对象；吉林省肉牛产业发展与国家重大战略区域对接不足，对于不同区域细分市场存在着需求研究力度不够、产品渗透力度不够、品牌宣传不够、消费引导不够、合作层级不够等问题。同时，品牌宣传也是制约市场体系拓展的重要因素：没有形成一套完整的肉牛产业级宣传体系，没有形成一套深入人心的肉牛产业发展旗帜性语言，没有形成社会各界共同强化肉牛产业宣传的氛围，肉牛产业相关宣传在国家重大战略区域的宣传投入还不到位、宣传力度还不够大。

三 肉牛产业高质量发展的对策建议

（一）加快形成肉牛新质生产力

全链条、全系统加强科技支撑力量，加快形成肉牛产业新质生产力。一是全面加强肉牛产业与数字智能技术深度融合。重点是引进浙江省人工智能关键技术，建设肉牛精深加工产业的智能化工厂、智能化生产线、智能化产品监测体系等项目。二是全面加强肉牛产业与生命科学技术深度融合。重点以生命科学学科为主，完善与省内外高校的合作体系，强化与中国农业大学、南京大学、中国科学技术大学、浙江大学等高校合作，支持吉林农业大学整合资源建设以"新牛科"为特色的"新农科"。三是全面加强肉牛产业与绿色生态技术深度融合。加强对肉牛精深加工碳排放、水处理以及节能节电技术的综合研究，支持开展肉牛精深加工项目建筑节能、能源循环利用等工程化研究，建立一批"新能源+肉牛精深加工产业"的绿色生态项目综合体。四是基于全产业链需求强化科技支撑。包括加快先进技术、安全技术等与天气、饮水、饲草等方面的集成和融合，强化遥感技术与肉牛产业的融合发展。五是强化肉牛产业科技基础设施建设。尽快培育有规模、有影响的肉牛产业科技基础设施，在省实验室、农业科创中心、中试中心等方面加快谋划进度和建设进度。六是加快孵化肉牛产业科技创新主体集群，培育一批具有影响力的肉牛产业科技创新型市场主体以及新型科研机构，重点要培育百户肉牛高新技术企业以及50户肉牛相关的"专精特新"企业。

（二）构建肉牛产业开放新体系

"深度融入共建'一带一路'"和"更好融入全国统一大市场"是肉牛产业加快发展的最强支撑，要围绕这"两个融入"构建肉牛产业开放发展新体系。一是着力强化央地合作，利用央企的全球市场网络、强大的品牌影响、强大的投资能力以及强大的创新能力，提升吉林省肉牛精深加工产业竞争力。在成功举办央地合作论坛并进行签约活动的基础上，吉林省需在肉牛产业加大与央企合作的力度，包括加强与中国农业发展集团有限公司、华润集团、国投集团、中国林业集团、中粮集团、中储粮集团等的合作，谋划建设粮牛或者粮牧发展共同体，加强与中国农业发展银行合作解决肉牛产业的融资难题等。二是坚持重大活动引领，通过主办或组织一批新活动实现"两个融入"。具体包括用好全国供销合作社体系和肉牛产业主体的股东合作网络，组织促进"吉牛"品牌和产业深度融合系列活动；组织实施"A股牛企吉林行""农业资本看吉牛"等活动，推动肉牛精深加工产业"专精特新"企业发展及上市融资进程；组织实施"一带一路"肉牛产业展、肉牛产业"专精特新"产品展、肉牛产业特色服务展等，支持大中型产业主体每年参加1~2次国际主要展会或4~5次国内主要展会。

（三）创建肉牛产业发展新平台

发展肉牛产业以及肉牛精深加工产业，亟须建立专业科技创新机构和专业的企业集聚区予以支撑。一是借鉴发达省区产业技术研究院模式，尽快谋划建设成立肉牛技术及产业研究所，聚拢技术人才、产业人才促进肉牛产业按其发展规律创新发展。二是创建以肉牛精深加工为核心的专业型省级农高区（或国家农业科技园区），把握"肉牛养殖可以分散、精深加工需要集中、创新示范必须集聚"的原则，通过省级开发区转型（如皓月开发区）、产业集聚区新设（如农安巴吉垒肉牛产业园区）等方式加快创建步伐。三是支持肉牛产业各类创新中心、中试中心、新型研发机构、科研工作站、科技基础设施加速向这些功能区域集聚。四是谋划肉牛用医药器械特色产业园区，通过设立产业重大项目和科技重大项目、构建肉牛用医药器械特色大数据平台、搭建肉牛用医药器械的创新创业平台、打造肉牛用医药器械央地合作平台等方式，开辟肉牛产业新增长点加速园区发展。五是谋划肉牛用饲草饲料特色产业园区，率先规划打造超100亿级的肉牛用饲草饲料特色产业园区，包括加强对智能植物工厂的应用、对新型饲草饲料研发以及产业化的项目支持、对"一带一路"共建国家饲草饲料相关企业及人才进行引进等。

（四）加速肉牛产业数字化进程

加快肉牛产业数字化转型顶层设计，分阶段、分计划科学推进，加速数字化进程，促进吉林省肉牛产业高质量发展。加快推进"吉牛云"大数据平台建设。积极争取"数字吉林"专项资金，支持"吉牛云"大数据平台功能完善。建设省、市、县三级肉牛数字政务监管平台，统筹推进"吉牛云"平台与"动监E通""牧运通"等平台对接，实现涉牧领域数据互通融合，打造吉林省肉牛大数据资源池。大力推进"吉牛帮"乡村服务站建设。统筹财政专项资金、乡村振兴资金，以先建后补、以奖代补方式支持"吉牛帮"服务站基础设施和数字化服务平台建设；组织种源、饲料、兽药、防疫、金融机构及合作社、协会、联盟等社会化服务组织对接"吉牛帮"建设工作，全力推动"吉牛帮"乡村服务站尽快落地实施。积极探索推进肉牛信用体系建设。结合"吉牛云"平台内养殖主体的生产经营过程数据，对养殖户进行用户画像和信用评价，建立还款意愿模型、经营能力模型、偿债能力模型等数据化模型，探索开发养殖场户"养殖信用码"，推动"信用企业、信用场、信用户"评定，构建信用信息数据库及信用评价体系。加快推进智慧养牛试点示范应用。鼓励规模养殖场、中小散养殖户与"吉牛云"大数据平台联合，依托"吉牛云"平台记录牛只从冻精、饲养到出栏的全链条信息，推动生产全过程平台化管理，打造数智养牛应用场景。

（五）突出全产业链金融支撑

伴随着肉牛全产业链各项工作的推进，金融对肉牛产业的支撑也要向全产业链拓展。一是整合多个部门资源，统筹农业金融、制造金融、科技金融、绿色金融等不同方式，制定分阶段的肉牛全产业链（科研、养殖、初加工、精深加工、品牌服务等）的金融支持政策，尽快推动金融支持的全产业链进程。二是探索投贷联动等方式，特别是针对大规模养殖主体、加工主体，显著降低信贷各类门槛，完善信贷精准扶持政策，简化信贷审批流程，让资金活水真正流入寻常百姓家，让广大饲养散户能够得到充分的、便利的、成本较低的资金支持。三是根据肉牛生长周期,确定并适度延长贷款期限,减少抵押担保手续,加强省属银行信贷政策指导,探索建立肉牛产业贷款的风险补贴制度。四是增强各项金融支持政策的可持续性,兼顾各金融机构利益,尊重金融行业经营发展的风控要求和客观规律,保障金融主体机构能够健康持续地支持肉牛产业发展,适当引入更多保险主体增强市场活力,科学优化保额费率设定差异化产品,建立肉牛养殖业信用评价体系。五是用好开发性金融工具,积极协调国家开发银行、农业发展银行等开发性金融机构,针对肉牛产业发展开发新的开发性金融工具,探索"耕地保护+新能源开发+肉牛产业"联动的金融支持方式;鼓励肉牛产业主体积极探索承担世界银行、亚洲开发银行、亚洲基础设施投资银行资金的相关项目引进资金的新路径。

(六)营造更加有利的产业氛围

肉牛产业发展需要全社会参与、无死角参与的宣传活动予以支撑。各级党委宣传部门应把肉牛产业宣传和党建工作宣传融合推进,支持省肉牛办下面成立专门的"牛宣专班",选出吉林省的"代言牛",打造一批肉牛产业先进党建集体、优秀党员干部。政府部门尤其是文化旅游部门要着力推出一批肉牛产业文旅项目,赏牛之壮美、尝牛之鲜美,支持文联、作协等组织和开发一批与牛相关的文艺作品。支持有关协会和社团组织开展公益性或微营利性的肉牛产业宣传活动,特别是要与国家一级协会或社团到省外国外开展相关活动。支持打造"牛博会"等特色系列化产业宣传平台,联动头条、抖音等具有全国影响的新舆论媒体打造"吉林好牛"特色产业宣传栏目等。引导和鼓励打造肉牛领域专门的服务企业、会展企业、宣传企业等,让专业化市场主体参与打造更好的肉牛产业发展环境。

B.25
吉林省房地产业高质量发展对策研究

王佳蕾 赵 丹*

摘　要： 房地产业作为我国经济的支柱产业，在我国的经济发展中占据重要地位。因此，房地产业的高质量发展对于我国经济的高质量发展起到了关键性作用。近年来，我国房地产市场环境发生变化，住房回归居住属性，人民对住房提出更高层次的需求。吉林省房地产业要适应市场和需求的变化，转变发展理念，调整发展方向，提高产品品质，通过提高行业集中度、转变发展模式、转型升级产品等途径迈向高质量发展阶段。

关键词： 房地产业　房地产开发　吉林省

党的二十大报告指出，"高质量发展是全面建设社会主义现代化国家的首要任务"。2022年中央经济工作会议提出，要"推动房地产业向新发展模式平稳过渡"。2023年1月，全国住房和城乡建设工作会议提出"增信心、防风险、促转型"的工作重点，其中"促转型"就是要求房地产业要迈向高质量发展。

房地产业必然要转变发展模式，转向高质量发展。首先，住房回归居住属性。党的二十大报告明确指出，要"坚持房子是用来住的、不是用来炒的定位，加快建立多主体供给、多渠道保障、租购并举的住房制度"，核心是坚持住房的居住属性，让全体人民住有所居。今后，房地产将不再成为我国经济发展的主要手段，住房的属性仅为居住和准公共物品。要坚决遏制投资投机性住房需求，挤压炒房套利空间，弱化住房金融属性，使其重新回归居住

---

* 王佳蕾，吉林省社会科学院副研究员，主要研究方向为产业经济学；赵丹，吉林农业大学讲师，研究方向为产业经济学。

属性，房地产行业也应该回归到满足人民住房需求的基本职责上，走高质量发展之路，为人民提供更加优质的住房产品和服务。其次，人民居住需求在不断升级。从前人民对住房的需求是"有房住"，能够遮风挡雨、御寒避暑，配有最基础的生活设施，属于刚性需求。随着人民收入水平的提高，开始追求生活品质，对住房的需求已经从"有房住"转变为"住好房"，对居住品质提出更高要求，改善性需求大量增加，房地产业要顺应市场需求的变化，以"增进民生福祉，提高人民生活品质"为己任，提升产品质量，满足消费需求的升级。最后，房地产开发转向品质时代。我国房地产行业从2000年开始进入快速发展时期。前十年整体房价水平较低，由于受到成本、利润等因素限制，房屋建造标准普遍不高，产品品质较低。接下来的十年，房地产业高速发展，房地产企业数量大增，房价飞速上涨，房地产业忙于扩张，缺乏提升品质的动力。现如今房地产行业已经进入理性发展阶段，整个行业正在进行深度调整，房地产市场也从"卖方市场"变成"买方市场"，这些变化促使房地产业需要转变发展理念，对产品进行深耕细作，迈入"品质时代"。

房地产业的高质量发展，是指房地产业要改变过去快速发展时期存在的粗放、无序和失衡的状态，转变为与社会经济协调发展，生产和消费绿色低碳，总量趋于平衡，结构优化合理，充分满足广大人民群众对住房多样化、品质化的需求的发展方向。2023年以来，整体经济大环境向好，房地产刺激政策频出，积压需求开始释放，在这些诸多因素影响下，从销售情况上看房地产市场开始出现回暖，而房地产行业也处于从简单的规模扩张向高质量发展转变的关键时期。

一 吉林省房地产业高质量发展现状

（一）房地产企业数量减少

从房地产开发企业数量来看，吉林省从2013年至2018年一直维持在1700个左右，2019年企业个数减少202个，虽然近两年有所增加，到2021

年也仅有1561个，比数量最多的2016年少230个。吉林省房地产开发企业从业人员数从2017年开始逐年减少。近十年，2014年从业人员数最多，达到53250人；2021年人数最少，为30137人，比2014年减少23113人，仅占2014年人数的56.60%。

（二）房地产企业开发恢复理性

从房地产开发企业购置土地面积来看，吉林省近十年来呈减少趋势，表明房企拿地意愿不足。2013年房企购置土地1143.95万平方米，为十年来最多，而2022年则出现新低，仅购置245.36万平方米。由于土地价格呈上涨趋势，十年来吉林省房地产开发企业土地成交价款在2021年达到最高额，为270.53亿元，而2022年土地成交价款仅有54.31亿元。

从房地产开发投资额来看，吉林省近十年来有所波动，从2018年一直保持正增长，但是受经济下行等宏观因素影响，房地产开发企业开发热度开始减弱。2022年房地产投资额出现负增长，而且与上年相比降幅达34.1%（见表1）。2023年吉林省房地产投资额继续呈减少趋势，1~8月为539.92亿元，比2022年同期下降25.4%。

表1　2013~2022年吉林省房地产开发投资额情况

年份	企业数（个）	从业人员数（人）	购置土地面积（万平方米）	土地成交价款（亿元）	开发投资额（亿元）	增长（%）
2013	1700	44903	1143.95	205.72	1252.43	-4.4
2014	1681	53250	928.40	188.75	1030.13	-17.7
2015	1727	41719	793.19	191.72	924.24	-10.3
2016	1791	46504	699.59	157.90	1016.76	10.0
2017	1782	43555	668.12	176.33	910.14	-10.5
2018	1702	40147	769.11	227.29	1175.9	29.2
2019	1500	32916	494.92	130.01	1315.8	11.9
2020	1540	32079	485.12	158.11	1460.6	11.0
2021	1561	30137	849.61	270.53	1540.9	5.5
2022			245.36	54.31	1014.8	-34.1

资料来源：2014~2023年《中国统计年鉴》。

（三）房地产市场供需下降

房地产市场供给上，吉林省商品房施工面积自2013年至2021年一直比较平稳，波动较小，2013年施工面积为12181万平方米，2021年施工面积最大，为13062万平方米。自2022年开始吉林省商品房施工面积出现较大幅度的减少，2022年比上年减少11.3%，2023年1~8月，吉林省商品房施工面积10207.87万平方米，比2022年同期减少9.9%。吉林省商品房新开工面积十年来波动较大，尤其是2022年比上年减少72.1%，新开工面积仅为870万平方米，2023年1~8月新开工面积继续呈减少趋势，为577.96万平方米，比2022年同期减少4.5%。吉林省商品房竣工面积从2019年以来逐年减少，也就是说每年的房地产市场实际供给在逐年下降，2022年吉林省商品房竣工面积724万平方米（见表2），2023年1~8月竣工面积233.57万平方米，比2022年同期减少31.5万平方米。

表2 2013~2022年吉林省房地产开发情况

单位：万平方米，%

年份	施工面积	增长	新开工面积	增长	竣工面积	增长
2013	12181	11.4	3746	-22.4	2254	16.9
2014	12268	0.7	3258	-13.0	1574	-30.2
2015	11566	-5.7	2064	-36.65	1287	-18.2
2016	11797	2.0	2116	2.5	1352	5.1
2017	11887	0.8	1908	-9.8	1479	9.4
2018	12080	1.6	2478	29.47	1520	2.8
2019	12404	2.68	2947	18.9	1222	-19.6
2020	12341	-0.5	2662	-9.7	965	-21.0
2021	13062	5.8	3121	17.2	845	-12.4
2022	11580	-11.3	870	-72.1	724	-14.3

资料来源：2014~2023年《中国统计年鉴》。

房地产市场需求上，也是2022年迎来销售面积和销售额的双双巨幅下跌。吉林省商品房销售面积2013年为2214.96万平方米，2022年创下十年来历史新低，为1001.14万平方米，同比减少45.5%。2023年1~8月吉林省商品房销售面积有所增长，为650.28万平方米，比2022年同期增长4.8%。相对应的吉林省商品房销售额2019年最多，为1581.47亿元，2022年最少，仅为696.27亿元，同比减少46.07%。2023年1~8月，吉林省商品房销售额452.00亿元，比2022年同期增长4.9%。

房地产市场价格上，吉林省2013~2020年呈上涨趋势，其中2017年和2018年两年涨幅最大，商品住宅销售价格分别比上年上涨16.2%和18.3%，2020年商品住宅销售价格为吉林省十年来房价最高点，价格达到7488元/米^2，从2021年开始吉林省商品房销售价格开始出现下跌，2021年为7050元/米^2，比2020年下跌5.85%，2022年跌幅为1.13%（见表3），2023年1~8月吉林省商品住房销售价格为6977元/米^2，与2022年房价基本持平。房价的开始回落表明房地产市场热度已经降温，市场回归理性。

表3 2013~2022年吉林省商品房销售情况

年份	销售面积（万平方米）	增长（%）	销售额（亿元）	增长（%）	销售价格（元/米^2）	增长（%）
2013	2214.96	-9.7	993.04	-2.4	4228	9.1
2014	1581.72	-28.6	808.58	-18.6	4810	13.8
2015	1491.85	-5.7	816.87	1.0	5213	8.4
2016	1919.30	28.7	1029.58	26.0	4946	-5.1
2017	1885.21	-1.8	1135.18	10.3	5748	16.2
2018	2073.73	10.0	1450.79	27.8	6801	18.3
2019	2121.43	2.3	1581.47	9.0	7329	7.8
2020	1830.79	-13.7	1381.55	-12.6	7488	2.2
2021	1836.32	0.3	1290.99	-6.56	7050	-5.85
2022	1001.14	-45.5	696.27	-46.07	6970	-1.13

资料来源：2014~2023年《中国统计年鉴》。

二 吉林省房地产业发展存在的问题

（一）房地产企业开发能力较弱

吉林省房地产企业数量相对较少，资质等级相对较低，导致房地产开发能力有限，产品质量也有待提高。《2022中国房地产统计年鉴》数据显示，截至2021年，吉林省房地产开发企业数量为1561个，全国的房地产开发企业总数为105434个，吉林省的房地产企业数量占全国的比重仅为1.48%，占比相对较低。将全国31个省（区、市）房地产开发企业数量按照从多到少进行排序，吉林省居于第24位，处于相对比较靠后的位置。与吉林省毗邻的辽宁省房地产开发企业数量为2859个，吉林省房地产开发企业数量仅相当于辽宁省的54.6%，总数量上存在一定差距。吉林省房地产开发企业中一级资质的企业有10个，全国31个省（区、市）中仅有4个少于吉林省，黑龙江省虽然在房地产开发企业数量上少于吉林省，但是拥有一级资质的企业有12个，而辽宁具有一级资质的企业更是多达30个。吉林省房地产开发企业中具有二级资质的企业为142个，辽宁省和黑龙江省的二级资质房地产开发企业数量分别为158个和156个，均多于吉林省，可见吉林省的高资质等级房地产开发企业数量与辽宁省和黑龙江省均存在一定差距。通过计算得出，2021年吉林省一、二、三等级资质房地产开发企业共完成投资305.74亿元，辽宁省和黑龙江省分别为610.49亿元和358.48亿元。吉林省一、二、三等级房地产开发企业完成投资额仅占辽宁省的50.08%、黑龙江省的85.29%。2021年吉林省一、二、三等级房地产开发企业房屋施工面积为3693.82万平方米，辽宁省、黑龙江省分别为7708.23万平方米和6000.16万平方米，吉林省分别为辽宁省和黑龙江省的47.92%、61.56%。吉林省房地产开发企业数量和高资质等级企业数量都相对较少，较高资质等级房地产开发企业的完成投资额和房屋施工面积都远不及辽宁省和黑龙江省，吉林省房地产开发企业开发能力相对较弱，开发水平有限，不利于吉林省房地产业的转型发展。

（二）房地产市场地区差距巨大

吉林省内各地的人口总数、经济发展水平、居民消费水平都存在很大差距，房地产市场发展情况更是悬殊。从房地产开发投资额来看，2016年吉林省投资额为1016.76亿元，长春市投资额为596.65亿元，占到全省的

58.68%，位居第二的吉林市仅占比12.97%。2020年吉林省房地产开发投资额为1460.6亿元，其中长春市占到全省的73.44%，吉林市占比8.14%。近两年长春市房地产开发投资额占全省的比重略微减小，2021年和2022年分别为68.29%和65.22%，但是在全省比重仍然占绝对优势。可见，吉林省房地产市场区域发展极不平衡，长春市占据市场绝大多数份额。由于人口流动、经济发展水平等原因，未来长春市与其他城市的差距会越来越大，长春市房地产市场会稳步增长，而其他城市波动较大；长春市房地产市场具有带动性，其他城市带动性有限；长春市房地产市场持续性较强，其他城市房地产市场持续性较弱。

（三）资产负债率较高

企业在整个经营过程中，负债率是一个非常重要的财务指标，同时它还是衡量企业经营正常与否的一个关键性数据。一般行业的资产负债率在50%左右比较合理，但是因为房地产业的前期投资相对较大，资产负债率的正常范围可以在60%~70%，如果负债率大于80%，负债比率就过高，表明企业的债务负担过重，财务压力和风险较大，如果资金链出现问题，将会严重影响企业的持续经营。房地产业高质量发展要求房地产开发企业从过去的"高负债"逐渐转为"低负债"，降低行业风险，房地产业才能够平稳健康发展。

吉林省房地产开发企业2019~2021年的资产负债率分别为84.7%、85.2%和86.5%，均已经超过80%的警戒线。这三年全国房地产开发企业平均资产负债率为80.4%、80.7%和80.3%，吉林省远超全国的平均水平。将我国31个省（区、市）2021年房地产开发企业资产负债率按照从低到高排列，吉林省居于第25位，吉林省房地产开发企业的资产负债率处于较高的位置。与毗邻吉林省的辽宁省和黑龙江省相比，2021年这两个省的房地产开发企业资产负债率分别为81.7%和69.2%，吉林省房地产开发企业的资产负债率为最高。

三 促进吉林省房地产业高质量发展的对策建议

（一）提高房地产业集中度

房地产行业作为资金密集型产业，又极大地受到国家调控行为的影响，当房地产市场处于萧条时期，房企就无法正常卖出房屋，按时回笼资金，资金的流动性无法保证，这可能导致企业面临不能按时偿还银行贷款的风险，同时对后续项目的开发也将带来困难。吉林省要促进房地产业的高质量发展，就应该提高房地产业的产业集中度，由此不但能够提高房地产业抵御市场风险的能力，实现房地产业规模的扩张，提升房地产企业的资质等级，增强房地产开发企业的市场竞争力和自主创新能力，而且能够优化资源的有效配置，形成行业规模经济。提高房地产业集中度，政府应该积极引导和鼓励房地产企业的兼并和重组。企业兼并和重组是对企业进行改造，加强企业经营管理，提高经济效益，有效配置社会资源的重要方式。政府还应该运用行政性手段，不仅要调控商业银行的信贷政策，还要为房企提供其他的融资方式，如由政府牵头成立房企纾困基金，给予房企税费减免等政策性优惠，极力提高房企的经营积极性，鼓励和引导优势企业做大做强，推动房地产业的集中发展。

（二）转变发展模式

房地产业发展至今，市场对行业提出更高更全的需求。房地产业要进行动能转换，从"量的扩张"转向"质的提升"。房企的发展方向和发展战略都需要作出调整，经营模式也要进行改革和创新。

1. 改变经营理念

我国房地产市场已经度过了住房严重匮乏、供不应求、购房者彻夜排队一房难求、开发商只要盖楼就能获取暴利的发展阶段。房地产企业要接受当今市场的变化情况，转变观念，以服务大众为宗旨，以提升人民居住水平和幸福感为己任，不再片面追求规模的扩大和速度的提升，而是要保证和提升工程质量，提高服务水平。

2. 提高核心竞争力

房地产开发企业要在激烈的市场竞争中生存和发展，就要增强自身的竞争能力，具体可以通过以下几个方面来实现企业核心竞争力的提升。首先，提高企业创新能力。房地产企业的创新主要包含对经营理念、服务质量、营销战略、管理制度、建筑产品的创新。其次，建立和维护企业品牌形象。房地产企业要通过优质的产品和诚信可靠的声誉来打造和保持自己的企业品牌，增强企业社会认同度，在房地产市场上产生扩散和放大效应，提升产品价值，减少成本支出，获取更多的竞争优势。再次，树立正确的企业文化。企业文化是企业的主要价值观，是企业的灵魂所在，良好的企业文化可以提高企业的管理效率和执行力，打造出和谐沟通、配合协作的工作氛围，提升员工对企业的认同度、信任度和忠诚度，增强企业的凝聚力和团队精神，推动企业继续发展前行。最后，提高员工素质。企业的目标要靠所有员工共同来实现，员工的素质密切关系企业的生存和未来发展。高素质的员工具有较高的分析判断能力、工作效率和工作质量，能够不断增强企业的综合实力。房地产企业应通过开展多项培训和活动，提高员工的思想素质、文化素质、技能素质和心理素质等综合素质，建设一支务实创新、专业能力强、技术精湛、健康向上的高素质工作团队。

3. 控制成本

房地产暴利时期已经结束，房地产业利润率急速下滑，房地产企业要维持和提高利润率，在提升产品质量的同时，还应该进行科学的组织和管理，减少运营成本。房企可以通过降低资金成本、原材料成本和销售成本等途径来压低总成本，增强自身的市场竞争力。房地产企业要降低资金成本，可以通过减小企业负债率、增加融资途径，按时收回销售房款等应收款项，建立良好的银行信贷关系等方法。房地产企业要降低建筑材料成本，可以通过集中购买原材料、和建筑材料供应商保持长期稳定诚信的合作关系、适当储备原材料等方式。房地产企业要降低销售成本，就要优化销售流程，保证整个销售过程的各个环节都能够快速运作并实现有机组合，提升整体销售效率，另外还要节省人力资源成本，让每名员工各尽其力，减少对人力的浪费。

（三）产品转型升级

1. 转型多元化经营

房地产业要实现转型发展，就不能继续追求量的简单扩张，而是要更加注重质的飞跃。吉林省房地产企业应该适当调整产品结构，围绕房地产的不同业态进行布局，向商业地产和旅游地产迈进。随着住宅市场发展速度的放缓，传统住宅行业将面临拐点，商业地产、工业地产、旅游地产、养老地产会加快发展。未来房地产业发展的大趋势是多元化发展，新业态地产将越来越多，房地产企业多元化经营趋势明显加快，房地产市场多元化格局正在形成。工业地产与商业地产在解决就业、拉动城市经济可持续发展方面都能起到更大的带动作用。

2. 提高房屋供给质量

首先，房地产企业要提高房屋的建筑质量，使用上乘的建筑材料，采用先进的施工工艺，优化施工管理流程。其次，房地产企业应该以市场需求为导向，根据需求变化调整产品供应结构，推动产品创新，提升房屋各方面品质，增强项目的宜居宜业性。现在人们对住房的需求除了对房屋面积、户型等传统因素的要求外，还对住房的环保性、舒适度、智能化等提出要求。房地产企业要适应市场需求的变化，提高住房品质，提升产品的性价比和功能，增强产品的智能性和舒适性，将产品做精做细，精心打造节能环保、科技含量高、设施齐全、风格各异、环境优美的住宅小区，以更多的优势赢得客户。再次，房地产企业还要按照购房者所能承受的住房价格和市场对住房类型、户型结构的需求变化调整自己的投资方向和产品设计，充分满足市场有效需求，如推出适应市场需求的小三室产品、适应消费者个性化需求的产品、现在主流的精装修住宅产品、养老公寓等。最后，房地产企业要提高服务意识，提升物业服务质量，积极完善相关配套，提供贴心管家式服务，及时为业主排忧解难，一切为业主利益考虑，提升业主的满意度和幸福感。

参考文献

［1］ 2014~2022年《中国统计年鉴》，中国统计出版社。
［2］ 葛谱：《国内房地产高质量发展对策研究》，《建设科技》2023年第2期。
［3］ 冯俊：《论房地产高质量发展》，《中国房地产》2019年第20期。

B.26
吉林省优化营商环境对策研究

刘欣博　王紫薇*

摘　要： 近年来,吉林省加大营商环境优化力度,政务数字化水平稳步提升,外商投资环境不断优化,"放管服"改革持续发力,企业减税降费工作有序推进,服务企业能力稳步提升,营商环境政策举措不断完善,推动全省营商环境不断提升,市场活力持续增强。但从整体来看,吉林省仍然存在市场竞争环境不公平、企业融资难融资贵、法治市场环境亟待提升、企业经营压力负担较大、政策实施效果低于预期等问题。本研究从完善优化营商环境政策体系、持续夯实企业人才基础、提高政府政务服务效能、提高营商环境法治化水平、着力解决市场主体融资难问题等方面入手,提出加快优化吉林省营商环境的对策建议。

关键词： 营商环境　市场主体　吉林省

党的十八大以来,习近平总书记高度重视优化营商环境。党的二十大报告提出："要完善产权保护、市场准入、公平竞争、社会信用等市场经济基础制度,优化营商环境,营造市场化、法治化、国际化一流营商环境。"近年来,吉林省深入贯彻落实党的二十大和习近平总书记视察吉林时重要讲话重要指示精神,高度重视民营经济市场主体培育,为其提供高效便利、公平公正的营商环境,持续完善营商环境政策体系,强化政策引领扶持作用,坚持简政放权、放管结合、放开搞活,全力打造一流的营商环境,为吉林省企业的高质量发展赋能增力。

---

* 刘欣博,吉林省社会科学院软科学研究所助理研究员,研究方向为产业经济学与宏观经济学；王紫薇,吉林省商务厅信息中心正高级工程师,研究方向为信息化。

一 吉林省优化营商环境的发展现状

（一）政务数字化水平稳步提升

近年来，吉林省坚持以数字政府建设为先导，全面推进"数字吉林"建设。自2018年机构改革以来，吉林省积极组建政务服务和数字化建设管理局，在省、市州、县三级合理布局，建立了上下贯通、高效协同的工作体系，将政务服务和数字化紧密融合起来，实现全流程、跨区域、跨层级的网络办公，达到让百姓少跑腿、数据多跑路的目标。吉林省加快社会信用体系建设，推出具有吉林特色的新平台建设模式，即"省级统建、市县应用"。将"吉林祥云"大数据平台作为信息分享基础，实现数据资源和相关业务的平台共享。2019年吉林省推出工程建设审批管理平台，对工程建设项目审批相关行政许可、技术审查、公共服务等业务进行整合，深入审批制度改革，提升政府部门审批效率、服务效能和监管水平，将工程建设项目所需的全流程审批时间由平均200多个工作日降至81个工作日，低风险工业类项目控制在13个工作日内，在提升项目审批服务效能的同时，进一步激发了市场活力。吉林省加强政务服务事项的规范化，对全省同一政务服务事项的基本编码、事项名称等16个要素进行了统一，对目录管理、业务办理项维护、统计查询等11个方面66项功能进行优化。随着全省一体化政务服务平台"吉事办"PC端和移动端的上线，目前已实现全程网办事项5万多个，实现"跨省通办"事项465个，"吉事办"移动端应用服务达528个。同时，新版全流程审批系统正在向全省各基层单位有序推进，累计已完成950个乡镇（街道）、659个村（社区）的部署工作，实现新版全流程审批系统与15个中省直有关部门的26个审批系统对接，进一步提高了多审批系统协同工作和"一网通办"水平。[1] 目前，吉林省网

---

[1] 李抑嫱：《数字赋能活水来》，《吉林日报》2023年10月2日。

上政务服务能力指标已进入全国第一方阵，政务服务事项规范化标准化指标处于全国领先水平。

（二）外商投资环境不断优化

为加快融入以国内大循环为主体、国内国际双循环相互促进的新发展格局，吉林省充分发挥国家级园区的带头作用，释放长春新区、中韩国际合作示范区开放功能，积极推进高水平对外开放的政策，从提升外资准入服务、促进投资贸易便利、加强财税金融支持、强化要素保障支撑以及优化营商环境五个方面开展落实，有序部署105项具体措施，同时实施开放通道畅通、开放平台升级、投资贸易促进、多元合作拓展、人文交流深化五个行动方案。在相关政策的扶持下，吉林省出口贸易逐年增长，外贸结构持续优化，出口产品主要以电子、化工等高附加值产品为主。2022年吉林省外贸出口总额创历史新高，出口增长42.1%。[1] 2023年7月，第八届全球吉商大会在长春成功举办，共征集合同类项目59个，引资总额693.38亿元。[2] 8月，在"外资进长春"外商投资大会上共签约25个项目，项目覆盖现代服务业、汽车零部件产业、农产品加工业、能源项目、装备制造业、循环经济和材料等，签约金额120.1亿元。[3]

（三）"放管服"改革持续发力

近年来，吉林省大力实施简政放权，推出了一系列受市场主体认可的改革措施和政策，持续纵深、全方位推进"放管服"改革和"最多跑一次"改革，转变政府职能，在增强企业获得感的同时激发了市场的活力。2022年，共计10663项热点高频政务服务事项可以通过全程网络远程办理的方式

---

[1] 陶连飞：《2022年我省对外贸易总量创历史新高》，《吉林日报》2023年3月8日。
[2] 《第八届全球吉商大会在长春开幕》，凤凰网吉林，http://jl.ifeng.com/c/8RZnW40uG34。
[3] 景洋：《2023"外资进长春"投资促进大会暨外资项目集中签约仪式举行》，《吉林日报》2023年8月23日。

实现全省通办，跨省通办政务服务事项达到 112 项。① 吉事办的移动端应用达到 500 余项。包括用地规划许可证、工程规划许可证、施工许可证在内的 20 种 2.24 万份电子证照已上线，且已实现审批跨区域、跨部门应用。深化企业"证照分离"改革，加大各类证照审批的透明度和公开度，充分利用网络现代技术对审批流程进行规范化和透明化；提高证照审批速度，优化流程，整合数据，简化审批程序，加快证照的端口放行；建立跨部门协同机制，推广一条龙服务模式，尽可能地节约企业的时间和资金成本。

（四）企业减税降费工作有序推进

为切实减轻企业生产经营负担，吉林省持续推进减税降费工作，2022 年，吉林省全力落实新的组合式税费支持政策，为经营主体减负 700 亿元，是 2021 年的近 5 倍，经营主体总量为 332 万户，同比增长 10.4%，其中企业户数增长 15.5%，增速居全国第 6 位。② 税收优惠政策的实施有助于提升市场主体的经营信心。吉林省深入实施小微企业"六税两费"按 50% 幅度减征政策，对增值税小规模纳税人、小型微利企业和个体工商户按照 50% 的税额减征资源税、房产税、城镇土地使用税等。增值税小规模纳税人可根据不同的销售额享受一定的减免增值税和加计抵免政策。截至 2023 年 6 月，吉林省新增减免降费及退税缓税 115 亿元，其中留抵退税 45 亿元，小规模纳税人减免增值税 40 亿元。③ 在税收征管方面，吉林省为推动税费优惠政策能够直达企业，确保相关政策及时落地，进一步简化申报流程、所需材料，企业可采取非接触式办税缴费，极大地提升了税费服务的质效。吉林省建立"优环境、稳增长"的税商联动机制，实施税企直联包保服务制度，

---

① 《奋楫扬帆共赴春——吉林省优化营商环境加快项目建设述评》，新浪财经网，https://finance.sina.com.cn/roll/2023-01-28/doc-imyctqsk3520618.shtml。
② 韩俊：《2022 年政府工作报告——2023 年 1 月 15 日在吉林省第十四届人民代表大会第一次会议上》，吉林省人民政府网，http://www.jl.gov.cn/zw/jcxxgk/gzbg/szfgzbg/202301/t20230120_8662908.html。
③ 《多措并举提振经营主体发展信心 吉林省上半年新增减税降费及退税缓税 115 亿元》，凤凰吉林网，http://jl.ifeng.com/c/8SICTVSmKBC。

出台"一个台账，五张清单"联动政策，以制度化服务方式更好地为企业提供各类支持。

（五）服务企业能力稳步提升

吉林省高度重视不同类型、规模企业高质量发展，以"优化环境谋发展，服务企业促振兴"为工作方针，已经连续四年组织开展"服务企业月"活动，不断创新服务企业的手段，不断提升服务企业的能力，服务效果逐渐显现。吉林省围绕重点工业企业、服务业企业、"专精特新"企业、重点旅游企业、产业集群企业等全面开展服务活动，制订实地调研计划，以座谈交流、实地走访的方式，深入企业了解实际情况和最真实的需求，尽可能地现场为企业解决各类难题。吉林省各地方政府十分重视助企服企工作，长春市出台了惠企政策128条，吉林市开展"九解一协调"助企服务活动，四平市全力护航"小升规"企业发展，白城市出台市级负责同志包保民营企业工作制度。2023年4月公布的《2022城市营商环境创新报告》中，长春市在"区域堡垒破除"这一指标获得殊荣，入选2022城市营商环境创新城市；延吉市因在营商环境改善方面取得一定成绩，入选2022城市营商环境创新县（市）。长春市致力于打造东北地区一流的营商环境，将目标放在全国第一序列，加快打造利企惠企的市场环境，为各类市场主体提供平等进入的保障，破除各类市场准入的不合理限制和隐性壁垒，建立企业开办全链条服务体系。延吉市围绕打造吉林标杆、全国领先、国际一流的营商环境目标，深挖痛点难点问题，推行"最多跑一次"等改革措施，加速优化营商环境，为企业发展保驾护航。

（六）营商环境政策举措不断完善

近年来，吉林省不断推出一系列实打实的营商环境优化举措。以《吉林省优化营商环境条例》为基础，深入落实五级书记抓营商环境工作机制，合理规划营商环境提升行动，为营商环境的全面优化提供强有力的政策制度保障。为进一步提升营商环境监督力度，健全全省监督网络，吉林省不仅增设营商环境监督管理员岗位，同时在全省范围内设立企业监测点，推动针对企业的动态管理和激励约束，尽可能地将营商环境问题暴露出来。由于企业的法律服务需求具有多样性，吉林省加快建立全要素全链条法律服务平台，致力于为企业提供法律咨询服务。吉林省搭建营商环境智能管理平台，该平台不仅可以实现全天候、24小时受理企业通过平台反映上来的问题，同时对各类案件可以进行自动分办和及时督办。2022年该平台累计受理各类营商环境问题4349件，办结4294件，办结率高达98.74%。[①] 2023年，吉林省出台了优化营商环境建设四个工程，即吉林省高效便利政务环境、公平公正法治环境、利企惠企市场环境、保障有力要素环境4个建设工程实施方案，聚焦市场主体"急难愁盼"问题，涵盖了省政数局、省司法厅、省市场监督管理厅和省发改委四大部门，共提出182项政策举措和重点任务，为吉林省加快打造市场化、法治化、国际化一流的营商环境提供完善的政策支撑体系。

二 吉林省营商环境存在的主要问题

（一）市场竞争环境不公平

打造高水平市场化的营商环境核心就是确保市场竞争环境的公平性。目前，吉林省在构建公平的市场竞争环境方面仍存在一些问题亟待解决。一是市场准入存在障碍。在某些领域市场虽然对民营企业是完全开放的，但是在实际操作过程中存在一些隐性门槛。除负面清单以外的领域，以定点生产经营、股比限制要求等其他形式为民营企业的进入形成了阻碍，尤其是出现了过去可以进现在不让进的现象。政府在采购和招投标过程中，在企业的规模、资质、从业经验等方面设立一些较高的门槛，有些民营企业看到较高招标要求选择退出招标，有些则成为陪标。二是市场机会获取不平等。由于地

[①] 邱国强、李抑嫱：《奋楫扬帆共赴春》，《吉林日报》2023年1月28日。

方政府财政较为紧张，越来越多的地方基础设施建设项目政府缺乏足够的资金扶持，中标的企业需要有坚实的资金支撑才能够承担起该项目较长的付款周期和较高的垫资。在这样的客观条件下，国有企业或大型企业则会更加具有优势，中标的机会也会更大。三是市场竞争存在无序的现象。一些产业仍存在产品同质化现象，为了争取市场份额和利益最大化，企业之间采取价格竞争，较低的定价势必会导致产品的质量直线下降，不仅会影响该企业产品的竞争力，同时也对吉林省该产业可持续发展产生影响。

（二）融资难、融资贵尚未解决

融资难、融资成本较高的问题一直是阻碍吉林省民营企业发展的重要难题之一。一是民营企业融资渠道较为单一，难以获得不同类型的融资。大部分民营企业只能从银行获得贷款来解决企业短期内资金短缺的问题。如果通过民间借贷、个人拆借的方式获取资金，企业不仅需要承担较高的利息，同时也提高了自身的融资风险。二是民营企业融资能力较弱。由于大多数民营企业为中小企业，企业固定资产类可抵押物较少，银行的信用额度较低，融资过程中经常会出现银行慎贷、惜贷甚至是拒贷的情况。三是融资成本过高。银行为了能够降低对中小民营企业的贷款风险，对其财务信息收集、监管力度等相关要求都会适当提高。同时无论是直接融资还是间接融资，借款方都会追求一个较高的回报收益，这无形中也加大了民营企业的融资成本。四是相关部门对民营企业融资问题的重视程度不够，虽然政府已经在财政、税收、融资方面出台了一系列的扶持政策，但是政策落地效果反响平平。与国有企业相比，对民营企业的关注度仍存在较大差距，关注度和投入力度更是相差甚远，进而加剧了国有企业和民营企业发展的严重不平衡。

（三）法治市场环境亟待提升

营商环境的法治化建设是市场经济发展的重要支撑点。吉林省营商环境经过多年的努力，法治化程度不断提升，但距离公平公正、互利共赢的要求仍存在一定差距。一是营商法律体系尚不健全。部分现有法律已经具有一定的滞后性，没有跟上市场经济快速发展的步伐，无法为提升营商环境提供强有力的支持，适应市场经济的法律体系有待进一步完善。二是产权保护制度不完善。由于知识产权保护工作起步相对较晚，企业的知识产权保护法律意识淡薄，相关部门行政执法的方式不全面，导致产权保护力度不大，产权侵权的案件数量快速增加。三是市场监管机制存在提升空间。监管体系建设尚未完善，仍存在多个部门、政策法规的重叠和冲突以及责任划分不清、监管手段较为滞后等问题，导致监管部门效率下降，无法及时有效制止违法违规行为。

（四）企业经营负担压力较大

当前我国经济发展面临市场需求收缩、供给产能过剩、预期转弱多重压力，企业经营面临的挑战和困难明显增加。面对市场竞争激烈、需求不足等现状，企业经营负担压力不断提升。一是用工成本等刚性支出上涨。较高的劳动力成本是企业目前面临的突出问题。部分年轻人特别是刚大学毕业的学生，不愿从事车间一线的流水作业，导致工厂一线年轻工人相对紧缺且现有工人年龄偏大，企业很难招聘到青年劳动力。由于目前市场需求降低、产能过剩、订单不足，很多企业为留住工人采取双休、轮休的制度，极大地提高了用工成本。二是原材料价格明显上涨。受国际形势动荡、俄乌冲突等影响，国际大宗商品价格持续走高，化纤、煤炭、石油、天然气等各类原料和能源价格大幅上涨，企业的生产成本也随之提高，同时国际原油价格的提高也增加了企业的运输成本，极大地降低了企业的利润。三是由于市场需求不旺盛，企业没有好的投资方向，投资意愿不强。不少企业认为当下市场需求不足是限制企业发展最为突出的问题，导致企业对继续加大投资力度、扩大生产的意愿不强烈，在新技术和新产品研发方面更不会投入资金。长期下去，企业没有研发出紧跟市场需求的新产品，落后过剩产能无法获得资金回报，资金链断裂会进一步加剧企业的经营负担。

（五）政策实施效果低于预期

目前，吉林省基本建立构成较为完善、系统的营商环境优化政策体系，但政策实际落地效果仍有待提升。一是有些惠企政策缺乏针对性，相关细化要求不够明确，与企业发展的实际政策需求仍有一定差距，惠企政策的企业享受度不高。由于税收、人才、研发等惠企政策准入门槛较高，享受政策会附带较多的约束条件，大多数中小微企业无法真正获得惠企政策所带来的红利。二是政策宣传力度不够。政府相关部门对政策的适用对象、范围，申报条件、流程宣传不到位，没有对企业一对一地开展政策答疑解惑活动，甚至有些企业对政策的发布完全不知晓。三是扶持政策兑现机制不够完善。有些政策申报流程较为复杂，所需证明材料较多，企业前期需要花费较长时间进行准备，所兑现的扶持金额较少且兑现时间较长，因此不少企业面对如此时间成本选择放弃申报，政策没有达到最终落地的效果。

三 吉林省优化营商环境的对策建议

（一）完善优化营商环境政策体系

一是建立完善针对市场主体的全周期、全流程的政策扶持体系。目前吉林省优化营商环境的着重点在于前期的登记准入、注册环节等方面，对于企业运营阶段的重视度则严重不足，因此要重点关注企业生产经营过程中政策的诉求，加强与企业的沟通，增强政府相关部门工作人员的服务意识，为企业提供从筹备注册、生产经营到市场退出全周期服务，及时对接企业所提出的营商环境的难题，如涉及跨区域、跨部门的问题要积极帮助企业沟通协调，可将此项工作的完成情况纳入工作人员年度工作考核中去。二是建立健全政府与中小企业的沟通机制和服务机制，积极主动联系企业，听取他们对政府相关工作的意见和建议，尤其是与营商环境建设、优化、提升等方面有关的规范文件和相关政策措施。建立以中小企业为服务对象的政府专班机制，负责推进具体营商环境建设方面的工作，解决中小企业融资难、用工难等实际难题。三是建立高水平市场主体方便快捷公共服务体系。建立和完善市场主体公共服务机构，加快支持市场主体公共服务平台建设，为中小企业提供无偿服务。支持各类服务机构为中小企业提供技术创新、投资融资、数字化赋能等服务。建设市场主体信用制度，优化市场主体的守信激励和失信惩罚机制，完善中小企业数据统计监测机制，通过对相关数据和信息的统计，为扶持政策的制定与调整提供一定的参考。

（二）提高政府政务服务效能

一个地区的政务服务水平可以在一定程度上反映该地区的经济发展水平。一是坚持以数字赋能倒逼政务服务水平的全面提升，有序推进政府政务服务数字化改革，强化政务服务公共平台建设，依托一体化政务服务平台和吉事办，全力推进资源整合和数据共享，加快建立省内"三网"建设，即一网通办、一网统管、一网协同。坚持线上线下相融合服务，提升网上办和掌上办能力。积极推进更多的服务向基层延伸，居民可以实现更多的服务在家门办理。二是构建公平竞争的市场环境。进一步放宽市场准入，深化"证照分离"改革，有序推进"一业一证"和"一业一照"改革。完善政府公共资源交易平台，确保招投标和政府采购的公平公正公开，完善交易规则，充分运用大数据、区块链等智能化监测方式，对招标全程进行监管。加强知识产权的保护和运用。实施知识产权量质提升行动和高价值专利培育计划，搭建省级知识产权公共服务平台，对知识产权维权、投资等相关问题开展一站式服务。三是构建高效的政务服务环境。推动行政审批制度简化改革，加快建设政务服务标准化并向县、乡全覆盖，实现相同事务在跨层级、跨区域的无差别、统一标准的办理，有助于提高政务服务的零跑动办理。搭建政企面对面沟通交流平台，建立重点企业、项目的服务专员制度。持续完善营商环境问题受理平台，依法公开投诉受理过程及解决时间、解决方式，建立健全问题解决的长效机制。

（三）提高营商环境法治化水平

一是建立完善的法律法规体系。不断完善法律法规可以为营商环境的法治化提供重要基础。在知识产权保护、市场准入、社会信用等方面加强立法规划、突出立法重点，切实提高相关法律法规的针对性、系统性和及时性。强化营商环境规则和标准的明确性和透明性，确保各类规则和标准通俗易懂、易于遵守，合理统筹协调规章、法规和政策。二是要充分在市场、政府和环境三者之间做好平衡，利用法治的手段对市场和政府的边线进行划定，进一步明确政府权力的边界，扎实推进依法行政。深化简政放权、放管结合，加快法治政府的建设，为市场主体提供更为便捷的数字化的政务服务。依法保障各类市场主体的合法权益，确保其拥有公平公正的发展机会。三是建立完善的社会信用体系。建立健全信用环境、信用评价、信用分级分类监管、信用激励惩戒等制度，加快完善信用标准体系。推动各类市场主体的信用建设，建立健全不敢失信、不能失信的长效机制，让诚实守信深入各类主体的经营准则。建立守信联合激励和失信联合惩戒机制，依法惩处违约、欺诈等失信行为，促进营商环境的公平有序竞争。

（四）着力解决市场主体融资难问题

一是引导各银行业金融机构充分发挥金融服务职能，加大对民营企业、中小微企业的信贷资金支持力度，持续优化市场主体贷款流程，提高金融服务的服务效率和服务水平。二是全面提升针对民营企业的金融服务能力，加强银政企对接，积极举办银行家进企业、银企对接等专项活动，建立分层分类、一对一、点对点对接服务机制，不断创新企业融资产品和服务模式，推广做优绿色金融，加快解决中小微企业融资难、融资贵的问题。对于小微企业短、急的资金需求特点，建立企业贷前调查、授信审批、放款审核、贷后管理等全流程快速响应机制。三是成立企业上市服务专项窗口和工作专班，建立企业登记办理专人负责、全程辅导、即时办结的绿色通道服务，按照一企一策制定企业上市工作方案，专班专人全程跟踪服务，并提供全链代办帮办服务，全面助力吉林省企业上市。高度重视企业改制上市工作，制定出台相关扶持政策，对股改培育、挂牌上市及融资过程中的企业给予对应的政策帮助。

参考文献

[1] 杜运周、刘秋辰、陈凯薇等:《营商环境生态、全要素生产率与城市高质量发展的多元模式——基于复杂系统观的组态分析》,《管理世界》2022年第9期。

[2] 何德旭:《优化营商环境与扩大国内需求》,《财贸经济》2023年第8期。

[3] 李建军、范源源:《优化税收营商环境能否激励企业创新?》,《科研管理》2023年第8期。

[4] 马建堂、袁东明等:《持续推进"放管服"改革 不断优化营商环境》,《管理世界》2022年第12期。

[5] 尹详瑞:《优化法治化营商环境建设的路径探析》,《中共石家庄市委党校学报》2023年第7期。

Abstract

2023 marks the 20th anniversary of the implementation of the revitalization strategy for old industrial bases in Northeast China and other regions. The "Symposium on Promoting the Comprehensive Revitalization of Northeast China in the New Era" chaired by General Secretary Xi Jinping on September 7th, further emphasizes the important mission of firmly grasping the maintenance of the national "five major security" in the Northeast region, and proposes that the Northeast region should embark on a new path of high-quality development and sustainable revitalization. The spirit of the symposium speech provides a development direction and action plan for the revitalization of Jilin in the new era. Currently, the lack of global economic growth momentum and the intensification of geopolitical conflicts have posed unprecedented difficulties and challenges to the economic development of Jilin Province. In this context, the Blue Book of Jilin Province objectively describes the current situation of economic and social development in Jilin Province, profoundly analyzes the prominent problems and underlying reasons in its development, scientifically studies the trend of changes in the external environment, forecasts its economic development trend in 2024, and explores the paths and countermeasures to achieve new breakthroughs in the revitalization of Jilin Province.

The report points out that in 2023, Jilin Province has intensively introduced a series of policy measures to promote sustained economic growth and consumption recovery. The province's economy has shown a development trend of sustained recovery and stability with improved quality, continuous optimization of economic structure and steady progress in high-quality development. In the first three quarters, the GDP growth rate reached 5.8%, higher than the national average level.

Abstract

The report points out that in 2023, Jilin Province has focused on leading industries and created a new breakthrough "strong engine" for comprehensive revitalization. The construction of production capacity for "50 billion kilos of grain" is accelerating, animal husbandry production is growing rapidly, and the ability to maintain national food security is steadily improving. Industries above designated size are steadily developing, with seven key industries including automobiles, information manufacturing, and equipment manufacturing achieving positive growth. The driving force of the service industry on the economy is gradually increasing. In the first three quarters, the value added of the accommodation and catering industry, transportation, warehousing and postal industry, as well as wholesale and retail industry, all showed double-digit growth. The information transmission, software, and information technology service industries maintain a sustained sound growth, and emerging momentum continues to accumulate. The consumer market continues to recover. In the first three quarters, the total retail sales of consumer goods in Jilin Province increased by 10.0% year-on-year, which is 3.2 percentage points higher than the national average growth rate. Jilin Province focuses on people's livelihood, adheres to the principle of only-increasing investment in people's livelihood, continues to expand the supply of employment opportunities, and the growth rate of resident income is higher than the economic growth rate.

The report points out that the current industrial production recovery in Jilin Province is not driven by strong momentum, private investment continues to weaken, and periodical issues of business difficulties for market subjects are quite obvious. Factors that affect subsequent growth momentum, such as an inadequate structure and incomplete industrial chain, have not been effectively addressed.

According to the report, in 2023, despite the grim international economic situation, due to the global economic slowdown and the intensifying of differentiation trend, China will continue to adhere to the principle of pursuing progress while ensuring stability, scientifically deploying economic and social development tasks, effectively addressing various risks and challenges. The basic trend of long-term improvement in the national economy has not changed. Jilin Province faces both opportunities and challenges in economic and social development, and it is expected that the economic development will continue to rebound and steadily improve next year. The whole province should attach importance to solve the development issues in terms of structure, region, and power in the process of economic development, with a focus on "four clusters, six new industries, and four new facilities", accelerate the development of modern agriculture, build an industrial system with Jilin advantages, improve and enhance demand dynamics, promote regional coordinated development, so as to lay a solid foundation and add momentum for achieving new breakthroughs in Jilin comprehensive revitalization.

Keywords: Economic Situation; Economic Operation; Revitalization of Northeast China; Jilin Province

Contents

I General Report

B.1 Analysis and Forecast of Economic and Social Situation from 2023 to 2024 in Jilin Province

Zhang Lina, Xu Zhuoshun / 001

Abstract: In 2023, Jilin Province has intensively introduced a series of policy measures to promote sustained economic growth and consumption recovery, making every effort to stabilize the economy and promote development. The province's economy has shown a trend of sustained recovery and improvement in quality. But the impact of the three-year epidemic combined with external environmental risks has led to both new and old problems in Jilin's economic development. Such as, driving force of industrial production recovery is insufficient, investment demand is weak, there are shortcomings and breakpoints in the industrial chain, and the internal structure of the industry needs to be upgraded, and so on. In the coming period, Jilin Province needs to deeply implement the spirit of the symposium on promoting the comprehensive revitalization of the Northeast region in the new era, accelerate the development of modern agriculture, build an industrial system with Jilin's advantages, improve and enhance demand dynamics, promote regional coordinated development. Further consolidate the foundation and add momentum for achieving new breakthroughs in the comprehensive revitalization of Jilin.

Keywords: Economic Situation; Economic Operation; Industrial System; Jilin Province

Ⅱ Industry Chapter

B.2 Countermeasure Research on Accelerating the Development of New Energy Vehicle Industry in Jilin Province

Cui Jianfeng, Liu Wenchao / 028

Abstract: In recent years, China's new energy vehicle industry has experienced explosive growth, with production, sales, and penetration rates increasing year by year. Market demand has been further released, industry competition is intensifying, technological innovation is accelerating, and the construction of charging and swapping infrastructure continues to follow up. The development of the new energy vehicle industry in Jilin Province is relatively lagging behind, with insufficient production capacity layout, incomplete industrial chain, incomplete technological innovation system, slow construction of charging and swapping infrastructure, and low ownership of new energy vehicles. To further accelerate the development of the new energy vehicle industry in Jilin Province, it is recommended to further expand the scale of the new energy vehicle industry, promote the development of the entire industry chain, accelerate the improvement of the industrial technology innovation chain, accelerate the construction of charging and swapping infrastructure, actively participate in the national strategy of new energy vehicles going to rural areas and promote the outward oriented development strategy of new energy vehicles.

Keywords: New Energy Vehicles; Supporting System; Technological Innovation; Car Charging Equipment

B.3 Countermeasure Research on Accelerating the Construction of a Grain Production Capacity of 50 Billion kilos Grain in Jilin Province *Qu Huipeng, Zhan Keyu* / 042

Abstract: General Secretary Xi Jinping pointed out that it is the primary responsibility of Northeast China to serve as the "ballast stone" for stabilizing the country's grain production and supply at the symposium on the comprehensive revitalization of Northeast China in the new Era. It is given top priority to ensure national food security. The Northeast China should accelerate the modernization of agriculture and rural areas, improve comprehensive grain production capabilities, and ensure that output and supply are sufficient in normal times and reliable in extreme circumstances. The construction project of 100-Billion-Jin grain production capacity is an important measure for Jilin Province to serve as the "ballast stone" for national grain stability and supply. It is also an effective way for Jilin Province to ensure national food security at a higher level. In 2023, it was the first year for Jilin Province to implement construction project of 100-billion-Jin grain production capacity. Jilin Province has made positive progress in seed industry revitalization, black land protection, saline-alkali land transformation, smart agriculture demonstration, digital agriculture construction, etc., but there are also some bottlenecks that need to be solved urgently. It is suggested that Jilin Province should seek breakthroughs in biological breeding, modern fertile land construction, self-reliance of agricultural science and technology, etc., to ensure that the construction project of 100-billion-Jin grain production capacity is completed as scheduled.

Keywords: Food Security; 100-Billion-Jin Grain Construction Project; Black Land Protection; Stable Production and Supply

B.4 Countermeasure Research on Accelerating the Development of Summer Leisure Tourism Industry in Jilin Province

Liu Yao, Lin Limin / 055

Abstract: The summer leisure tourism industry is an important development field for the tourism industry of Jilin Province to become a strategic pillar industry, and also an important starting point for realizing the development goal of the trillion-level tourism industry. In the new period, the demand for summer leisure tourism market continues to heat up, and it has become a new outlet for the development of tourism industry. Jilin Province's summer leisure tourism industry should grasp the resource advantages and policy opportunities, objectively analyze the current development status and shortcomings, and fully learn from the relevant experience of Guizhou province, Lichuan City and other provinces and regions with better development of summer leisure tourism, so as to expand the scale and quality of summer leisure industry. Through enriching summer tourism products and formats, improving transportation accessibility and supporting support, enhancing the brand influence of "22℃ summer", the development of short-term summer vacation and long-term health and stay together, focusing on promoting rural summer leisure tourism and other countermeasures, Jilin Province can promote the high-quality development of tourism, and build a world-class summer tourism resort.

Keywords: Tourism Industry; Summer Leisure; Ecological Resources; Supporting Services

B.5 Countermeasure Research on Innovative Development of the Pharmaceutical Industry in Jilin Province

Zhao Guangyuan, Li Xuesong / 068

Abstract: The pharmaceutical industry in Jilin Province has a solid foundation and traditional advantages. This article argues that the pharmaceutical industry should take enhancing its technological innovation capabilities as the driving force, follow the overall trend of the industry as the main direction, strengthen goal orientation and problem orientation, and concentrate efforts to cultivate pharmaceutical industry clusters with national and even international influence. On this basis, suggestions were put forward to develop new quality productivity in the pharmaceutical industry, cultivate and strengthen leading enterprises in the pharmaceutical industry, promote the transformation of business models in the pharmaceutical industry, guide the pharmaceutical industry to strengthen market development, and improve regional support capabilities for the pharmaceutical industry.

Keywords: Pharmaceutical Industry; Scientific and Technological Innovation; New Quality Productivity; "New Four Trending"

B.6 Research on Empowering High-Quality Development of Manufacturing Industry in Jilin Province with Digital Economy　　　　　　　　*Shi Meisheng, Zhang Zheng* / 082

Abstract: The digital economy promotes high-quality development of manufacturing through promoting technological innovation and progress in the manufacturing industry, optimizing the allocation of production factors in the manufacturing industry, and stimulating and releasing market demand. The digital economy in Jilin Province empowers the high-quality development of the manufacturing industry with a favorable policy environment, and has a solid industrial and digital foundation. Key industries in the manufacturing industry are vigorously promoting the process of digitalization and intelligence, and have achieved certain results. Jilin Province should continue to improve its digital infrastructure construction, accelerate the construction of industrial internet, fully tap and utilize data resources, maximize the development space of manufacturing industry, enhance the efficiency and momentum of manufacturing industry development, strengthen the cultivation of digital talents, and achieve the goal of high-quality development of manufacturing industry.

Keywords: Digital Economy; Data Resource; Manufacturing Industry

B.7 Countermeasure Research on Accelerating the Transformation and Upgrading of Modern Service Industry in Jilin Province

Tian Zhenxing, Gu Jianing / 097

Abstract: In 2023, the overall level of modern service industry in Jilin Province has risen rapidly, and the service field has also developed rapidly. Jilin Province's advantageous service industries such as culture, tourism, finance and real estate have shown a strong supporting role. The information technology service industry, trade and logistics service industry have developed rapidly, and the boundary between information technology services and innovative applications has been continuously extended, providing a solid foundation and strong support for promoting the development of manufacturing industry and the construction of digital Jilin Province. However, at present, the province's modern service industry still faces problems such as insufficient supply of talents, low degree of digitalization and insufficient volume. Based on this, Jilin Province should anchor the goal and requirements of high-quality development of the service industry, further highlight the overall role of the government, pay attention to the top-level design of the industry, optimize the development layout, promote coordinated development and encourage enterprise innovation. Lead the transformation and upgrading and accelerate the construction of talent team to release the momentum of sustainable development.

Keywords: Modern Service Industry; Digital Transformation; Structural Upgrading

Ⅲ Momentum Chapter

B.8 Analysis and Suggestions on the Investment Situation in Jilin Province *Xiao Guodong, Liu Zhenwen* / 109

Abstract: In recent years, the investment growth rate of Jilin Province has steadily increased, the investment scale has been continuously expanded, the project investment construction has been steadily promoted, and the industrial investment has a strong growth momentum, which has laid a solid foundation for the high-quality development of the province's economy. However, the investment structure needs to be optimized, the investment between regions is unbalanced, the vitality of private investment needs to be released, and the growth rate of foreign investment is low. In order to continuously expand effective investment, it is necessary to further improve the investment environment, promote industrial transformation and upgrading in Jilin Province, increase the proportion of investment in emerging industries, increase strong support for investment policies, boost the confidence and enthusiasm of private investment, and promote the overall revitalization of Jilin Province to take the lead in achieving new breakthroughs.

Keywords: Effective Investment; Investment Structure; Investment Situation; Investment Environment

B.9 Research on the Issues of Comprehensive Promotion of Consumption and Countermeasures in Jilin Province *Ji Minghui, Di Xiaoyan* / 121

Abstract: In 2023, household consumption in Jilin Province continues to improve, with overall market sales maintaining rapid growth. Key areas such as contact consumption, upgrading consumption, and urban and rural consumption show strong recovery, consumption potential unleashes effectively, and the driving effect of consumption continues to emerge. With the improvement of the consumption growth environment, the pace of consumption upgrading in Jilin Province is accelerating, consumer demand is becoming more personalized, and new consumption hotspots are constantly emerging, which will become more obvious. However, there are still problems in the consumer market of Jilin Province, such as mismatch between demand and supply, insufficient influence of consumer brands, weak leading role of emerging consumption, and limited ability to form and expand consumer hotspots. In the new era, facing new development opportunities, Jilin Province should take multiple measures to comprehensively promote consumption, such as boosting consumer confidence, steadily increasing consumption growth in key consumption areas, and implementing multiple measures to ensure the effective release of consumption potential。

Keywords: Consumer Confidence; Consumption Upgrade; New Consumption Facilities; New Consumption Hotspots

B.10 Research on the Issues of High Quality Development of New R&D Institutions and Countermeasures in Jilin Province

Jin Guangmin, Wang Qi / 134

Abstract: New research and development (R&D) institutions have become a crucial driving force for building an innovative nation. In November 2018, Jilin Province successively introduced policies such as the "Accelerating the Development of New R&D Institutions Implementation Measures" to support the cultivation of new R&D institutions, aiming to accelerate the fostering and development of such institutions. However, there are still issues in Jilin Province's new R&D institutions, including insufficient overall quantity, a single investment subject, imperfect management systems, deviation in functional positioning, lack of industry association-type new R&D institutions, and insufficient efforts in cultivating new R&D institutions in the field of digital economy. Therefore, targeted measures should be taken with a classification approach, establishing an evaluation mechanism; creating a science and technology innovation platform involving new R&D institutions, advanced manufacturing, and financial institutions; deepening research autonomy to support innovative initiatives of new R&D institutions; strengthening the construction of an innovation and entrepreneurship environment and establishing channels for international collaboration; and reasonably planning different types and directions of new R&D institutions to promote the high-quality development of new R&D institutions in Jilin Province.

Keywords: New R&D Institutions; Achievement Transformation; Jilin Province

B.11 Research on Accelerating the Development of Science and Technology Finance in Jilin Province

Xu Jia, Sun Shouheng / 146

Abstract: Science and technology finance is an important choice for Jilin Province to leverage science and technology achievement resources, make up for the shortcomings of science and technology investment, improve the efficiency of science and technology enterprises, enhance the ability of science and technology innovation, and help the development of the real economy. It is also a positive means to help small and medium-sized science and technology enterprises ease the capital chain dilemma under the complex domestic and foreign political and economic environment. This report objectively reviews the comprehensive environment development of various elements of science and technology finance in Jilin Province, and puts forward targeted suggestions on helping the development of science and technology finance smes, in order to provide ideas for Jilin

Province's science and technology finance innovation and development to help Changchun National independent innovation Demonstration Zone and innovative province construction. Some suggestions are provided for creating a good development atmosphere for small and medium-sized enterprises in science and technology to accelerate the pace of practice.

Keywords: Science and Technology Finance; Financial Service; Scientific and Technological Innovation; Jilin Province

Ⅳ Regions Chapter

B.12 Analysis on Economic Operation Characteristics and Future Prospects in Changchun City

Ren Peng / 158

Abstract: The current comparison among provinces across the country highlights the competitive development among their core cities. Whether the total economic output has exceeded the trillion level scale is an important criterion for measuring the comprehensive strength of a city. As the main spatial carrier of the high-quality development strategy of "one main and six doubles", summarizing the economic operation laws and characteristics of Changchun City, deeply exploring its development potential, is of great significance for strengthening the strategic support role of Changchun City in the construction of a strong Jilin and the new journey of national rejuvenation. This article analyzes the overall operational characteristics and existing problems of the economy in Changchun City, evaluates its development potential and industrial advantages, and accelerates the construction of a modern industrial system by continuously promoting technological innovation; Accelerate the modernization of the Changchun metropolitan area and enhance its radiative driving capacity; Accelerate the promotion of rural revitalization with modern agriculture as the main focus; Building a modern comprehensive transportation system and actively integrating into the new development pattern;

Continuously tap into the potential of domestic demand, continuously enhance the potential for development, and propose targeted countermeasures and suggestions.

Keywords: Economic Operation; Core City; Metropolitan Area; Changchun City

B.13 Countermeasure Research on Promoting High-Quality Economic Development in Jilin City

Wang Xiaoqun / 170

Abstract: High-quality economic development is the primary task for Jilin City to realize its all-round revitalization in the process of Chinese-style modernization. In recent years, although the Jilin Municipal Party Committee and the Municipal Government and other relevant departments have made a lot of attempts and a lot of work, Committed to innovation-driven industrial transformation and upgrading, We will continue to improve the economic structure and foster new industrial growth drivers, Collect energy for the high-quality development stage of urban economy, But objectively, Urban economic growth is slowing down, Downside pressure on the economy continues, Therefore, in the process of the practice of promoting urban economic modernization, Facing the realistic dilemma of economic development in Jilin City, With the goal of promoting high-quality economic development, Expand the carrying space, consolidate the industrial foundation, stimulate the consumption potential, optimize the development pattern, and strengthen the environmental support, Constantly explore new paths for high-quality development of old industrial bases in the new era and new journey.

Keywords: Economy Operation; Industrial Transformation; Business Environment; Jilin City

B.14 Research on the Deep Integration Development of Red
Resources and Tourism Industry in Tonghua City

Guo Lili / 185

Abstract: As an important witness of the centennial struggle of the CPC (Communist Party of China), red resources are the precious spiritual wealth of the Chinese nation, condensing the red gene handed down by the Party. Tonghua City has abundant red resources and profound red cultural heritage. Promoting the deeply integrated development of red resources and tourism is not only an important content of implementing the CPC Central Committee's instructions on carrying forward the red spirit and continuing the red heritage, but also a significant manifestation of implementing the new development concept and promoting the high-quality development of Tonghua's tourism industry. On the new journey, we will cultivate the culture and tourism activity carriers through various means, enhance the visibility and reputation of the city card- "Red City" so as to take new steps towards the green transformation and comprehensive revitalization of Tonghua and breathe the new life for better images.

Keywords: Red Resources; Red Tourism; Tonghua City

B.15 Countermeasure Research on Strengthening Ecological
Civilization Construction in Baishan City in the New Era

Shi Geyang, Zhang Jinpeng / 198

Abstract: Since Baishan's construction of the "Two Mountains" pilot zone, achievements in building an ecological civilization have been widely recognized, and a number of experiences have been gained in the areas of inter-provincial cooperation, industrial distribution, public action and scientific governance, we have walked out a road of ecological civilization construction with our own characteristics. On the basis of an in-depth analysis of the existing problems, the report puts forward countermeasures and suggestions for strengthening ecological environmental governance, constructing a new ecological industry system, improving the system of ecological civilization, constructing the support system of linkage and sharing, promoting the amplification of the value of ecological resources, and consolidating the foundation of ecological civilization construction.

Keywords: "Two Mountains" Concept; Ecological Civilization; Ecological Environment; Baishan City

V Opening-up Chapter

B.16 Countermeasure Research on Deepening Open Cooperation towards Northeast Asia in Jilin Province

Shao Bing, Wang Yan / 210

Abstract: In recent years, Jilin Province has been deeply involved in the construction of the "the Belt and Road", making every effort to build a new frontier of opening up, coordinating trade, investment, platform and channel construction, and actively participating in the national construction of the Northeast Asian economic circle. Jilin Province's open cooperation with Northeast Asia also faces problems such as small trade scale, low openness, imbalanced investment cooperation, and low level of industrial cooperation. Against the backdrop of increased uncertainty in the external environment, Jilin Province is deepening its opening up and cooperation with Northeast Asia, presenting both opportunities and challenges. Jilin Province should base itself on its unique advantages in industries and geographical location, find the right fit and focus to integrate into the new development pattern of "dual circulation", further open up international logistics channels, expand the scale of trade and investment cooperation with Northeast Asia, strengthen cooperation in key industries, play the role of opening up platforms, create a hub for cooperation in Northeast Asia, strengthen cooperation with local governments of Northeast Asian countries, and deepen cultural exchanges, Efforts will be made to build new advantages of "opening up to the north".

Keywords: Opening Up; International Cooperation; Jilin Province; Northeast Asia

B.17 Countermeasure Research on Promoting Cooperation in the Ice and Snow Industry between Jilin Province and Northeast Asian Countries *Cui Xiaoxi, Chen Bing* / 223

Abstract: Since General Secretary Xi Jinping put forward the development concept of "ice and snow is also a golden mountain" and made a strategic plan for the "development of cold ice and snow economy", especially with the development opportunities brought by the 2022 Beijing Winter Olympics, ice and snow-related industries have been rapidly developing nationwide. Jilin Province, as a major snow and ice province, has developed rapidly. As a large snow and ice province, Jilin Province is vigorously developing the snow and ice economy with its own advantages, and making the snow and ice industry a key advantageous industry in Jilin Province. Russia, South Korea and Japan in Northeast Asia are traditional ice and snow powerhouses, with their own characteristics in ice and snow culture industry, ice and snow sports industry, ice and snow tourism industry and ice and snow equipment manufacturing industry, which can provide reference for the development of ice and snow industry in Jilin Province, and promote the high-quality development of ice and snow economy in cold places in Jilin Province.

Keywords: Snow and Ice Industry; Snow and Ice Economy; Jilin Province; Northeast Asia

Contents

B.18 Countermeasures and Suggestions on the Difficulties in the High-quality Development of Cross-border E-commerce in Jilin Province *Zhang Jiarui, Yan Ji* / 236

Abstract: In the new development stage, Jilin Province should improve its level of opening up to the outside world by stabilizing foreign investment and foreign trade, actively promoting the development of new foreign trade formats, and especially focusing on the high-quality development of cross-border e-commerce. In recent years, Jilin Province has implemented the action of expanding the quantity and improving the quality of cross-border e-commerce by promoting the construction of cross-border e-commerce comprehensive pilot zone, the development of cross-border e-commerce retail import and export business, the incubation of cross-border e-commerce enterprises and talent cultivation. However, compared with regions with better development of cross-border e-commerce, Jilin Province still faces the problems of lack of leading enterprises, insufficient cross-border e-commerce cooperation, insufficient financial support, imperfect related supporting services, and insufficient baranding. In order to promote the high-quality development of cross-border e-commerce in Jilin Province, we should promote the deep integration of traditional industries and corss-border e-commerce, give full play to the role of industry associations, increase financial support for cross-border e-commerce, promote the construction of overseas warehouses and comprehensive service platforms, and build the brand advantages.

Keywords: Cross-border E-commerce; Cross-border E-commerce Comprehensive Pilot Zone; Overseas Position; Jilin Province

B.19 Countermeasure Research on Promoting Cooperation between Jilin Province and the Russian Far East *Tao Li, Tao Bin* / 250

Abstract: President Xi Jinping presided over a symposium on promoting the comprehensive revitalization of Northeast China in the new era in Harbin, Heilongjiang Province. He pointed out that Northeast China has good resource conditions, a strong industrial foundation, unique geographical advantages, and enormous development potential. Northeast China is an important gateway for China to open up to the north, and its strategic position and role in strengthening regional cooperation in Northeast Asia and connecting domestic and international circulation are increasingly prominent. Jilin Province has always had close cooperation with the Russian Far East region, and in the context of promoting the comprehensive revitalization of Northeast China, further promoting cooperation between Jilin Province and the Russian Far East region has far-reaching significance. With Russia's increasing development efforts in the Far East region, significant achievements have been made in infrastructure, logistics channels, and attracting investment, which also provides a good foundation for bilateral cooperation.

Keywords: Regional Cooperation; Investment; Trade; Revitalization of Northeast China; Russia Far East

VI People's Livelihood Chapter

B.20 Research on Optimizing Community Home-based Elderly Care Services in Jilin Province   *Han Jiajun, Xu Minghan* / 263

Abstract: The elderly care service system in Jilin Province, which integrates home community institutions and medical care, has basically taken shape, and the policy system for community home-based elderly care services is becoming more perfect. With the increasingly severe aging situation in Jilin Province, the industrialization scale of community-based home-based elderly care still needs to be improved. Overall, the demand for home-based elderly care services among the elderly in Jilin Province is large and scattered, with low consumption willingness and frequency among the elderly, and a shortage of professional talents, especially nursing staff. Accelerate the promotion of community home-based elderly care services, continuously improve the elderly living care system, emergency rescue system for elderly people at home, accelerate the construction of home-based elderly care service network platforms, optimize the community smart elderly care system, comprehensively improve the quality of elderly care service practitioners, and enhance the quality of life of the elderly.

Keywords: Elderly Care Service; Community Elderly Care; Home-based Elderly Care; Aging Population

B.21 Countermeasure Research on Accelerating the Promotion of Elderly Care Service Industry Development in Jilin Province

Quan Longjie, Guo Dongyang / 278

Abstract: General Secretary Xi Jinping emphasized the need to improve the overall quality of the population and support the revitalization of Northeast China with high-quality population development during the symposium on promoting the comprehensive revitalization of Northeast China in the new era. Promoting the high-quality development of the elderly care service industry is an important path to promote high-quality population development and achieve the goal of providing basic elderly care services to all elderly people proposed at the 20th National Congress of the Communist Party of China. The Jilin Provincial Government attaches great importance to the development of the elderly care service industry. In recent years, the policy guidance for the development of the elderly care service industry in the province has taken shape, the construction of elderly care institutions has developed rapidly, the construction of the elderly health service system has continued to advance, and the elderly care service industry in the province has achieved comprehensive development. However, the development of the elderly care service industry in Jilin Province still faces problems such as insufficient facilities, incomplete formation of the elderly care service network, insufficient integration of medical care, health care, slow development of smart elderly care, shortage of elderly care service talents, and insufficient policy support. In the future, Jilin Province should make comprehensive efforts in promoting top-level design, strengthening policy support, building a talent team, upgrading industrial supporting facilities, and tapping market potential to accelerate the high-quality development of the elderly care service industry.

Keywords: Aging; Elderly Care Services; Elderly Care Institution; Jilin Province

B.22 Research on the Practice and Improvement of Urban Community Governance in Jilin Province

Wang Haoyi, Miao Yanyi / 289

Abstract: The construction of grassroots community has always been a "highlight work" in Jilin Province. In the decades of practice and exploration, Jilin Province has gradually formed a unique community governance model with the concept of party building guidance, autonomous promotion, service promotion, and cultural integration. In 2022 is the "Year of primary construction", of Jilin province, over 1970 urban communitise as this opportunity to strong-built multiple governance subject, strengthen public service facilities, strengthen service content, enhance the level of informatization, intelligent, strengthen the talent team construction implemented a series of new measures, for the community governance system for a comprehensive deepening, has achieved remarkable effect. However, in the visit and investigation, we noticed that there are still some problems in urban community governance in Jilin Province, such as difficult to get rid of the traditional path dependence, the weak resource integration ability, the level of funding guarantee to be improved, and the slow pace of smart community construction. This report gives a comprehensive summary of the practice of urban community governance in Jilin Province in recent years, and puts forward countermeasures and suggestions: Further clarify the role positioning and power and responsibility boundaries of communities, comprehensively improve the resource integration capacity of communities, increase the input and guarantee of community construction, and accelerate the construction and operation of smart communities, to provide reference for promoting the modernization of community governance system and governance capacity in Jilin Province.

Keywords: Basic-Social Governance; Urban Community; Happy Community; Year of Primary Construction

B.23 Research on the Issues of Wage Payment Security for Migrant Workers in Jilin Province

Zhang Xinmei / 301

Abstract: In recent years, Jilin Province has taken multiple measures to ensure the payment of wages for migrant workers and achieved significant results. However, due to various constraints, the payment of wages for migrant workers in Jilin Province still faces problems such as the urgent need to improve the standardization of labor management, incomplete implementation of wage payment related guarantee systems, unclear positioning of responsibilities of relevant functional departments participating in supervision, and poor coordination of supervision. In response to this, Jilin Province should strengthen institutional construction, establish a substantive operation of the coordination mechanism for addressing wage arrears for migrant workers, use information technology to timely detect hidden dangers of wage arrears, and supervise the entire process of ensuring wage payment for migrant workers in engineering construction projects, gradually achieving the goal of "basically no wage arrears" for migrant workers throughout the year.

Keywords: Migrant Workers; Wage Payment; Jilin Province

VII Special Topics

B.24 Countermeasure Research on High-quality Development of Beef Cattle Industry in Jilin Province

Yao Kun, Guo Wei / 312

Abstract: Since the implementation of the "Straw to Meat" and "Ten Million Cattle Project" in Jilin Province, the quantity and quality of the beef industry have significantly increased, and the trend of high-quality development has been fully demonstrated. The brand system, digital empowerment, technological support, and precise policies have played effective roles. Since 2023, Jilin Province has adhered to problem oriented approach, developed a batch of new policies, reduced the impact of price fluctuations, strengthened the resilience of the beef cattle industry. On this basis, this report summarizes the existing problems, strategic planning still needs to be enhanced, synergy still needs to be strengthened, infrastructure still needs to be improved, enterprise entities still need to be expanded, and market systems still need to be expanded. Proposes targeted countermeasures and suggestions: Accelerate the formation of new quality productivity of beef cattle, build a new system of opening up the beef cattle industry, create a new platform for the development of the beef cattle industry, accelerate the digitization process of the beef cattle industry, highlight the support of the whole industrial chain of finance, and create a more favorable industrial atmosphere.

Keywords: Beef Cattle Industry; New Quality Productivity; High Quality Development; Jilin Province

Contents

B.25 Countermeasure Research on High-quality Development of the Real Estate Industry in Jilin Province

Wang Jialei, Zhao Dan / 323

Abstract: As a pillar industry of our country's economy, the real estate industry plays an important role in the economic development of our country, so the high-quality development of the real estate industry plays a key role in the high-quality development of our economy. In recent years, the environment of China's real estate market has changed, housing has returned to residential attributes, and people have put forward a higher level of demand for housing. The real estate industry of Jilin Province should adapt to the changes of the market and demand, change the development concept, adjust the development direction, improve the product quality, and move towards the stage of high-quality development by improving the industry concentration, changing the development model, transforming and upgrading products.

Keywords: Real Estate Industry; Real Estate Development; Jilin Province

B.26 Countermeasure Research on Optimizing the Business Environment in Jilin Province

Liu Xinbo, Wang Ziwei / 334

Abstract: In recent years, Jilin Province has increased efforts to optimize the business environment, steadily improving the level of government digitization, continuously optimizing the foreign investment environment, continuously promoting the "streamlining administration and delegating powers and improving services" reform, orderly promoting enterprise tax reduction and fee reduction work, steadily improving the ability to serve enterprises, and continuously improving business environment policies and measures, promoting the continuous improvement of the business environment and market vitality throughout the province. However, overall, Jilin Province still faces problems such as unfair market competition environment, difficult and expensive corporate financing, urgent need to improve the legal market environment, high pressure on corporate operations, and lower than expected policy implementation effects. Therefore, this article proposes countermeasures and suggestions to accelerate the optimization of the business environment in our province, starting from improving the policy system for optimizing the business environment, continuously consolidating the talent foundation of enterprises, improving the efficiency of government services, improving the level of legalization of the business environment, and focusing on solving the financing difficulties of market entities.

Keywords: Business Environment; Market Subject; Jilin Province

社会科学文献出版社

皮 书
智库成果出版与传播平台

❖ 皮书定义 ❖

皮书是对中国与世界发展状况和热点问题进行年度监测，以专业的角度、专家的视野和实证研究方法，针对某一领域或区域现状与发展态势展开分析和预测，具备前沿性、原创性、实证性、连续性、时效性等特点的公开出版物，由一系列权威研究报告组成。

❖ 皮书作者 ❖

皮书系列报告作者以国内外一流研究机构、知名高校等重点智库的研究人员为主，多为相关领域一流专家学者，他们的观点代表了当下学界对中国与世界的现实和未来最高水平的解读与分析。

❖ 皮书荣誉 ❖

皮书作为中国社会科学院基础理论研究与应用对策研究融合发展的代表性成果，不仅是哲学社会科学工作者服务中国特色社会主义现代化建设的重要成果，更是助力中国特色新型智库建设、构建中国特色哲学社会科学"三大体系"的重要平台。皮书系列先后被列入"十二五""十三五""十四五"时期国家重点出版物出版专项规划项目；自2013年起，重点皮书被列入中国社会科学院国家哲学社会科学创新工程项目。

权威报告·连续出版·独家资源

皮书数据库
ANNUAL REPORT(YEARBOOK) DATABASE

分析解读当下中国发展变迁的高端智库平台

所获荣誉

- 2022年，入选技术赋能"新闻+"推荐案例
- 2020年，入选全国新闻出版深度融合发展创新案例
- 2019年，入选国家新闻出版署数字出版精品遴选推荐计划
- 2016年，入选"十三五"国家重点电子出版物出版规划骨干工程
- 2013年，荣获"中国出版政府奖·网络出版物奖"提名奖

皮书数据库

"社科数托邦"微信公众号

成为用户

登录网址www.pishu.com.cn访问皮书数据库网站或下载皮书数据库APP，通过手机号码验证或邮箱验证即可成为皮书数据库用户。

用户福利

- 已注册用户购书后可免费获赠100元皮书数据库充值卡。刮开充值卡涂层获取充值密码，登录并进入"会员中心"—"在线充值"—"充值卡充值"，充值成功即可购买和查看数据库内容。
- 用户福利最终解释权归社会科学文献出版社所有。

社会科学文献出版社 皮书系列
SOCIAL SCIENCES ACADEMIC PRESS (CHINA)

卡号：146341943414
密码：

数据库服务热线：010-59367265
数据库服务QQ：2475522410
数据库服务邮箱：database@ssap.cn
图书销售热线：010-59367070/7028
图书服务QQ：1265056568
图书服务邮箱：duzhe@ssap.cn

法律声明

"皮书系列"(含蓝皮书、绿皮书、黄皮书)之品牌由社会科学文献出版社最早使用并持续至今,现已被中国图书行业所熟知。"皮书系列"的相关商标已在国家商标管理部门商标局注册,包括但不限于LOGO( )、皮书、Pishu、经济蓝皮书、社会蓝皮书等。"皮书系列"图书的注册商标专用权及封面设计、版式设计的著作权均为社会科学文献出版社所有。未经社会科学文献出版社书面授权许可,任何使用与"皮书系列"图书注册商标、封面设计、版式设计相同或者近似的文字、图形或其组合的行为均系侵权行为。

经作者授权,本书的专有出版权及信息网络传播权等为社会科学文献出版社享有。未经社会科学文献出版社书面授权许可,任何就本书内容的复制、发行或以数字形式进行网络传播的行为均系侵权行为。

社会科学文献出版社将通过法律途径追究上述侵权行为的法律责任,维护自身合法权益。

欢迎社会各界人士对侵犯社会科学文献出版社上述权利的侵权行为进行举报。电话:010-59367121,电子邮箱:fawubu@ssap.cn。

社会科学文献出版社